雇用形態を理由とする
労働条件格差是正の法理
―日韓比較―

李 羅炅 [著]
Lee Nakyeong

A Study on the Legal Principles
to Redress Differentials of Terms and Conditions
of Employment by Reason of Types of Employment

専修大学出版局

まえがき

　日本においても韓国においても、非正規雇用労働者が増大している。それは、労働者側の就業ニーズや意識の変化、高齢化の進行等の変化に対応するという側面がある一方、企業が、内部労働市場の柔軟性を確保し、労働費用を節減しようとした結果としての側面もある。しかし、このような非正規雇用労働者の増大は、企業にとっては有能な人材の確保を難しくし、労働者にとっては雇用不安が拡大する、という問題を生じさせることになる。そして、過剰な非正規雇用労働者の増加は、所得分配の歪曲をもたらし、雇用の不安定から失業者を量産して社会不安を惹起し、国民生活の質を持続的に低下させる。こうした社会問題の最大の原因といってよいのが、非正規雇用労働者と正規雇用労働者との間における労働条件格差の存在である。

　日本においてもまた韓国においても、雇用形態を理由とする労働条件格差の是正を図るための法律が制定されるまでは、性、人種、宗教、社会的身分など憲法で禁止する事由に基づく差別禁止を具体化するために定められた、労働(勤労)基準法における均等待遇原則の規定、男女雇用機会均等法における性を理由とする差別禁止の規定など、様々な差別禁止に関わる規定によって、非正規雇用労働者の労働条件格差の是正が図られてきた。しかし、社会の各分野で非正規雇用労働者の不合理な労働条件の格差は存在し続けてきたため、雇用形態を理由とする労働条件格差を是正するための特別な法的規制の必要性があった。これこそ、本書が、非正規雇用をめぐる労働法上の諸問題の中でも、雇用形態を理由とする労働条件格差是正の法理について研究の対象とした所以である。

　本書では、まず、日本と韓国で共通するものについて、第1編でまとめて述べた。本書の検討対象は、規範的には労働者保護法上の労働者の地位にありながら、相対的に短い労働時間、期間の定めのある労働契約及び第三者が介入した労働契約関係の形態である、短時間労働者、有期契約労働者、派遣労働者である。検討対象とする法律に即していえば、日本については、パートタイ

労働法（均衡考慮、不合理な労働条件の禁止及び差別的処遇の禁止）、労働契約法（均衡考慮、不合理な労働条件の禁止）、労働者派遣法（均衡考慮）を対象とし、韓国については、非正規職保護法（差別的処遇の禁止）を対象とした。また、正規雇用労働者とは何か、その非正規雇用労働者の現状についても、日本と韓国で共通する部分があるため、第１編で述べた。そして、第１編では、雇用形態を理由にする労働条件格差をめぐる従来の法理と、雇用形態を理由にする差別的取扱いの禁止と雇用形態間の均等待遇原則を同様に解釈することができるか否かについても検討した。

第２編では、日本の均衡考慮、不合理な労働条件の禁止及び差別的処遇の禁止に関する規範的意義を把握するために、時期的に非正規雇用の労働関係に関する法律が先に施行された韓国の差別的処遇の禁止に関する法制と差別是正手続の構造及び現実的な運用課程について検討した。これにより、差別禁止義務の主体と是正の申請権者、差別が禁止される労働条件の範囲、そして、差別の判断基準に関する学説と判例の内容を整理した。次に、差別是正機関の救済手続と運営実態をみた。その際、雇用関係で発生する紛争を管轄する日本と韓国の行政及び私法体系に少し違いがあるので、差別是正機関の法体系上の地位、権限の範囲及び構成をみた。

韓国において、単に非正規雇用という雇用形態を理由とする差別を禁止するという仕組みのみが用いられているが、日本においては、韓国と異なり、雇用関係上の地位（短時間労働者・有期契約労働者・派遣労働者）により適用される規制内容が、均衡考慮、不合理な労働条件の禁止及び差別的処遇の禁止というようにそれぞれ異なっていることから、それらの相互関係について第３編で検討した。この検討は、非正規雇用労働者の労働条件格差の是正のための整合性をもった法規制の在り方を考える上で、不可欠の作業であった。

そして、非正規雇用労働者の量的拡大や質的変化の中で、その待遇の低さが社会問題として認識されるようになった現在において、非正規雇用の労働条件規制が強化され、すべての非正規雇用労働者に共通する労働条件格差の是正のための法規制となるような制度設計が必要である、という結論を第４編では示した。ただ、課題も残っている。それは、労働条件の格差が存在するときに、どの程度であれば、その相違が合理的な理由によるものであると判断することができるか、また、合理的な理由があるとしても処遇の格差が大き過ぎる場合

に、その是正を図るために、いかなる法的仕組みをもって判断するかである。これは、今後における裁判例の蓄積とその分析によって、その具体化のための検討が進められていくことになろう。そのようなことから、この問題については、今後に残された課題とした。

本書は、非正規雇用労働者であることを理由とする労働条件格差について皆さんと一緒に考えていくための本であり、著者なりの解決方法を提起したつもりである。非正規雇用労働者の権利実現に向けて、そして、非正規雇用解決に向けて少しでも役に立てれば幸いである。

なお、本書は平成27年度専修大学課程博士論文刊行助成を受けて出版されたものである。

最後に、本書の執筆にあたって多くのアドバイスを受け、大変お世話をかけた、博士学位論文の主審である有田謙司教授（西南学院大学）、副審である小宮文人教授（専修大学）と、長谷川聡准教授（専修大学）に、ここに記して厚く御礼を申し上げたい。

2016年2月
李　羅炅
（イ　ナギョン）

目　次

まえがき

第 1 編　序論

第 1 章　研究目的と背景 ………………………………………… 3

第 2 章　非正規雇用労働者の意義と現状 …………………………… 9

第 1 節　非正規雇用労働者の定義　9

第 2 節　非正規雇用労働者の現状　12

　第 1 款　日本における非正規雇用労働者の現状　12

　　第 1 項　非正規雇用労働者の増加原因　12

　　第 2 項　非正規雇用労働者の実態　13

　　第 3 項　賃金及び労働条件　15

　第 2 款　韓国における非正規雇用労働者の現状　17

　　第 1 項　非正規雇用労働者の増加原因　17

　　第 2 項　非正規雇用労働者の実態　18

　　第 3 項　賃金及び労働条件　22

　　第 4 項　雇用形態を理由とする差別是正制度の実態　23

　第 3 款　小括　27

第 3 章　雇用形態を理由とする労働条件格差をめぐる
　　　　　従来の検討 ……………………………………………………33

第 1 節「平等」・「均等」及び「差別禁止」の区分　33

　第 1 款　平等　34

　　第 1 項　平等の概念　34

第2項　日本における平等　35
        1．平等待遇義務説　35
        2．憲法上の平等　36
      第3項　韓国における平等　37
        1．平等待遇理論　37
        2．憲法上の平等　38
    第2款　均等　39
    第3款　差別禁止　40
      第1項　差別の概念　40
      第2項　雇用関係における差別　43
    第4款　「平等」・「均等」及び「差別禁止」との関係　44
  第2節　労働関係法令など労働条件格差に関する諸規定　46
    第1款　日本における労働関係法令など労働条件格差に関する諸規定　46
      第1項　労働基準法第3条の均等待遇説　46
      第2項　公序法理による保護　47
        1．同一労働同一賃金原則説　47
        2．準公理説　51
      第3項　パートタイム労働法第3条の均衡処遇説　51
    第2款　韓国における労働関係法令など差別禁止に関する諸規定　52
  第3節　小括　56

第2編　韓国の非正規職保護法における差別的処遇の禁止及び差別是正制度　67

第4章　非正規職保護法の立法政策の展開過程　73

  第1節　非正規職保護法の制定・改正（2007年7月まで）　73
  第2節　非正規職保護法の施行以後から改正に向けた動き
        （2007年7月以後）　78

目 次

第 5 章　非正規職保護法における差別的処遇の禁止…………83
第 1 節　期間制雇用法　83
第 2 節　派遣法　85

第 6 章　非正規職保護法における差別的処遇の判断基準……87
第 1 節　差別是正に関わる主な判例の概要　87
第 2 節　雇用形態を理由とする差別で当事者の適格　100
第 1 款　申請権者の当事者適格　100
第 1 項　期間制勤労者　101
第 2 項　短時間勤労者　105
第 3 項　派遣勤労者　107
第 2 款　被申請権者の当事者適格　109
第 3 節　雇用形態を理由とする差別で比較対象者　115
第 1 款　比較対象者の選定　115
第 1 項　場所的範囲（当該事業又は事業場）　116
第 2 項　業務（同種又は類似の業務）　117
第 3 項　時間的範囲（従事する）　120
第 2 款　比較対象者の追加等　121
第 1 項　比較対象者の追加　121
第 2 項　比較対象者の現存有無と比較対象者の特定　121
第 3 項　比較対象者が複数存在　123
第 4 節　差別的処遇の禁止領域　125
第 5 節　不利な処遇と合理的な理由　127
第 1 款　不利な処遇　127
第 2 款　合理的な理由　128
第 1 項　合理的な理由の意義　130
第 2 項　合理的な理由の立証範囲　131
第 3 項　合理的な理由として団体協約上の規定及び適用関係　131

第 7 章　非正規職保護法における差別是正の手続 ………… 143
第 1 節　差別是正申請　144
第 2 節　調停・仲裁　145
　第 1 款　調停　146
　第 2 款　仲裁　147
第 3 節　調査・審問及び使用者の立証責任　147
第 4 節　是正命令と確定　149
　第 1 款　判定及び終了　149
　第 2 款　是正命令に対する不服及び確定　152

第 8 章　差別是正制度の実効性及び手続的な問題点との検討 …………159
第 1 節　差別是正制度の実効性　159
第 2 節　差別是正制度の手続的な問題点との検討　162
　第 1 款　申請権者　162
　第 2 款　情報の提供義務　164
　第 3 款　差別是正委員会　165

第 9 章　結論 ……………………………………………… 169

第 3 編　日本における非正規雇用労働者の労働条件格差是正のための法規制 …………173

第 10 章　非正規雇用労働者の労働条件格差是正の立法政策の展開 ……………………………… 175
第 1 節　均衡考慮の立法政策の展開　175
第 2 節　差別的取扱の禁止の立法政策の展開　180
第 3 節　不合理な労働条件の立法政策の展開　183

第11章　非正規雇用労働者の労働条件格差是正に関わる主な判例 …… 189

第1節　雇用形態を理由とする労働条件格差是正に関わる主な判例の概要と判旨　189

第2節　雇用形態を理由とする労働条件格差是正に関わる主な判例の検討　198

第12章　非正規雇用労働者の労働条件に対する法規制 …… 205

第1節　均衡考慮　205

 第1款　パートタイム労働法における均衡考慮　205

  第1項　賃金（改正パートタイム労働法第10条）　205

  第2項　教育訓練（改正パートタイム労働法第11条）　208

  第3項　福利厚生（改正パートタイム労働法第12条）　212

  第4項　事業主が講ずる措置の内容等の説明
（改正パートタイム労働法第14条）　214

 第2款　派遣法における均衡考慮　214

  第1項　賃金（派遣法第30条の3第1項）　214

  第2項　均衡を考慮した待遇の確保のために事業主が講ずる措置
（派遣法第30条の3第2項）　216

第2節　差別的取扱い禁止（改正パートタイム労働法第9条）　218

 第1款　要件をめぐる解釈論　219

  第1項　職務の内容の同一性　220

  第2項　人材活用の同一性　221

 第2款　法的効果をめぐる解釈論　222

第3節　不合理な労働条件の禁止（労働契約法第20条及び改正パートタイム労働法第8条）　224

 第1款　要件をめぐる解釈論　226

  第1項「労働条件相違」要件について　226

   1．労働条件の意義　226

   2．比較対象者と因果関係　228

  第2項「不合理性」要素について　230

1．「不合理」の意味　230
          2．不合理性判断の考慮要素　231
          3．不合理な労働条件の相違　234
      第3項　立証責任　237
    第2款　法的効果をめぐる解釈論　238

第13章　非正規雇用労働者の労働条件格差是正の法理論
　　　　 ─均衡考慮、不合理な労働条件の禁止及び
　　　　　差別的取扱いの禁止の相互関係（試論）………………247

第4編　結論 …………………………………………… 253

参考資料　269
　【資料1】韓国における差別是正制度に関わる法規定（翻訳）　269
　　【資料1-1-1】期間制及び短時間勤労者保護等に関する法律　269
　　【資料1-1-2】期間制及び短時間勤労者保護等に関する法律施行令　274
　　【資料1-1-3】期間制及び短時間勤労者保護等に関する法律施行規則　278
　　【資料1-2-1】派遣勤労者保護等に関する法律　278
　　【資料1-2-2】派遣勤労者保護等に関する法律施行令　289
　　【資料1-2-3】派遣勤労者保護等に関する法律施行規則　294
　　【資料1-3-1】労働委員会法　298
　　【資料1-3-2】労働委員会法施行令　308
　　【資料1-3-3】労働委員会規則　313
　【資料2】非正規職勤労者対策に関する労使政合意文（第1次）　327
　【資料3】労働関係法令など差別禁止条項及び法内容　328
　【資料4】労働委員会による差別是正制度以外の労働関係法令などによる
　　　　　差別是正の比較　329
　【資料5】労使政の争点　330
　【資料6】非正規職保護法に関する政府案非正規職保護法及び
　　　　　非正規職保護法の制・改正前後の内容　331
　【資料7】労働部の「非正規職保護法令の業務マニュアル」　332

【資料8】雇用労働部『期間制法・派遣法の業務マニュアル』 336
【資料9】中央労働委員会の「差別是正業務マニュアル」 336
【資料10】短時間労働者の待遇格差の是正措置 337

参考文献　339

図表一覧

〔表〕
表 2-1　非正規職の定義及び非正規職の範囲　11
表 2-2　非正規職に対する労働側と政府の差異　11
表 2-3　差別是正申請の割合（雇用形態別）　24
表 2-4　差別是正申請の割合（職種別）　24
表 2-5　差別是正申請の割合（勤続期間別）　24
表 2-6　差別是正申請の割合（事業規模別）　25
表 2-7　差別是正の内容　26
表 8-1　年度別差別是正処理内訳　160

〔図〕
図 2-1　政府側による非正規職勤労者の規模及び比率　20
図 2-2　労働側による非正規職勤労者の規模及び比率　20
図 3-1　「平等」・「均等」及び「差別禁止」との関係　34
図 7-1　労働委員会による差別是正手続の流れ及び解説　157
図 7-2　勤労監督官による差別是正手続の流れ及び解説　158
図 13-1　非正規雇用労働者の労働条件の格差の規制　250

第1編
序　論

第 1 章　研究目的と背景

　日本での非正規雇用労働者の問題は、1950 年代に臨時的労働者の雇用不安と賃金格差の問題として議論され始めたが、日本経済が高度成長期に入ると、労働市場は労働力不足の状況になり、企業が労働者を臨時的な労働力形態として採用することは困難になり、1970 年代には正規雇用労働者が 90％を超えるなど臨時的労働者の労働条件格差問題は自然に解消されるようになった[1]。高度経済成長期に入った頃には、学生アルバイトなど正規雇用（内部労働市場）に入る準備段階にある者や家庭責任との両立を志向する主婦などが、自らの意思で非正規雇用という雇用形態を選択したと考えられた。実際、圧倒的に多数の短時間労働者が正規雇用よりもパートタイム雇用を選好し、正規雇用に転換するよりも現在の雇用形態に留まりたいとの希望者が多かった[2]。この基本的要因は、多くの正規雇用が安定した雇用・恵まれた経済的待遇と引き換えに、残業・休日労働・転勤・出向などの高度の拘束関係を要求されることにあった。すなわち、主婦パートや学生アルバイトなどは、家事・育児・学業を重視し、それと無理なく両立する限りで補助的な収入を求めて、非正規雇用を選択したのである。しかし、ここでも、主として主婦パートを中心として、狭い地域労働市場の需給関係に依存すること、税制ないし社会保険制度上の被扶養配偶者の所得限度を意識して労働時間を短く調整するなどにより、賃金・労働条件が低く抑えられがちであるという問題はあった[3]。

　1980 年代になると、非正規雇用が増加し、全労働者に占める非正規雇用の割合は 16.5％（1985 年基準）に至った[4]。その量的変化に適切に対応する仕組みについて議論する際、非正規雇用労働者の労働条件格差問題は、労働基準法第 3 条の社会的身分による差別に含まれるのか、非正規雇用労働者にも労働協約の一般的拘束力の条項を拡張して適用することができるのか、といった

第1編　序論

議論がなされ始め[5]、さらには、正規雇用労働者と非正規雇用労働者との間の労働条件格差を解消するために同一労働同一賃金原則及び均等待遇原則を公序として認定することができるかについての議論が活溌に行われ、様々な見解が示された。

　これらの議論をもとに、1993年の短時間労働者の雇用管理の改善等に関する法律に「均衡処遇」という概念が最初に規定された。しかし、この規定のみでは、正規雇用労働者に比べて著しく低い処遇[6]に対する問題は改善されることにはならず、「均衡処遇」規定の実効性について批判が絶えなかった。

　1990年代はじめのバブル経済崩壊後、企業は経費調整弁として柔軟に雇用調整ができる非正規雇用労働者を増やし、90年代を通じて増加した非正規雇用の全労働者に占める割合は20.2％（1990年基準）に至った[7]。その中には、専門職パートなど自由度の高い柔軟な雇用を求めて非正規雇用に就く者もいるが、シングル・マザーのように家事・育児のために時間調整が柔軟な短時間労働を選択するしかできない短時間労働者であって、その収入のみで生活する者が増えた。ここでの問題点は、非正規雇用労働者の多くは、有期雇用という不安定な雇用であることと、非正規雇用労働者の基幹化・常用雇用化により、正規雇用労働者と非正規雇用労働者の職務内容や働き方は近づいているのに、非正規雇用労働者の処遇は正規雇用労働者と比して各段に低いということである。上述のように、非正規雇用の収入のみで生活する者の割合が増えている中では、この労働条件格差の問題は深刻な問題となる。

　そして、その処遇の低さについては、その後にいくら頑張って仕事を続けていても引き上げられることはなく、改善されていない。また、勤続年数が長くなれば長くなるほど正規雇用労働者との格差は広がるのが現状である[8]。非正規雇用労働者は、いつになっても、いくら頑張っても、経済的自立が困難であり、ワーキングプア[9]になる可能性が大きい。この非正規雇用労働者の人たちは、本格的なキャリア形成につながらない働き方により、正規雇用と比べて能力開発機会が不足しており[10]、技能の蓄積等がしにくく、培った技能も企業横断的な汎用性のあるものとして社会的に評価されにくいため、希望の職業や正規雇用へのステップアップが難しく、職業キャリアの展望も持ちにくく、非正規雇用に固定化されることとなる。

　こうした非正規雇用労働者の量的拡大や質的変化の中で、上述のような状

況を解決する方法として採用されたものが、2007年に、旧パートタイム労働法第8条（差別的取扱の禁止）[11]における職務内容の同一性、人材活用の仕組みの同一性、契約期間の同一性のすべてを満たした労働者についてのみ「差別的取扱いを禁止」する規定である。しかし、旧パートタイム労働法第8条は、その禁止規定の規制回避を目的とする企業の行動を誘発し、適用範囲も限定されたものであったため、短時間労働者のごく一部[12]しか対象にできなかったことが問題であった[13]。そのためこの規定の導入後も、短時間労働者の処遇は低いまま改善されることにはならなかった。

そこで、旧パートタイム労働法第8条の「差別的取扱いを禁止」の反省をもとに、2007年に制定された労働契約法は、同法第3条の「均衡考慮」規定をベースに、2012年の改正で期間の定めがあることによる「不合理な労働条件の禁止」を規定する同法第20条を設けた。その後、この労働契約法第20条と同様の規定が、2014年改正において、新パートタイム労働法第8条（不合理な労働条件の禁止）にも設けられた。

本書は、非正規雇用労働者の労働条件の格差をめぐる以上のような問題状況において、どの程度であれば、その相違が合理的な理由によるものであると判断することができるか、また、合理的な理由があるとしても処遇の格差が大き過ぎる場合に、その是正を図るために、いかなる法的仕組みを構築すべきかについて検討する。それは、この労働条件格差の是正を図ることが、非正規雇用のかかえる問題の中でも核となっているものと考えるからである。

そこで、本書では、まず、日本と韓国で共通するものについて、第1編でまとめて述べる。本書の検討対象は、規範的には労働者保護法上の労働者の地位にありながら、相対的に短い労働時間、期間の定めのある労働契約及び第三者が介入した労働契約関係の形態である、短時間労働者、有期契約労働者、派遣労働者である。検討対象とする法律に即していえば、日本については、パートタイム労働法（均衡考慮、差別的処遇の禁止及び不合理な労働条件の禁止）、労働契約法（均衡考慮、不合理な労働条件の禁止）、労働者派遣法（均衡考慮）を対象とし、韓国については、非正規職保護法[14]（差別的処遇の禁止）を対象とする。また、正規雇用労働者とは何か、その非正規雇用労働者の現状についても、日本と韓国で共通する部分があるため、第1編で述べる。そして、第1編では、雇用形態を理由にする労働条件格差をめぐる従来の法理と、雇用形態

を理由にする差別的取扱いの禁止と雇用形態間の均等待遇原則を同様に解釈することができるか否かについても検討する。

第2編では、日本の均衡考慮、差別的処遇の禁止及び不合理な労働条件の禁止に関する規範的意義を把握するために、時期的に非正規雇用の労働関係に関する法律が先に施行された韓国の差別的処遇の禁止に関する法制と差別是正手続の構造及び現実的な運用課程について検討を加える。これにより、差別禁止義務の主体と是正の申請権者、差別が禁止される労働条件の範囲、そして、差別の判断基準に関する学説と判例の内容を整理する。次に、差別是正機関の救済手続と運営実態をみる。その際、雇用関係で発生する紛争を管轄する日本と韓国の行政及び私法体系に少し違いがあるので、差別是正機関の法体系上の地位、権限の範囲及び構成をみる。

韓国において、単に非正規雇用という雇用形態を理由とする差別を禁止するという仕組みのみが用いられているが、日本においては、韓国と異なり、雇用関係上の地位(短時間労働者・有期契約労働者・派遣労働者)により適用される規制内容が、均衡考慮、不合理な労働条件の禁止及び差別的処遇の禁止というようにそれぞれ異なっていることから、それらの相互関係について第3編で検討する。この検討は、非正規雇用労働者の労働条件格差の是正のための整合性をもった法規制の在り方を考える上で、不可欠の作業である。

最後に、非正規雇用労働者の量的拡大や質的変化の中で、その待遇の低さが社会問題として認識されるようになった現在において、非正規雇用の労働条件規制が強化され、すべての非正規雇用労働者に共通する労働条件格差の是正のための法規制となるような制度設計が必要である、という結論を第4編では示す。

注
1) 濱口桂一郎「雇用形態による均等処遇」季刊労働法237号(2012年)37頁以下。
2) 実際に、臨時工、社外工等の不安定雇用問題を図るために、1967年、第1次雇用対策基本計画は、「今後10年以内に不安定雇用がかなり減っているとともに、常用労働者に比べて賃金等の処遇で差別がなく、その就職経路が正常化している状態の達成を目標」としていた。また、当時の婦人少年局通達も、「パートタイム雇用は、身分的な区分ではなく、パートタイムという一つの雇用形態であり、パートタイムは労働時間以外の点においては、フルタイムの労働者となんら異なるものではないことを広く周知徹底する」(1970年婦発第

5号）と述べている（濱口・前掲注（1）38頁）。
3）菅野和夫・諏訪康雄「パートタイム労働と均等待遇原則」北村一郎編『現代ヨーロッパ法の展望』（東京大学出版会、1998年）122～124頁。
4）総務省「労働力調査（特別調査）」（2月調査）及び総務省「労働力調査（詳細結果）」（年平均）長期時系列データ〈http://www.stat.go.jp/data/roudou/longtime/03roudou.htm〉を参照。詳細については、第1編第2章第2節第1款第2項（非正規雇用労働者の実態）を参照。
5）水町勇一郎「非典型雇用をめぐる法理論」季刊労働法第171号（1994年）121頁以下：濱口・前掲注（1）37頁以下。
6）詳細については、第1編第2章第2節第1款第3項（賃金及び労働条件）を参照。
7）総務省・前掲注（4）参照。1994年、労働省「就業形態の多様化に関する総合実態調査報告」によると、「今の就業形態を続けたい」との意思を有する短時間労働者の割合は、85.0％であり、契約・登録社員の77.0％、臨時・日雇いの73.5％、派遣労働者の65.9％である。その理由としては、同調査が「仕事と生活の重視状況」を調べているが、短時間労働者の場合は、「仕事重視」と「どちらかという仕事重視」を加えても14.8％にすぎず（逆に、「生活重視」と「どちらかという生活重視」を足すと60.6％）、むしろ正規雇用の一種と見るべき出向社員の39.8％（「生活重視」が36.8％）は別格としても、契約・登録社員の26.2％（「生活重視」が44.4％）、臨時・日雇いの18.6％（「生活重視」が同49.9％）、派遣労働者の17.4％（「生活重視」が同54.8％）などに比して、仕事重視の割合が低くなっている。
8）厚生労働省「望ましい働き方ビジョン」（2012年3月28日）によると、非正規雇用の問題点と課題として、①雇用が不安定であること、②経済的自立が困難であること、③職業キャリアの形成が十分でないこと、④セーフティネットが十分に整備されていないこと、⑤ワークルールの適用が十分に進んでおらず、労働者の声も届きにくいことの5点が整理されている。
9）ワーキングプアの人たちの増加による問題は、十分な消費活動を行うことができないから、国内の個人消費も不振になり、そうすれば、当然、商品やサービスが売れなくなるので、企業の生産活動も減り、さらに、日本経済全体が縮小される恐れがある。また、若者のキャリア形成不足は、人的資本蓄積の点でマイナスであり、日本経済全体への悪影響（技術の低下等）も懸念される。これに加え、収入が少ない上に生活も不安定なワーキングプアの人たちは結婚して家庭を築くことも難しい（例えば、厚生労働省『平成25年度労働経済白書－構造変化の中での雇用・人材と働き方』（2013年）198頁によると、単身世帯の男性の非正規雇用労働者のうち、世帯所得が200万円未満の者が53.7％を占める）。こうした人たちが増えていけば、少子化の問題が一段と深刻化するというリスクにもつながっていくのである（藤井将王「非正規労働者の増加に伴う課題と政策」香川大学経済政策研究第6号（2010年）50頁以下）。
10）厚生労働省「能力開発基本調査」（2012年）11頁によると、計画的なOJTを実施した事業所は、正規雇用の労働者が59.1％であるのに対し、非正規雇用の労働者は28.0％、Off-JTを実施した事業所は、正規雇用の労働者が69.7％、非正規雇用の労働者は34.7％となっている。

第 1 編　序論

11）本書では、2014 年 4 月 23 日に公布された「パートタイム労働法の一部を改正する法律」によるものを基準にする（平成 26 年法律第 27 号：2015 年 4 月 1 日施行）。但し、従来の判例を引用する際に、「旧パートタイム労働法」と表記し引用する。
12）実態調査によると、旧パートタイム労働法第 8 条の 3 要件を充足する調査対象短時間労働者は 0.1％である（労働政策研究研修機構『短時間労働者実態調査』(2010 年)）。
13）荒木尚志「有期労働契約規制の立法政策」荒木尚志・岩村正彦・山川隆一編『労働法学の展望－菅野和夫先生古稀記念論集』（有斐閣、2013 年）163 頁。
14）巻末【資料 1】韓国における差別是正制度に関わる法規定（翻訳）参照。

第2章　非正規雇用労働者の意義と現状

第1節　非正規雇用労働者の定義

　非正規雇用労働者には、一般的に、パート、アルバイト、派遣労働者、契約社員、嘱託などが含まれる。だが非正規雇用労働者という言葉を定義した法律はなく、何をもって非正規雇用労働者と考えるのかについて、学界や財界、労働界の中で対立がある。国際的にも統一された基準はないが、OECDは、臨時職労働者（temporary worker）、時間制労働者（part-time worker）を非正規雇用として把握し、さらには、臨時職労働者の中に有期契約労働者（worker with fixed-term contract）、派遣労働者（temporary agency worker）、季節労働者（seasonal worker）、及び呼出労働者（on-call worker）を含めている[1]。
　したがって、「正規雇用」と「非正規雇用」の二分法は本来適当ではないが、分析のために、以下、①から③のいずれかを満たす者を便宜上「非正規雇用労働者」とする[2]。具体的には、①労働契約の期間の定めがあること（雇用の持続性、例えば、有期雇用）、②労働時間が通常の労働者と比べ短い短時間労働者であること（労働時間制）、③使用者による間接雇用（労働提供方法、例えば、派遣労働、請負）であること、以上の①から③の属性のいずれかを満たすものが、「非正規雇用労働者」とされている。なお、労働契約の内容に応じて、例えば、「有期短時間労働者」のように、複数の属性を合わせ持つものも多く存在していることに、留意する必要がある。
　他方、非正規雇用労働者ではない労働者を便宜上「正規雇用労働者」とする。具体的には、④労働契約の期間の定めがないこと、⑤所定労働時間がフルタイムであること、⑥使用者による直接雇用（労働者派遣のような雇用関係と指揮

命令関係が異なるものではない）であること、以上の④から⑥の属性のいずれかを満たすものを「正規雇用労働者」とする。なお、「望ましい働き方ビジョン」[3]によると、④から⑥に加えて、日本型雇用システムに特有の⑦勤続年数に応じた処遇、雇用管理の体系（勤続年数に応じた賃金体系、昇進、昇格、配置、能力開発等）、⑧勤務地や業務内容の限定がなく、時間外労働があること、も含めて「正規雇用労働者」とするという。実際にパートタイム労働法における「通常の労働者」の概念は、④から⑧の属性をすべて有する典型的な大企業正規雇用労働者モデルに沿って構築されている。しかし、このようなモデルを前提に正規雇用化を進めることは使用者のみならず労働者自身にとっても問題が多く、むしろ「多様な正社員」[4][5]モデルとして考える見解がある。

雇用政策研究会報告書「持続可能な活力ある社会を実現する経済・雇用システム」[6]で打ち出された「多様な正社員」という考え方は、正規・非正規の二極化構造を解消し、雇用形態の多様化を目指し、従来非正規雇用労働者として位置づけられてきた労働者に対してもある程度正規雇用的な雇用管理をするような雇用システムと、そのため職種限定正規雇用労働者や勤務地限定正規雇用労働者といった「多様な正社員（従来の正規雇用労働者でも非正規雇用労働者でもない、正規雇用・非正規雇用の中間に位置する雇用形態）について労使が選択しうるような環境の整備」を望んでいた。

この「多様な正社員」は、労働者と企業双方にとってのメリットがある[7]。まず、労働者にとっては、非正規雇用労働者から正規雇用労働者へのステップアップのために活用できるし、実質的な男女差別を生じさせないよう考慮されるし、労働の協議を踏まえ、働き方に応じて正規雇用労働者との均等・均衡を考慮されるし、事務所閉鎖時にも正規雇用労働者に関する取組と均衡が図られるよう最大限考慮されるし、そして、労使の話し合いや従業員への十分な説明などのメリットがある。一方、企業にとっても、低賃金のまま中長期的に弾力化して活用できるし、いったん部門の廃止や事業所の閉鎖の必要が発生すれば、簡単に解雇できるから使いだがる。

一方、韓国では、非正規雇用の概念は明確に定義されてない。1997年末のIMF（国際通貨基金）経済危機以降、非正規雇用の概念及び範囲を巡って論争が続き、労使政委員会[8]の非正規職対策特別委員会[9]により、2002年5月6日、「非正規雇用労働者対策に関する労使政合意文」[10]が発表され、政府は、それ

第 2 章　非正規雇用労働者の意義と現状

表 2-1　非正規職の定義及び非正規職の範囲[12]

非正規職の定義		非正規職の範囲
〈経済活動人口〉調査は〈本調査〉と〈付加調査〉で構成 ① 〈本調査（月1回調査）〉は、従事者の地位に応じて常用職（雇用期間が1年以上と、期間の定めがない場合には退職金・賞与など支給されること又は会社の人事規定により採用される勤労者のみ）、臨時職（1ヶ月以上1年未満）・日雇職（1月未満）として分類。 ② 〈付加調査（2003年から毎年3月と8月実施）〉：雇用形態に応じて正規職と非正規職とに分け、非正規職を限時的勤労者（雇用の持続性）・時間制勤労者（勤労時間）・非典型勤労者（勤労提供の方式）として分類。	労働側	〈経済活動人口〉調査〈本調査〉上の臨時職・日雇職と常用職勤労者の中では〈付加調査〉上の非正規雇用労働者を合わせて再分析。
	政府	〈経済活動人口〉調査〈付加調査〉上の非正規雇用労働者のみを把握。そして、臨時・日雇職の中で非正規職に該当しない勤労者は雇用形態上に正規職であるとみながら、脆弱勤労者として分類している。

表 2-2　非正規職に対する労働側と政府の差異[13]

		〈経済活動人口〉〈付加調査〉			
	区分	非正規雇用労働者			正規職勤労者
		①限時的	②時間制	③非典型	
〈経済活動人口〉〈本調査〉	常用職	A			D
	臨時職	B			C「脆弱労働者」
	日雇職				

を基準にして非正規職の規模を把握している。しかし、労働側は、「労使政合意による統計数値は事実上ないにも関わらず、政府が集計した統計がまるでこれを根拠にしたかのようになった」と指摘し、「これを労使政委員会で再確認し、使用しないように要求したものの、未だに守られていない」と主張するなど、非正規職の判断基準について論議が続いている[11]（第1編第2章第2節第2款第2項参照）。

　例えば、政府側による非正規雇用の範囲は、統計庁の〈経済活動人口〉調査〈付加調査〉上の非正規雇用労働者のみを把握する。そして、労使政合意では、上記①から③の範疇には含まれず、契約労働者として雇用の持続は可能であるが、労働契約上の地位が臨時職又は日雇いに属す労働者の場合（主として、零細企業で勤務する勤労条件が劣悪な労働者をいう）は、雇用が不安定で社会的な保護が必要であるのでこれらを「脆弱労働者」として把握することにした。しか

第 1 編　序論

し、政府側による資料は、A＋B（上記①＋②＋③）によって非正規職の規模を把握している。一方、労働側による非正規雇用の範囲は、統計庁の〈経済活動人口〉調査〈本調査〉上の臨時職・日雇職と常用職勤労者の中では〈付加調査〉上の非正規雇用労働者を合わせて再分析したものである。すなわち、労働側による資料は、A＋B＋C（上記①＋②＋③＋脆弱労働者）によって非正規職の規模を把握している。このため、非正規雇用の規模について対立がある（表 2-1、表 2-2）。

第 2 節　非正規雇用労働者の現状

第 1 款　日本における非正規雇用労働者の現状

第 1 項　非正規雇用労働者の増加原因

　非正規雇用労働者の増加した原因[14]を、労働力の需要側面からみると、企業が非正規雇用労働者を活用する理由は、割合が大きい方から「賃金の節約のため」が 43.8％、「1 日、週の中の仕事の繁閑に対応するため」が 33.9％、「賃金以外の労務コストの節約のため」が 27.4％、「景気変動に応じて雇用量を調節するため」が 22.9％、「臨時・季節的業務量の変化に対応するため」が 19.1％となるが、そのほか、「即戦力・能力のある人材を確保するため」や「高年齢者の再雇用対策のため」といった回答もある。ここから、企業側の非正規雇用労働者の活用はもっぱらコスト削減を理由とするものであることをみてとれる。

　一方、労働力の供給側面からみると、非正規雇用労働者が現在の就業形態を選択した理由としては、「自分の都合のよい時間に働けるから」が 38.8％、「家計の補助・学費等を得たいから」が 33.2％で多い。このように自らの都合に合った働き方の選択肢の一つとして、選択されてきた。一方、「正規雇用労働者として働ける会社がなかったから」と回答した者は、2007 年の 18.9％から 2010 年には 22.5％まで[15]上昇している。この数値からも見られるように、近年、不況とともに本来正規雇用労働者を希望しながらやむを得ず非正規雇用労働者となっているような者も相当割合いることに留意すべきである。また、

非正規雇用労働者の雇用形態別に「正規雇用労働者として働ける会社がなかったから」の回答割合（出向社員を除いた正社員以外の労働者22.5％）をみると、短時間労働者は16.0％、契約社員は34.4％、派遣社員は44.9％であり、派遣社員及び契約社員について割合が高い[16]。雇用形態別にみた他の就業形態に変わりたいとする者の割合についても同様の傾向がみられる[17]。

なお、正社員を希望する非正規雇用労働者の中で、「正規雇用になりたい理由」をみると、いずれの就業形態においても、「正規雇用の方が雇用が安定しているから」77.0％で、「より多くの収入を得たいから」72.2％の順で高くなっている[18]。

そして、就業形態別にみると、短時間労働者は「自分の都合のよい時間に働けるから」、契約社員・嘱託社員は「専門的な資格・技能を活かせるから」、派遣労働者は「正規社員として働ける会社がなかったから」がそれぞれ最も多くなっている[19]。ここから、非正規雇用が労働者側からの多様な就業ニーズの受け皿にもなっていることをみてとれる。

上述したように雇用形態の多様化は、労働需要側の人件費コスト節約、仕事の繁閑への対応、専門的能力の活用、景気変動への対応等の観点とともに、労働供給側の就業ニーズや意識の変化、高齢化の進行等の変化に対応するものであったと考えられる。今後、企業における非正規雇用の活用が多様化する中で、総じて基幹化・戦力化の動きがみられる。また、非正規雇用労働者の多くが有期契約労働者（非正規雇用労働者の中で、雇用契約期間の定めがある者が52.7％[20]）であると考えられることから、有期契約労働者から無期契約労働者になる者が増え、雇用の安定が図られれば、企業にとっても人材の確保・定着等の効果が期待される。

第2項　非正規雇用労働者の実態

日本経済における非正規雇用は、1950年代から高度経済成長期にかけての出稼ぎ労働者や臨時工、1960年代後半以降に増加した有配偶女性のパートタイム雇用、1980年代後半以降の派遣労働者、有期契約労働者（1990年までの非正規雇用の約8割はパート・アルバイトが占める）の増加など、その雇用形態を変化させつつも増加してきた。非正規雇用の推移は、企業が経済変動や中長期的な構造変化に対応する中で、貴重な経済成長の源泉である人材の活

用のあり方を示す歴史でもあったと考えられる[21]。

　しかし、2009年、リーマン・ショック後の世界経済の落ち込みの影響で大量の解雇・雇止めが発生した際に、雇用調整を非正規雇用労働者から行うことが見られた。正規雇用労働者比率は大きな変動がなかったのに対し、非正規雇用労働者比率が2008年に比べ0.6％減少して33.4％に低下した。しかし、2010年には、短時間労働者を中心に再び非正規雇用労働者比率が33.7％と増加した。もっとも派遣労働者比率は、2008年8.3％をピークにして、2009年6.8％、2010年6.1％と減少している。

　非正規雇用労働者比率を男女別にみると、男性は31.2％、女性は68.8％である。また、男女のどの年齢階級においても上昇したが、若年層において上昇が顕著となっている。例えば、1985年と2012年の二時点でみると、15歳〜34歳層で12.4％から28.4％へと上昇している[22]。近年の若年層（15歳〜34歳層）の人口が減少しているにもかかわらず、非正規雇用の若年層の比率は増加している。その若年層の中で、学生アルバイトなどにより任意的に非正規雇用を選択した若年層もいるが、正規雇用になることを希望したにもかかわらず、非任意的に非正規雇用という選択しかなかった若年層も多く存在するだろう。

　また、労働力の高齢化が進行する中で、高年齢者の就労促進政策の効果もあり、55歳以上の非正規雇用労働者は、1985年の18.6％から2012年32.3％まで増加した。この事実からも、近年の非正規雇用労働者は特に高年齢層においても増加していることがわかる。

　また、非正規雇用労働者の雇用契約期間の定めの有無をみると、「雇用契約期間の定めがない（定年までの雇用を含む）」者が30.2％である一方、「雇用契約期間の定めがある」者が52.7％である。「雇用契約期間の定めがある」者のうち、1回当たりの雇用契約期間は、「1か月以上6か月以内」が29.9％、「6か月超〜1年以内」が41.1％、「1年超〜5年以内」が17.3％である[23]。さらに、現在の勤務先での勤続年数は、「1年超〜3年以内」が25.7％で最も割合が高く、「6か月以内」が18.6％、「5年超〜10年以内」が17.8％、「10年超」は11.7％となっている[24]。すなわち、非正規雇用全体の労働者数の増加とともに、「常用雇用」（雇用契約期間の定めがない非正規雇用労働者又は1年超の雇用契約期間の定めがある非正規雇用労働者）の労働者が多いことが見てとれる。

第3項　賃金及び労働条件

　非正規雇用労働者の現在の職場での満足度をみると[25]、非正規雇用労働者で「満足」又は「やや満足」の回答が多いものは、順に、「仕事の内容・やりがい」57.1％（正規雇用労働者（以下同じ）56.7％）、「労働時間・休日等の労働条件」37.9％（29.5％）となっている。一方、「満足」又は「やや満足」の回答が少ないものは、順に、「教育訓練・能力開発のあり方」2.6％（12.9％）、「福利厚生」5.1％（24.9％）、「賃金」5.1％（8.5％）となっている。

　また、満足度を非正規雇用労働者の属性別に見ると、まず、有期契約労働者の6割弱が働いていて満足としており、「労働時間、日数が自分の希望に合致しているから」「職場の人間関係がよいから」「失業の心配は当面ないから」が満足している理由の中で多い。一方、有期契約労働者の4割強が働いていて不満としており、「頑張ってもステップアップが見込めないから」「いつ解雇・雇止めがなされるかわからないから」「賃金水準が正規雇用労働者に比べて低いから」「賃金の絶対水準が低いから」が不満である理由の中で多い。また、有期契約労働者が、自身の労働契約について最も改善してほしい点をみると、その8割強が労働契約の改善を望んでおり、職務タイプ別にみると、「正規雇用労働者同様職務型」と「高度技能活用型」では、「正規雇用労働者として雇用してほしい」「賃金等の労働条件を改善してほしい」が多い一方、相対的に短時間労働者及び女性の占める割合の高い「別職務・同水準型」と「軽易職務型」では、「賃金等の労働条件を改善してほしい」「現在の有期契約のままでよいから、更新を続け、長期間働きたい」が多い傾向にある。

　そして、短時間労働者の約6割が、現在の会社や仕事に対する不満・不安があるとしており、「賃金が安い」「雇用が不安定」「正規雇用労働者になれない」が不満・不安である理由の中で多い。また、短時間労働者のうち、職務が同じ正規雇用労働者がいる、又は責任の重さは違うが、同じ業務を行っている正規雇用労働者がいる場合について、正規雇用労働者と比較した短時間労働者自らの賃金水準及び納得度を尋ねたところ、6割弱が「正規雇用労働者と同等もしくはそれ以上の賃金水準である」「正規雇用労働者より賃金水準は低いが納得している」としており、「正規雇用労働者より賃金水準は低く納得していない」は3割弱となっている。

このように、非正規雇用労働者は、仕事の内容・やりがいや労働時間等の時間的拘束の面では満足度が高いものの、教育訓練、福利厚生や賃金等について、満足度は低いものとなっている。

具体的にみると、まず、非正規雇用労働者の賃金は、ほぼすべての正規雇用労働者の賃金を下回っている。例えば、雇用形態別の平均賃金をみると、正規雇用労働者318万円（平均40.7歳、勤続12.7年）、非正規雇用労働者193万円（平均40.7歳、勤続12.7年）となっている[26]。これを年間収入階級別[27]にみると、男性の正規雇用労働者は平均で500～699万円が21.6%、300～399万円が20.8%などとなった。一方、非正規雇用労働者は、100～199万円が30.8%、100万円以下が27.3%などとなった。女性の正規雇用労働者は平均で200～299万円が27.7%、300～399万円が21.3%などとなった。一方、非正規雇用労働者は、100万円以下が47.7%、100～199万円が38.5%などとなった。さらに、週間就業時間が35時間以上の非正規雇用を男女別にみると、男性は100～199万円が32.4%、200～299万円が30.4%などとなった。女性は100～199万円が54.6%、200～299万円が23.5%などとなった。

また、非正規雇用労働者の教育訓練の実施率は、計画的なOJTが28.0%（正規雇用労働者（以下同じ）59.1%）、OFF-JTが34.7%（69.7%）で、いずれの実施率も正規雇用労働者の半分未満となっている（2012年基準）[28]。非正規雇用労働者に、OJT、OFF-JTともに、企業内訓練を受講した場合には、職業能力に関する自己評価が高まるとともに、生産性も向上し、また、キャリア形成機会の見通しがあるほど、非正規雇用労働者は、仕事内容の高度化等による技能の向上を経験している[29]。

最後に、非正規雇用労働者に各種制度が適用されている割合は、正規雇用労働者に比べて大きく下回っている。例えば、「雇用保険」が65.2%（正規雇用労働者（以下同じ）99.5%）、「健康保険」が52.8%（99.5%）、「厚生年金」が51.0%（99.5%）、「退職金制度」10.6%（78.2%）、「賞与支給制度」32.4%（83.2%）に留まっている（2012年基準）[30]。

第2款　韓国における非正規雇用労働者の現状

第1項　非正規雇用労働者の増加原因

　非正規雇用労働者の増加は、一つには、企業が経営環境の変化に迅速かつ柔軟に対応し、労働費用を節減するために最適化を選んだことによるものと考えられる。正規雇用の労働市場はきわめて硬直的なので、企業が労働力を柔軟に確保するために、労組の抵抗から自由に雇用調停を行うことができ、労働費用が低い非正規雇用の活用を選択したと考えられるのである。また、産業構造の変化に伴う職業に対する選好の変化と、業務量及び営業時間の変化が激しくて柔軟な人材活用が必須である流通業や外食産業などのサービス産業の増加（ただし、非正規雇用の増加傾向自体は、特定の産業だけでなく、普遍的に見られる）[31]も挙げることができるだろう。

　企業規模別に見れば、規模が小さい企業ほど賃金勤労者に占める非正規雇用労働者の割合が相対的に高くなる傾向にある。これは、1997年の通貨危機以降の経済環境の急速な変化に、相対的に競争力の脆弱な中小企業が大きな影響を受けたことによるものと考えられる[32]。2002年、韓国労働研究院が実施した『事業体パネル調査』の結果によると、非正規職活用の主な理由として、中小企業は人件費の節減（33.8％）、大企業は雇用調停の容易さ（36.2％）を挙げている。

　以下、非正規雇用労働者の増加原因を、①経済環境の変化、②政府の労働政策、③労組組織率の低下という点に着目して、より詳細に分析したい。

　まず、①の場合、1997年、IMF（国際通貨基金）経済危機に対応していく過程で、非正規雇用労働者は急増し、企業に広く使われるようになった。1980年以後から1996年までの非正規職の増加率と、1997年以後から2001年までの非正規雇用労働者の増率加（6.5％）は概ね同じである[33]。

　非正規雇用労働者の増加原因として、企業側からは、労働外部化（アウトソーシング）という特徴を指摘することができる。企業は、予測不確実な景気変動に対応し、費用削減と人員調整の柔軟性を確保するために[34]、雇用調整が正規雇用労働者よりも容易な非正規雇用労働者を増やしてきた。

　労働者側からは、経済成長とこれに伴う教育機会の拡大による賃金労働者の

高学歴化、女性労働者の急増、外国人労働者の増加、高齢化の傾向を指摘することができる。非正規雇用労働者の増加は、これらの特徴・属性を持つ労働者集団において顕著である。

高齢者や女性の経済活動への参加が容易になっていることを意味するなど、非正規雇用労働者の増加は必ずしも問題とすべき点ばかりではない。しかし、短時間労働者の56.0％が、この雇用形態を非自発的に選択している点に問題がある[35]。

そして、②の場合、非正規雇用労働者の増加は、政府の労働政策の影響を受けている。例えば、暴圧的な労働弾圧と軍隊による労働統制の時代であった全斗煥政権下（1980年9月から1988年2月までの大統領）で非正規職の割合は、1983年2月（25.3％）から1986年10月（48.7％）に2倍ほど増加した。しかし、1987年7月から9月までの間、勤労者大闘争以来、労働組合運動が活性化され、労働市場が正常に作動し、盧泰愚政権（1988年2月から1993年2月までの大統領）下では、非正規職の割合が減少した。しかし、金泳三政権（1993年2月から1998年2月までの大統領）の時、IMF経済危機が発生し、それに対応するために、公共部門では定員を絞って非正規雇用労働者が利用され、民間部門でも非正規雇用労働者の使用を促進する雇用の柔軟化政策が採用された。

最後に、③の場合、非正規雇用労働者の増加には、労働組合組織率の低下が寄与している。例えば、全体賃金勤労者の中で正規職勤労者の労働組合加入率は15.8％であるのに対し、非正規雇用労働者の労働組合加入率は2.9％にすぎない[36]。このような低い労組加入率は、企業が非正規雇用労働者を希望する理由の一つになっており、組織化が進んでいない中小企業ほど賃金勤労者の中で占める非正規雇用労働者の割合が高くなっている。

第2項　非正規雇用労働者の実態

第1編第2章第1節で述べたように、非正規雇用の規模を把握する基準には争いがある。政府は、2002年の「非正規職勤労者対策に関する労使政合意文」[37]を基準にして非正規雇用の規模を把握する立場を採用している。しかし、労働側は、「労使政合意による統計数値は事実上ないにも関わらず、政府が集計した統計がまるでこれを根拠にしたかのようになった」と指摘し、「これを

労使政委員会で再確認し、使用しないように要求したものの、未だに守られていない」と主張するなど、非正規職の判断基準について論議が続いている[38]。これにより、雇用労働部、学界、マスコミはもちろん他の労働団体でさえ、「政府側による……」、「労働側による……」又は、「労使政合意基準によるもの」、「労働側基準によるもの……」という表現を使用しているのが実情である。

本書では、比較のために政府側と労働側の資料を表示する。しかし、以下で表示する資料の順番については、政府側の資料を優先し、労働側の資料を（　）内に表示する（ただし、政府側又は労働側片方での発表しかない場合は、片方のみを表示する。政府側の資料を優先したのは、日本の場合も、雇用形態の分類をする際に、①から③によって非正規雇用の規模を把握しているからである（第1編第2章第1節参照））。

通貨危機以降、非正規雇用労働者は、2001年8月の26.8％から2004年8月の37.0％まで増加し続けたが、2006年8月から少しずつ減少し始め、2015年8月には32.5％に減少した（労働側の資料によると、2000年8月58.4％まで増加し続けたが、2006年8月から少しずつ減少し始め、2015年8月には45.0％に減少した）。これは、2007年7月1日、「非正規職保護法」の施行に伴う労働市場内の雇用構造の変化（正規職へ転換効果[39]と景気沈滞）の故であると考えられる[40]。

種類別でみると、限定的が58.0％、時間制が35.7％、非典型が35.2％（派遣が3.3％、用役が10.5％、特殊形態勤労が7.9％、日雇い勤労が14.0％、在宅勤労が0.9％）（労働側の発表によると、臨時勤労が43.4％（長期臨時勤労が24.4％、一時的勤労が19.0％）、期間制が14.8％、時間制が11.6％、派遣と用役が4.5％、特殊雇用形態が2.6％、在宅勤労が0.3％、呼出勤労が4.5％）となっている。これを、日本の場合と比べると、限時的勤労者の割合が高い一方、時間制勤労者の活用割合は低い[41]。このように、限時的勤労者の増加率は、労働市場の硬直性から企業が正規職の仕事を限時的勤労者の雇用にとって替えるという雇用柔軟化の戦略を追求したことによるものであるとみることができる。

非正規雇用労働者における男女の割合は、男性が46.0％、女性が54.0％（労働側の発表によると、男性が36.8％、女性が55.4％）である[42]。これに対して正規職勤労者は、男性が63.2％、女性が36.8％であり、相対的に非正規職

図2-1 政府側による非正規職勤労者の規模及び比率

出典：統計庁「2015年8月経済活動人口調査勤労形態別及び非賃金勤労付加調査結果」（2015年）。

図2-2 労働側による非正規職勤労者の規模及び比率

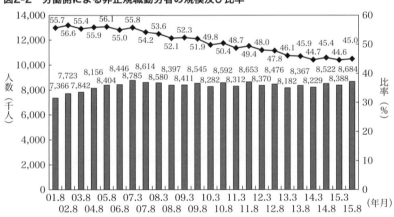

出典：金裕善「非正規職規模と実態－統計庁、'経済活動人口調査付加調査'（2015.8）結果」
　　　韓国労働社会研究所（2015年11月）。

に就く女性が多いことがわかる。この理由については、女性の場合、出産・育児・家事・子供教育など制約があり、経済活動に参加しようとする際に、家庭と職業を両立するため、弾力的な勤労形態就業を希望する傾向にあることが指摘されている[43]。

　非正規職に就く者の年代別割合は、20代が17.8％、30代が16.2％、40代

が20.4％、50代が21.5％、60代が21.0％（労働側の発表によると、20代が17.6％、30代が21.2％、40代が22.9％）になっており、年齢が上がるにつれて徐々に非正規職の割合が増加していることがわかる。20代、30代に正規職として就職したが、40代から非正規職化されている傾向が見られる。この事実は、最近、高齢化が社会問題となる韓国において、長期的には所得階層の二極化を促進する主要要因になると考えられる。

また、多くの人々は20代に労働市場に参入する。20代の非正規職の割合が20％近いことは、若年層を対象にして良質の雇用を創出することが緊急な課題であることを示している。

さらに、性別をクロスしてみると、男性の場合、30代から50代の間では正規職がもっとも多いが、しかし、その他の年齢では非正規職の割合が多くなっていることがわかる。これに対して、女性の場合、20代及び30代を除きすべての年代で非正規職が正規職を上回っている。これは、伝統的に女性の労働市場への参加の特徴であったM字型曲線が、最近は非正規職の就業として反映されるようになったことを示している[44]。

学歴別でみると、非正規雇用労働者の中で、中卒以下は24.2％、高卒は44.0％、大卒以上は31.9％（労働側の発表によると、中卒以下は23.4％、高卒は47.4％で、専門大卒は10.8％、大学卒以上の学歴が18.4％を占めている。また、学歴別に正規職・非正規職の割合を見ると、中卒以下では、正規職は19.5％、非正規職が80.5％であり、高卒の場合は、正規職は44.6％、非正規職は55.4％であり、専門大卒の場合は、正規職は66.0％、非正規職は33.4％である。大学卒の場合は、正規職が75.6％、非正規職は24.4％である。大学院卒の場合は、正規職の割合は78.2％であり、正規職の割合は学歴水準に比例する一方、非正規職の割合は学歴水準に反比例することがわかる[45]。

当該雇用形態を選択した動機を調べてみると、自発的な選択は、正規職は76.3％、非正規職は49.3％である。自発的に選択した主な理由は、正規職は「勤労条件に満足」が49.4％であり、一方非正規職は「勤労条件に満足」が48.2％で高かった。非自発的な理由としては、「すぐに収入が必要」であることが、正規職は74.8％、非正規職は75.5％で最も高かった[46]。

第3項　賃金及び労働条件

　平均賃金を見てみると、2015年8月、正規職の平均賃金は270万ウォン[47]（労働側の発表によると、297万ウォン）であり、一方、非正規職の平均賃金は147万ウォン（労働側の発表によると、148万ウォン）で、両者の間には約130万ウォン（労働側の発表によると、149万ウォン）の差がある（労働側によると、非正規雇用労働者の中では、特殊雇用労働者の賃金が197万ウォンで最も高い一方、在宅労働が83万ウォン、時間制勤労が71万ウォンで最も低い）[48]。

　政府側の発表によると、正規職の賃金に対する非正規職の賃金額（対比賃金比率）は、2005年以降、徐々に低くなっている。2005年、非正規職の正規職対比賃金比率は62.6％であったが、2015年8月の調査では、54.4％（労働側の発表によると、2000年8月、非正規職の正規職対比賃金比率は53.5％であったが、2015年8月の調査では、49.8％）である。具体的にみると、男性正規雇用労働者の中、賃金の下位（中位賃金の50％未満に該当し、賃金82万ウォン）に属する割合は1.6％であるのに対し、男性非正規雇用労働者の1/3は下位賃金を受けている。このような状況は、女性の場合はもっと強い。女性非正規職はほぼ60％が下位賃金の82万ウォン以下である[49]。この非正規職の賃金比率の減少は、最低賃金制度[50]等の存在にもかかわらず社会の二極化が進んでいることと密接に関連していると考えられる。

　もちろん、非正規職の賃金水準は、その労働時間の短さに見合ったものであることを勘案すると、実質的な格差は縮小する。例えば、統計省の資料によると、非正規職の正規職の時間当たり賃金比率は67％である[51]。雇用労働部の「勤労形態別勤労実態」調査によると、2008年6月に55.5％、2009年6月に56.3％、2010年6月に57.2％になり、正規職と非正規職間の格差は微弱であるが徐々に減っている。しかし、この調査には、性別・年齢・学歴・勤続年数・経歴・職種などの人的特性などは反映されていない。雇用労働部はこれらを反映すると、2010年6月基準で、同じ事業場内の正規職と非正規職の間での時間当たり賃金の格差は12.6％水準であると発表しており[52]、ここでは大きな賃金格差は見られない。

　傾向の異なるこれらの資料のみでは、非正規職保護法の施行効果を評価する

ことは困難である。

　正規職の社会保険適用率は、国民年金が82.0%、健康保険が84.8%、及び雇用保険が82.4%（労働側の発表によると、国民年金が96.6%、健康保険が98.9%、及び雇用保険が84.8%）ときわめて高い。これに対して、非正規職の社会保険適用率は、国民年金が36.9%、健康保険が43.8%、及び雇用保険が42.5%（労働側の発表によると、国民年金が31.7%、健康保険が38.0%、及び雇用保険が37.7%）に過ぎず低水準におかれている[53]。

　正規職の付加恵沢[54]適用率は、退職金の適用率が84.0%、賞与が85.0%、時間外手当が58.4%、有給休暇が73.9%（労働側の発表によると、退職金の適用率が99.5%、賞与が96.4%、時間外手当が70.4%、有給休暇が89.2%）であるものの、非正規職の場合には、退職金が40.5%、賞与が39.0%、時間外手当が23.7%、有給休暇が31.9%（労働側の発表によると、退職金が33.6%、賞与が37.8%、時間外手当が18.8%、有給休暇が24.8%）で、賃金格差以外にも社会保険及び付加恵沢適用率も正規職と比べて大きな差がある[55]。

　以上、統計庁の経済活動人口付加調査資料を見たが、非正規職保護法の制定・改正による効果はそれほどではなかったといえる。特に、社会保険適用率、勤労時間、賃金において非正規雇用労働者は平均以下の社会保険適用率であり、正規職と比べて長時間勤労しても低賃金である。3分の1以上の非正規雇用労働者の差別が解消されない限り、こうした社会二極化を解決することは困難であろう。例えば、男性正規職勤労者の中、賃金の下位（中位賃金の50%未満に該当し、賃金82万ウォン）に属する割合は1.6%であるのに対し、男性非正規雇用労働者の1/3は下位賃金を受けている。このような状況は、女性の場合はもっと強い。女性非正規職はほぼ60%が下位賃金の82万ウォン以下である[56]。

第4項　雇用形態を理由とする差別是正制度の実態

　差別是正申請をした非正規雇用労働者を雇用形態別にみると、期間制勤労者の割合が最も多く占めている。特に、2007年から2009年までは、申請権者の90%以上が期間制勤労者であった。このように期間制勤労者の割合が最も高いのは、非正規雇用労働者の中で、期間制勤労者が占める割合が最も多いか

表 2-3　差別是正申請の割合（雇用形態別）　　　　　　　　　　　　（単位：％）

	期間制	短時間	派遣
2009 年	94.50	0.70	4.80
2010 年	48.40	31.20	20.40
2011 年	52.20	41.10	6.70

表 2-4　差別是正申請の割合（職種別）　　　　　　　　　　　　（単位：％）

	管理者	専門家	事務	サービス	販売	機能	装置機械	単純労務
2009 年	0.50	0.50	72.70	11.70	6.30	3.20	4.50	0.50
2010 年	0.70	3.20	24.40	10.70	21.40	22.90	12.70	3.70
2011 年	3.30	12.20	5.60	58.90	0.00	8.90	6.70	4.40

表 2-5　差別是正申請の割合（勤続期間別）　　　　　　　　　　　　（単位：％）

	1 年未満	1～2 年未満	2～4 年未満	4 年以上
2009 年 6 月	0.30	17.20	51.90	30.60
2009 年	2.70	13.80	40.20	43.30
2010 年	8.00	11.20	36.20	44.60
2011 年	10.00	32.20	28.90	28.90

らであるだろう。しかし、2010 年以後には、短時間勤労者と派遣勤労者の割合が大幅に増加している。特に、短時間勤労者の割合が大幅に高まる傾向を見せている。ただ、この短時間勤労者又は派遣勤労者の場合、ほとんど期間制勤労契約をしている点を留意すべきである。すなわち、派遣勤労者又は短時間勤労者の差別是正申請は、「派遣＋期間制」、「短時間＋期間制」の差別是正申請の性格を持っている[57]。

　2009 年以後、申請権者の職種別にみると、全体的に、事務、サービス、販売、装置機械などの職種で差別是正申請が行われている。特徴的なのは、年度ごとに申請権者の職種が変化していることである。例えば、2009 年には、事務職が 72.7％で、最も高い割合を占めていたが、2010 年には、事務と機能、2011 年には、サービスで差別是正申請が多い。

　2007 年以後、申請権者の勤続期間をみると、2009 年までは、勤続期間が 2 年以上非正規雇用労働者の差別是正申請が最も高い割合を占め、2010 年まで 80％を超えている。期間制雇用法は、非正規雇用労働者として 2 年以上勤

第2章 非正規雇用労働者の意義と現状

表 2-6 差別是正申請の割合（事業規模別） (単位：%)

	100人未満	100～299人	300～499人	500～999人	1,000人以上
2009年6月	0.90	3.70	2.50	29.20	63.80
2009年	37.00	20.40	16.70	3.70	22.20
2010年	38.00	29.60	7.00	8.50	16.90
2011年	43.60	20.50	5.10	7.70	23.10

続した場合、使用者はその非正規雇用労働者を直接雇用しなければならないことを定める。にもかかわらず、2年以上勤続した非正規雇用労働者の割合が高かったことは、5人以上の勤労者を使用するすべての使用者を対象に期間制雇用法が適用される時期が2009年7月1日からであったからであると思われる。この日以降、徐々に長期勤続（2年以上）する非正規雇用労働者の割合は減る傾向を見せている。2011年の場合、勤続期間2年未満の非正規雇用労働者が差別是正を申請した割合が42.2％を占めている。

　2007年以後、申請権者が勤務した事業場の規模をみると、全体的に500人以上の大企業で差別是正申請が最も多かった。特に、期間制雇用法施行の初期である2009年6月までは1,000人以上の大企業で差別是正申請が最も多かった。しかし、徐々に300人未満の事業場の差別是正申請の割合が高くなって、2011年には差別是正申請事件の64.1％が300人未満の事業場で提起された。特徴的なのは、2009年以後には300人以上1,000人の規模の事業場での差別是正申請の割合がかなり低く現れており、2011年の場合には、300人以上1,000人規模の事業場で12.8％しか差別是正申請をしなかったことである。

　差別是正申請事件の申請内容別にみると、賃金が1,021件で78.5％を占めており、福利厚生が178件（13.8％）、勤労時間が20件（1.5％）、その他81件（6.2％）であった。賃金に関連する申請がほとんどであり、福利厚生に関する申請も金銭に関連するものが多い。そして、賃金に関する差別是正申請を内容別に分類してみると、諸手当に関連する差別是正申請が523件（40.2％）、賞与金に関連する差別是正申請が269件（29.7％）である。賃金の基本給に関連する差別是正申請は145件（11.2％）で、相対的に少なかった。

　差別是正申請を内容別にどのように処理したかをみると、基本給と勤労時間に関する差別是正申請の場合、不合理な差別であると認定される割合がかなり低い一方、諸手当又は賞与金に関する差別是正申請の場合、不合理な差別であ

表 2-7 差別是正の内容

①内容別処理結果:2009〜2011年総合　　　　　　　　　　（単位:上段・件、下段・%)

		全体	賃金						福利厚生	勤労時間	その他
			小計	基本給	諸手当	賞与金	退職金	その他			
全体		1,300 (100.0)	1,021 (78.5)	145 (11.2)	523 (40.2)	269 (29.7)	12 (0.9)	72 (5.5)	178 (13.8)	20 (1.5)	81 (6.2)
判定	認定	220 (100.0)	191 (86.8)	6 (2.7)	126 (57.3)	55 (25.0)	0 (0.0)	4 (1.8)	29 (13.2)	0 (0.0)	0 (0.0)
	不認定	566 (100.0)	424 (74.9)	86 (15.2)	205 (36.2)	110 (19.4)	2 (0.4)	21 (3.7)	110 (19.4)	8 (1.4)	24 (4.2)
調停・仲裁		140 (100.0)	93 (66.4)	28 (20.0)	34 (24.3)	21 (15.0)	7 (5.0)	3 (2.1)	19 (13.6)	8 (5.7)	20 (14.3)
取消		211 (100.0)	162 (76.8)	19 (9.0)	68 (32.2)	34 (16.1)	3 (1.4)	38 (18.0)	17 (8.1)	3 (1.4)	29 (13.7)
進行中		163 (100.0)	151 (92.6)	6 (3.7)	90 (55.2)	49 (30.1)	0 (0.0)	6 (3.7)	3 (1.8)	1 (0.6)	8 (4.9)

②賃金と関連する処理結果　　　　　　　　　　　　　　　　　　　　　（単位:件)

		全体	判定		調停・仲裁	取消	進行中
			認定	不認定			
基本給	2009年	22	3	7	8	3	1
	2010年	101	2	75	13	8	3
	2011年	22	1	4	7	8	2
諸手当	2009年	109	19	64	0	23	3
	2010年	261	32	118	11	20	80
	2011年	153	75	23	23	25	7
賞与金	2009年	50	8	25	0	16	1
	2010年	161	9	77	17	13	45
	2011年	58	38	8	4	5	3
福利厚生	2009年	31	0	24	0	7	0
	2010年	122	28	78	6	8	2
	2011年	25	1	8	13	2	1

ると認定される場合が相対的に高かった。特に、2011年に、諸手当又は賞与金について不合理な差別であると認められた事例が多い。これは、全体的には差別是正申請件数が減っているが、諸手当又は賞与金にはまだ不合理な差別が存在していることを間接的に示すものといえる。

第3款　小括

　企業は経済のグローバル化による市場での厳しい競争を乗り越える目的で正規職と比べて人件費に対する負担が少ない非正規労働者の雇用をより選好している。

　日本の場合は、非正規雇用労働者の中でパートやアルバイトが占める割合が68.7％で最も高く、次は契約労働者（14.9％）、派遣労働者（6.1％）、嘱託労働者（6.1％）の順になっている（総務省統計局「労働力調査」参照）。

　一方、韓国の場合は、日本のパート・アルバイトにあたる「時間制労働者」の割合は日本より小さく、「限時的労働者」（特に、「期間制労働者」）の割合が高い。

　すなわち、日本では、非正規雇用労働者の中で短時間労働者であるパートやアルバイトが占める割合が高いことに比べて、韓国ではフルタイム労働者であるが期間の定めがある期間制労働者の割合が相対的に高いことがわかる。

　韓国では、「非正規職保護法」の施行により期間制労働者の長期使用に関する法的規制が用意されてからも、短期的なパートやアルバイトよりは正社員と同様に働き、賃金はパート・アルバイトより高いものの、相対的に長く働ける期間制労働者を企業は選好している。また、労働者の側でも収入が不安定なパートやアルバイトよりは期間制労働者として働くことを望んでいるのが現状である。

　日本では、パートタイムという働き方を選択する理由として、「自分の都合の良い時間に働きたいから」あるいは「勤務時間・日数が短いから」といったものが多いことからすれば、フルタイムで働けるのに雇用期間の制限のある限時的労働者の多い韓国に比べて健全のように見える。しかし、擬似パートのような問題がある。擬似パートは、女性が多く、就労の実態は正社員とあまり変わらないが、賃金は時間給で賞与がないケースが多く処遇水準においては正社員と比較してかなりの差がある。また、子育てをしている女性の中には、短時間労働者として働いているケースが少なくない。過去と比べて短時間や派遣といった多様な働き方が増えてはいるが、働く母親の事情を考慮した働き方は他の先進国に比べて十分提供されているとは言えない。

第 1 編　序論

注

1) 김수복『비정규직노동법』(중앙경제, 2008 年) 18 쪽 (金洙福『非正規職労働法』(中央経済、2008 年) 18 頁).
2) 荒木・前掲第 1 章注 (13) 186 頁以下。
3) 2012 年 3 月 28 日、厚生労働省に設置されていた「非正規雇用のビジョンに関する懇談会」と「多様な形態による正社員に関する研究会」がそれぞれ報告書を取りまとめ、公表したものが、「望ましい働き方ビジョン」である。濱口・前掲第 1 章注 (1) 44 頁によると、この報告書は、均等処遇や雇止め問題など正規雇用労働者と非正規雇用労働者のギャップとして認識されてきた問題に、それぞれ相補的な視角からアプローチしている。
4) 日本の多様な正社員とは、従来の正規雇用労働者でも非正規雇用労働者でもないその中間に位置する雇用形態である。例えば、短時間正規雇用労働者、職種限定正規雇用労働者や勤務地限定正規雇用労働者といった、業務や勤務地等を限定した契約期間に定めのない雇用形態をいう（(独) 労働政策研究研修機構「多様な就業形態に関する実態調査」(2010 年))。有期契約労働者を正規雇用労働者に転換する際に、中間に位置する多様な正社員として転換させることにより、もし、該当業種の事業を撤退する際、既存の職種限定正規雇用労働者を整理解雇できるようにしたり、事業所を他の地域へ移転する際、既存の勤務地限定正規雇用労働者を整理解雇できる。結局は、いつでも整理解雇させることができ、有期契約労働のときの労働条件と全く改善されないため、不安定労働を固着化されると思われる。
5) 韓国の非正規職保護法により、企業の非正規雇用形態が多様化された。これは、当時政府は、期間制限により非正規雇用労働者は正規雇用労働者へ転換されるだろうという緩い思いからであったと思われる。すなわち、直接雇用義務により、期間の定めがない勤労契約を締結しなくてもよいので、非正規雇用労働者を外注化、無期契約職、下位職級化など多様な雇用形態により直接雇用義務を履行している（李羅炅「韓国における期間制勤労者の保護法制」専修法研論集第 50 号 (2012 年) 147 頁以下参照：김성희「비정규 노동과 민주노조운동의 혁신의 과제」조돈문・이수봉『민주노조운동 20 년：쟁점과 과제』(후마니타스, 2008 年) 323 쪽이하 (金ソンヒ「非正規労働と民主労組運動の革新課題」ジョドンムン・李スボン『民主労組運動 20 年：争点と課題』(フマニタス、2008 年) 323 頁以下)。
6) 雇用政策研究会『雇用政策研究会報告書「持続可能な活力ある社会を実現する経済・雇用システム」』(2010 年) 14 頁以下。
7) 厚生労働省委託「多様な形態による正社員にかかる企業アンケート調査」(2011 年) によると、約 5 割の企業が多様な形態による正社員の雇用区分を導入している。また、限定している区分別にみると、職種限定の区分は約 9 割、勤務地限定の区分は約 4 割、労働時間限定の区分は約 1～2 割の企業が導入しており、これらの要素を複数組み合わせている区分も見られる。区分を導入している目的（複数回答）としては、「優秀な人材を確保するため」(43.3%)、「従業員の定着を図るため」(38.5%) といった人材確保・定着に必要性や、「仕事と育児や介護の両立（ワーク・ライフ・バランス）支援のため」(23.7%) が多い。

8）労使問題に対する法定の三者合意機構である。
9）非正規職対策特別委員会は、委員長、その他に、労働者委員4名、使用者委員4名、政府委員4名、公益委員6名で構成された。政府委員は、労働部など関連部の局長級の公務員であり、公益委員は、労働問題の関連分野を専攻とする大学教授や専門家である。
10）巻末【資料2】「非正規職勤労者対策に関する労使政合意文（第1次）」参照。
11）毎日労働ニュース「非正規職の統計基準、労使政は合意したことがない？」（2007年4月16日）：詳細については、李羅昋・前掲注（5）116頁以下参照。
12）박동운「비정규직보호법은 당장 폐기처분되어야 한다」자유기업원 87（2009年）17쪽（朴ドンウン「非正規職保護法はすぐ廃棄処分されるべきである」CFEReport No.87（2009年）17頁）。
13）이인용「비정규 고용」한국노동연구원（미발간보고서）（2005년）（李インヨン「非正規雇用」韓国労働研究院（未発刊報告書）（2005年））：은수미『비정규직과 한국노사관계 시스템 변화〔1〕』（한국노동연구원, 2007년）27쪽（殷秀美『非正規職と韓国労使関係システム変化〔1〕』（韓国労働研究院、2007年）21頁）。
14）厚生労働省「平成22年就業形態の多様化に関する総合実態調査の概況」（2010年）11頁。
15）厚生労働省・前掲注（14）21頁。
16）厚生労働省・前掲注（14）21頁。
17）厚生労働省・前掲注（14）21頁。
18）厚生労働省・前掲注（14）25頁。
19）厚生労働省・前掲第1章注（9）196頁。
20）総務省統計局「平成24年就業構造基本調査」（2013年）3頁。
21）厚生労働省・前掲第1章注（9）183頁。
22）1985年の年齢別は、全産業についてみることができないため、非農林業ベースで行ったものである。2012年の資料は、総務省統計局「労働力調査（詳細集計）平成24年（速報）結果の要約」（2013年）5頁。
23）総務省統計局・前掲注（20）3頁。
24）厚生労働省・前掲第1章注（9）194頁。
25）厚生労働省・前掲注（14）27頁。
26）藤井・前掲第1章注（9）50頁。
27）総務省統計局・前掲注（22）9頁。
28）厚生労働省・前掲第1章注（10）11頁。
29）（独）労働政策研究研修機構「非正規社員のキャリア形成－能力開発と正規雇用労働者転換の実態」労働政策研究報告書第117（2010年）。
30）厚生労働省・前掲注（14）14頁。
31）한국비정규노동센터『통계로 본 한국의 비정규노동자－2011년 3월 경제활동인구조사 근로 형태별 부가조사』（2011년）32쪽（韓国非正規労働センター『統計で見た韓国の非正規労働者－2011年3月経済活動人口調査勤労形態別付加調査分析』（2011年）32頁）。
32）사람입국・일자리위원회『비정규직실태 및 정책과제』（2006년）26쪽（人間入国・

第 1 編　序論

職委員会『非正規職実態及び政策課題』(2006 年) 26 頁)。
33) 이호근「비정규직근로자보호대책－노사정위원회의 논의현황 및 주요쟁점」(2001 년 10 월 8 일) 노사정위원회의 자료 (李ホグン「非正規雇用労働者保護対策－労使政委員会の議論現状と主要争点」(2001 年 10 月 8 日) 労使政委員会の資料)。
34) 정영화「최근노동법 및 노동제도변화와 헌법사실의 관계」홍익법학 13 호 (2012 년) 241 쪽 (鄭ヨンハ「最近労働法及び労働制度の変化と憲法事実の関係」弘益法学第 13 巻第 1 号 (2012 年) 241 頁)。
35) 통계청『2012 년 8 월경제활동인구조사 근로형태별 및 임금근로부가조사결과』(2012 년) 9 쪽 (統計庁「2012 年 8 月経済活動人口調査勤労形態別及び非賃金勤労付加調査結果」(2012 年)　9 頁)。
36) 통계청 (統計庁)・前掲注 (35) 17 頁；非正規職勤労者も賃金・給料その他これに準ずる収入によって生活する者なので、労組法上の勤労者に該当し、労組法第 5 条に基づいて自由に労働組合を組織したり、加盟することができる。しかし、法律上労働組合の設立および加入が自由なこととは違って、非正規職勤労者と使用者との関係においては、事実上団結自体が再契約との関係と繋いているので容易ではない。また、現実的に非正規職勤労者が企業別形態の既存の労働組合に加入することはさらに難しい。大部分の企業別労働組合の場合、比較的身分が安定し、勤労条件が優越した正規職勤労者を中心に組織され、労働組合は彼らの利益を主に代弁する傾向が強いし、非正規職勤労者に対する差別的な処遇を通じて自分たちが享受できる利益を増大しようとする場合もある。したがって、非正規職勤労者の組織化に反対したり、消極的な態度を取るのが現実である (김성권「비정규직 근로자에 대한 불이익취급의 부당노동행위 재검토—관련 판결례 및 판정례를 중심으로」경북대학교법학논고제 45 집 (2014 년) 450 쪽〜 451 쪽 (金ソンゴン「非正規職勤労者に対する不利益取扱の不当労働行為再検討－関連判決例及び判定例を中心」慶北大学法学論攷第 45 輯 (2014 年) 450 〜 451 頁))。
37)「非正規雇用労働者対策に関する労使政合意文 (第 1 次)」の内容については、巻末【資料 2】参照。
38) 매일노동뉴스「비정규직의 통계기준, 노사정 합의한 적 없다？」(2007 년 4 월 16 일) (毎日労働ニュース「非正規職の統計基準、労使政は合意したことがない？」(2007 年 4 月 16 日))；労働側の主張については、李羅炅・前掲注 (5) 116 頁以下参照。
39) 例えば、非正規職保護法施行以後 2 年間に 36.8％が正規職へ転換された。そして、自動的に期間の定めのない契約への転換が 26.1％である。
40) 김유선「2009 년비정규직규모와 실태－통계청, '경제활동인구조사부가조사' (2009.3) 결과」한국비정규노동센터 (2009 년 6 월) (金裕善「2009 年非正規規模と実態－統計庁、'経済活動人口調査付加調査' (2009.3) 結果」韓国非正規労働センター (2009 年 6 月))。
41) 2015 年、日本の非正規労働者が労働者全体に占める割合は 37.2％である。その中で、パート・アルバイトが 68.5％と、依然として非正規労働者の多くを占める一方、派遣が 6.7％、契約社員が 14.5％、嘱託が 6.0％、その他が 4.3％となっている (総務省統計局「労働力調査 (詳細集計) 平成 27 年 (2015 年) 7 〜 9 月期平均 (速報)」(2015 年) 2 頁)。
42) 통계청「2015 년 8 월경제활동인구조사근로형태 및 비임금근로부가조사결과」(2015 년)

第 2 章　非正規雇用労働者の意義と現状

13쪽（統計庁「2015年 8月経済活動人口調査勤労形態別及び非賃金勤労付加調査結果」（2015年）13頁）；김유선「비정규직규모와 실태－통계청, '경제활동인구조사부가조사'（2015.8）결과」한국노동사회연구소（2015년）7쪽（金裕善「非正規職規模と実態－統計庁,'経済活動人口調査付加調査'（2015.8）結果」韓国労働社会研究所（2015年）7頁）。
43）김유선（金裕善）・前掲注（42）8頁；김수복（金洙福）・前掲注（1）233頁。
44）김유선（金裕善）・前掲注（42）28頁。
45）김유선（金裕善）・前掲注（42）30頁。
46）통계청（統計庁）・前掲注（35）10頁。
47）2015年 12月 15日基準で、100円が 976ウォンである。
48）통계청（統計庁）・前掲注（42）24頁；김유선（金裕善）・前掲注（42）15頁。
49）정홍준「비정규직법시행 4년이 노동시장에 미친 영향－비정규직보호법의 차별해소와 규모를 중심으로」한국비정규노동센터（2011년）9쪽（鄭フンジュン「非正規職法施行 4年が労働市場に及ぼした影響－非正規職労働者の差別解消と規模を中心に」韓国非正規労働センター（2011年）9頁）。
50）2015年 1月 1日から 2015年 12月 31日までの最低賃金額は、時給 5,580ウォンである。
51）正規職の週当たりの就業時間は 41.4時間、非正規職の週当たりの就業時間は 34.8時間である（통계청（統計庁）・前掲注（35）11頁参照）。
52）고용노동부보도자료（2011년 5월 20일）（雇用労働部報道資料（2011年 5月 20日））：박종희・전윤구・강선희『차별시정제도 차별금지 규정의 요건, 제제수단 및 구제절차 개선방법』（고용노동부, 2011년）3쪽（朴ジョンフィ・全ユング・姜ソンヒ『差別是正制度差別禁止規定の要件、制裁手段及び救済手続の改善方策』（雇用労働部、2011年）3頁）。
53）통계청（統計庁）・前掲注（42）20頁；김유선（金裕善）・前掲注（42）26頁。
54）日本の福利厚生に該当する。
55）통계청（統計庁）・前掲注（42）21頁；김유선（金裕善）・前掲注（42）26頁。
56）정홍준（鄭フンジュン）・前掲注（49）9頁を参照。
57）이성희『비정규직 차별시정제도의 운영실태 및 개선방책』（한국노동연구원, 2012년）18쪽（李ソンヒ『非正規職差別是正制度の運営実態及び改善方策』（韓国労働研究院、2012年）18頁）。

第3章　雇用形態を理由とする労働条件格差をめぐる従来の検討

第1節　「平等」・「均等」及び「差別禁止」の区分

　「平等」・「均等」・「差別」など多様な用語が日常的に又は法律用語として使われている。広辞苑によると、「平等」は、個人の資質、能力、努力、成果などに関係なく、片寄りや差別がなく、みな等しいこと（例えば、「利益を平等に分配する」「男女平等」など）をいう。「均等」とは、二つ以上の物事の間が互いに平等で差がないと（例えば、「均等に配分する」「機会均等」など）をいう。そして、「差別」とは、差をつけて取扱うこと（例えば、「差別待遇」など）をいう。辞書的定義によると、平等と均等すべて差別がない状態を意味するもので、両者の間に意味上の相違はない。法律で使用された例から見ると、憲法14条では、法の前の平等、同法14条1項及び同法26条1項の精神を具体化したもので教育基本法3条（教育の機会均等）など平等と均等という用語が共に使用されている。また、労働関係法規では、募集・採用の場合には、均等という用語が使用されるし[1]、労働条件に関しては、差別の禁止という用語が使用されるなど[2]、差別領域によって差異を置いているように見える[3]。

　本書では、「平等」＝「均等」＝「差別禁止」は同義に扱う（図3-1）。その際、本書では、①憲法14条1項でいう人種、性別、社会的身分など本人の意思や努力によってはかえることができない不可変の属性を理由とする差別を「平等」といい、②本人の意思により非正規雇用を選択したとしてもその雇用形態を理由とする差別を「均等」という。そして、①のように合意によるものではないものと、②の合意によるものを、包括的な意味で「差別」という。

図 3-1 「平等」・「均等」及び「差別禁止」との関係

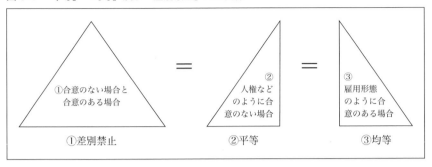

第1款 平等

第1項 平等の概念

　平等思想は、中世時代には「神の前の平等」、近代国家の成立以来には「法の前の平等」として発展した。平等とは、一般的には、「等しいものを等しく、等しくないものを等しくなく扱うこと」（等しく扱われないこと、すなわち、差別されることは、人権を著しく傷つけられることでもある）であり、アリストテレス[4]の基本原理に基づいている。こうしたアリストテレスの平等概念は、公正に関する一般人の情緒と一致することで、長い間、平等を説明する叙述語として使われている[5]。

　平等は、法適用の平等を意味する形式的平等と、法内容の平等を意味する実質的平等とに区分され、個人の条件にかかわらず、すべての人をすべての面で常に平等に待遇する絶対的平等と、同一条件のもとにおいて平等に扱う相対的平等とに区分される。一方、保護対象の範囲をめぐって機会の平等と結果の平等に分けられる。

　まず、機会の平等は、同一の出発点で競争に参入できるように保障することを意味する。平等を出発線上の自由を保障する機会の平等として理解する。そうすると、国家は、特定の事由を理由とする差別を禁止し、そのような差別から保護する差別禁止法制を設ける。このように差別禁止法制の目的を国家が機会の平等を保障するものと理解する観点は、理念的に自由主義から由来するもので、個人の意思と市場の機能を重視し、国家の過度な関与には批判的な立場

もある[6]。

　次は、結果の平等は、使用者の差別意思による個別的な行為を規制することに留まるものではなく、雇用機会又は賃金の再分配等を通じて発生する格差を是正しようとすることを意味する。平等を結果の平等で理解すると、国家は、個別使用者の差別的意思による行為のみを規制するのに留まるものではなく、過去の差別を是正するために、より積極的な手段を設けなければならない。結果の平等は、個人より集団を重要視するもので、間接差別禁止[7]や積極的な是正措置は、結果的平等概念を反映したものであるといえる。しかし、積極的是正処置は、他の差別論争をもたらす恐れがあるために積極的是正措置が正当化されるためには、過去の具体的な差別と密接につながっていなければならない[8]。

第2項　日本における平等

1．平等待遇義務説

　平等待遇原則を社会的差別の禁止とは異なる規範と位置づけたうえで、雇用形態という契約上の属性に基づく異なる取扱いについては、民法第1条2項の信義誠実の原則に従って、他の原理や原則に基づいて正当化される場合を除いては、使用者は、労働条件を不平等に待遇しない義務を負うという平等取扱義務からアプローチするべきとする平等待遇義務説である[9]。毛塚勝利[10]は、平等取扱いとは、企業という生活空間を支配する使用者に、自らの権能を恣意的に行使してはならず、すべての労働者に公正に行使することを求めるものである。その中でも、雇用形態差別に対する平等取扱い義務として、同一の計算基準に基づく賃金制度をとることが原則として求められる（同一賃金制度原則）が、異なる賃金制度をとることに合理的理由が認められる場合でも、時間的経過のなかで制度間の調整を行うこと（制度間調整原則）や、異なる制度にある者の間の処遇に均等を失していないように調整すること（均衡処遇原則）が要請されるとする。すなわち、人間社会での不平等の感情は、同じ場所での生活を前提に形成されるため、使用者は、同じ場所で働く非正規雇用労働者を平等に扱う義務を負うとする。また、非正規雇用労働者の勤続期間が長くなると、他の構成員との均等待遇に対する非正規雇用労働者の期待が高まることになり、これに相応して、使用者の平等待遇義務は大きくなるとする[11]。したがっ

て、非正規雇用労働者が入社当時、自分の意思に基づいて労働条件の格差を承認したとしても、使用者が格差を維持する場合には平等待遇義務違反になるという[12]。

同見解は、公序を「絶対的一般的公序」と、「相対的限定的公序」に分け、使用者と労働者が労働契約を締結することにより成立する雇用関係に適用される均等待遇原則は、「相対的限定的公序」であるとする[13]。均等待遇原則が、「相対的限定的公序」であるという点で、均等待遇原則は、雇用関係の他の重要な原則（能力と成果に応じた処遇、契約の自由、団結の自由）と組み合わせて考えるべきである。したがって、団体交渉の結果の組み合わせによって獲得した労働条件については均等待遇原則を自動的に非組合員に適用してはならない。労働組合と合意したという事実だけを理由に、均等待遇原則の適用を排除すると、会社と労組の合意により不合理な格差を是正することができなくなるので、平等待遇説もこのような場合まで適用を排除するものではないようである。

同見解は、社会的差別禁止と均等待遇を異なる概念であるとみる一方、企業組織への帰属を均等待遇原則の根拠とすることに特徴があるが[14]、ある程度の時間が経過した後に、どの程度の待遇をするのかが明確ではないという点で限界があると思われる。

2. 憲法上の平等

憲法14条1項は、「すべて国民は、法の下に平等」であると規定して、平等原則を保障している。これは、法の規律の対象となる国民は法の下で公平に待遇されなければならないという憲法上の原則として、国家が本質的に同一のものは平等に、異なるものは不平等に待遇することにより、人間の尊厳を保障し、正義を実現する原理であるといえる。憲法14条1項は、すべての平等原則の基礎を成す根拠規定であり、同条項で保障する平等は、尊厳と価値を尊重しながらも個人の能力と努力による多様な差異を認定する相対的平等としての性格をもつ。平等原則は、一切の差別的待遇を否定する絶対的平等を意味するものではなく、合理的根拠のない差別をしてはならないという相対的平等を意味し、合理的根拠のある差別かの可否は、その差別が個人の尊重という憲法原理に反しない、また正当な立法目的を達成するために必要かつ適正なものかを基準として判断されなければならない。

平等権は、憲法13条が保障する個人の尊重及び幸福追求権とともに基本権保障において二つの軸を成している。平等権は、個人の自由な領域を設定し、これを侵害する国家の行為を禁止したり、特定な行為を要求する他の基本権と区別される。平等権は、比較を属性とする権利で、国家が個人の自由をどれぐらい制限するかを問題にすることよりは異なる待遇をする基準と論拠の正当性が問題となる。平等の対象は、様々な類型の自由と権利である。したがって、平等を制限するようになれば、その対象となる自由と権利も制限されることになる。平等権が問題となる事例を見ると、職業の自由、財産権など個別的自由権が同時に問題になっていることがわかる。これは平等の問題が常に自由と権利の問題を同伴するということを意味する。平等権と他の基本権が競合してどのような基本権を優先させるかの問題がある場合は、審査の対象と内容により密接な関連性を持った基本権を優先的に適用し、他の基本権の価値も一緒に考慮しなければならない。例えば、社会的少数者の自由侵害の可否を審査する場合に少数者が経験している不平等構造も一緒に考慮しなければならない。

　憲法14条1項は、平等以外にも人種、信条、性別、そして社会的身分を理由とする差別禁止を直接規定している。すなわち、個別的平等原則規定であるといえる。個別的平等原則規定は、憲法14条1項で保障される平等原則をより具体化することによって特定領域を特別に保護しようとする条項であるといえる。

第3項　韓国における平等

1.　平等待遇理論

　平等待遇理論は、同一の状況にある者を同等に扱わなければならないという理論である[15]。同理論は、すべての人間が、性別、皮膚の色、政治的な信念等とは関係なく、個人的資質に応じて処遇されることを求める。すなわち、労働能力が低いなどの理由で異なる取扱いを行うことは認めるが、個人の能力や資質に対する偏見や固定観念に基づいて異なる取扱いを行うことは差別に該当するとしている。

　差別は、人間が社会を形成して以来存在し、これが深刻な水準に達したと認識されたときに、これを解消するための法制度が設けられてきた。差別禁止の対象は、奴隷制度、人種差別などから出発し、現在、立法形態には差異がある

が、性別、宗教、年齢、障害、社会的な身分、人種、皮膚色、出身国、出身民族、出身地域、容貌などの身体条件、婚姻可否、家族状況、同性愛など性的性向、病歴、政治的な見解などについて差別禁止の対象とされるようになっている。

韓国の場合、人種差別の問題は生じなかったが、問題とされたのは、伝統的な儒教社会に起因した士農工商や、男女間の差別（性差別）などであり、日本と同様に、社会の発展や権利意識の向上などを受けて、近年では、差別禁止が論じられる対象は、女性、障害者、学歴、非正規雇用労働者、外国人勤労者などに広がっている。

平等待遇理論からは、職務遂行で必要とされる技術、努力、責任及び作業条件など客観的な条件が同一であれば同一な待遇をすべきことの論理的な根拠を導き出すことができる。この観点から、非正規雇用労働者に対する差別の禁止に関する新たな理論的根拠を導くことが可能と考えられる。

2．憲法上の平等

憲法11条1項は、「すべての国民は、法の前に平等である。いかなる者も性別、宗教又は社会的な身分によって政治的、経済的、社会的、文化的な生活のすべての領域において差別を受けてはならない」と規定する。この規定の形態や文言上の包括性などを勘案して、この規定が一般的な平等原則を定めていると解する見解がある[16]。

この見解によれば、憲法11条1項は、立法者が法を制定する際に遵守しなければならない平等の具体的内容を明示しておらず、この点を明確にしなければならない課題を有している。しかし、これを理由に平等権の保障が宣言的なものにすぎないと解することには反対する。平等原則は、憲法で定められた国民の基本権保障に関する最高の原理として、国が、立法の制定や法の解釈又は執行にあたり従うべき基準であると同時に、国家に対して合理的な理由なく不平等な待遇をしないことと、平等な取扱いを要求することができるというすべての国民の権利と解すべきとするのである。

但し、平等原則は、一切の差別的待遇を否定する絶対的な平等ではなく、立法や法の適用において合理的な根拠のない差別をしてはならないという相対的な平等を意味する[17]。合理的な根拠の有無は、当該差別が人間の尊厳性を尊重するという憲法の原則に反するか否か、及び正当な立法目的を達成するため

に必要かつ適正であるか否かを基準にして判断される[18]。また、国民の基本権に関する差別の有無が争点となっている場合には、当該差別の目的が憲法に合致する正当な目的であり、差別が争われている基準とその目的の実現との間に実質的な関係が存在すること、差別の程度が適正なものであることが必要となる[19]。

本書で問題となるのは、「社会的身分」に雇用形態が含まれるか否かである。この点について通説及び憲法大法院は、後天的身分説[20]をとっている。憲法大法院[21]は、「憲法11条1項での差別禁止事由として規定されている「社会的身分」とは、社会で長期間にわたって決められる地位として、一定の社会的評価を伴うことを意味する」としている。

但し、憲法に規定される性別・宗教・社会的身分は、例示的な列挙に過ぎないと解されている。

第2款　均等

一般的な均等待遇の原則は、本来、全ての労働者が均等な待遇を受けることを意味する。同原則は、労働法上の一般原則として、強行規定ではない。つまり、一般的な理念又は労使関係においてゆるい基準として同原則の違反について直接的に制裁が加わるものではない。したがって、賃金などが使用者と労働者の合意によって契約書に明文で規定されている場合又は団体協約に別途の約定がある場合には同原則の効力は及ばないとした[22]。しかし、【事件11-1】丸子警報器事件[23]で、労働基準法3条、同法4条の根底にある均等待遇の理念に反して違法である判断した。本判決は、臨時社員と正社員の賃金格差の違法性を認めた最初の判決であり、日本社会に新鮮な衝撃を与えた。しかし、均等待遇理念の法的根拠が明確でないという批判がある[24]。この事件は、短時間労働者などに対する差別禁止条項が明文化される前に短時間労働者の差別が均等待遇原則によって保護を受けることができるかどうかが争点となった。すなわち、均等待遇原則から短時間労働者と通常労働者の均等待遇を引き出すことができるかについて議論があった。

一方、韓国における一般的な均等待遇とは、労働関係上、一般的な差別禁止義務と関連して、使用者は、特定の差別禁止規定が存在しなくても、比較可能な状況に置かれている労働者を合理的又は客観的な理由なしに異なる扱いをし

てはならない、という一般的な均等待遇義務を負担すると解されている。その根拠は、労働者の人格的利益の侵害を禁ずる付随的義務と就業規則の内容統制理論に求められている[25]。

　労働者の人格的利益を侵害してはならないという付随的義務の要諦は、従属的な労働自体は、人間の尊厳と価値及び人格権を侵害するものではないが、使用者のように優位にある者が劣位にある労働者に対して恣意的な権限行使をする場合には、少なくとも自己価値防御権ないし一般的な人格権の侵害がありうるという点にある。

　就業規則の内容統制とは、通常の約款の場合でも交渉の構造的な不均衡を調整し、実質的な契約自由を確保するために約款規制法による内容統制が一般的に認められるように、使用者が一方的に作成する就業規則に対しても、使用者と個別労働者の間の構造的な非対等性をふまえてその適格性に関する統制を行うことが可能であり、その限度で、使用者は、労働者に対して、均等待遇義務ないし差別禁止義務を負担するというものである。しかし、使用者の優越的な地位を根拠に付随的義務を認めることは、使用者がそのような地位に無い場合の説明が困難になる。また、就業規則の内容統制理論も、就業規則の作成義務がなく就業規則が存在しない場合には、均等待遇義務を説明することができないという欠点がある。

第3款　差別禁止

第1項　差別の概念

　一般的な差別又は差別的待遇については、これを合理的な理由なく、特定の労働者を他の労働者より不利に扱うことと定義する見解[26]や、同一又は類似の状況で、比較対象者と比べて非好意的に扱うことと定義する見解がある[27]。一方、他の労働者より不利に扱われても勤労の内容、性質、形態、勤務の成績、態度、成果等合理的な理由がある場合は、差別に該当せず、労働組合の組合員を団体協約によって非組合員より有利に扱うことも差別には該当しないと判断している[28]。

　このような差別の概念は、その社会における伝統、歴史、文化的な背景、支配的な差別類型などに応じて異なる。現在、一般に用いられる差別という用語

は、強い否定的な語義を持っているが、元々の差別（discrimination）は、区別をやりこなす能力（弁別力）を指す中立的な用語である。差別が人々を区別する特別な方法であり、これに一般的に否定的な意味が与えられるようになったのは比較的最近である。

　労働関係での差別に関する理論は、主に男女差別禁止と関連する分野に集中してきたが、最近では、雇用関連全般にわたって差別禁止に関する研究が活発に展開されている。以下では、差別の概念を明確にするために、その差別の発生原因は何か、また、差別をなぜ非難することができるかについて検討する。

　差別は、①性別、人種等を理由とする差別と、②雇用形態を理由とする差別から始まっている。まず、①の場合は、性別、人種等に対する偏見、又は人件費を減らそうとする経済的動機が原因になる。もちろん、その２つの要素が複合的に作用する場合もあり、不純な経済的動機を偏見で合理化する場合もあり得る。

　そして、思想又は組合員を理由とする差別の場合には、偏見又は他の労働者たちに影響を遮断したり、さらには、組合を瓦解させようとする不当労働行為の意思が原因になる。したがって、思想又は組合員を理由とする差別の場合には、差別が賃金及び労働条件で留まるものではなく、解雇、転勤、組合から脱退勧誘など多様な形態で発生することになる。

　そして、②の場合は、①と異なる経済的動機が原因になる。例えば、使用者は、円滑な雇用調整の必要性、人件費削減による競争力確保のため、労働者の一部を非正規雇用労働者で構成しようとする。雇用形態を理由とする差別は、偏見より経営戦略によって事前に計画されたものであると見られる。

　上述①と②の動機から発した差別は、社会的に非難を受ける理由又は非難を受けなければならない理由は、差別が使用者の偏見又は利潤から発生したからである。使用者の利潤動機は自然なことであり、市場経済維持のためには尊重されなければならないが、その程度が過ぎて差別に至ると、これは憲法が保障する最高の価値である人間尊厳性を毀損することだけではなく、当事者の利益を均衡に考慮しなければならない契約の公正性を侵害する結果をもたらす。

　まず、人間の尊厳性毀損とは、人間はそれ自体として尊厳し、価値のある存在であり、幸せに生きる権利を持っている。憲法で人間の尊厳と価値は、すべての基本的人権の最終根拠であり、理念的基礎となる。人間が尊厳し、価値の

ある存在になるためには自由でなければならず、平等に待遇を受けなければならない。もし、個人の生が人種、性別など本人の意思と努力によって変えることができない事由ないし偶然の事情によって決定されると、人間の尊厳性は大きく毀損される。合理的な理由なく雇用形態のみを理由に使用者が非正規雇用労働者を不利に扱うことも、非正規雇用労働者の人間としての尊厳性を毀損すると見られる。ということは、人種、性、雇用形態の差異などは、それ自体で職業能力と提供する労働と何の関係がないという点では本質的に同じであるからである。人種、性、雇用形態の差異などを理由に労働者の採用、労働条件の決定などで差別することは人間として尊重しないものであることだけではなく、同じものを異なる待遇にすることで、正義の原則に反する結果をもたらす。

また、すべての国民は幸せを追求する権利を有する。労働者は、職場で自分の能力を発揮して、向上・発展させることで自分の存在を確認して自分の価値を実現する存在である。しかし、使用者から合理的な理由なしに不利な待遇を受けることになると、仕事を通じた自己実現に深刻な影響を受けることになり、これは憲法で規定している個人の尊厳と幸福追求の権利を毀損することになる[29]。差別は人間を人種、性など属性によって評価することにより個人として尊重せず、合理的な理由なく差別することで、人間が社会的生活を営むことにおいて不可欠な雇用、教育など基本的権利を侵害したり、侵害する可能性があるために[30]社会的に非難されなければならず、禁止されなければならない。

そして、契約の公正性侵害とは、一般的に契約は当事者が合意したものなので、公正であるだろうと思われがちであるが、実際の契約は、優越的な地位、契約と関連した情報の差異、交渉力の差異などにより公正に行われていない場合が多い。雇用関係においても使用者と労働者はお互いに対等な立場で互いの利益が均衡を実現するように労働条件を決定しなければならず、使用者は労働者が提供する労働の評価を根拠にそれに応じる賃金を提供しなければならないだけではなく、労働者間で衡平が維持されるように労働条件を決定しなければならない。

しかし、現実では使用者が契約上優越的な地位を利用して労働契約の内容を有利にしたり、偏見又は人件費削減に向けて合理的な理由なしに非正規雇用労働者を差別する場合が少なくない。したがって、労働契約の内容が、労働者に一方的に不利であったり、利益の均衡が著しく崩れたり、非正規雇用労働者を

合理的な理由なく差別した場合には、契約の公正性の実現に向けて、国家が介入する必要がある。私的自治の原則は、私法関係で基本的でありかつ重要な原則であるが、このような原則も憲法が保障する基本権の理念に合致しなければならない[31]。労働法学でも契約規制の根拠と関連して民法での議論[32]を基に、経済的合理性よりは契約の定義を強調して合理的な理由がない差別を禁止しなければならないという見解と、自由な自己決定を確保するために契約を規制する必要があるという見解が提起されている[33]。

第2項　雇用関係における差別

　雇用形態を理由とする差別を禁止する個別的な法制定について反対する見解がある。これは、雇用形態を労働者の意思と努力によって変えることができない属性であると限らないからである。しかし、非正規雇用労働者が正規雇用労働者への転換が容易ではない社会的状態に置かれているという事実は否定できない[34]。さらに、非正規雇用労働者の低い賃金と雇用の不安全性は、ワーキングプアの直接的な原因になっており、正規雇用労働者に比べて低い賃金が公正であるのかについて疑問が提起されている。このような状況が持続されれば、社会統合に悪影響を及ぼす恐れがあり、社会の不安要素になる[35]。ワーキングプアを解消し、労働者の能力と貢献によって評価される公正な雇用関係の実現と社会の統合のためには、国家の立法的関与が避けられないと思われる。

　また、雇用形態の多様化が企業だけではなく、労働者にも有益な制度として定着されるためには、合理的な理由がない差別は厳格に禁止されなければならない。どのような雇用形態を選択しても、労働条件に差別がない場合に労働者が自分の生活与件及び必要に応じて自由に雇用形態を選択でき、雇用関係で自己決定権を実現できるためである。これと関連して雇用柔軟性を資本と経営の必要に応じて労働という要素を、より効率的に使用しようとする資本の観点からではなく、労働の観点で実現しなければならないという見解がある[36]。この見解によると、労働者が必要に応じて雇用形態を短時間労働者へ転換するなど、労働者の簡易で雇用の柔軟化が行われなければならないとする。労働者の観点で雇用の柔軟化が図られるためには、雇用形態を理由に差別が禁止されなければならない。

　一方、雇用政策の観点は、女性の経済活動参加が増えて企業の経営環境が急

変する状況で標準的な雇用関係だけでは企業と労働者の需要に合致し難い。企業は一時的な人材のニーズに効果的に対応することができ、労働者は仕事と家庭生活を並行できるという多様な雇用形態が必要である。しかし、非正規雇用労働者ということを理由に、合理的な理由なしに、労働条件で不利な処遇を受けると、非正規雇用労働者の多くは正規雇用労働者への転換を希望することになる。正規雇用労働者への転換を希望する労働者が多いほど、真の意味で雇用形態の多様化が実現されたと見ることはできない。非正規雇用労働が悪い雇用又は仕方がなく雇用することなく、企業と労働者全員に必要な雇用形態として定着するためには、合理的な理由のない不利な処遇は厳格に禁止されなければならない。雇用形態を理由とする差別禁止の法制は、企業が経営与件によって多様な雇用形態を選択できるようにする一方、労働者がどのような雇用形態を選択しても正規雇用労働者と均等待遇を保障することとして柔軟で公正な労働市場の形成に貢献する。

第4款 「平等」・「均等」及び「差別禁止」との関係

差別の解消がこれ自体が目的なのか、また、他の目的や価値を実現するための手段であるのか、特に平等の価値を実現するための手段であるのかなどについて、長い間議論された。

差別と平等は、同じ意味であると思うが、差別禁止規範の目的は、基本的人権の確保にある一方、平等規範は、特定の生活空間の支配者（雇用関係においては、使用者）の恣意性排除にあるとし、差別と平等は規範の性格や目的等で異なるという見方もある[37]。

そして、均等待遇と差別禁止の差異と関連して差別禁止の形式は罰則を賦課しやすく、規範の程度が高く感じられることだけで、法律効果で均等待遇と差別禁止は実際的に差異がないという見解[38]、差別禁止規定の達成目標である平等という差別が形式的に禁止されている状態であるという見解[39]、そして、一般的に均等待遇といえば、均等待遇をしなければならないことを意味するが、具体的には合理的な理由なく他の労働者や労働者集団に対する待遇に比べて差別しないことをいう見解[40]、平等が要求する内容が合理的理由がない差別を禁止するものであるため、差別と平等は、コインの両面と同じであるという見解[41]などがある。

差別禁止形式の法制が特定の行為を禁止（〜してはならない）している反面、均等待遇の形式の法制は特定の行為を要求（〜しなければならない）の形式をとっている。このような法文の形式から見て、均等待遇が差別禁止よりも積極的な行為を要求する概念と理解することができる。

例えば、障害者の場合、障害者に作業補助施設などが提供されれば、障害者が他の労働者と同一の労働提供が可能な場合には、そのような作業施設などを提供するようにする配慮義務を使用者に課しているが、このような配慮義務も均等待遇の一つであると見ることができる。その理由は、機会の均等を実質的な機会の均等として理解しなければならず、障害者の場合は、障害を解消できる作業補助施設が設けられた状態が実質的な機会の均等が成り立っているとみなければならないからである。均等待遇と差別禁止は、均等待遇が差別禁止を包摂する広い概念として、意味に多少の差異はありうるが、本質的な差異はないことで、どの方式を選択するかは保護対象の性格が何かによって変わる余地がある。

一方、雇用上の差別問題を平等の観点で眺める方式の問題点と限界を指摘し、労働権の観点から平等を眺めなければならないという見解がある[42]。平等原理の下で差別はそれが不平等の形態あるいは機会不均等を招くために問題がある。したがって、非差別は人たちが同等に扱われたり、同等な機会が与えられたときに満たされる。しかし、労働の価値の下での差別はそれが人々の労働生活に否定的な影響を持つために問題となる。例えば、働く人々に性や人種を理由とする雇用上の差別は労働の価値を実現する機会を剥奪すること又はこの価値の実現を阻害する不利益待遇を意味する[43]。

一般的均等待遇の原則は、本来すべての労働者が均等な待遇を受けることを意味する。同原則は一般的な理念又は労使関係においてゆるい基準として同原則の違反について直接的に制裁が加えられているわけではない。一方、差別禁止は、性別、思想、国籍など特定の事由に基づく差別を禁止するもので、差別禁止の規定に反する合意又は行為は無効になったり違法になり、罰則が課されるなど、明確な法律効果が発生する[44]。また、一般的均等待遇の原則と法律に根拠を置いた差別禁止ないし均等待遇は、規範の明瞭性、保護対象の確定性などの差異がある[45]。労働者保護のため一般的均等待遇の原則を広く認めるのか、法律関係の安定のために厳格に解釈するかについては、定義に関する自

然法思想と法実証主義議論のように、これからも論議が持続されるものであるだろう。

第2節　労働関係法令など労働条件格差に関する諸規定

第1款　日本における労働関係法令など労働条件格差に関する諸規定

第1項　労働基準法第3条の均等待遇説

　労働基準法第3条は、「使用者は、労働者の国籍、信条又は社会的身分を理由として、賃金、労働時間その他の労働条件について差別的取扱をしてはならない」と規定する[46]。同条に違反した使用者は処罰されることになり、同条に違反する賃金差別については損害賠償の対象になる。

　通説は、同条にいう社会的身分を、先天的であれ後天的であれ、自分の意思では抜け出すことができない社会的分類[47]を意味するものと解している。これによれば、雇用形態は、労働契約を締結する際に自分の意思により決定することができるので[48]、社会的身分に含まれないと解することになる[49]。

　一方、雇用形態を社会的身分に含める見解も主張されている[50]。これに分類される見解の一つは、労働基準法が持つ機能を刑事的機能と民事的機能と峻別し、後者の民事的機能を問題とする場合については、罪刑法定主義の要請する厳密な法文解釈にとらわれない弾力的な解釈が可能であるとする労働基準法の二元的解釈論を前提に、正規雇用労働者と非正規雇用労働者との間の賃金格差の問題に対して労働基準法第3条を類推適用することが可能であると主張する。非正規雇用労働者という契約上の地位も社会的身分に含めて解釈することは、それが可能であるだけではなく、そのように解釈することが非正規雇用労働者という地位が正規雇用労働者への転換が困難な一種の身分のようになっている現実に照らして妥当であることが、いくつかの論者により主張されている[51]。

　また、これらの主張の背景には、正規雇用労働者としての就業を希望するにもかかわらず、労働市場の状況によりこれが叶わないためにやむを得ず非正規雇用労働者を選択した場合、これを自由な意思によるものとはいえないという

認識[52]がある。自由な意思による決定とは、十分な情報が与えられ、複数の選択肢の中から一つを選択することができることを前提とするが、右の場合はこの前提が欠けるということである[53]。

さらには、雇用形態が社会的身分に該当するか否かについては見解を明らかにしていないが、労働基準法第3条の社会的身分は、1947年、法制定当時の封建的な身分差別を解消するために設定された概念であるため、現在の多様な雇用状況を適切に反映していないという見解[54]もある。

第2項　公序法理による保護

1.　同一労働同一賃金原則説

「同じものは同じように、異なるものは異なるように」という均等待遇原則を賃金に適用したのが「同一労働同一賃金原則」である[55]。同一労働同一賃金原則は、性別、人種など個人の意思や努力によって変えることのできない属性や、自らの意思による選択の自由が保障されている宗教・信条等、人権保障の観点から、当該事由を理由とする「差別取扱い」を禁止する「均等待遇原則」の賃金面における一原則である。換言すれば、同一労働同一賃金原則とは、賃金に関する均等待遇原則のことである[56]。

正規雇用労働者と非正規雇用労働者間の待遇格差について、同一労働同一賃金原則が公序として機能するか否かについて、学説の論争が本格的に展開されたのは、1955年代からである[57]。学説は、臨時工と本工の待遇格差問題を背景に、同一労働同一賃金原則を公序として肯定する説とこれを否定する説に分かれた[58]。

肯定説は、労働基準法第3条又は同法第4条は、直接的には臨時工と本工との賃金格差に適用されないとしても、これらの規定の精神からこのような賃金格差は民法第90条の公序良俗に反し無効であるとする[59]。また、公序性を認める余地があるとしても、学歴・年齢・技能・職種などによって格差をつけること自体は合理的な理由があるとして公序性まで認めがたいという一部肯定説もある[60]。いずれにせよ、公序良俗違反の効果は契約の全部無効あるいは一部無効に限られ、契約条項に何かを付け足すことを含まないため、公序良俗違反との構成をとる限り、たとえ賃金格差が違法とされたとしても、そこからただちに臨時工に対して本工との差額賃金分の請求権を認めることは困難であ

る[61]。

一方、否定説は、臨時工の存在自体は違法でないこと、日本の経済組織（年功制などの雇用形態）や法感情[62]、臨時工と本工の賃金格差は組合組織化の有無による交渉力の差を反映したものであること[63]等を指摘して、同一労働同一賃金原則が公序として成立しているとは言い難いと主張する。

1975年代以降は、短時間労働者特有の事情を考慮した議論が形成された。例えば、短時間労働者は、主として家庭責任をもつ女性労働者により構成されており、短時間労働という労働形態は労働者自身の希望によるものとして、採用手続きや業務内容、業務上の責任において正規雇用労働者と異なる処遇をつけていることが多いという事情の考慮である。このような事情を考慮しつつ、同一労働同一賃金は、臨時工と本工の賃金格差の問題の延長線上で議論され、短時間労働者と正規雇用労働者の賃金格差の問題として、引き続き同一労働同一賃金の公序性をめぐって肯定説と否定説が対立していた[64]。

肯定説としては、国籍、信条、社会的身分を理由とした賃金等の労働条件の差別を禁止する労働基準法第3条、及び男女同一賃金を定める労働基準法第4条の中には同一労働同一賃金原則という国際原理が一貫して流れており、合理性のない待遇格差は公序に反し無効となり、労働基準法第13条により正規雇用労働者と同額の賃金請求権を得る、あるいは不法行為として差額賃金分の損害賠償を請求できるとする見解がある[65]。この説は、同一労働同一賃金原則を公序として認めるが、例えば、賃金決定要因としている学歴、年齢、勤続期間、職種、勤務地、過去の勤務成績、職務遂行能力の評価などに基づく差異は合理性をもつとする点に特徴がある。

他方、否定説[66]は、均等待遇原則を認めることには先進国間でも差異があり、同一労働同一賃金は、男女間の均等待遇のように普遍的な人権原則とみるのが難しい労働市場の柔軟性に関する立法政策の問題であるとする。さらに、職種概念が確立し、職種に応じた賃金率が存在するヨーロッパの産業社会と異なる賃金体系を持っている日本では、同一労働同一賃金の原則を適用することは現実的に難しいと主張する。例えば、同説は、日本には同一労働同一賃金原則を定めた実定法の規定はなく、短時間労働者は採用の基準・手続、配置・職業訓練などにおいて正規雇用労働者とは異なる取扱を受けており、業務の範囲や責任も緩やかであって格差には合理的理由があること、また、同一賃金に対応す

るところの「同一」労働を客観的な把握ないし確定が困難であり、賃金決定に関する法規制は、最低賃金と差別禁止以外はなく、それ以外は労使の集団的自治、あるいは契約の自由に委ねられるべきであるから賃金格差は違法ではないことを主張して右原則の公序性を否定した。このほかにも、肯定説の法的構成は論証不十分であるという技術的な難点や、同一労働同一賃金原則の公序性を肯定すると短時間労働者の雇用機会が減るという法政策的な難点も挙げられている[67]。

以下の同一労働同一賃金原則と関連する見解は、同原則を公序として認める点では同じであるが、いずれの場合に同原則を違反であるかについては、多少の差異がある。同一労働同一賃金原則に関連して様々な見解が示されてきたが、本書では、1990年代以降に提起された見解を中心にみる[68]。

1) 同一義務同一賃金原則説

同一労働同一賃金原則を背景に、同一義務同一賃金原則説が登場した。同説は、同一労働同一賃金の原則ではなく、同一義務同一賃金の原則が妥当であると主張する見解である[69]。同見解は、同一賃金の前提となる同一労働を同一義務で理解し、同一義務を構成する職務（労働の質と量）と、拘束の程度（残業、配転、勤務時間外活動の制約、勤務時間の決定・休暇取得の差異の労働者の事由など）を評価し、義務が同一であると認められる場合には同一賃金が支払われなければならないと主張する。

同見解は、例えば、短時間労働者の特性である①短時間性、②非定着性、③低拘束性、④異市場性（二重の労働市場）[70]の中で、どの要素が短時間労働者の低賃金を合理化・正当化することができるかを経済的合理性と法的正当性から分析する。日本では、③低拘束性のみが短時間労働者の低賃金を正当化することができるために、同一賃金の前提条件として、拘束の程度を含めて判断するのが経済的観点から合理的であり、法的観点からも公正である。したがって、日本では、職務と賃金を直接連結する同一労働同一賃金の原則は妥当ではなく、職務と拘束の程度を考慮して賃金格差が正当であるかどうかを判断しなければならないとする。短時間労働者は、労働時間など労働条件が正規雇用労働者より自由であるため、すなわち、正規雇用労働者がより多くの義務を負担するため、正規雇用労働者に対し、その対価としてより多くの賃金請求権を与

える必要がある。そうでなければ、むしろ正規雇用労働者が不当な差別を受ける結果になる。

　同見解は、日本の賃金体系を考慮して、賃金格差を発生させる要素の中でどの要素が合理的であるかどうかについて明らかにした後、均等待遇の前提として、労働内容以外に企業による拘束の程度を判断基準として最初に提示したという点で、高い評価を受けている[71]。しかし、拘束の程度を賃金にどの程度反映しなければならないか、拘束の可能性だけで賃金に差異を置くのが妥当であるのか[72]については疑問[73]が提起されている。さらに、同見解は、日本特有の経済的合理性に着目したもので、労働者の人権保護という観点から構想された理論ではないとの批判[74]も提起されている。

2）修正同一労働同一賃金原則説

　同一義務同一賃金原則説とほぼ同じ時期に登場した修正同一労働同一賃金原則説によれば、人間としての尊重と自由を平等に保障するために均等待遇原則が存在し、憲法第13条及び第14条、労働基準法第3条及び第4条に基づき、使用者が合理的な理由なく差別をする場合には、公序違反が成立するものとされる[75]。同見解は、合理的な理由があれば、同一労働に従事する労働者間の賃金の差異は正当化されるとする。したがって、公序違反の成否は、格差の合理性の有無に左右されるが、同見解は、特定時期に社会的基盤を形成する社会通念及び慣行を基礎として、合理的な賃金決定要素として、年齢・学歴・職務（業務の範囲と責任）・能率・機能・勤続期間・企業貢献度などを挙げる[76]。これらの中で、職務（業務の範囲と責任）・能率・機能・勤続期間は、労働の質に直接影響を与える要素であり、年齢・学歴は、労働の質と関連があると推定される要素であり、企業貢献度は、企業の利益に関連する要素で、各々合理性があるという。

　同見解は、賃金決定要素が合理的であるかどうかを判断する際に考慮すべき基準として、次の3つを提示する。第一に、合理的な賃金決定要素での差異は、形式（規定）ではなく実態をもって比較する必要があり、第二に、そのような差異を置く理由が当該労働者の職務上の必要性からでなければならないし、第三に、賃金格差の程度と賃金決定要素の差異が互いに比例的でなければならない。

第3章　雇用形態を理由とする労働条件格差をめぐる従来の検討

同見解については、合理的な理由を幅広く認めることによって、同一労働同一賃金原則の趣旨が形骸化される結果をもたらす可能性があることや[77]、正規雇用労働者と労働者の同一性が認められている短時間労働者であっても合理的な理由が存在すると救済を受けることができなくなること[78]について批判が提起された。

2. 準公理説

準公理説は、同一労働同一賃金原則を規定した実定法が存在せず、同一労働を客観的に把握することが容易ではない日本の現実のもとに同一労働同一賃金の原則を公序として認めることは難しいが、同じ事業所で、労働条件に応じた待遇が予定され勤務に従事する労働者を別の方法で処遇するためには合理的な理由を必要とするという点で公理に準ずるルールであるとする。したがって、採用の基準と手順、業務の範囲と責任、配置、教育訓練、服務規律などが正規雇用労働者と非正規雇用労働者が異なる場合には、労働条件の格差について合理性が認められるが、上記のような条件が同一であるにもかかわらず正規雇用労働者と異なる扱いをすると、使用者の不法行為責任が認められるとする[79]。

しかし、同見解については、同一労働同一賃金原則が公序であることを否定しながらも同一労働同一条件を公理に準ずるルールと位置づける趣旨が明確でないとの批判[80]が提起されている。

第3項　パートタイム労働法第3条の均衡処遇説

均衡処遇説は、正規雇用労働者と非正規雇用労働者との間の処遇の差異を認めながら、その処遇の差異が労働の量と質の差異を考慮して、均衡が図られた公正な格差であるべきであると主張する[81]。これは、丸子警報器事件判決が賃金格差の8割という部分的救済を認めたことに影響を受けたものである。

同見解は、2007年改正前の旧パートタイム労働法第3条の均衡の理念に公序の根拠を置いており、使用者が均衡の理念に反して顕著な賃金格差を継続する場合には公序違反として不法行為責任を負うとする。また、パートタイム労働法上の均衡理念の規定は、使用者の努力義務に過ぎない以上、短時間労働者の均衡待遇は、原則として、労使の自主性に任せなければならないし、限られた範囲で労使自治への介入が予定された法規範であるとする。

使用者が均衡の理念に違反したか否かは、①格差が短時間労働者の労働の量と質・拘束の内容[82]に照らして、社会的に許容することができる程度であるかを基準にして、②短時間労働者の処遇改善又は正規雇用労働者への転換など使用者が格差是正のために努力したかどうかを考慮して判断しなければならないとする[83]。労働者側が、非正規雇用労働者が労働の量と質・拘束の程度が正規雇用労働者と類似であり、賃金に顕著な差が存在し、使用者の改善努力がないことを立証した場合、使用者側は、3つの要素（第3編第12章第1節参照）に差異があること、そのような差異を反映して賃金水準を策定したこと、格差を是正するために十分な努力をしたことを立証しなければならない。もし使用者が立証できない場合、その格差は違法と評価されることになる。

　格差が公序違反と認められた場合、短時間労働者は正規雇用労働者との均衡が維持される賃金額との差額分を請求することができる。例えば、労働の量と質が正規雇用労働者と同一であるが拘束の程度のみ異なる場合には、賃金格差は拘束の程度の差異に比例した範囲でなければならない。もちろん3つの要素が実質的に同一である場合には、同一賃金を支払わなければならない。

　同見解は、短時間労働者の処遇に関する実定法規であったパートタイム労働法第3条を公序の根拠としており、同条の私法上の意義を明確に解明した点などに意義があるが[84]、賃金格差が存在しても、使用者が格差解消のために努力する場合には違法性が否定される可能性があり[85]、実際に顕著な格差があった場合を除き、適用しにくいという批判[86]が提起されている。

第2款　韓国における労働関係法令など差別禁止に関する諸規定

　現在、労働関係法及びその他の法令に差別禁止に関する多くの規定が散在している。これらを簡単に概観すると、①勤労基準法第6条で、均等処遇を、第24条2項で、経営上の理由による解雇の時の女性差別禁止を、②男女雇用平等と仕事・家庭の両立支援に関する法律（以下「男女雇用平等法」）第2条及び第7条ないし第11条では、採用募集の段階から解雇に至るまでの全労働関係の間に女性などを理由に不当に差別することを禁止する規定を、③国家人権委員会法2条第4号、第5号、第7号で、雇用に関する全般的な差別禁止を、④雇用政策基本法第7条で、雇用と関連した一般的な差別禁止を、⑤障害者差別禁止及び権利救済等に関する法律（以下「障害者差別禁止法」）第3条、

第 3 章　雇用形態を理由とする労働条件格差をめぐる従来の検討

⑥そのほかにも、労働組合及び労働関係調停法（以下、「労働組合法」）第 9 条は、労働組合の組合員に対する差別禁止を、女性発展基本法第 17 条及び第 18 条で、女性に対する差別禁止を、障害者雇用促進及び直接と直接訓練法第 5 条第 2 項で、障害者であることを理由とする差別待遇禁止を、障害者福祉法第 8 条で、障害を理由とする一般的な差別禁止を、職業安定法第 2 条で、職業紹介及び指導などにおける一般的な差別禁止を、国家有功者礼遇及び支援に関する法律第 36 条で、同法により就業された者に対して不利益な処遇禁止を、外国人労働者の雇用等に関する法律第 22 条で、外国人に対する不当な差別禁止を設定している。

以下では、①から⑤を中心に法律規定を紹介する（巻末【資料 3】労働関係法令など差別禁止条項及び法内容、参照）。

まず、①勤労基準法上の差別禁止は、同法第 6 条で、使用者は労働者に対して男女の性を理由に差別的処遇をしてはならないし、国籍、信仰、又は社会的身分を理由として勤労条件の差別的処遇をしてはならないという規定がある。

すなわち、勤労基準法上の差別又は差別的待遇とは、合理的な理由なく、特定の労働者を他の労働者と比べて不利に待遇することをいう[87]。したがって、他の労働者より不利に待遇しても勤労の内容、性質、形態、勤務の性格、態度、成果等合理的な理由があるときは、差別とみることができないし、労働組合の組合員は団体協約に比べて非組合員より有利に扱うこともそうであると判断される。

②男女雇用平等法上の差別禁止は、同法第 2 条 1 項で、事業主が労働者に性別、婚姻、家族の中での地位、妊娠又は出産などの理由で、合理的な理由なく、採用又は勤労の条件を異なるようにしたり、その他の不利な措置をした場合を規定している。これは、直接差別を禁止することはもちろん、事業主が採用条件や勤労条件は同一に適用しても、その条件を満たすことができる男性又は女性がほかの性に比べて著しく少なく、それに伴う特定性に不利な結果をもたらし、その条件が正当なものであるということを証明できない場合を含むとして、間接差別も禁止している。

但し、男女雇用平等法は、差別に該当しない事由には、Ⓐ職務の性質に照らして特定の性が必然的に要求される場合、Ⓑ女性労働者の妊娠、出産、授乳な

ど、母性保護のための措置をした場合、ⓒその他の法律又は他の法律に基づいて積極的な雇用改善措置をする場合を列挙している。また、男女雇用平等業務処理規定第3条では、性によって労働者を異にする待遇をする場合、合理的な理由があるとするためには、当該事業の目的、当該職務の性質、作業条件などを具体的・総合的に考慮して、企業経営上の男女を異にする待遇をする必要性が認められ、その方法・程度などが適正でなければならないとしている規定を設けている。

③国家人権委員会法上の差別禁止は、UNの「国際人権法の国内的拡散のため各国の特別人権機構設置を積極勧奨」措置と、これに基づく1993年のパリ原則「国家人権機構設立に関する国際社会の普遍的な基本準則」に基づいて、2001年11月、国家人権委員会という特別な組織が発足した。同委員会は、立法、行政、私法に属さない国家機関としての性格を持っている。同委員会は、人権に関する制度と政策を研究・開発し、人権実態状況に関する調査と人権の教育と広報を行い、さらに、人権侵害状況について調査し、適切であると判断される救済措置を関係機関に勧告することができる。このような人権侵害に対する調査と救済の勧告対象には差別の場合も含まれている[88]。

その中で雇用と関連しては、「合理的な理由なく、性別、宗教、障害、年齢、社会的身分、出身地域（出身地、登録基準地、成人になる前の主な居住地域などを言う）、出身国家、出身民族、容貌など身体条件、既婚・未婚・別居・離婚・死別・再婚・事実婚など婚姻有無、妊娠又は出産、家族形態又は家族状況、人種、皮膚色、思想又は政治的意見、刑の効果が実効された前科、性的性向、学歴、病歴など」（同法第2条第1項第4号）を理由とした優遇・排除・区別したり不利に待遇する行為を差別であると規定している。そして、これに対する是正勧告措置をすることができる。

このような点でみると、国家人権委員会の決定及び勧告措置はたとえ法的な拘束力はなくとも、雇用分野では一番広い差別禁止領域を設定している[89]。

但し、現存する差別を解消するために特定の人（特定の人々の集団を含む）を暫定的に優遇する行為と、これを内容とする法令の制・改正及び政策の樹立・執行は、平等権侵害の差別行為としてみない。

①雇用（募集、採用、教育、配置、昇進、賃金及び賃金以外の金品支給、資金の融資、定年、退職、解雇などを含む）と関連して特定の人を優遇・排

除・区別したり、不利に待遇する行為
㈃財貨・用役・交通手段・商業施設・土地・住居設備の供給や利用と関連して特定の人を優遇・排除・区別したり、不利に待遇する行為。
㈄教育施設や職業訓練機関での教育・訓練、又はその利用と関連して特定の人を優遇・排除・区別したり、不利に待遇する行為
㈡セクハラ行為

すなわち、国家人権委員会法は、差別の概念を「合理的な理由なく、特定人又は特定集団を優遇・排除・区別したり、不利に待遇する行為」として定義している。また、差別の種類を雇用差別、財貨・用役差別、教育訓練差別として分類している。

④雇用政策基本法上の差別禁止は、同法第7条第1項で、「事業主は、労働者を募集・採用する際に合理的な理由なく性別、信仰、年齢、社会的身分、出身地域、出身学校、婚姻・妊娠又は病歴など（以下「性別など」）を理由に差別をしてはならならないし、均等な就業機会を確保しなければならない」と規定し、同条第2項では、「職業紹介、職業指導、雇用情報提供など雇用支援サービスを提供する者は、その業務を遂行する際に、合理的な理由なく性別などを理由に求職者を差別してはならない」と規定し、同条第3項は、「職業能力開発訓練を実施する者は、訓練対象者の募集、訓練の実施及び就職支援などにおいて合理的な理由なく性別などを理由に訓練生を差別してはならない」と規定している。

すなわち、雇用政策基本法で規定されている差別の概念は、主に雇用と関連して合理的な理由なく差別をすることができないように規定しているが、差別の範囲や合理的な理由には、非常に抽象的に規定のみされている。また、差別禁止の規定を個別の法律でそれぞれ規定されることで、差別の概念を一貫して把握しにくく、個別法律の性格に合わせて異なる解釈がされる余地がある。

⑤障害者差別禁止法上の差別禁止は、同法第3条で、差別の概念に間接差別や嫌がらせが含まれている。間接差別とは、「障害者に対して形式上には制限・排除・分離・拒否などにより不利に扱うことはしないが、正当な事由なく障害を考慮しない基準を適用することにより障害者に不利な結果をもたらす場合」と定義している。そして、嫌がらせの概念を、より広く拡大させ「嫌がらせなど」として規定している。障害者差別禁止法によると、「嫌がらせなど」は、「集

団いじめ、放置、遺棄、嫌がらせ、虐待、金銭的搾取、性的自己決定権の侵害などの方法で障害者に加えられる身体的・精神的・言語的行為」を意味する。

障害者差別禁止法で規律する代表的な差別の領域は、雇用、教育、財貨・用役の提供及び利用、そして、広告分野であり、財貨・用役の提供及び利用に関する領域に情報接近、情報通信、意思疎通、文化・芸術活動、体育活動が含まれる。また、私法・行政手続及び公共サービスと参政権、母・父性権と性に関する権利が含まれることが障害者差別禁止法の特徴である。

障害者差別禁止法でも真正な職業資格及び積極的な優遇措置は、差別に含まれていないが、障害者に対する正当な便宜提供の拒否は差別の概念に含まれている。しかし、そのような拒否行為は、「過度な負担や著しい困難な事情など」の「正当な理由がある場合」には、差別に該当しないと規定している。すなわち、結局、障害者の正当な便宜提供は差別ではないとみている。

第3節　小括

日本においてもまた韓国においても、雇用形態を理由とする労働条件格差の是正を図るための法律が制定されるまでは、性、人種、宗教、社会的身分など憲法で禁止する事由に基づく差別禁止を具体化するために定められた、労働（勤労）基準法における均等待遇原則の規定、男女雇用機会均等法における性を理由とする差別禁止の規定など、様々な差別禁止に関わる規定によって、非正規雇用労働者の労働条件格差の是正が図られてきた。しかし、社会の各分野で非正規雇用労働者の不合理な労働条件の格差は存在し続けてきたため、雇用形態を理由とする労働条件格差を是正するための特別な法的規制を設ける必要性があった。

韓国では、憲法で禁止する性、人種、宗教、社会的身分などの事由以外に、雇用形態を理由とする労働条件格差を禁止する法規制が制度化された。それに着目して、本書では、差別概念をめぐる日韓の議論をまとめ、検討した。

差別の概念は、平等概念とのかかわりにおいて定義することができる。平等概念については、すべてのことを常に同一に待遇する絶対的平等ではなく、同じであることは同じに、異なることは異なるように待遇する相対的平等である、と理解する見解が一般的である。相対的平等の概念によると、合理的な根拠が

ある差別は許される。すなわち、すべての差別的待遇が、差別に該当するのではなく、差別の概念に含まれる差別的待遇と差別の概念に含まれない差別的待遇に区別することができる。そこでは、差別という事実関係の確認が先行し、次に、規範的な評価として差別か否かの結論が示される。

しかし、このような差別の概念は、その社会の中で追求する理念的な伝統と歴史、そして、文化的な背景、支配的な差別種類などによって異なる場合がある。当初の差別概念は、アメリカ、オーストラリア、ニュージーランド、カナダなど様々な人種で構成された多人種社会において、人種間の差別、原住民に対する差別を禁止するための概念として出発したが、現代社会では、人権概念の拡大や社会構成のより一層の複雑化などにより、年齢、宗教、経済力など、差別が問題となる領域が拡大している。現代社会では、社会構成が複雑となり、構成員間、集団間での差別が深刻な水準に達しており、それは解消しなければならない課題となっている。したがって、初期の奴隷制度、人種差別から出発して、今日では、雇用、性別、宗教、年齢、障害、社会的身分、人種、皮膚色、出身国家、出身民族、出身地域、容貌など身体条件、婚姻有無、家族の状況、同性愛などのような性的性向、病歴、政治的な見解など、非常に広範な事項が、差別禁止の対象とされているのである。

日本や韓国では、人種差別はそれほど深刻な問題ではないが、男女間の性差別は深刻な水準であり、また、社会がより複雑になることにより、社会全般に存在する様々な差別の解消の必要性が認識されるところとなっている。特に、最近では、女性差別、障害者差別、学歴差別、非正規雇用労働者の差別、外国人労働者に対する差別などが深刻な問題として認識されるようになっている。

このように、差別の概念は、時代に応じて新たに定義され、その意味も絶えず変化している。例えば、米国は、直接的な差別を前提に成立した差別的取扱い理論の限界を認識して判例を通じて差別の概念を拡大している傾向にある。

これらの初期の差別に対して同一な状況にある人を、その人が持っている性別や人種、宗教、皮膚の色などのような特性を理由に異にする待遇をするアメリカでは差別的取扱い、イギリスとオーストラリアでは、直接差別として規定している。今まで差別解消のための初期の努力は、主に直接差別（差別的取扱い理論）を中心に構成されてきた。その結果、差別に対する認識は、集団間の差異を実際に把握して検討せずに政策や慣行が中立的であるかどうかをみて判

断していた。

　実際には、「同じてあることは同じように」という原則に基づいて、男性、女性など特定集団に同一な雇用慣行や基準を適用するとしても、長く維持されてきた社会的な慣行により、実際には、特定集団を排除する結果をもたらす場合が多かった。例えば、女性が男性のように行動したり、障害者が健常者のように行動するには限界があるので、中立的な政策が必ずしも中立的な結果をもたらすとは言えないだろう。このような直接差別概念の限界について認識されるようになると、実質的平等が追求されるようになる。実質的平等の理論は、構造的差別の問題を解決するため、実質的に、規範とはかなり異なる人をまるで同じように待遇することは、彼らの差異を理由に、直接的に不利に待遇する結果をもたらすことになり、差別にあたるという事実を認識するようになった。このような認識に基づいて、外見上中立的な基準を実質的に同一に適用することができない集団に適用することをアメリカでは差別的効果、イギリス、オーストラリアでは間接差別であると規定し、差別の概念に含ませている。

　思うに、「同じであることは同じに」という概念は、形式的な同一待遇を要求することだけであって、どのような内容で待遇するのが公正であるのかに関しては基準を提示していない。また、形式的な平等は、比較要素を必要とするが、これらの比較要素が、場合によって存在しなかったり、存在しても社会的に支配的な存在であるとか、優越的な集団である場合が多く、従来から維持されている構造的差別により、比較対象者との間に現実的な差異が存在するだろう。したがって、形式的な平等は、現実的に存在する差別を規制したり、解消することができず、むしろ、差別を強化することができる合法的な正当性を付与するという問題を含んでいる。このようなことから、実質的平等を追求することができるように、差別の概念を拡大させていかなければならないと考える。

　雇用形態を理由とした差別を救済するための日本の学説は、同一労働同一賃金の原則や均等待遇原則などを公序とみることができるか、公序とみる場合、その根拠は何なのか、公序違反の成否を判断するに当たって、日本の賃金体系と人事管理の特性をどのように反映するか、といった争点についての立場の差異を巡って展開された、とみることができる。

　第一に、均等待遇原則を公序とみることについては、これを否定する見解も、

第3章　雇用形態を理由とする労働条件格差をめぐる従来の検討

法解釈論として均等待遇原則の公序性が認めにくいということであって、非正規雇用労働者の保護のために国家政策の関与自体を否定するものとは思われない。

　第二に、非正規雇用労働者の保護のために公序法理を認める見解は、憲法第13条・第14条、労働基準法第3条・第4条、パートタイム労働法第3条、民法第1条2項・第90条など実定法の多様な条項に、その根拠を求めている。ただし、均衡処遇説は、同一労働同一賃金原則説とは異なり、比例的救済を認めており、平等待遇義務説は、時間の経過を違法性判断の重要な要素として把握するなど、違反の効果と違法性の判断指標に多少の差異を見せている。

　そして、第三に、均等待遇原則を公序であると認める見解も、合理的な理由があれば差別であるとはみないし、合理的な理由との関連については、労働との関連性を原則としながらも、日本の賃金体系と人事管理の属性も一緒に考慮する。

　日本における以上のような議論は、その後のパートタイム労働法の差別的取扱い禁止を定める規定や賃金について均衡考慮の努力義務を定める規定、労働契約法の改正により定められた不合理な労働条件を禁止する規定や同様の内容の改正パートタイム労働法の規定の制定に際し、またその解釈にあたって、一定の影響を与えたものと考えられる。パートタイム労働法の差別的取扱いの禁止を定める規定にみられるその適用のための要件の設定の仕方、同様に、労働契約法及び改正パートタイム労働法の不合理な労働条件の禁止を定める規定にみられるその適用のための要件の設定の仕方に、その影響を見ることができよう。

注

1) 雇用の分野における男女の均等な機会及び待遇の確保等に関する法律第5条、雇用対策法10条などがある。
2) 労働基準法3条では、「均等待遇原則」として位置づけられ、その内容は、「差別的取扱をしてはならない」という表現規定式が用いられ、同法4条では「同一（賃金）原則」とされ、「差別的取扱いをしてはならない」とされ、第2条では、「対等」の立場と表現されている。
3) 大和田敢太「平等原則と差別禁止原則の交錯－オランダ平等法の示唆」彦根論叢第369号（2007年）48頁によると、裁判例では、「平等」と「差別（禁止）」とは同意ではなく、また、「平等」概念と「差別」概念にも多様性があるとしている。

第 1 編　序論

4) アリストテレス(高田三郎訳)『ニコマコス倫理学(上)』(岩波文庫、1971 年) 174 頁以下。アリストテレスは、正義を配分的正義と矯正的正義に分けているが、ここでいうのは配分的正義であり、人は何らかの価値に比例するものを配分されるべきであるとする考え方である。
5) 平等と正義との関係でよく引用される理論は、ロールズの正義論である。ロールズの正義の原則は、前提として、すべての人は、同等な基本的自由を最大限享受しなければならない(平等な自由の原則)。そして、社会的不平等は 2 つの前提条件の下で認められる。まず、最も不利な立場にいる人たちに利益が戻るようにしなければならないという「差等の原則」と、次に、社会的地位に接近する機会が平等に付与されなければならないという「機会均等の原則」がある。平等に関する議論で重要な意味を持つ格差原理(differentiate principle)によると、個人の成功が遺伝的・社会的偶然によって決定されるのは、道徳的観点から見て望ましくないので、個人の才能を社会的共同資産として考える(田中成明・竹下賢・深田三徳・亀本洋・平野仁彦編『法思想史〔第 2 版〕』(有斐閣、1997 年) 247 頁以下：荒木尚志・大内伸哉・大竹文雄・神林龍編『雇用社会の法と経済』(有斐閣、2008 年) 212 頁)。
6) 東京大学労働法研究会編『注釈労働基準法』(有斐閣、2003 年) 70 頁以下参照：安部圭介「差別の禁止の基礎にあるもの－アメリカ法における「平等」からの示唆」法律時報 79 巻 3 号 (2007 年) 38 頁 (個人の自由を重要視する米国の場合、法の平等な保護は、すべての人たちに機会の平等が保障され、法の前にすべての人が平等な権利を持つ。すなわち、結果の平等や特定集団の権利を保障するものではないという立場を維持することで、平等を機会の平等として理解しようとする傾向が支配的である)。
7) 間接差別は、適用した基準自体は中立的であるが、これにより特定の少数者集団に不利益な結果をもたらす場合、これを差別であるとみる概念である。間接差別を予防するために、雇用主や施設及びサービス・提供者は、特定な基準や行為が少数者の集団に著しく不利な影響が及ばないように合理的な便宜を提供することを実質的に求められることになる。この間接差別を明文化した立法例としては、男女雇用機会均等法 5 条及び 6 条 (性別を理由とする差別を禁止) がある。間接差別は、従来性別差別及び人種差別に対して適用されてきたが、これらに適用対象を限定しなければならない理由はない。これらの差別事由以外においても直接差別を回避する行動を使用者が取ることはありうるのであり、これに対応するために、間接差別の禁止の範囲を広げていく必要がある。
8) 例えば、City of Richmond v. J.A.Croson, 488 U.S. 469 (1989) で、人種割当制は、一部市民が競争に参加する機会を剥奪するものであるが、過去に差別されたという漠然な主張だけでは人種割当制を正当化することができないと判断した (安部・前掲注 (6) 40 頁)。
9) 毛塚勝利「平等原則への接近方法」労働法律旬報第 1422 号 (1997 年) 4 頁以下：毛塚勝利「労働法における平等－その位置と法理」労働法律旬報第 1495・1496 号 (2001 年) 49 頁以下。
10) 毛塚勝利「労働法における差別禁止と平等取扱－雇用差別法理の基礎理論的考察」山田省三・石井保雄『労働者人格権の研究 (下) 角田邦重先生古稀記念』(信山社、2011 年) 22 頁。

第 3 章　雇用形態を理由とする労働条件格差をめぐる従来の検討

11) 平等待遇義務説と異なる観点からみる日本労働組合総連合会は、少なくとも初任給から均等待遇は守られるべきであるという。その理由は、職務給ではなく賃金体系を採択する場合でも、入社当時の正規雇用労働者と非正規雇用労働者の経験（能力）には差異がないので、非正規雇用労働者の初任賃金は正規雇用労働者の初任賃金の時間換算額を下回ってはならないとする。陳浩展「パート労働側から見た改正パートタイム労働法の評価と問題点」季刊労働法 220 号（2008 年）81 頁。

12)【事件 11-1】丸子警報器事件判決（長野地裁上田支部判決平成 8.3.15 労働判例 690 号 32 頁、第 3 編第 11 章参照）でも、一定期間以上勤務した臨時社員に対しては、年功序列という要素も正規雇用労働者と同じように考慮すべき」であると判示しながら、長期間持続された賃金格差は公序違反であるとみている。西村健一郎も、同じ業務を正規雇用労働者と臨時社員が混在して実行することが一時的であったなら、特に問題はないが、長期間継続した点に問題があると指摘している（西村健一郎・安枝英訷「判例法理の検討－女性臨時社員と正規雇用労働者の賃金格差と公序良俗違反の成否」日本労働研究雑誌 439 号（1996 年）24 頁）。また、労働関係において使用者が労働者に対して優越的な地位にあることを考えれば、人を平等に扱うという要請は使用者にも向けられなければならないとしている（西谷敏「短時間労働者の均等待遇をめぐる法政策」日本労働研究雑誌 518 号（2003 年）61 頁）。

13) 毛塚「平等原則への接近方法」・前掲注（9）4 頁以下：毛塚「労働法における平等－その位置と法理」・前掲注（9）49 頁以下。

14) 大木正俊「非典型労働者の均等待遇をめぐる法理論」季刊労働法 234 号（2011 年秋）235 頁。

15) 중앙노동위원회『고용차별의 이해』(2006 년) 34 등 (中央労働委員会『雇用差別の理解』(2006 年) 34 頁)。

16) 박종희・강성태・전윤구・강선희『비정규직 차별금지 판단기준 및 운영에 관한 연구』(중앙노동위원회, 2006 년) 7 등 (朴ジョンフィ・姜成泰・全ユング・姜ソンフィ『非正規職差別禁止判断基準及び運用に関する研究』(中央労働委員会、2006 年) 7 頁)。

17) 憲裁 1998.9.30 宣告 98 憲ガ 7, 96 憲バ 93（併合）決定：1998.11.26 宣告 97 憲バ 31 決定：1999.5.27 宣告 98 憲バ 26 決定など。

18) 憲裁 1994.2.24 宣告 92 憲バ 43 決定：1995.2.23 宣告 93 憲バ 43 決定など。

19) 憲裁 1989.5.24 宣告 88 憲ガ 37, 96（併合）の決定：1996.8.29 宣告 93 憲バ 57 決定。

20) 先天的身分はもちろん、使用者、勤労者、帰化者、前科者などのように後天的に獲得した身分も含まれる見解である。

21) 憲裁 1995.2.23 宣告 93 憲バ 43 決定。

22) 水町勇一郎『パートタイム労働の法律政策』（有斐閣、1997 年）96 頁。

23) 長野地裁上田支部判決平成 8.3.15 労働判例 690 号 32 頁（第 3 編第 11 章参照）。

24) 均等待遇原則は、同一労働・同一賃金原則とは区別される差別禁止原則であるが、現行法上その法規制は一定事由に限定されていて、公序という一般法理を通しての規制はありうるが、公序になりうる差別禁止は男女平等のよう普遍的な基本的人権として認めうるもののはずである。しかし、パートタイム労働についての均等待遇原則は、労働市場の柔軟

第1編　序論

性と社会的公正さについての考え方によって異なる、各国の労働市場政策の問題であって、公序と考えるべき性質のものではなく、本事件のような疑似パートの低い労働条件を放置するのは、確かに社会的不正義であるようにも見えるし、判決の指摘する正規雇用労働者への転換ないし臨時社員の年功的処遇は、健全な雇用管理の方法として推奨されるべきものではあるが、しかしながら、それは、まさしく非正規社員の集団的労働条件として労使間の交渉事項であり、裁判所が権利義務として裁判できる事柄ではないという見解24は、「同一価値労働同一賃金原則」の公序性を否定し、正規・非正規雇用労働者間の均等待遇原則は法政策によるべきものではなく、労使間の交渉によるべきものであると主張した（菅野・諏訪・前掲第1章注（3）113頁）。

25) 전윤구「근로관계에서의 균등대우원칙에 관한 연구」고려대학교박사논문（2004년）12쪽（全ユング「勤労関係での均等待遇原則に関する研究」高麗大学校博士論文（2004年）12頁）。
26) 임종률『노동법』（박영사, 2007년）356쪽（林鍾律『労働法』（博英社、2007年）356頁）。
27) 한국중앙노동위원회（韓国中央労働委員会）・前掲注（15）（2006年）32頁。
28) 韓国大法院1991.4.9宣告、90ダ16245。
29) 川田知子「雇用形態間の均等待遇の特質」『労働者人格権の研究下巻』（信山社、2011年）116頁。
30) 毛塚・前掲注（10）5～6頁参照。
31) 憲法上の基本的人権は、原則的に国家から個人を保障するものであるので、労働関係のような私人間の関係には直接的に適用されない。しかし、労働関係は使用者と労働者の交渉力の差異などに照らしてみるとき、国家と個人との関係で類似点があるので、憲法上の平等原則が適用されなければならない（荒木・大内・大竹・神林・前掲注（5）212頁）。
32) 契約規制の根拠に関して民法の領域では、①契約の定義を規制の根拠とする説、②人間が生きる共同体の内在的規範によって契約に対する規制が要請されるという説、③権利又は自由の保護を規制の根拠とする説、などが議論されている（川田知子「有期労働契約の法的規制新たな構想－正規・非正規の新たな公序に向けて」日本労働法学会誌107号（2006年）62頁）。
33) 川田・前掲注（32）63頁。
34) こうした理由として雇用形態を理由とする差別も自分の意思と努力によって変えられない性、人種と一緒に人権の問題として扱わなければならないという見解もある（西谷敏『人権としてのディーセント・ワーク（働きがいのある人間らしい仕事）』（旬報社、2011年）186頁：緒方桂子「雇用形態における均等待遇」日本労働法学会誌117号（2011年）38頁など）。
35) ある食堂で非正規雇用労働者として働くある若者は「私は希望がない。10年後の未来がみえない。私はこれ以上の地位上昇が不可能なので、私のような人が目につかないように、より多くの人が非正規雇用労働者になったらいいね」とした。生活に疲れた若者の毒舌で夢を失った青年に対する憐憫を越えて怖いと感じられた（門倉貴史『ワーキングプア』（宝島社新書、2008年）156～157頁）。
36) 이원희「비정규노동의 법적보호의 새경향－유연안정성의 추구」노동법연구제11호

(2001 년) 3 쪽 (李元熙「非正規労働の法的保護の新しい傾向－柔軟安定性追求」労働法研究第 11 号 (2001 年) 3 頁以下)。
37) 毛塚・前掲注 (10) 9～11 頁。
38) 和田肇「今なぜ雇用平等法を問題にするのか」日本労働法学会誌第 117 号 (2011 年) 3 頁。
39) 浅倉むつ子『労働とジェンダーの法律学』(有斐閣、2000 年) 180 頁。
40) 김형배『노동법 (제 21 판)』(박영사, 2012 년) 220 쪽 (金亨培『労働法 (第 21 版)』(博英社、2012 年) 220 頁)。
41) 조용만『고용차별금지법의 국제비교 : 영미법계의 연령・장해의 차별금지의 법제를 중심으로』한국노동연구원 (2004 년) 3 쪽 (趙龍晩「雇用差別禁止法の国際比較－英米法系の年齢・障害の差別禁止の法制を中心に」韓国労働研究院 (2004) 3 頁)。
42) 심재진「평등과 노동권에 근거한 (영미) 고용차별법의 가치론적 이해」서울대학교노동법 연구회제 26 호 (2009 년) 227 쪽 (沈載珍「平等権と労働権に根拠した (英米) 雇用差別法の価値論的理解」ソウル大学労働法研究会第 26 号 (2009 年) 227 頁)。
43) 심재진 (沈載珍)・前掲注 (42) 227 頁。
44) 西谷・前掲注 (34) 191 頁。
45) 一般的均等待遇の原則を具体的な事案に適用するためには相当程度の価値補充を必要とし、事前に設定された要保護集団が存在せず、使用者の具体的な行為が行われている場合に比較対象者を確定できるなどの差異がある。
46) 韓国の勤労基準法第 6 条 (均等な待遇) に相当する。韓国の勤労基準法第 6 条は、「使用者は、労働者に対して男女の性を理由に差別的待遇をしてはならないし、国籍・信仰または社会的身分を理由として、勤労条件に対する差別的処遇をしてはならない」と規定している。日本では、賃金に関する性差別の禁止を労働基準法第 4 条に別に規定しているが、韓国の勤労基準法第 6 条は性別を差別禁止事由の一つとして列挙している。
47) 菅野和夫『労働法 (第九版)』有斐閣 (2010 年) 150 頁以下。
48) 脇田滋は、個別労働者の意思を過度に強調する考え方は、新自由主義的「自己責任論」と密接に結びついており、これについては、人権を無視する日本的な非正規雇用の拡散を事実上正当した「労働者合意論＝自己責任論」に対する根本的な反省が必要であると主張する (脇田滋「非正規労働の撤廃をめざす立法・解釈論」労働法律旬報第 1711 号 (2010 年) 22 頁)。
49) 東京大学労働法研究会・前掲注 (6) 96 頁以下。
50) 西谷敏は、労働基準法の規定を公法という観点からみると罪刑法定主義の要請に応じて厳密に解釈しなければならないが、私法の観点からみるとむしろ柔軟に解釈するのが適切であるとしながら、労働基準法の規定を解釈するに当たり、公法的な側面と私法的な側面を区別して、公法的な側面は厳密に、私法的な側面は弾力的に解釈すべきであるとしている (西谷敏「労働基準法の二面性と解釈の方法」伊藤博義・保原喜志夫・山口浩一郎編『労働保護法の研究：外尾健一先生古稀記念』(有斐閣、1994 年) 1 頁)。
51) 浅倉むつ子「パートタイム労働と均等待遇原則 (下)」労働法律旬報第 1387 号 (1996 年) 42 頁以下：本多淳亮「パートタイム労働の理論的検討」労働法律旬報第 1405 号 (1997 年) 24 頁以下：和田肇「短時間労働者の「均等待遇」－パートタイム労働法私案について」

労働法律旬報第 1485 号（2000 年）25 頁。
52) 浅倉むつ子は、非正規雇用の女性は、決して、自由な選択による結果ではなく、公私二分論が支配する社会で「強要された選択」に過ぎないとしている（浅倉むつ子「労働法とジェンダー」『講座 21 世紀の労働法第 6 巻』（有斐閣、2000 年）52 頁）。
53) 西谷・前掲注（34）55 頁以下。
54) 山田省三「労働法における均等待遇原則の課題」労働法律旬報第 1495・1496 号（2001 年）58 頁。
55) 均等待遇をめぐる最近の議論は、賃金請求権の付与までは認めず、賃金格差分の損害賠償請求のみを認める見解が多い。また、待遇格差の一部のみについて損害賠償請求を認める比例的救済を主張する見解もある。これらの見解はいずれも私的自治に対する法的介入を認める見解である（救済肯定論）。これは、契約上の権利を認める同一労働同一賃金原則を主張する学説とは同じである（大木・前掲注（14）224 頁）。
56) 労働政策研究研修機構「雇用形態による均等処遇についての研究会報告書」（2011 年 7 月）座長：荒木尚志東京大学教授。
57) 議論が本格的に展開される前からも、1948 年の世界人権宣言において、「すべての人は、いかなる差別も受けることなく、同等の勤労に対し同等の報酬を受ける権利を有する」規定と、1951 年、国際労働機構（ILO）第 100 号条約（男女労働者の同一価値労働に対する同一報酬に関する条約）に採択されていた。
58) 民法第 90 条（公序良俗）は、「公の秩序又は善良の風俗に反する事項を目的とする法律行為は、無効とする」と規定する（韓国の民法第 103 条（反社会秩序の法律行為）に相当する）。公序法理は、昔から学説として提起され、1966 年に、公序違反を理由として結婚退職制を無効にした判例（住友セメント事件・東京地裁昭和 41.12.20 判決）において具体化された。その後、女性差別定年制などにも公序法理が適用されるなどその対象領域は拡大されている（東京大学労働法研究会・前掲注（6）76 頁以下）。
59) 全繊同盟研究会「臨時工について」［青木宗也報告］労働法律旬報 252 号（1956 年）4 頁以下。
60) 横井芳弘「臨時工－その実態と労働法上の諸問題」別冊法律時報 3 号（1957 年）154 頁。
61) 横井芳弘「臨時工をめぐる判例・裁定例」東洋経済新報社編『臨時工をめぐる法律問題』（東洋経済新報社、1957 年）281 頁。
62) 宮島尚史「臨時工－その法律関係の体系的考察」季刊労働法 23 号（1957 年）23 頁。
63) 峯村光郎「臨時工の法的地位」日本労働協会雑誌 19 号（1960 年）6 頁；峯村光郎「技術革新下の臨時工問題」慶應義塾大学法学研究 36 巻 5 号（1963 年）499 頁。
64) 学説の整理ついては、水町・前掲第 1 章注（5）114 頁以下；水町勇一郎「「同一労働同一賃金」は幻想か？：正規・非正規労働者間の格差是正のための法原則のあり方」鶴光太郎・樋口美雄・水町勇一郎編『非正規雇用改革』（日本評論社、2011 年）271 頁以下。
65) 本多淳亮「パートの労働法違反がなぜ続発するのか」季刊労働法 127 号（1983 年）4 頁以下；水町・前掲注（22）228 頁以下；土田道夫「パートタイム労働と『均衡の理念』」民商法雑誌第 119 巻 4・5 号（1999 年）552 頁以下など。
66) 野田進「短時間労働者の労働条件」日本労働法学会誌 64 号（1984 年）47 頁以下；菅野・

第 3 章　雇用形態を理由とする労働条件格差をめぐる従来の検討

諏訪・前掲第 1 章注（3）131 頁以下など。
67）大木正俊「第 1 節労働法－〔3〕均等・均衡処遇」大内伸哉『有期労働契約の法理と政策－法と経済・比較法の知見をいかして』（弘文堂、2014 年）78 頁以下。
68）90 年代以前に提起された他の見解として、職務、能率、資格、機能、勤続などを理由とする格差は、日本の賃金体系に照らしてみると、ある程度の合理性を持つが、著しく不合理な賃金格差がある場合には、憲法第 14 条（法の下の平等条項）労働基準法第 3 条及び第 4 条、民法第 90 条の規定により無効とされ、無効となった部分は労働基準法第 13 条の規定により正規労働者の契約内容が適用されるとのみる見解（鈴木芳明）がある（大木・前掲注（14）224 頁以下：水町・前掲第 1 章注（5）121 頁以下）。
69）水町勇一郎「『パート』労働者の賃金差別の法律学的検討」法学 58 巻 5 号(1994 年)64 頁。
70）正規労働者は企業内部の労働市場で、短時間労働者は外部の地域労働市場により賃金が決定されることを意味する。
71）土田・前掲注（65）561 頁：和田・前掲注（51）19 頁：大木・前掲注（14）223 頁。
72）例えば、正規労働者に転勤義務を規定している就業規則だけを理由に、短時間労働者と正規労働者の賃金格差を置く場合、これは正当なものとみることができないだろう。
73）中嶋士元也・道幸哲也・山川隆一「労働法理論の現在－1993-95 年の業績を通じて」日本労働研究雑誌 431 号（1996 年）19 頁：島田陽一「パートタイム労働の法律正策」日本労働研究雑誌 448 号（1997 年）68 頁以下：和田・前掲注（51）26 頁。
74）本多・前掲注（51）23 頁。
75）浅倉・前掲注（52）46 頁。
76）浅倉・前掲注（51）38 頁：山田省三「パートタイマーに対する均等待遇原則－法律学の視点から」日本労働法学会誌 90 号（1997 年）111 頁では、「同一労働」の要素として、「職務内容・責任・技能」を含んでいるが、ほぼ同旨である。
77）島田陽一「正規雇用労働者と臨時社員との賃金格差の適法性」平成八年度重要判例解説（1997 年）198 頁以下。
78）土田・前掲注（65）560 頁。
79）下井陸史『労働基準法（第 4 版）』（有斐閣、2009 年）30 頁。
80）大木・前掲注（14）231 頁。
81）土田・前掲注（65）548 頁
82）同見解は、同一義務同一賃金原則説から同一賃金の前提条件として掲げている 3 つの要素を判断要素としている。但し、拘束の程度を判断する際には、同一義務同一賃金原則説の指標である残業、人事異動、勤務時間、休暇の決定に、されに、採用手続と勤続年数も含めて判断している。
83）土田・前掲注（65）564 頁。
84）和田・前掲注（51）23 頁。
85）和田肇『人権保障と労働法』（日本評論社、2008 年）109 頁。
86）緒方桂子「雇用形態間における均等待遇」日本労働法学会誌 117 号（2011 年）37 頁。
87）임종률（林鍾律）・前掲注（26）356 頁。
88）박종희「노동관계법에서의 차별금지제도의 전개과정과 향후 발전방향」(2007 년) 4

第 1 編　序論

等（朴ジョンフィ「労働関係法での差別禁止制度の展開過程と今後の発展方向」季刊調停と審判第 30 号（2007 年）4 頁）。
89) 박종희（朴ジョンフィ）・前掲注（88）11 頁。

第 2 編
韓国の非正規職保護法における差別的処遇の禁止及び差別是正制度

韓国において非正規職勤労者とは、一般的に期間制勤労者・短時間勤労者・派遣勤労者のことを指す[1]。非正規職勤労者は、1997年に外国為替危機が発生する以前から存在していたが、この危機に対応していく過程で増大した（第1編第2章第2節第2款参照）。IMF（国際通貨基金）から緊急救済基金を支給する条件として、政府に対し行った国家が運営する企業の民営化や労働市場の柔軟化などの多様な要請の中に、特に労働市場の柔軟化と関連して、解雇要件の緩和、勤労時間制度の規制緩和、派遣労働の合法化などが含まれていたのである。これに対応するために「派遣勤労者保護等に関する法律」（以下「派遣法」と略す）が、1998年2月20日に制定された（1998年7月1日施行）。

その後、使用者は、雇用の柔軟性を確保し、費用を節減するために正規職より非正規職を選ぶようになり、非正規職勤労者が急増した。両者間の勤労条件の格差や[2]、雇用不安の問題などが大きな社会問題となり、これらに対応する法制度の必要性が認識されるようになった。

これらの問題に対処するために2001年7月、労使政委員会は、「非正規職勤労者対策特別委員会」を構成し、制度改善の方案に関する議論を開始した。この委員会の答申をもとに、政府は、2004年11月、「期間制及び短時間勤労者保護等に関する法律（案）」と、「派遣勤労者保護等に関する法律（改正案）」を国会に提出し、労使の激しい議論を経て、国会常任委員会で修正を経た後に、2006年11月30日に、国会本会議で職権により上程され[3]、2006年12月21日に非正規職保護法が制定された（2007年7月1日施行）[4]。このような過程を経て、これまで非正規職保護法をめぐる攻防が一段落することとなった。

この「非正規職保護法」[5]とは、「期間制及び短時間勤労者保護等に関する法律」（制定、法律第8074号：以下「期間制雇用法」と略す）、「派遣法」（一部改正、法律第8076号）、及び「労働委員会法」（一部改正、法律第8075号）の3つの法律を、学術上まとめて表現するときに使われる。これらの法律は、期間制勤労者・短時間勤労者・派遣勤労者のみを対象とする。

非正規職保護法上の差別禁止制度の特徴は、第一に、雇用形態を理由とした差別禁止を勤労基準法の均等待遇の原則とは別に特別法で規定したこと[6]、第二に、雇用形態を理由とした差別については、他の法律で定められている救済機関及び救済手続とは別に、労働委員会内に新たに設置した差別是正委員会による独自の是正手続と（図7-1　労働委員会による差別是正手続の流れ及び解

第 2 編　韓国の非正規職保護法における差別的処遇の禁止及び差別是正制度

説：本書 157 頁参照）、勤労監督官を通じて、勤労監督官は、使用者が差別的処遇をした場合、その是正を要求することができるように規定したことにある（図 7-2　勤労監督官による差別是正手続の流れ及び解説：本書 158 頁参照）。

　そして、第二の特徴である救済手続については、さらに、次のような特徴を指摘することができる。まず、是正手続として調停方式と審判方式を並列させ、職権で調停手続に回付することができるようにしたこと、次に、差別的処遇それ自体には罰則を課さず、差別是正委員会による是正命令を予定すること、そして、確定した是正命令を履行しない場合、その履行を確保するために過怠料処分を予定していること、最後に、是正命令の種類には、差別行為の停止、賃金等勤労条件の改善（就業規則、団体協約等の制度改善命令を含む）又は適切な補償等のような様々な救済形態を予定し、どのような是正命令を下すかについては、事案の特性と差別的処遇の性質を勘案して労働委員会が裁量的に選ぶことができるようにしたことである。

　非正規職保護法の差別禁止規定は、抽象的かつ、一般的な文言で表現されているため、その具体的な判断基準と内容については、解釈に委ねられている。また、雇用上の差別禁止法理の発達が十分でないのみならず、雇用形態を理由とする差別に関する研究や実務経験も十分でない中で、非正規職保護法が施行されることになったことから、このような非正規職保護法の差別禁止制度の運用の困難を解消し、同制度の早期定着を実現するために、法施行前にいくつかの研究報告書と、雇用労働部又は労働委員会が作成したマニュアルの普及が図られた。これらの研究報告書とマニュアルは、差別是正委員会の判断に一定の影響を及ぼしている。

　非正規職勤労者に対する差別禁止と、それに対する差別是正制度が施行されてから 7 年が経過したが、付則により事業の性質（公共部門）と規模に応じて段階別に適用が開始されたため、実質的には 5 年しか経過していない。それゆえ現時点で、非正規職保護法が正規・非正規職間の不合理な差別の解消についてどの程度実効的であったかを判断することは難しい。また、非正規職保護法における差別禁止規定の効果を測定するに際し、いかなる範囲の項目をその調査対象として統計処理するのかは、差別禁止規定の理解の仕方の違いを反映するものとなるため、不合理的な差別を計量的に測定すること自体が困難である。実際、調査主体（政府や労働組合のシンクタンクなど）と統計調査の結

果には大きな違いが見られるところとなっており、これらの統計調査結果の利用には慎重な態度が求められる。

　そこで、本編では、以上の点に留意しつつ、以下のことを研究し、より実効的に非正規職保護法を改正、運営するための立法政策を提言する。

　第一に、中央労働委員会の判定を中心に、差別是正制度の運営状況を分析する。調査対象は、非正規職保護法が施行された2007年7月1日から2013年12月31日までとし、差別的処遇の判定日を基準にする。

　第二に、判定結果（是正命令、却下、棄却）と、その理由及び判断基準、是正手続（申請権者、被申請権者、申請期間、立証責任など）、是正命令の内容を総合的に分析し、その問題点を把握して、改善方策を模索する。

　第三に、学説が提起している問題点について、分析した研究報告書や文献調査を通じて検討し、それを体系的に組み合わせて、総合的な改善方策を模索する。

　第四に、雇用形態を理由とする差別禁止が初めて立法化し、導入された当時には、適用範囲が拡大すればするほど差別是正件数が多くなると予想された。しかし、実際の状況は、適用範囲が拡大されたにもかかわらず、差別是正件数は予想とは違って減る傾向さえみせている。この減少の背景を探る。

注

1) 日本では、「有期雇用労働者・短時間労働者（パートタイム労働者）・派遣労働者」と呼ばれる。第2編（のみ）では、韓国における非正規職保護法のみについて扱うので、韓国語をそのまま直訳して使うようにした。これ以外の日本の用語との対応を示すと、勤労＝労働、勤労者＝労働者、正規職勤労者＝正規職労働者、派遣事業主＝派遣元事業主、使用事業主＝派遣先事業主、勤労条件＝労働条件、勤労時間＝労働時間、法院＝裁判所、高等法院＝高裁、団体協約＝労働協約などがある。
2) 例えば、非正規職保護法が制定される前、非正規職勤労者の月平均賃金は、正規職の月平均賃金の62.8％である（非正規職保護法が制定される後、2007年8月は、63.5％である）：최형재「차별시정에 관한 법률이 기업들의 차별시정 노력에 미친 영향」노동경제논집 제34권제3호（2011년）等（崔ヒョンゼェ「差別是正に関する法律が企業らの差別是正努力の及ぶ影響」労働経済論集第34巻第3号（2011年）84頁）。
3) 国会議長の職権上程とは、国会法第85条に、国会議長は、回付する案件又は回付された案件について審査期間を定めることができる。この場合、委員会が理由もなくその期間内に審査を完了しなかった場合は、議長は中間報告を聞いた後、他の委員会に回付するとか、すぐに本会議に付議することができる権利をいう。しかし、これは、時間的な制約があり、

第 2 編　韓国の非正規職保護法における差別的処遇の禁止及び差別是正制度

与野党の合意点を見つけられない案件に限って、国会法が許容する範囲内で極めて限定的に使用される手段である。しかし、与野党の合意過程が省略されて正常な立法手続であると見ることができないという批判がある。したがって、国会議長が職権上程で法案を処理することができる場合を限定した国会法第 85 条が 2012 年 5 月 25 日改定され、同年 5 月 30 日から施行された。これによると、天災地変、戦時事変などこれに準ずる国家非常事態、国会議長が各交渉団体代表議員と合意した場合に限られる。

4) 非正規職保護法制定の経緯については、本編第 4 章参照。詳細については、李羅炅「韓国における非正規保護法の立法過程に関する一考察」臨床政治研究第 2 号（2012 年）58 頁以下；脇田滋「韓国非正規職保護法－その概要と関連動向」龍谷法學第 40 巻第 4 号（2008 年）1210 頁以下参照。
5) 巻末【資料 1】韓国における差別是正制度に関わる法規定（翻訳）参照。
6) 巻末【資料 4】労働委員会による差別是正制度以外の労働関係法令などによる差別是正の比較、参照。

第4章　非正規職保護法の立法政策の展開過程

第1節　非正規職保護法の制定・改正（2007年7月まで）

（労使政委員会の議論：2003年7月まで）

　継続的に悪化してきた非正規職勤労者の勤労条件を改善するために、2000年以降、立法措置を求める様々な請願があった。韓国労総は2000年7月、民主労総は10月[1]に、さらに、女性団体連合と非正規職共同対策委員会が同年9月と10月に非正規職保護のための立法請願を国会に提出しており、政府も独自の対策のために2000年10月5日、非正規職勤労者対策法案を発表した。しかし、この法案は、労使双方から多くの批判を受け、これ以上は政策案として推進されず、国会に係っていた時に第16代国会が解散されたため自動的に廃棄された。

　以来、非正規職保護法制を具体化する議論の場は、1998年のIMF通貨危機当時の国家競争力強化と社会統合の実現を目的として設置された労使政委員会に移っていった。

　2001年4月、労使政委員会は、非正規職対策のための特別委員会の設置を提案し、同年7月23日「非正規職勤労者対策特別委員会」[2]（以下、「非正規特委」と略す）を設置して、2年間で100回以上の会議（特委全体会議24回、特委分科36回、公益委員会議19回など）、意見聴取・討論会（労使意見聴取3回、専門家招請討論会：2001.10.8、ワークショップ：2002.6.27～28、労働法学者招請特殊雇用討論会：2002.9.30など）、実態調査（国内実態調査11回：2002.10.24～11.28）などを実施し、制度の改善方策を論議した。

　この非正規特委は、当時労使政委員会に参加していた韓国労総が特委を構

成することを提案して発足したが、民主労総と非正規共同委はこれに参加しなかった。この非正規特委では、雇用形態別に期間制勤労、短時間勤労、派遣勤労、及び特殊形態勤労などに分けて、それぞれに関する対策法案が議論された。まず、期間制勤労、短時間勤労、派遣勤労について2年余りにわたる議論の末、2003年5月23日、本会議を開き、公益委員案を正式に確定した。しかし、労使間の意見が異なり、合意は不成立となった。そして、労使政委員会は、2003年7月25日、これまで議論された結果を踏まえて労使立場と公益委員案を政府に報告することを決定した[3]。

一方、特殊雇用[4]については諸外国においても立法例がほとんどないという理由で一緒に議論されず、別途の後続機構を設置して対策法案を用意することにした[5]。

(政府案の準備：2003年7月～2004年11月)

労働部[6]は、提出された労使立場（巻末【資料5】労使政の争点、参照）は除いたまま、労使政委員会の公益委員案を中心に、2003年11月、非正規職保護法案を用意して、関係部署と意見照会及び協議を進めた。そして、2004年9月8日、総理主催で国政懸案政策調停会議を開催して非正規職保護法案を確定し、同年9月10日に、非正規職保護法案を立法化すると予告した（労働部広告第2004-111号）。それ以来、公聴会開催、市民団体懇談会などの意見聴取過程を経たうえで、同年11月2日の国務会議で政府案が最終的に確定され、同年11月8日、非正規職保護法律案を定期国会に提出した。

政府の非正規職関連立法案の核心は、労働市場の柔軟性を阻害しないという前提の下で、非正規職勤労者に対する不合理的な差別待遇を禁止し、衡平性を高め、濫用を防止することにある[7]。例えば、新たに期間制勤労者及び短時間勤労者に対する差別を禁止する規定を新設した。これにより、合理的な理由のない差別をなくし、差別が発生した場合は労働委員会を通じて是正申請をすることを可能にした。これと共に、効果的な是正措置のために、労働委員会法を改正して部分別委員会[8]として差別是正委員会を新設し、差別是正担当公益委員の委嘱根拠規定を設け、調停が成立された場合には裁判上和解の効力を付与するなど、調停制度の活性化が図られた。さらに、確定された是正命令を履行しない場合は、事業主に最高1億ウォンの過怠料を科すことができるよう

にして実効性の確保も目指されている。そして、派遣勤労者の差別禁止が宣言されているにすぎなかった1998年の派遣法の定め[9]を、期間制雇用法の場合と同じように強行的な差別禁止とし、これを守らない場合の是正手続を改正した。

　上述した政府案をもとに、非正規職保護法案の審議過程において、政労使は各々自分の立場を最大限に反映させようと努力した。具体的な内容審査が行われる前に、法律の実効性、非正規職保護に関する請願を併合審査するのか、それとも政府が提出した法律案を中心に審査するのか、既存の勤労基準法を改正するのか、それとも新たな法律を制定するのか、特殊雇用形態の勤労者を含むかなど、序盤から何度も議論された。具体的な法律案の内容についても政党（当時の与党をいう。現在、民主統合党に該当する）と労使の立場が大きく対立した。主要な争点となったのは、同一価値労働同一賃金の明文化、差別是正の請求主体及び立証責任、期間制勤労における使用期間、使用期間経過後の雇用保障及び使用理由制限の導入、派遣勤労において派遣期間経過後の雇用保障及び不法派遣の場合に雇用義務を果たすことなどであった[10]。

　政府法案について、労働側はもちろん、経営側も反対意思を表明した。政府は、政府法案が成立した場合、派遣勤労者はわずかに増加するものの、全体的な非正規職の規模は縮小すると予想していた。これに対して、民主労総を始めとして労働側は、派遣勤労者の規模が急激に増えるだけでなく、従来の正規職も期間制などで代替され、非正規職の規模が大きく増加すると主張した。一方、韓国経営者総協会（以下「経総」と略す）は、期間制勤労者の解雇制限などはむしろ労働市場の柔軟性と企業の競争力を大きく損なうとし、政府法案に反対した。

　このように、労使政間の立場が大きく食い違うのは、現在の非正規職問題を含め、労働市場の柔軟化に関する労使政間の基本的な認識に大きな違いがあることによる。労働側から最大の問題とされているのは、期間延長に関するものである。労働側は、期間制勤労者の契約期間を最大3年まで延長した場合は、使用者には雇用形態を多様化させることができる幅がそれだけ増えることになると主張し、これにより、現在のように1年以下の短期期間制の雇用形態として、単純な業務のみを扱うのではなく、2年ないし3年単位の期間制雇用が一般化されることで、単純業務以外の業務まで期間制雇用が活用化され、この

過程で正規職雇用の相当な部分まで代替されるようになる、と主張している。また、労働側は、期間制勤労には、勤労者の交換使用に関する規制がないため最悪の場合、使用者は3年になる前に、期間制勤労者を交換するか、1～3月程度の空白期間を経た後に、同じ勤労者を期間制勤労者として再び雇うことができるという点を憂慮していた。これとは反対に、政府は、期間制勤労者の場合には、差別禁止及び使用期間の制限などにより、不必要な使用が縮小されむしろ期間制勤労者の規模が減少すると考えている。この点、労働側は、差別に関する判断基準が明確ではなく、個別勤労者が不利益を被ることを押して差別是正を申請することは難しく、是正手続に相当な時間を要するため、差別是正には実効性がない、と主張している。

また、労働側は、非正規職の不当な差別をなくすためには、勤労形態が異なることを理由に雇用及び勤労条件上の差別待遇を禁止し、同一事業場内の同一価値労働に対して同一賃金の支払に関する明文規定を設けるよう要求した。

これに対して経営側は、不当な差別と能力に基づく公正な差異を区別することが事実上困難な条件下で、差別救済手続が導入される場合、その判断基準の曖昧さと救済申請の暴走により大きな混乱が予想されるとし、差別救済手続が立法案から削除されるべきであると主張した。

政府は、このような労使双方の批判に対して、正規職と非正規職に対する同一価値労働同一賃金原則は国際基準もなく、各国の立法例にもほとんどないため対応することが難しいとしている。政府は、差別禁止の法制化の目的は、不合理な差別を禁止することで、正規職と非正規職間の賃金格差を問題にすることではなく、合理的な理由なく非正規職という理由のみで発生する賃金格差が是正するということであるとして、差別禁止の明文化を主張した[11]。

(政府案国会提出後：2004年11月～2006年11月)

2004年11月8日、期間制及び短時間勤労者保護法等に関する法律案が国会に提出された後、同年12月7日、環境労働委員会は、立法公聴会を開催し、法案を法案審査小委員会に回付した。しかし、政府の非正規職保護法案の内容が発表されると、使用者団体のみならず、非常に積極的に非正規職立法請願をした労働側からも強力に反対の立場が表明された。特に、民主労総は、政府案に反対する意味で、一日中警告ストライキを行い、一部の非正規職勤労者が与

第4章　非正規職保護法の立法政策の展開過程

党（現在、民主統合党に該当）の建物を占拠して強力に抗議することもあった。また、全国104の労働、市民、社会団体で構成された「非正規労働法共同対策委員会」は、2005年4月、非正規職保護法案についてほとんどの国民が国家人権委員会の意見にしたがって労使政間の合意に基づいて立法化することを支持するとの国民世論調査の結果を発表して、政府案に反対の意思を表明した。与党内でも政府案に対する評価が分かれた。

　上記のような状況から政府案について十分な議論を行うことができず、政府案をめぐる労使政間の攻防は2005年にも継続され、同年4月と5月の間の国会では、労使政代表者会議（15回）が開かれたが結局決裂した。

　こうした現状をふまえてか、同年4月14日、国家人権委員会が政府の非正規職保護法案に対する意見を提示した。同委員会が政府の法案に意見を提示することは、異例なことである。国家人権委員会は、非正規職勤労者の労働人権の根本的な価値が毀損され形骸化される危機状況に瀕していると現状を分析し、非正規職勤労者の労働人権の保護と差別の解消が社会の重要な課題であることを強調して、同一労働価値同一賃金の原則の明文化、期間制勤労者の利用事由の制限、派遣対象業務を現行通り維持することなど、労働側の主張と同様の意見を表明した[12]。

　政府与党（現在、民主統合党に該当）は、同年6月の臨時国会で自らの主導で法律案を通過させようとしたが、民主労働党の議員が国会環境労働委員会の小会議室を占拠するなど法案審議に反対する態度をとったため、同年6月28日、環境労働委員会委員長は、6月中の国会処理[13]は留保すると決定した。

　同年11月、与党により労使自律対話（11回）が開催されたが、合意には至らなかった。

　同年11月30日、韓国労総は、①同等又は類似の技術・作業遂行能力をもつ勤労者に関する同等処遇、②期間制勤労者の使用期間の2年の制限（超えた場合、無期契約とみなす）、③派遣業種の現状維持、④派遣期間の2年の制限、⑤不法派遣の場合すぐに雇用する義務、⑥クーリング期間、などを主要内容とする修正案を発表した。そして、この韓国労総の修正案を中心に、2005年12月1日から同月8日まで及び2006年2月7日、環境労働委員会の法案審査小委は、法案審議を再開し、重要争点を除いた（但し、差別禁止規定の方法は、政府原案の通り議決）大部分の事項について暫定的に議決した（巻末【資

77

料 5】労使政の争点、参照)。

　2006 年 2 月 17 日、環境労働委員会の法案審査小委は、民主労働党の議事進行妨害で開催されなかった。その後、環境労働委員会の全体会議で法案の審議のあり方について論議した結果、同年 2 月 20 日 14 時まで法案小委員会で解決することを再要請したが、やはり 2006 年 2 月 20 日の法案小委は民主労働党の議事進行妨害で開催されなかった。その結果、環境労働委員会の全体会議で法案を処理することになり、同年 2 月 27 日に同委員会が召集された。この委員会の全体会議は、民主労働党が排除された状態で開催され、当時与党当時野党議員たちのみが残った争点を合意し、その合意により政府案を修正し、その修正案を議決し、これを法制私法委員会に回付した。しかし、同年 2 月 28 日に予定されていた法制私法委員会の全体会議は、民主労働党の会議場占拠により開催されなかったので、法案処理は 4 月の臨時国会まで延長されたが、この臨時国会のときも、私学法再改正を要求する当時野党の不参加で議決されず、6 月の臨時国会に移された。

　以上の経過を経て[14)]、2006 年 11 月 30 日に、国会本会議で国会議長の職権で法律案が上程され、議決された。国会を通過した非正規職保護法とは、学術上の用語であり、実際には、「期間制雇用法」、「派遣法」及び「労働委員会法」を意味する。この法律は、2006 年 12 月 21 日から効力を発生し、2007 年 7 月 1 日から施行されている。

第 2 節　非正規職保護法の施行以後から改正に向けた動き（2007 年 7 月以後）

　労働部は、2009 年 3 月 12 日、「非正規職総合対策」を発表した。その内容は、特別法を制定し、自発的に非正規職を正規職へ転換させる企業に対して一時的に社会保険料を減免（50％）することや、期間制雇用法を改正して差別是正の申請期間を 3 月から 6 ヶ月に延長すること、非正規職の雇用安定と職業能力開発のための行政運営を積極化することなどであり、中でも非正規職の利用を規制する規定を緩和することが注目される。期間制雇用法と派遣法での最高使用可能期間を現在の 2 年から 4 年に拡大することをはじめ、派遣対象業務を増やし、使用期間の制限を受けない例外的な業務に山火監視員のような

第 4 章　非正規職保護法の立法政策の展開過程

季節的業務を含むこと、又は 1 週 20 時間以下の短時間勤労者を含むことなどである [15]。これに対し、経営側は、非正規職の使用期間の延長（2 年から 3 年）と派遣許可業務拡大を求めているが、労働側は、非正規職の使用期間延長に反対しながら、社内下請対策、差別是正制度の改善を要求するなどしており、労使政が対立している [16]。

このような状況であるのに政府は、経済危機の克服と非正規職の雇用安定のために非正規職の使用期間を現行の 2 年から 4 年に延長する内容を骨子とする法改正案を 2009 年 3 月 13 日に立法予告した [17]。この改正が行われると、企業は、非正規職勤労者を使用した 2 年後に正規職へ転換せずに 4 年まで使用できるようになる。非正規職保護法の改正案について、労働側は、4 年間安定的に非正規職を使うことができるとすれば正規職の採用数が限定され、実質期間制限を撤廃することに結びつくとして、この改正案に反対の立場を示した。

2012 年 2 月 1 日（2012 年 8 月 2 日施行）、差別是正制度の活性化に向け非正規職保護法を改正した。上記の「非正規職総合対策」（2009 年 3 月 12 日）の内容であった差別是正の申請期間を 3 月から 6 ヶ月に延長した [18]。さらに、差別是正委員会による差別是正制度と並行しながら、勤労監督官に、積極的に差別要因を調査又は是正することができるように差別是正の権限を付与した（労働監督官は、勤労者の申請がある場合はもちろん申請がなくても非正規職勤労者を多数使用する事業場などを対象に差別の存在可否を職権で調査し、差別がある場合は、是正するように指導することができる（図 7-2　勤労監督官による差別是正手続の流れ及び解説、参照）。

最近、2014 年 3 月 18 日（2014 年 9 月 19 日施行）、差別是正委員会に、就業規則及び団体協約に対する命令ができるようになり、確定した是正命令の効力を拡大する制度を導入した。

そして、国家人権委員会と法務部は、2012 年 11 月 6 日、個別法律として規定されている差別禁止に関する法規定を統一化し、又は一貫性があるように整理するために差別禁止法（案）を発議し、2012 年 12 月 26 日から 2013 年 1 月 9 日まで立法予告期間を経て、現在まで韓国の国会に係留中である。

上記の労働委員会（差別是正委員会）と国家人権委員会（差別是正小委員会）の権限と役割は異なる。例えば、労働委員会による差別是正制度は、申請権者は非正規職勤労者であり、その是正の内容は労働条件などに限定する一方、国

家人権委員会は、非正規職勤労者を含めてすべての雇用上の差別について差別行為を受けた人（被害者）又はその事実を知っている人や団体は、国家人権委員会にその内容を陳情することができる。すなわち、差別に関する陳情や救済手続を広く認めている国家人権委員会の差別禁止法（案）である。現在まで進行された差別禁止法（案）の概要をみると以下のとおりである[19]。

まず、国家人権委員会の差別禁止法（案）の差別をみると、「合理的な理由なく性別、障害、病歴、年齢、出身国家、出身民族、人種、皮膚色、出身地域、容貌など身体条件、婚姻有無、妊娠又は出産、家族形態や家族の状況、宗教、思想、政治的意見、前科、性的性向、学歴、雇用形態、社会的身分を理由に、個人や集団を分離・区別・制限・排除したり、不利に待遇する行為」と定義し、既存の人権委員会法に規定されている差別禁止事由に「雇用形態」を追加した。そして、「現存する差別を解消するために、特定の人又は特定の集団を暫定的に優遇する行為と、これを内容とする法令の制定・改正及び政策の策定樹立・執行」は、平等権侵害の差別行為に含まれないという既存のいわゆる積極的な優遇措置に加え、「特定職務や事業遂行の性質上不可避な場合」でも、差別行為に該当しない真正な職業資格要件を追加した。

一方、法務部案は、国家人権委員会案と同様に、間接差別と嫌がらせを差別の概念に含ませており、間接差別の概念を、「外見上中立的な基準を適用したが、その基準の特定集団や個人に不利な結果をもたらした場合」と定義している。また、差別の概念に含まれる嫌がらせの事由を、「性別、障害、人種、出身国家、出身民族、皮膚色、性的性向」の7つのみに限定している。

すなわち、法務部によると、差別とは、「合理的な理由なく性別、障害、病歴、年齢、出身国家、出身民族、人種、皮膚色、出身地域、容貌など身体条件、婚姻有無、妊娠又は出産、家族形態及び家族状況、宗教、思想又は政治的意見、犯罪前歴、保護処分、性的性向、学歴、社会的身分などを理由に個人や集団を分離・区別・制限・排除したり不利に待遇する行為」を意味する。法務部案は、国家人権委員会案と違って「雇用形態」が含まれてないことである。

注

1) 元々は労組のナショナルセンターは、韓国労総のみであったが、韓国労総が勤労者の権益のために大きな力を発揮していないと思った人たちが、韓国労総から出て全労協を結成

第 4 章　非正規職保護法の立法政策の展開過程

した。この全労協が拡大改編された団体が民主労総である。民主労総は、様々なストライキや闘争を主導する団体であるといえる。一方、韓国労総は、相対的に穏健派でる。
2) 非正規職対策特別委員会は、委員長、その他に、勤労者委員 4 名、使用者委員 4 名、政府委員 4 名、公益委員 6 名で構成された。政府委員は、労働部など関連部の局長級の公務員であり、公益委員は、労働問題の関連分野を専攻とする大学教授や専門家である。
3) 이호근「비정규 근로 대책방안−한국적「유연안정성」모델의 정착을 위한 조건」한국사회 정책학회제 13 집 (2006 년) 149 쪽 (李ホグン「非正規勤労対策方案−韓国的「柔軟安定性」モデルの定着のための条件」韓国社会政策第 13 集 (2006 年) 149 頁以下)。
4) 特殊雇用とは、使用者と委託契約、運送請負契約などを締結し、個人事業者となっており、仕事した部分について成果給 (手数料、運搬料など) 形態として賃金が支給される勤労者をいう。例えば、ゴルフ場の競技補助員、学習誌教師、車持込み運転手、保険設計人、テラーマーケティングなどである。これらの勤労者は、特定使用者と事業のために特定使用者の指揮、命令に応じて働いているにも関わらず、形式的には個人事業者として扱われ、労働法上の勤労者として認められず、労働 3 権の死角に置かれている。박창용「비정규직관련 법률 입법이 주는 시사점」숭실대학교법학논총제 17 집 (2012 년) 쪽 (朴チャンヨン「非正規職関連法律法立が与える示唆点」崇実大学校法学論叢第 17 輯 (2007 年 2 月) 279 頁以下)。
5) これ以降、2006 年 6 月、国政懸案政策調整会議は、特殊形態勤労従事者対策推進委員会を構成し、本格的な対策準備に着手し、2006 年 10 月 25 日、経済法の保護法案を主な内容とする第一次保護対策を樹立、推進した。そして、2006 年 11 月には、2 次保護対策として労働法的保護方案を用意するために特殊形態勤労従事者保護法案を用意するために林鍾律教授などを構成員とする基礎委員会を構成し、基礎案を用意して、2007 年 3 月から基礎案を中心に労使政協議を試みたが、使用者側の不参加で、労使政間の議論は進まなかった。一方、政府では意見を集めるために、4 回にわたって基礎案をめぐって協議をした結果、2007 年 6 月 5 日に、特別形態勤労従事者保護等に関する法律案を確定し、6 月臨時国会での議論をするために、政府立法ではなく、議員立法の形式で 6 月 14 日、特殊形態勤労従事者保護等に関する法律案を国会に提出した。しかし、現在まで、立法化されてない。
6) 2010 年 7 月 5 日、労働部から雇用労働部に名称を変更した。
7) 김정우「비정규직 입법 (안) 을 둘러싼 노・사・정 쟁점」노동리뷰 (2004 년) 57 쪽 (金ジョンウ「非正規職立法 (案) を巡る労・使・政争点」労働リビュー (2004 年) 57 頁以下)。
8) 労働委員会法第 15 条 (巻末【資料 1-3-1】参照)。
9) 「派遣事業主と使用事業主は派遣勤労者が使用事業主の事業内の同一業務を行う同種勤労者と比べて不当な差別的処遇を受けないようにしなければならない」(旧派遣法第 21 条)。
10) 최상진「불합리한 차별처우금지, 기간제근로기간 2 년으로제한」국회보 (2007 년) 107 쪽 (崔サンジン「不合理な差別処遇禁止、期間制勤労期間 2 年に制限」国会報 (2007 年 1 月) 107 頁)：韓国の政党の変遷過程については、梅田皓士『現代韓国政治分析−「地域主義・政党システム」を探る』(志學社、2014 年) 123 頁参照。
11) 김정우 (金ジョンウ)・前掲注 (7) 60 頁以下。
12) 조경배『비정규노동과 법』(2011 년) 27 쪽 (趙ギョンベ『非正規労働と法』(順天郷

第2編　韓国の非正規職保護法における差別的処遇の禁止及び差別是正制度

大学校　出版部、2011年) 27頁以下)。
13) 国会では、国民生活に必要な法を制定し、必要な内容を直すことができる。法律案の制定・改正手続は、提案、国会審議・議決、政府へ移送、公布の順で行われる。
14) 韓国の政府立法過程及び所要期間は次のとおりである。例えば、立法計画の樹立→法令案の立案(約30～60日)→関係機関との協議及び党政協議(約30～60日)→立法予告(約40～60日) →規制審査 (約15～20日) →法制処の審査→次官会議・国務会議審議 (約15～20日)→大統領の裁可及び国務総理と関係国務委員の副署、国会提出 (約7～10日)→国会審議・議決及び公布案を政府移送 (約30～60日)→国務会議閣議の上程 (約5日)→公布 (約3～4日) される (労働部の非正規法案の説明資料 (2006年3月) 参照)。
15) 강성태「비정규직법, 어디로 가야하나？비정규직법 개정 움직임에 부쳐」노사저널제822호 (2009년) 4쪽 (姜成泰「非正規職法、どこへ行けば良いか？　非正規職法改正、動きに負えない」労使 Journal 第822号 (2009年) 4頁)。
16) 매일경제「비정규직법 개정, '차별시정 먼저 vs 1년 더 연장'」(2008년) (毎日経済「非正規法改正、'差別是正が先に vs 1年もっと延長'」(2008年))。
17) 2009年4月3日の「非正規職保護法改正に関する討論会」の資料。
18) 差別是正の申請期間については、李羅炅「韓国の非正規職勤労者に対する差別是正制度の現状と課題－差別是正い手続きの問題を中心に」労働法律旬報1762号 (2012年) 41～43頁、46頁。
19) 労働委員会 (差別是正委員会) と国家人権委員会 (差別是正小委員会) のように二元的する救済機関体系は、差別事由と類型による特殊性を考慮して救済機関の構成や運営を可能にするメリットがある。しかし、二元的する行政機関 (又は準司法機関) の設置による重複と混乱を招く恐れがあるので、統一的な行政的差別救済制度の運営を困難にすることだけではなく、行政力の浪費を招くというデメリットもある。したがって、一元的な差別救済制度が望ましいのではないかという問題が提起した (노상헌「고용차별금지법과 차별시정제도의 법적 쟁점」서울법학제20권 제3호 (2013년) 54쪽～55쪽 (盧尙憲「雇用差別禁止法と差別是正制度の法的争点」ソウル法学第20巻第3号 (2013年) 54～55頁))。差別禁止法 (案) の概要については、박종희・강성태・전윤구・강선희 (朴ジョンフィ・姜成泰・全ユング・姜ソンフィ)・前掲第3章注 (16) 参照。

第5章　非正規職保護法における差別的処遇の禁止

第1節　期間制雇用法

　期間制雇用法で規定されている差別制度の主な内容は、次のとおりである。
　まず、期間制雇用法は、差別的処遇を賃金、定期賞与金、名節賞与金等定期的に支給される賞与金、経営成果に応じた成果金、その他勤労条件及び福利厚生等において合理的な理由なく不利に処遇することと定義する（期間制雇用法第2条第3号）。その上で、同法8条は、「期間制勤労者であることを理由（あるいは、短時間勤労者であることを理由）に当該事業又は事業場におて同種又は類似の業務に従事する期間の定めのない勤労契約を締結した勤労者（あるいは、通常の勤労者）に比して差別的処遇をしてはならない」と規定する。同条は、期間制勤労者である事実又は短時間勤労者である事実だけでは、原則として、差別的処遇の理由として認められないことを明らかにしたものである[1]。これらを併せて理解すれば、期間制勤労者（あるいは短時間勤労者）に対する差別的処遇とは、期間制勤労者（あるいは、短時間勤労者）であることを理由に、その期間制勤労者（あるいは短時間勤労者）に不利な処遇が行われたこと、これらの処遇に合理的な理由がないことを意味する。この審査は、①使用者の行為が期間制勤労者（あるいは短時間勤労者）に対する不利な処遇であるかどうか、②仮に不利な処遇に該当した場合、当該不利な処遇を正当化する合理的な理由があるか否か、という流れで行われる。
　差別的処遇を受けた非正規職勤労者は、労働委員会を通じた差別是正（図7-1：本書157頁参照）と、勤労監督官を通じた差別是正（図7-2：本書158頁参照）がある。

まず、前者の場合、差別的処遇を受けた期間制勤労者又は短時間勤労者は、労働委員会に是正を申請することができるが（同法第9条第1項）、その際、差別的処遇の内容を具体的に明示しなければならない（同法第9条第2項）。求められる具体性は、使用者の処遇が期間の定めのない勤労者あるいは通常勤労者に比べて不利な処遇であったということが推定できる程度である。同法第9条4項の使用者の立証責任の規定は、これらの推定を前提としたものであると理解することができる。

①の審査段階においては、適切な比較対象者を選定し、使用者のどのような処遇が、不利な処遇であったかを明らかにすることが鍵となる。

上記の②段階での合理的な理由には不利な処遇が期間制勤労者という理由ではなく、別個の独自的な理由はもちろん、例外的に期間制勤労者という事情と密接な関係があるが、正当化される理由も含められる。代表的には、期間制勤労者の再契約を拒絶することで、当該勤労者の希望や期待に反して勤労関係を終了させる場合を挙げることができる。

後者は、上記の差別是正委員会による差別是正制度と並行し、期間制雇用法第15条の2（2012年2月1日改正）により、雇用労働部長官は、使用者に差別的処遇の是正を要求することができ、それに応じなかったときは労働委員会に通報し、同委員会が差別的処遇有無を審理し、その是正を命ずることができる。この制度は、改正される前の差別是正命令は事後的な処理の構造であり、当事者が不利益を憂慮して差別是正を申請しなかった場合があるなどの問題があるため、政府が事前かつ積極的に差別を解消することができるようにすることを目的として導入した（改正法公布文上の改正理由を参照）。この制度の導入は、特に、非正規職労働組合が組織されていない事業所を念頭に置き、労働組合に申請権を付与して申請権者の範囲を拡大することより、公益的次元で政府の職権介入を通じて差別是正制度を活性化することがより望ましいという政策的判断を背景とする。

政府職権の差別是正制度は、事業場単位で集団的差別是正を可能にする。これは、既存の制度が持つ個別的差別是正の限界を克服するものである[2]。今後、政府の職権差別是正業務は、雇用労働部、地方官署で実行されるものであるが、限定された資源の組織又は人員の中で差別是正業務がどれぐらい効果的に実行されるのかは未知数である。この制度が適切に運用されるかは、今後、政府の

差別是正意志と能力に左右されるであろう。意思がないとか、あっても能力が伴わなければ失敗する。差別是正能力の向上は、政府が早めに解決すべき課題である[3]。

差別是正の申請を受けた労働委員会は、遅滞なく、必要な調査と関係当事者の審問を行い（同法第10条）、関係当事者の申請又は職権で調停手続に回付することができる。調停とは別に、関係当事者の合意に基づいて申請した場合には仲裁をすることができる（同法第11条）。その他の救済手続の具体的な過程は、不当解雇及び不当労働行為の救済手続と同様である。差別是正命令に従わなかった場合は、過怠料を賦課される（同法第24条）。

第2節　派遣法

旧派遣法第21条は、派遣勤労者が使用事業主の事業内の同一の業務を遂行する同種勤労者と比較して、不当に差別的処遇を受けないようしなければならないと規定していた。しかし、2007年改正派遣法によって（以下「派遣法」）、派遣事業主と使用事業主は派遣勤労者であることを理由に使用事業主の事業内の同種又は類似の業務を遂行する勤労者と比較して派遣勤労者を差別的に処遇してはならないと改正された（派遣法第21条）。旧派遣法第21条が訓示規定に過ぎなかったのに対し、派遣法第21条は、比較対象者を類似の業務を遂行する勤労者まで拡大した。また、確定された是正命令を履行しなかった者に対しては、過怠料が賦課されることとなった（同法第46条）。

禁止される差別は、派遣事業主又は使用事業主が、派遣勤労者であることを理由に、使用事業主の事業内の同種又は類似の業務を遂行する勤労者に比べて、派遣勤労者の賃金、定期賞与金、名節賞与金等定期的に支給される賞与金、経営成果に応じた成果金、その他勤労条件及び福利厚生等において合理的な理由なく不利に処遇することを意味する（同法第2条7号）。

派遣法の差別禁止の主体として派遣事業主と使用事業主の両方を定めているため、誰が、差別に対する是正命令の履行者であるかについて見解の対立がある。この点、是正命令の履行義務者は、派遣事業主と使用事業主両方であるとみるべきであろう。派遣法第21条は、差別的処遇の禁止義務の主体として派遣事業主と使用事業主を区別しておらず、同法第20条第2項は、使用事業

主に勤労者派遣契約を締結する際に派遣事業主に同法第21条第1項の規定を遵守するように必要な情報を提供する義務を課している。すなわち、派遣法第34条第1項に、派遣法第20条第2項の使用者が派遣事業主であると規定されているにもかかわらず、同条では使用事業主を直接的に関連させていることなどを照らしてみると、是正命令の履行義務者は、両者であるとみるべきである（巻末【資料1】参照）。

　差別的処遇を受けた派遣勤労者は、差別是正委員会にその是正を申請することができる（同法第21条2項）。また、派遣法第21条の2（2012年2月1日改正）により、雇用労働部長官は、使用者に差別的処遇の是正を要求することができ、それに応じなかったときは労働委員会に通報し、同委員会が差別的処遇有無を審理し、その是正を命ずることができる。

　同法第21条2項の規定による是正申請その他の是正手続等に関しては、期間制雇用法の規定を準用することになっているので、その条文の引用については期間制雇用法の条文を掲げることにする。この場合、「期間制勤労者又は短時間勤労者」は「派遣勤労者」で、「使用者」は「派遣事業主又は使用事業主」とみなす。

注

1) 전윤구「비정규직 차별시정신청을 둘러싼 해석론의 검토」임금연구15호(2007년)5쪽(全ユング「非正規職の差別是正申請を巡る解釈論の検討」賃金研究15号（2007年）5頁）。
2) 조용만「비정규직 차별금지의 쟁점과 과제」노동법학제42호(2012년) 13쪽(趙龍晩「非正規職差別禁止の争点と課題」労働法学第42号（2012年）13頁）。
3) 조용만（趙龍晩）・前掲注（2）13頁以下。

第6章　非正規職保護法における差別的処遇の判断基準

第1節　差別是正に関わる主な判例の概要

　以下では、労働委員会に提起された差別是正事件（2013年12月31日基準で2,605件である：本書160頁参照）の中で、中労委に再審を請求した事件を中心に、その事件の主要な争点と、地労委と中労委の判定結果などを紹介する。そして、論点を検討する際、下の事件番号を引用する。

【事件6-1】済州特別自治道賃金及び福利厚生費など差別事件 [1)]

　本件のXらは、2003年3月1日及び2005年10月1日に、済州特別自治道の済州市交通行政課に駐・停車取締員として採用され、不法駐・停車車両の取締業務に従事する者である。

　Xらは、2007年8月28日及び2007年9月5日、済州市庁を被申請権者とし、当該事業場で同一業務を遂行する暫定的な比較対象者である請願警察に比べて、基本給など14個項目の賃金、福利厚生費などについて勤労条件上の差別的処遇を受けたとして、済州地労委に是正申請をした。その後、2007年9月7日、本件の被申請権者を済州市庁から済州特別自治道に変更した。

　これに対し、済州地労委は、Xらに比較対象者に支給される賃金支給項目のうち、いくつかの項目が支給されない、あるいは少なく支給されることはあるが、年俸で算定した賃金総額はほぼ同様の水準であるので、不利な処遇が存在しない旨を理由として申請を棄却した。

　しかし、中労委は、Xらが提起した再審申請について不利な処遇が存在することを認めたが、業務遂行に必要な努力の程度、危険の程度などを基準に不利

第 2 編　韓国の非正規職保護法における差別的処遇の禁止及び差別是正制度

な処遇に合理的な理由があるものとして、その申請を却下した。

【事件 6-2】韓国鉄道公社成果賞与金差別事件[2]

Y（韓国鉄道公社）の非正規職勤労者であるXらに対して成果賞与金を不支給としたことについて期間制雇用法で禁止される差別的処遇該当性が争われた事案であり、全国的な単位で期間制勤労者らの差別是正申請が行われた事案である[3]。

本件のXらは、Yと1999年12月1日から2006年7月24日までの期間の定めのある勤労契約を締結し、全国の各支社、事業場、駅などにおいて期間制（契約職）勤労者として電気員、線路管理員、車両管理員、防災要員、駅員、駅員補助員として勤務してきた者である。

Yは2007年7月31日に比較対象者である期間の定めのない勤労契約を締結した勤労者には、2006年度の経営実績評価に基づく成果賞与金を各勤務実績に基づき支給する一方、Xらに対してはこれを全く支給しなかった本件行為に対し、Xらは、合理的な理由のない差別的処遇に当たると主張して、各管轄地方労働委員会に、2007年8月2日から同月17日までの間に、差別是正の救済申請をした。

各地方労働委員会は、2007年10月17日から同年12月27日までの間に、Xらの主張を受け入れ、「本件の行為が期間制雇用法上禁止される差別処遇に当たる」として、Yに対し、「本件の行為によりXらが受けることができなかった成果賞与金を30日以内に支給する」ことを命ずる救済命令を下した。

各地方労働委員会の是正命令に対し、Yは、2007年10月25から同年12月31日までの間に、中央労働委員会に再審申請をしたが、中央労働委員会は、2008年1月14日、前記の各救済命令と同様の理由でYの再審申請をすべて棄却する再審判定をした。

中央労働委員会の再審判定に不服としたYは、再審判定の取消を求めてソウル行政法院に訴訟を提起したが、第1審判決でソウル行政法院は、地方労働委員の判定と同じ趣旨でYの請求を棄却した。一方、ソウル高等法院は、成果賞与金支給の根拠となった勤労が期間制雇用法の施行日以前のものなので、期間制雇用法の適用対象にならないとみて、第1審判決を取消し、中央労働委員会の再審判定を取消する判決を下した。そして、大法院は、原審判決

を破棄し、事件を再審理・判断するように原審法院に送還した。

【事件6-3】東明文化学院事件 [4)]

本件のXらは、2005年4月1日、学校法人である東明文化学院の東明情報大学校に1年単位で雇用されている契約職専任講師である。Xらは、教員人事規定により採用された専任講師に適用される号俸制の賃金体系とは異なる年俸制の賃金体系を適用されていること、それにより、相対的に低い水準の賃金を支給されるなど差別を受けていると主張して、2007年9月28日、釜山地労委に差別是正を申請した。

これに対して、釜山地労委は、Xらが同種又は類似業務に従事する専任講師より低い賃金を支給されるのは差別的処遇に該当すると判定した。しかし、中労委は、Xらは事実上期間の定めのない勤労契約を締結した勤労者に該当するので、当事者適格がないとして、Xらの申請を却下した。

【事件6-4】慶北大学校非常勤講師事件 [5)]

慶北大学校非常勤講師に関する規定などによる委嘱契約に基づいて、非常勤講師として在職した者又は在職しているXら36名は、使用者である教育科学技術部と慶北大学校が賃金などの決定において比較対象者である同大学1年次の専任講師と比べて賃金決定などについて不合理な差別的処遇をしていると主張し、差別是正を申請した。

これに対して、慶北地労委は、国が設立・経営する教育施設の名称に過ぎない慶北大学校は、法律上独立された権利義務の帰属主体がないとして当事者適格性を否定し、その理由で却下した。そして、教育科学技術部に対する是正申請は、Xらが比較対象者として提示した1年次の専任講師は、教育以外に研究及び奉仕業務を一緒に核心業務としているので比較対象者としてみることができないという理由で棄却した。

その後、中労委は、Xらが再審申請をする際に比較対象者として専任講師以外に講義招聘教授を追加した。講義招聘教授が、期間制勤労者であっても、通常勤労者に該当するので、比較対象者に該当すると判断したが、時間給通常賃金を基準としてみると不利な処遇が存在しないとして再審申請を棄却した。ソウル行政法院も中労委の判定と同じ趣旨で、Xらの請求を棄却する判決をした。

以後、Xらが控訴したが、2009年6月15日、控訴取下で終結された。

【事件6-5】大邱大学校非常勤講師事件[6)]

大邱大学校から非常勤講師として委嘱され、同大学に在職した者と在職しているXら20名は、2007年7月1日以後、差別是正申請当時まで同大学の専任講師らと比べて賃金決定などについて不合理な差別的処遇を受けていると主張し、大邱大学校を設立・運営している学校法人である栄光学園と大邱大学校を被申請権者として差別是正を申請した。

これに対して、慶北地労委は、大邱大学校に対する申請は、学校法人によって設置された機関にすぎないとして被申請権者の当事者適格性がないとして却下し、栄光学園に対する申請は、Xらの業務が比較対象者である専任講師の業務と同種又は類似な業務であるとみることができないとして棄却した。

中労委は、Xらの再審申請を上記の事件4(慶北大学校非常勤講師事件)の判定と同じ趣旨で棄却した。

【事件6-6】朝鮮大学校非常勤講師事件[7)]

本件の勤労者192名は、朝鮮大学校の非常勤講師として在職した者又は在職している期間制及び短時間勤労者である。

2008年1月23日、全南地労委は、申請権者の期間制勤労者性と短時間勤労者性を同時に認めた。しかし、2008年5月13日、中労委は、期間制勤労者ではあるが短時間勤労者ではないとした。そして、2007年7月1日当時に勤務していない非常勤講師1人に対しては当事者適格を否定した。

中労委は、「本件の勤労者らが短時間勤労者であるかについて……短時間勤労者として認定されるためには、その事業場に同じ種類の業務に従事する通常勤労者が必要であるが、……定年系の専任講師と非定年系列の教育中心教員が遂行する核心業務には、講義業務のみならず、研究業務も含まれている。……これらは講義業務のみに従事している非常勤講師などと同じ種類の業務に従事していないので非常勤講師などと同じ業務に従事する通常勤労者としてみることができず、同じ事業場に同じ種類の業務に従事する通常勤労者が特に存在しない。本件の勤労者は期間制雇用法の短時間勤労者には該当しない」と判示した。

【事件 6-7】韓国道路公社成果賞与金差別事件 [8]

Xら（584名）は、1997年5月1日から2007年12月5日の間に韓国道路公社又は外注業体（西安山企業、ゼフン企業）により契約期間1年を単位とする期間制勤労者として、それぞれ入社し、板橋、城南、河南、九里、清渓、金浦、始興、西安山、土坪営業所で料金収納業務を遂行する勤労者である。

Xらは、韓国道路公社が2006年度の経営実績評価に基づいて、2007年9月10日、Xらを排除して無期契約勤労者のみインセンティブ賞与金を支給したのは、差別的処遇に該当すると主張し、差別是正を申請した。

これに対して、京畿地労委は、西安山、土坪営業所で勤務するXらが韓国道路公社を相手に提起した差別的処遇に対する是正申請は、申請権者らの事業主は韓国道路公社ではないのでその申請を却下し、残りのXらの申請に対しては、比較対象者と同種又は類似の業務に従事しているとみることができないとして、その是正申請を棄却した。本件の再審判定でも同様の趣旨の判定をした。

【事件 6-8】浦項医療院事件 [9]

Xら（27名）は、浦項医療院の社員食堂の調理員として勤務している者である。Xらの勤労契約の締結回数は、1回（4ヶ月勤務）から14回（13年7ヶ月勤務）まで更新締結されるなど勤務期間はそれぞれ異なる。契約期間は1年単位であるが、毎年1月中に一括して契約書に署名捺印することで継続勤労している。そして、契約期間が満了されても退職金の支給などの退職手続をされたことがなく、これまで契約期間の満了を理由に再契約が拒否された例もない。

Xらは、2007年12月20日、浦項医療院が無期契約勤労者と栄養士に成果手当を支給した一方、期間制勤労者であるXらに対しては、期間制勤労者であるという理由で支給しなかったことは差別的処遇に該当すると主張し、差別是正を申請した。

これに対して、慶北地労委は、Xらが1年単位の勤労契約を毎年締結して最長14回にわたって長期間反復更新されているなど、たとえ勤労契約の更新回数が1回ないし2回にすぎない勤労者であっても、同種勤労者の勤労契約締結慣行をみる際には、勤労契約期間が満了した後も、特別な事情がない限り、

勤労関係が維持されると期待されていることなどを挙げながら、Xらは、契約書の文言にもかかわらず、事実上期間の定めのない勤労契約を締結した者とみなして申請権者の当事者適格がないとして、申請を却下した。そして、中労委も、再審判定を棄却した。

調理師である申請権者は、たとえ1年の契約期間である勤労契約を締結したとしても、1994年から継続されていたし、例外なく勤労契約が更新された。そして、その他の有期契約をした理由は、予算編成上の必要によるものであった。したがって、実質的には、その期間の定めは形式にすぎないとみることができるので、申請件者は、事実上、期間の定めのない勤労者に該当すると判断し、申請権者らの申請を却下した。

【事件 6-9】韓国鉄道公社栄養士賃金など差別事件 [10]

Xら（7名）は、Y（韓国鉄道公社）と2001年6月1日から2007年5月1日まで、1年単位で期間の定めのある勤労契約を反復更新しながら期間制栄養士として勤務していた。

このXらは、期間制雇用法の施行日である2007年7月1日から比較対象者の無期契約栄養士が存在した2008年4月13日まで、基本給、定期賞与金、成果賞与金、調停手当、親孝行休暇費、長期勤続手当において継続的な差別的処遇を受けたと主張しながら、4人の期間制栄養士ら（以下、「勤労者1乃至4」）は、2008年5月23日、ソウル地労委に、3人の期間制栄養士ら（以下、「勤労者5乃至7」）は、2008年5月29日、忠南地労委に差別是正申請をした。

本件では、継続的な差別的処遇の範囲が争点となった。ソウル地労委は、是正申請の一部を受け入れて、正規職栄養士と比べて、基本給、定期賞与金、成果賞与金、調停手当、親孝行休暇費を少なく支給したことと、5年以上勤務した期間制栄養士に長期勤続手当を支給しなかったことは差別的処遇であると認めた。しかし、Xらが主張するような継続的な差別的処遇には該当しないとした。したがって、期間制雇用法の施行日からではなく、申請日の3月前である2008年2月23日から2008年4月13日までの間の差別についてのみ少なく支払われた金額を支給するよう是正命令を下した。すなわち、2008年2月22日以前に該当する部分についての是正申請は棄却した。一方、忠南地労委は、是正申請をすべて受け入れ、勤労者5乃至7に、正規職栄養士と比べて、

基本給、定期賞与金、成果賞与金、調停手当、親孝行休暇費などを少なく支給したことと、5年以上勤務した期間制栄養士に長期勤続手当を支給しなかったことを、継続的な差別的処遇と認め、期間制雇用法の施行日である2007年7月1日から2008年4月13日までの期間について正規職と比べて少なかった金額を支給するように下した。また、勤労者5については、長期勤続手当を支給するように是正命令を下した。

ソウル地労委に申請していた勤労者1乃至4は、棄却部分を不服として再審申請を行い、他方、Yは、忠南地労委の判定に不服として再審申請をした。

中労委は、2008年11月3日、勤労者1乃至4の再審申請を棄却し、Yの再審申請は一部受け入れ忠南地労委の初審判定を変更した。すなわち、中労委は、2008年2月29日から2008年4月13日までの基本給、調停手当、長期勤続手当の支給における差別的処遇により勤労者5乃至7に少なく支給した金額を支給するようにした一方、差別是正対象期間内に支給されたことがなかった定期賞与金、成果賞与金、親孝行休暇費及び是正申請日から3月前である2008年2月28日以前に該当する基本給、調停手当、長期勤続手当については、差別是正申請を却下した。

Xらは、ソウル行政法院に、中労委の再審判定の適法可否を争いながら、賃金支給においてYから受けてきた差別的処遇は、期間制雇用法第9条1項但書に規定されている「継続的な差別的処遇」に該当し、したがって、上記のような差別的処遇が各賃金支払日に至って初めて発生するものであることを前提とした中労委の再審判定は違法であるので取消すべきであると主張した。これに対して、ソウル行政法院は、Xらの主張を受け入れた。

控訴審で、ソウル高等法院は、中労委の再審判定の中で、成果賞与金に関する部分は適法であるとした(すなわち、成果賞与金に対する差別是正申請却下)。しかし、残りの部分は違法であると判断し、一時的に支給した成果賞与金を除く、基本給などに対する差別は、継続的な差別的処遇であると認めた。

大法院でも、入社以後からYから受けてきた賃金支給の差別的処遇は、期間制雇用法第9条1項但書が定める継続的な差別的処遇に該当するとした。その理由で、期間制雇用法の施行日から差別的処遇の終了日までの賃金支給と関連する差別的処遇の全体に対して是正を求めることができるという原審判断が正当であるとした。

【事件 6-10】洪恩痴呆老人福祉院賃金差別事件 [11]

　Xは、2007年1月31日、Y（洪恩（hongeun）痴呆老人福祉院）に入社し、夜間の生活指導員として勤務した。そして、2008年1月4日から同年6月30日までとする期間の定めのある勤労契約を締結し勤務していたが、2008年1月11日に解雇された者である。

　Xは、在職期間中に賃金、勤労時間、延長・夜間・休日勤労手当などにおいて昼間の生活指導員と比べて差別的処遇を受けたと主張し、2008年6月12日、ソウル地労委に差別是正を申請した。

　これに対して、ソウル地労委は、申請期間が過ぎたという理由で申請を却下した。

　中労委も、XがYの始末書の提出要求に応じなかったこと、2008年1月11日以後に出勤しなかったこと、1月12日、自分が解雇されたことを知っていたと認めたことなどを考慮して、XとY間の勤労関係は、2008年1月11日に終了したと判断した。これに伴い、本件の差別的処遇の終了日も2008年1月11日であるので、差別是正申請が不適法であると却下した。

【事件 6-11】ウォンイル（現代自動車）事件 [12]

　X_1（勤労者1乃至2）は、2008年7月21日に廃業したウォンイル（WONIL）（以下、「Y_3」）所属の勤労者であり、X_2（勤労者3乃至5）は、NAMMYOUNG企業（以下、「Y_2」）の勤労者である。一方、Y_3は、現代自動車（以下、「Y_1」）と請負契約を締結し、自動車塗装業を行った者である。

　本件のXらは、派遣法における派遣勤労者に該当し、Y_1所属の勤労者と比較して賃金などについて差別的処遇を受けたと主張して、2008年3月20日、忠南地労委に差別是正申請をした。そして、2008年3月28日、Y_2とY_3を各々被申請権者として追加した [13]。

　まず、忠南地労委は、先決問題として、Y_1とY_2との間の請負契約が、派遣契約に該当するかどうか検討し、Xらが派遣勤労者に該当すると判断した。その後、Xらに対する処遇が差別的処遇であると認めてY_2に是正命令を下した。本件は、社内下請勤労者に対する差別是正命令を下した初の事案である。しかし、Y_1については、差別申請の要件事項が賃金など金銭的な事項であるので、派遣法第34条に基づいて、本件の請負契約が勤労者派遣契約として認められ

ても是正命令の履行義務者ではないとした。そして、Y_3は、2008年7月21日に廃業したので当事者適格が認められないとして却下と判定した。

Xらは、初審判定の取消を求め、再審を申請し、Y_1も、派遣法上の使用事業主であると判定した初審判定の取消を求める再審を申請した。

これに対して、中労委は、Yらは、勤労者派遣契約関係にあると認めることができず、当事者適格がないとして却下した。そして、Y_1の再審申請については、救済利益がないと却下の判定をした。

【事件6-12】乙路運輸通常時給など差別事件[14)]

Xは、2005年8月23日に、Y（乙路運輸）に入社し、毎年1年単位の勤労契約を締結する期間制勤労者として中型バス運転業務に従事している。

Xは、自分と同種又は類似業務に従事する入社4年目の無期契約勤労者である大型バス運転手と比べて合理的な理由なく通常時金、賞与金、無事故手当、勤続手当などの支給において差別的処遇を受けたと主張し、2008年11月3日、全南地労委に差別是正申請をした。

本件では、不利な処遇に対する合理的な理由の認定範囲が争点となった。

まず、全南地労委は、Xを比較対象者と比較して不利に処遇したことには合理的な理由があるとし、差別是正申請を棄却した。

これに対して、中労委は、初審判定における賞与金、無事故手当、勤続手当に関する部分を取消し、YがXに2008年8月4日から2009年6月3日までの間に賞与金、無事故手当、勤続手当を差別支給したのは差別的処遇であると認めた。

しかし、ソウル行政法院は、通常時金は勿論、賞与金、無事故手当で発生した不利な処遇には合理的な理由があるとした。すなわち、勤続手当のみ差別的処遇であると認めた。この判断は、ソウル高等法院でもそのまま維持され確定された。

【事件6-13】ソンワォンティピ（錦湖タイヤ）事件[15)]

Xら（勤労者1乃至2）は、各々2005年7月25日と2006年5月21日に、Y_1（錦湖タイヤ）の社内下請業者であるY_2（ソンワォンティピ）に入社した。Xらは、Y_1の所属職員らと比べて2007年7月1日以降、合理的な理由なく

差別的処遇を受けていると主張して、Y_1とY_2を被申請権者として、2008年7月21日、全南地労委に差別是正を申請した[16]。

Xらは、Y_1の所属職員らと混在してタイヤの包装業務を行った。Xらは、比較対象者とは別途にY_1請負業体の勤労者を適用対象にする団体協約に基づいて、定年、基本給、賞与金、月次休暇手当、勤続手当、安全手当、工程支援金、交通費、家族手当、定期昇号、会社創立日有給休暇、慶弔休暇及び慶弔金、教育費補助、体力鍛錬費、成果配分及び生産奨励金を支給又は適用されている。

全南地労委は、Y_1とY_2との間の請負契約は、勤労者派遣契約に該当すると判断し、Xらの当事者適格性を認めた。また、不利な処遇が団体協約の規定により発生したとしてもその合理性は認められない。そして、賃金などに対する差別的処遇を認めたが、派遣事業主と使用事業主の責任範囲を区分した派遣法第34条1項の規定によりY_1を相手に提起した差別是正申請を却下し、Y_2を相手に提起した差別是正申請については一部認定した。

中労委は、再審判定で、XらがY_1を相手に提起した差別是正申請は初審の趣旨と同じ理由で却下し、Y_2を相手に提起した差別是正申請は一部認めた。

ソウル行政法院は、中労委の再審判定を維持した。

【事件6-14】馬山文化放送定期賞与金など差別事件[17]

X_1は、1995年4月10日に、X_2は1993年9月9日に、Y(馬山文化放送)に臨時職として各々入社して、コンピューターグラフィックの業務を担当していたところ、1996年9月7日と1995年5月1日に各々別定の一般契約職へ転換され、2008年10月31日に名誉退職した(最後に締結した勤労契約書上の契約期間は2008年1月1日から2009年12月31日である)。

2008年10月31日に名誉退職したXらは、比較対象者と比べて定期賞与金と名誉退職インセンティブについて差を設け、名誉退職する当時に子女学資金を支給しなかったのは差別的処遇であると主張して、2008年11月18日に慶南地労委に差別是正申請をした。

2009年2月25日、慶南地労委は、この事件のXらは、1995年と1996年に特別職である一般契約職に転換された後、毎年1年乃至2年単位で、名誉退職まで十数年間に契約を反復更新された点、毎年12月、業務評価実施後、号俸昇給に対する可否について決定して昇給させた点、就業規則に特別職の定

年を満 56 歳に規定しており、報酬規定に一般契約職の号俸を最高 30 号俸までに定めて勤続手当も支給した点、一般契約職勤労者の中、期間満了で退社された者はいない点、名誉退職金の算定するとき勤務可能な残りの期間を勤労契約書に記載された 2009 年 12 月 31 日までとせず、定年満 58 歳の年齢を適用した点などを総合的に考慮してみると、この事件の X らと使用者の間に締結された勤労契約期間はただ形式に過ぎなかったものと判断されるため、事実上、この事件の X らは、期間の定めのない勤労者として当事者適格がないと判断して差別是正申請を却下した。

これに対して、中労委は、地労委が引用した判例法理を差別是正事件に援用するのは無理があるとし、既存の立場を変更した。すなわち、X は、期間制雇用法上の勤労者に該当するとし、Y が、X らに 2008 年 8 月 18 日から同年 10 月 31 日までの期間に該当する定期賞与金を支給するにあたり、正規職の 50％に該当する定期賞与金を支給したのは、差別的処遇である認めた。但し、子女大学学資金は、任意的・恩恵的な給付であるという理由で、名誉退職金は、支給の義務がない慰労金の性格という理由で、差別禁止領域である賃金その他の勤労条件に該当しないと判断した。

【事件 6-15】国民銀行交通費など差別事件 [18]

X ら（118 名）は、2005 年 12 月 14 日から 2008 年 1 月 29 日の間に国民銀行に入社し、内部統制点検者として勤務していたところ、2009 年 1 月 28 日から同月 31 日の間に契約期間満了を理由に勤労関係を打ち切られた者である。

X らは、比較対象者である内部統制責任者などと比べて交通費や昼食費、職務給など 9 個項目について、差別的処遇を受けたと主張し、2009 年 2 月 20 日に、ソウル地労委に差別是正申請をした。

ソウル地労委は、比較対象者らは、X らの業務を補助的に遂行してはいるが、比較対象者は他の核心業務を遂行しているので、同種又は類似の業務に従事しているとみることができないとして差別是正申請を却下した。

これに対して、中労委は、2008 年 3 月 3 日から 2009 年 1 月 31 日までの期間について、比較対象者に比べて、X らに交通費や昼食費を少なく支給したのは差別的処遇であると認めた。しかし、社内福祉基金から支給される未就学

子女教育費や障害者子女生活補助費は、Yがその運営を全般的に決定するものではないという理由で差別禁止領域には該当しないとし、子女学資金は、長期勤続を誘導するためのものであるという点などを考慮して合理的な事由が認められるという理由で、各々棄却した。

これに対し、ソウル行政法院は、通勤費や昼食費は、継続的又は定期的に支給されるし、その支給額が確定しているものなので、勤労の対価として支給される賃金の性質を持つとした。そして、継続的な差別的処遇に該当すると判定した。

【事件6-16】国民銀行賃金差別事件[19]

Xら（176名）は、2005年4月11日から2007年11月1日の間に国民銀行に入社し、内部統制点検者として勤務する途中、2009年2月28日から同年4月22日の間に契約期間満了を理由として勤労関係を終了させられた者である。

Xらは、比較対象者である自体点検検査専担者（Internal Control Evaluation Process）と賃金ピーク制職員と比べて、基本給など6個項目について差別的処遇を受けたと主張し、2009年4月16日と同年5月22日に、ソウル地労委に差別是正申請をした。

ソウル地労委は、Yが、2009年1月16日から同年4月10日までの間にXらに比較対象者と比べて交通費や昼食費を不利に支給したのは、差別的処遇に該当することを認めた。しかし、残りの金品に対する差別是正申請は棄却した。

Xらは、2009年8月26日に、ソウル地労委の判定で棄却された項目（交通費と昼食費を除いた基本給など5個項目）に対する取消を求めつつ、2008年3月3日から2009年1月15日までの交通費と昼食費に対する差別是正を追加申請した。

これに対して、中労委は、2009年2月10日、比較対象者に変動成果給を支給しながらXらには変動成果給を支給しなかったのは、差別的処遇であると認めた。しかし、初審申請趣旨に含まれていなかった2008年3月3日から2009年1月15日までの間に比較対象者に比べて少なく支給した交通費と昼食費の是正申請は却下された。

【事件6-17】海軍教育司令部賃金差別事件[20]

Xは、2000年1月13日、海軍教育司令部の勤務支援戦隊に、期間の定めがある勤労契約を締結して民間調理員として入社した。

Xは、2009年5月10日、Yらが精勤手当、成果賞与金、家族手当、精勤手当加算金、職級補助費、交通費、定額給食費、家計支援費を支給するにあたり、同一業務を遂行している調理直列機能軍務員と比較して合理的な理由なく差別したと主張し、2009年6月10日、慶南地労委に差別是正申請をした。

慶南地労委は、Xが、被申請権者として指定したY1（大韓民国）とY2（海軍教育司令部の勤務支援戦隊）の中で、Y2は、Y1の国防の義務を遂行するための国軍の下部組織にすぎないという理由で当事者適格がないとして却下し、その他の申請については棄却した。

これに対して、中労委は、慶南地労委の判定の中、家族手当、定額給食費、交通補助費の部分に対する棄却判定を取消し、調理直列機能軍務員に家族手当、定額給食費、交通補助費を支給しながら、Xにはこれを支給しなかったのは、差別的処遇であると認めた。もっとも、これらの手当は賃金とは異なり支給時期に初めて発生する実費補助性格の手当であるという理由で継続的な差別的処遇には該当しないとした。

しかし、ソウル行政法院は、家族手当、定額給食費、交通補助費は、賃金の性質を持っているのでこれに対する差別を継続的な差別的処遇に該当すると判定した。

【事件6-18】農業協同組合中央会賃金差別事件[21]

Xらは（69名）、2004年8月24日から2008年10月1日までの間にY（農業協同組合中央会）の経済支援職、金融テラー職、営業支援職、総合職、特殊職として入社し、在職中又は契約期間満了を理由として勤労関係が終了された者である。

Xらは、YがXらに月定額給与額、賞与金、家庭の月行事費、被服費を比較対象者と比べて差を設けて支給する、あるいは支給しなかったことは差別的処遇に該当すると主張し、2009年9月21日、ソウル地労委に差別的処遇是正を申請した。

ソウル地労委は、Yが、2008年1月1日から2009年6月30日までの間に、

Kの被服費を、N、P、S、Lの賞与金、家庭の月行事費、被服費を、2009年3月6日から同年6月30日までの間に、Uの昼食代、交通補助費、賞与金、家庭の月行事費、被服費を、比較対象者に比べて支給しなかったり、不利に支給したのは、継続的な差別的処遇であると認めた。一方、K、N、P、S、L、Uのその他の差別是正の申請と、残りXらの差別是正はすべて棄却した。

その後、中労委は、初審を維持する判定をした。

【事件6-19】ソウル特別市賃金など差別事件[22]

Xは、2009年1月2日からY（ソウル特別市の下部機関であるソウル特別市中部プルン都市事業場）に所属し、森づくりの契約職勤労者として勤務していたところ、同年9月30日付で、勤労契約関係が終了した者である。Xは、在職当時に一緒に勤務していた期間の定めがない勤労者に比べて賃金及び諸手当部門で差別的処遇を受けたと主張し、2009年12月28日、ソウル地労委に差別的処遇是正を申請した。

ソウル地労委は、Xの申請を棄却した。これに対して、中労委は、団体協約の効力は、その当事者である使用者と労働組合及び労働組合員に与えるものである。すなわち、Xは、労働組合への加入対象ではないので、団体協約の効力は及ばない。したがって、Xは、団体協約が適用されていなかったし、その結果、比較対象者に比べて不利な処遇を受けたのは合理的な理由があるとし、差別的処遇に該当しないと判断した。

第2節　雇用形態を理由とする差別で当事者の適格

第1款　申請権者の当事者適格

差別是正の申請権者は、使用者（派遣勤労の場合には使用事業主も含む）から差別的な処遇を受けたと主張する期間制勤労者、短時間勤労者、又は派遣勤労者である（期間制雇用法第9条、派遣法第21条）。「当事者適格がない」ことは、却下事由に該当する（労働委員会規則109条1項及び同規則60条1項3号）。

申請権者の当事者適格性の有無の判定は、差別是正の申請当時ではなく、使用者による差別的処遇があった時を基準として行われる[23]。例えば、使用者

第6章　非正規職保護法における差別的処遇の判断基準

から差別的処遇を受けた当時に期間制勤労者・短時間勤労者・派遣勤労者であれば、退職又は正規職への転換などにより差別是正の申請当時に非正規職勤労者に該当しなくても申請権者としての適格性が認められる[24]。この場合も、差別的処遇があった日（継続した差別的処遇はその終了日）から6月以内に差別是正の申請をしなければならない（期間制雇用法第9条1項、派遣法第21条3項)[25]。

第1項　期間制勤労者

期間制雇用法第8条第1項と同法第9条1項は、「使用者は、期間制勤労者であることを理由に当該事業もしくは事業場で同種又は類似の業務に従事する期間の定めのない勤労契約を締結した勤労者に比して差別的処遇をしてはならない」、「期間制勤労者は、差別的処遇を受けた場合……労働委員会にその是正を申請することができる[26]」と規定している。

そして、期間制雇用法第2条1号によると、「期間制勤労者とは、期間の定めがある勤労契約を締結した勤労者をいう」。しかし、勤労契約期間が定められていても、その期間の満了が勤労契約の終了の意味ではなく、同一の賃金条件が維持される期間（例えば、年俸契約）などの意味に解釈される場合には、期間制勤労者の勤労契約ではない[27]。

期間制勤労者の当事者適格性に関する重要な争点は、期間の定めがある勤労契約が長期間反復・更新されて（非正規職保護法の施行後、総使用期間が2年を超えて、期間制雇用法に基づいて無期勤労契約勤労者とみなされる場合を除く）その定めた期間が単に形式にすぎない場合に当事者適格性が認められるか、という点である。

この点について、無期勤労契約とみなされた勤労者は、たとえまだ契約の形式において期間制勤労契約を維持していても、使用者が勤労契約期間の満了を主張することができないので、本質的に期間制勤労者ではないという見解がある[28]。

しかし、期間の定めが形式的であっても申請権者としての適格性を認める見解もある[29]。申請権者としての適格性を認めることは、当該事件において差別是正を申請する利益があるということを意味するが、これは訴訟法上の権利に該当するので文言の範囲を過度に縮小解釈することは望ましくない。また、

第2編　韓国の非正規職保護法における差別的処遇の禁止及び差別是正制度

法文上では、行政審判の場合にも「法律上利益がある者」に請求人適格が認められるが（行政審判法9条）、解釈上では、行政審判の場合は、「不当な処分」も争訟対象になるので、請求人適格を広く認めなければならないという必要性があるという理由で、「法律上利益」を要求するのは立法の誤りであると解するのが有力説である[30]。形式的であっても期間制勤労者の場合には、その形式によって不合理的な処遇を受けているかどうかを求める権利がある。

これに対して、勤労関係において形式と実質が異なる場合、実質に基づいて判断し、法律効果を付与する労働者保護の一般論を根拠に、形式的な期間制勤労者は差別是正の申請権者の資格がないという見解がある[31]。すなわち、すでに実質的に無期契約勤労者としてみることができる形式的な期間制勤労者にも再び差別是正の申請権者の資格を認めることは更新期待権と事実上無期契約理論の区分を曖昧にする欠点があるというのである。この見解によると、形式的な期間制勤労者が差別是正判断を受けることができないことにより発生する問題は、期間制雇用法第4条第2項（期間の定めのない勤労契約を締結したとみなす規定）が全面的に適用されるまで（2011年7月1日から、5人以上の勤労者を使用する事業場に適用）、不可避な問題であるとする。

上記の否定説は、形式と実質が異なる場合、実質に基づいて判断しなければならないという原則に基づいているので、説得力があるのは事実である。しかし、上記の否定説については次のような反論を考えることができる[32]。

第一に、無期契約理論と更新期待権理論のいずれも勤労の継続を保護することに目的がある理論であるので、勤労条件の差別禁止を目的とする差別是正の法理にこれらをそのまま援用することには無理がある。これらの理論は、勤労関係の継続という勤労の量的側面に関する理論である一方、差別是正は勤労条件の質的側面に関する問題であり、勤労関係の継続をそもそもの前提とする保護装置である。

第二に、期間制勤労契約を反復更新した勤労者が事実上無期契約勤労者とみなされて雇用継続が保障されるかどうかは、勤労契約の更新が拒絶された後、初めて法的確信を得ることができる問題である。すなわち、期間制勤労契約を締結した勤労者が事実上無期契約に準ずる雇用安定を保障されるという法的確信は、契約更新の拒絶に関する裁判を経た後に得られるのである。ところが、不当解雇を扱う審判手続と差別是正を扱う審判手続が相互に異なっており、既

判力が認められないので、差別是正を扱う手続では、事実上無期契約であると認められ差別是正の申請が却下されたが、その後、不当解雇を扱う手続で、事実上無期契約が認められない可能性が出てくるが、これは不合理である。

第三に、2年を超えて期間制勤労者を使用することができる場合、すなわち、無期勤労契約とみなされない例外に該当する場合については、事実上無期契約と認められる事情があっても、法的には無期契約とみなされないようになるが、これらが勤労条件で不当な差別を受けた場合、差別是正を申請することができないということになると、法の空白が発生する。

これらの点を考慮すると、「形式的な期間制勤労者」の申請権者の適格問題は、否定説がいう「ただ期間制雇用法第4条第2項が全面的に適用されるまでの過度期の問題」であるとみるべきではない。

労働部も同じ立場に立って、「非正規職保護法令の業務マニュアル」[33]に、期間制勤労契約の反復更新により期間の定めが単に形式に過ぎず、事実上期間の定めのない勤労契約へ転換されたと判断される場合には期間制雇用法の適用が除外されるとしている。しかし、中央労働委員会の「差別是正業務マニュアル」[34]には、期間制勤労契約が反復して更新された場合については立場を明示していないが、期間制勤労者の該当性の有無の判断に関するマニュアルが告示されている。

労働委員会は、上記の判例法理を引用して、【事件6-3】東明文化学院事件と【事件6-8】浦項医療院事件などにおいて、勤労契約期間の定めが形式にすぎないのかを検討し、そうであると判断した場合、事実上期間の定めのない勤労契約を締結したとみて、申請を却下していた。

そうするうちに、中労委は、2009年5月20日の【事件6-14】馬山文化放送定期賞与金など差別事件の再審判定において、「初審地労委が引用していた判例法理は、使用者による不当な勤労関係の終了に対する保護のためのもので、勤労関係の継続を前提に勤労条件の差別禁止を目的とする差別是正事件に援用するのは無理がありそうにみえる」とし、事実上の無期契約勤労者らの当事者適格性を認めた。すなわち、中労委は、数回にわたって期間制勤労契約が反復・更新されたとしても、期間制雇用法の施行後に勤労契約を締結して継続労働した期間が2年を超えない勤労者であれば、期間制雇用法上の期間制勤労者に該当するとして、差別是正の申請適格性があると判断したのである。

その後の【事件 6-17】海軍教育司令部賃金差別事件も、上記の【事件 6-14】馬山文化放送定期賞与金など差別事件と同じ立場をとっている。これは、差別是正を申請する当時の勤労契約の現在状態ないし外観を重視し、申請権者資格を判断したと言える[35]。

一方、上記のような立場は、期間制雇用法第 4 条及び同法第 2 条第 1 号の文理的な解釈に基づいたものであるが、法理的又は実務的にはまだ解明すべきものが残っている[36]。例えば、2 年を超える契約期間を設定することができるか、2 年を超えて継続使用することができる期間制雇用法第 4 条第 1 項但書の例外に該当する勤労者が差別是正を申請することが出来るかどうかである。これについて、例外的に 2 年を超えた契約期間の合意が有効であり、2 年を超えて継続使用することも許容されているので、これらも期間制勤労者として、申請権者の適格を与える必要がある。したがって、申請権者の資格を持った期間制勤労者は、①期間制雇用法の施行以降、期間制勤労契約を締結した後に継続勤労した総期間が 2 年を超えない期間制勤労者、及び、②2 年を超えても期間制勤労契約を締結することができる期間制雇用法第 4 条第 1 項但書による勤労者、とみるべきである。

そして、期間の定めが形式にすぎないと判断され却下又は棄却された後に当該勤労者が不当解雇の救済申請をすることと、期間満了を理由に不当解雇の救済申請が棄却された後に差別是正を申請することは矛盾しないが[37]、勤労者が不当解雇の救済申請をして救済命令を受けた後、差別是正申請をすることができるかどうか、という問題がある。実際に、未来交通事件[38]の場合、事業譲渡の過程で、従来の使用者との契約終了後、新しい譲受人と期間制勤労契約を締結した申請権者は、新しい譲受人である使用者から勤労契約の解除処分になり、仁川地労委に不当解雇救済申請をして不当解雇であると認定されたのち、同地労委の判定当日、同地労委に賃金差別について差別是正申請をした。こうした事案は、今後も生じる可能性がある。反対に、差別是正申請が認められた後に不当解雇の救済申請をすることは、当該勤労者は、少なくとも更新に対する期待権に基づいて当該勤労関係の終了通知を解雇であると主張することができるため、問題がない。

上記の【事件 6-3】東明文化学院事件と【事件 6-8】浦項医療院事件は、契約期間の定めの形式性の有無に関する既存の大法院の判例に立脚して判断して

いる。しかし、【事件6-14】馬山文化放送定期賞与金など差別事件では、既存の大法院の判例に依拠して申請権者の適格性を判断するのは不適切であると指摘しながら、期間制勤労者該当性の有無は、期間制雇用法に立脚して判断しなければならないという新たな法理を導入して、申請権者の適格性を認めた。労働委員会の既存法理が本件に適用された場合、申請権者らの適格性が否定された可能性が高いと言えよう[39]。

　上記のような理由で、事実上、無期契約と認められるか否かを問わず、形式的に期間の定めがある勤労契約を締結した勤労者は、すべて差別是正申請の申請権者の適格があるとみるのが妥当である。これは文理的解釈にも適合し、期間制雇用法の目的と勤労者の保護にも合致する。この見解によれば、上述した地方労働委員会の事件で、申請権者が、事実上無期契約の勤労者と認められるという事実は、彼らが不当な解雇又は更新拒絶されたときに判断される事項であり、差別是正を求める申請では、申請権者の申請を却下するのではなく、申請権者が期間の定めがある勤労契約を締結していることを理由に不当な差別を受けているかどうかを判断すべきであったと考えられる[40]。

第2項　短時間勤労者

　期間制雇用法第8条第2項と同法第9条第1項によると、「使用者は、短時間勤労者であることを理由に当該事業又は事業場の同種又は類似の業務に従事する通常勤労者に比して差別的処遇をしてはならない」とし、「短時間勤労者は、差別的処遇を受けた場合……労働委員会にその是正を申請することができる」と規定している。

　そして、期間制雇用法第2条第2号と勤労基準法第2条第1項8号によると、「短時間勤労者とは、1週間の所定勤労時間がその事業場において同種の業務に従事する通常勤労者の1週間の所定勤労時間に比して短い勤労者をいう」。例えば、当該事業場の勤労時間が団体協約により週35時間と規定されている場合、この35時間より労働時間が短い場合に短時間勤労者に該当する[41]。このように短時間勤労者該当性は、通常勤労者の1週間の所定勤労時間との比較によって決定されるため、その前提として事業場内に同種の業務に従事する通常勤労者が存在することが必要となる。ここでいう「通常勤労者」の意味について労働部は、「所定勤労時間のみならず、当該事業場の雇用形態（契約期間）、

賃金体系などを総合的に考慮してみたとき、通常に勤労することが予定されている勤労者をいう。そして、就業規則などにより採用及び契約期間(定年など)・賃金・号俸・昇進などの重要な勤労条件の大部分が直接規律されている勤労者」であるとしている[42]。

そして、4週間(4週未満に勤労する場合は、その期間)を平均して1週間の所定勤労時間が15時間未満の勤労者(いわゆる、超短時間勤労者)も短時間勤労者に該当する。但し、超短時間勤労者に対しては、勤労基準法第18条第3項による有給休日・年次有給休暇と、勤労者退職給与保障法4条1項による退職給付制度が適用されない[43]。すなわち、その未対応を理由とする差別是正申請の当事者適格は否定される。

労働委員会の判定例では、大学の非常勤講師の地位について、期間制勤労者であることに加え、短時間勤労者にも該当するかどうかが争われている[44]。

中労委は、【事件6-4】慶北大学校非常勤講師事件と【事件6-5】大邱大学校非常勤講師事件で、すべての非常勤講師が期間制勤労者に該当し、短時間勤労者にも該当することを認めた。【事件6-5】大邱大学校非常勤講師事件では、委嘱契約を通じて講義業務を遂行し、委嘱契約が終了すると勤労関係が自動的に終了される点で期間制勤労者であり、同じ事業場で講義業務に従事する通常勤労者である講義専担教授と比べて1週間の所定勤労時間が短いので短時間勤労者でもあると指摘された。非常勤講師らが比較対象者として専任講師のほかに講義招聘教授又は講義専担教授を予備的に追加した事件で、講義招聘教授又は専担教授を非常勤講師と同じ講義業務に従事する通常勤労者であるとみて、非常勤講師の短時間勤労者性と期間制勤労者性を同時に認めている。

一方、【事件6-6】朝鮮大学校非常勤講師事件では、非常勤講師らと同種業務をする講義のみを専担する期間制講師(通常勤労者)は存在しなかったが、講義と研究をする定年系の専任講師と非定年系列の教育中心教員がいたため、申請権者の期間制勤労者としての当事者適格性は認められたが、短時間勤労者該当性は否定された。勤労基準法で定義するように、同種の業務に従事する通常勤労者がいない場合、短時間勤労者該当性は認められないという立場である。

期間制雇用法は、勤労基準法の短時間勤労者の定義(同法第2条第1項第8号)にそのまま従っている[45]。この定義は、通常勤労者を「同種業務に従事する」勤労者にしており、期間制雇用法が明示的に「同種又は類似する業務に従事す

る」通常勤労者との比較を前提にしていることと趣旨は合致する。しかし、期間制雇用法第8条第2項は、短時間勤労者について同種又は類似の業務を遂行する通常勤労者との比較を求めており、前述の勤労基準法第2条の定めにこの比較を制限するならば、期間制勤労者の比較対象範囲は、同種又は類似の業務であるのに対し、短時間勤労者の比較対象範囲は、同種の業務であると解釈されることになる。このような解釈方法は、勤労者の権利保護を目的とする期間制雇用法の立法趣旨や、新法又は特別法を優先的に適用するという法解釈の基本原理とも相反する結果を招く。したがって短時間勤労者の事案においても、同種又は類似の業務をする通常勤労者との比較が求められると解すべきことになろう[46]。

短時間勤労者と通常勤労者は、1週間の実労働時間ではなく、所定勤労時間に基づいて区別される。それゆえ、延長勤労や休日勤労などにより実際に遂行した総勤労時間が通常勤労者の勤労時間より長くても短時間勤労者に該当する[47]。

通常勤労者には、無期勤労契約の勤労者のみならず、期間制勤労者も含むとする立場もある[48]。同種業務に従事している勤労者の1週所定勤労時間に差があれば、両者の雇用形態が同じであっても（例えば、期限制の非常勤講師と期限制の講義専担教授）、時間が短い方を短時間勤労者（期限制の非常勤講師）、多い方を通常勤労者（期限制の講義専担教授）であるとみるのである。

第3項　派遣勤労者

派遣法第21条第1項及び同法第2項によると、「派遣事業主と使用事業主は、派遣勤労者であることを理由に使用事業主の事業内の同種又は類似の業務を遂行する勤労者に比べて派遣勤労者に差別的処遇をしてはならない」、また、「派遣勤労者は、差別的処遇を受けた場合……労働委員会にその是正を申請することができる」と規定している。

そして、派遣法第2条第1号及び第5号によると、差別是正の申請権者である派遣勤労者とは、「派遣事業主が雇用した勤労者として勤労者派遣の対象になる者」であり、「使用事業主の指揮・命令を受け、使用事業主のための勤労に従事」する者である。すなわち、派遣法上の派遣事業主が雇用した勤労者として使用事業者に派遣され、使用事業主の指揮を受け、勤労を提供する勤労

者について申請権者としての適格性が認められる。

　適法に登録された派遣事業主に採用された派遣勤労者の場合には申請権者の適格性に問題はない。勤労者派遣と類似の社外勤労形態である請負勤労者は、請負企業が注文者から請け負った業務を遂行するために、請負企業に直接雇用され、当該業務において直接指揮・命令される者であり、派遣法上の派遣勤労者には該当しないため、これを理由とする申し立て適格性は認められない。しかし、外形上は請負関係であるが実際には使用事業主の指揮・命令下に置かれているいわゆる偽装請負又は不法派遣（例えば、派遣期間の違反、無許可の派遣、派遣禁止業務の違反など）の場合に、申請権者の適格性を認めることができるか否かは問題となる。

　この問題に関して、まず、労働部は、勤労者派遣と請負は、「派遣事業主の事業主としての実体」と「使用事業主の指揮・命令の存否」などを総合判断し、後者については、特に作業配置、変更決定権、業務指示・監督権、休暇・病暇などの勤怠管理権及び懲戒権などに着目して区別されるものとしている[49]。

　学説では、①派遣法は適法派遣にのみ適用され、不法派遣である請負勤労者は、使用事業主の正規職ではなく、労務請負契約期間を自分の勤労契約期間としてみる期間制勤労者であるとする見解と[50]、②派遣法上の派遣勤労者の定義に合致する限り合法・不法派遣を問わず、社外事業主の指揮・命令下に労務を提供する実質的な地位にあるとすれば救済申請の適格性を持つべきであるとする見解が対立している[51]。派遣法第2条の勤労者派遣の定義規定をみると、合法派遣と不法派遣を区別しないため、後者の見解が妥当であろう。

　労働委員会は、まず、先決問題として、請負会社に事業体としての実体があるかどうか、事業体としての実体がある場合は、業務指示・監督権、勤退管理権などの指揮・命令権を行使した主体が誰であるのかを総合的に考慮し、請負契約が実質的な派遣勤労契約に該当するかどうかを検討する。例えば、中労委は、【事件6-11】ウォンイル（現代自動車）事件で、①請負会社が所属勤労者について採用・解雇などに対する諸決定権を行使している点、②所属勤労者の作業配置・変更などについて諸権利を行使している点、③元請会社である現代自動車に採用されている勤労者の業務領域と請負会社の勤労者の業務領域が区分されている点、④発注者が提示した作業標準書は請負会社の勤労者に作業を指示するためのものではなく建設工事の仕様書ないし設計図面と類似の性格を

持つという点、⑤元請負会社の勤労者が混在して勤務するという状況がないという点などに照らしてみると、元請会社ではなく、請負会社が所属勤労者の業務遂行上の指揮・監督権を行使したものであり、また⑥請負会社が所属勤労者の勤怠管理や懲戒権限も行使した点、⑦請負会社の勤労者が作業した後、不良が発見されると、元請会社の所属職員が請負会社の管理者にその旨を通知しその是正を要求したとしても、これは、下請業者の作業遂行に対する検収権行使であると見なければならないという点などを総合的に考慮して、勤労者派遣契約ではなく請負契約に該当すると判断し、申請権者の当事者適格性を否定した。

一方、【事件6-13】ソンワォンティピ（錦湖タイヤ）事件では、請負会社が、申請権者らと勤労契約を締結したこと、賃金を支給したこと、就業規則を制定して国民年金・健康保険・雇用保険・労災保険加入及び勤労所得源泉徴収などをしたという点で、事業主としての実体は認められるが、申請権者らに対する指揮・命令権行使に関連する仕事の結果に基づいて請負費が支給されるものではなく、申請権者らの労務提供の結果に基づいて請負費が支給されたこと、申請権者らと錦湖タイヤの所属勤労者と業務の区分なく混在して作業が行われていたこと、錦湖タイヤの日々包装計画書に基づいてソンワォンティピが業務を遂行したことなどで、仕事の完成において独立性を認めにくく、錦湖タイヤが申請権者らの勤怠を管理したことなどを根拠にして、請負契約ではなく派遣契約に該当するとみて、申請権者適格を認めた。そして、【事件6-13】錦湖タイヤ事件のソウル行政法院（2009.12.11宣告2009グハプ22164判決）も、外形上の請負勤労者の勤労関係が、派遣法上の勤労者派遣に該当するのかについて、「本件の勤労者らは実質的に派遣法上の派遣勤労者の地位にあったとみるのが相当である」と判断した。同行政法院は、労働委員会の判定を引用して、実質的に、派遣法上の派遣勤労者の地位がある場合には、差別救済の申請権者の適格性があると判断した。

第2款　被申請権者の当事者適格

　期間制雇用法第9条第1項と派遣法第21条第2項は、被申請権者については、何ら規定していない[52]。しかし、期間制雇用法第8条と派遣法第21条第1項を見ると、被申請権者は、申請権者に差別的処遇をしてはならないという差別禁止の対象者であり、差別是正命令の義務履行者であることがわかる[53]。

差別是正申請の被申請権者の当事者適格は、単純にその勤労契約の形式的な使用者が誰であるのかを判断するものではなく、発生した差別を改善することができる実質的な権限が誰にあるのかを判断するものである[54]。

被申請権者の当事者適格の判断に関して問題になるのは、差別の発生に国家・機関（地方自治団体所属の行政機関ないし国公立学校など）・法人（私立学校など）・自然人など多数の主体が関わる場合、誰を是正申請の対象となる使用者とするかである[55]。例えば、当該勤労者を選抜する中央行政機関の長あるいは地方行政機関の長又は国公立学校であるとみるべきか、そうでなければ、権利義務の帰属主体である国家あるいは地方自治団体自体であるとみるべきだろうか[56]。具体的には、上級機関（例えば、公共機関である教育科学技術部など）が下級機関（例えば、国立大学又は公立学校など）を設置・運営する場合、上級機関が勤労条件に対する指針を設けていながらも、直接勤労契約締結の相手方とはならず、下級機関の長が勤労契約を締結する場合、誰が是正申請の対象となる使用者であるのかについて争われる場合がある。これについて、上級機関と下級機関の両方がある程度使用者として勤労条件に影響を及ぼしている場合、両機関を被申請権者として認めることができるという見解がある[57]。そして、国家人権委員会は、陳情の対象となる給付の性格に応じて、上級機関には指針変更の是正を勧告し、具体的な給付是正は、下級機関に勧告する方法で、上下級機関すべてを是正義務者としている[58]。必ず上級機関と下級機関いずれかのみを特定する必要はないと思われる[59]。

被申請権者の適格がないという理由で申請を却下した代表的な事件として、【事件6-7】韓国道路公社成果賞与金差別事件がある。京畿地労委は[60]、被申請権者の資格を、申請権者と直接勤労契約関係にある事業者であることを前提にしている。したがって、申請権者らと勤労契約を締結している西安山企業とゼフン企業が被申請権者であるとした。この西安山企業とゼフン企業は、事業者登録、税金納付、資金運用計画、社会保険加入など事業・経営上の独立性が認められるし、独自的に賃金を支給し、人力管理をするなど人事・労務上の独立性も認められるので、韓国道路公社は被申請権者の適格がないと判断した[61]。

一方、公共部門事業場の場合には、法人の下部単位ではなく、地方自治団体や法人そのものを被申請権者であるとしている（例えば、【事件6-1】済州特

第 6 章　非正規職保護法における差別的処遇の判断基準

別自治道賃金及び福利厚生費など差別事件が代表的である)。

　国立大学である【事件 6-4】慶北大学校非常勤講師事件の場合、中労委で、被申請権者を教育科学技術部と慶北大学校とする申請を却下した。申請権者は、再審申請する際に、被申請権者として教育科学技術部を使用者 1 に、慶北大学校を使用者 2 にして記載した。しかし、さらに、中労委の職権により慶北大学校総長を使用者 3 にした。これに関連して、中労委は、「本件使用者 1 は、政府組織法に基づいて設置された中央行政機関として、国家の統治権を遂行する国家機関に過ぎず、当事者の能力がないため、被申請権者にはならない。そして、本件使用者 2 は、学校として法人でもなく法人格のない社団又は財団でもない教育施設の名称に過ぎず、当事者の能力を認めることができないので、被申請権者になることができない……諸の事情に照らしてみると、本件勤労者と勤労契約を締結し、具体的な労務指揮権を行使する者は、総長である。したがって、慶北大学校総長である本件使用者 3 が本件の被申請権者である」とした。これに対して行政法院(2009.2.6 宣告 2008 グハプ 22747 判決)は、「教育科学技術部は、政府組織法に基づいて設置された中央行政機関であるので当事者としての能力がなく、慶北大学校は、国家が設立・経営する国立大学として法人ではない法人格のない社団又は財団でもない教育施設の名称に過ぎず、当事者の能力がないので、原告らの教育科学技術部と慶北大学校に対する再審申請を却下した本件の再審判定は適法である」としながらも、本件中労委の再審判定で慶北大学校総長を被申請権者に認定したことについて「これはそれ自体では別途の法人格を持たず、当事者能力がない'慶北大学総長○○○'を被申請権者として間違って認定したものであるとはいえ、慶北大学校を設立・経営する'大学民国'の業務執行機関としての'慶北大学校総長'に対する本件再審判定の効果は、原告らの使用者である'大学民国'に対してもその効力が及ぶとするので、(大法院 1999.4.9 宣告 97 ヌ 19731 判決、大法院 2006.2.24 判決 2005 ヅ 5673 判決など参照)、上記のような被申請権者であると認定した本件再審判定は一応適法な判断であるとされる」とした。一方で、行政法院は、「労働委員会の判定手続で当事者能力がない業務執行機関を被申請権者として認定するのは不適切であるので、是正されなければならない」と指摘した。

　また、【事件 6-17】海軍教育司令部賃金差別事件では、国家の機関と私法上

第2編　韓国の非正規職保護法における差別的処遇の禁止及び差別是正制度

の勤労契約を締結した申請権者が、大韓民国国防部と海軍教育司令部の勤務支援戦隊を被申請権者として差別是正申請をした事案において、慶南地労委及び中労委は、「労働委員会の是正命令は、行政処分に該当し、国民の権利と義務に影響を与えるので、訴訟法上、当事者能力がある者のみがその相手になることができ、国家の行政官庁（機関）が私法上の勤労契約を締結した場合、その勤労契約関係の権利・義務は、行政主体である国家に帰属する（大法院2008.9.11宣告2006ダ40935）」と判示した大法院の判例をもとに、大韓民国国防部を被申請権者として当事者適格があると認めた。

　私立大学の場合、【事件6-5】大邱大学校非常勤講師事件のように、非常勤講師である申請権者らが当該大学校と学校法人を被申請権者であると主張した。これについて、慶北地労委と中労委は、学校法人のみを被申請権者として認めた。中労委は、「救済申請の被申請権者としての使用者とは、法律上の独立した権利義務の帰属主体であることを要し、法人が経営する施設に過ぎない場合には、使用者に該当しない（ソウル高等法院1995.10.17宣告95グ2410判決）」という判例を引用しながら、学校法人の場合は、法律上の独立した権利義務の帰属主体になるので、学校法人は被申請権者になりうる。しかし、大学校自体は、学校法人が設立した学校であるので、法人でもなく、法人格のない社団又は財団でもない教育施設に過ぎないので、当該学校の総長が勤労者らに委嘱し、勤労条件を決定しても、これは学校法人からその権限を委任されたものに過ぎず、当事者適格は認められないとされた。

　最も代表的な行政作用の一つである処分は、外部への直接的な法的効果の発生を目的とするものに限られる[62]。したがって、私人その他の権利主体の権利と義務を発生・変更・消滅させることを固有目的とする措置のみが処分であると把握され、処分に該当する場合のみ、抗告訴訟が許容される。労働委員会から下される初審判定は処分に該当する。その初審判定の相手は、権利能力を有する者としての権利能力者又は権利主体である。権利能力者とは、自然人と法人をいうが、国家は公法上法人として当然権利能力を認められる。そのような意味からみると、国家訴訟行政機関と関連した是正申請事件で労働委員会の処分の相手方、すなわち、被申請権者は権利能力を持っている国家である（【事件6-17】海軍教育司令部賃金差別事件、参照）。このように差別是正申請の被申請権者と労働委員会の是正命令の相手は、当該雇用関係の事業主としての使

第6章 非正規職保護法における差別的処遇の判断基準

用者[63]である国家である。

ただ、問題となるのは、【事件6-7】韓国道路公社成果賞与金差別事件のように、労働委員会がこれを混同して国家ではなく行政機関に対して、被申請権者の資格を認めて是正命令を下した場合、これを無効にすることが出来るかどうかである。この点、たとえ是正命令が国家に所属する施設や行政機関ないし行政機関長に対して発令した場合でも、これを国家に対する是正命令であると見なければならない（大法院2006.2.24判決2005 ヅ 5673 判決参照）。さらに、国家ではなく行政機関が是正命令に対する再審申請や取消訴訟を提起したとき、その再審手続や訴訟手続で当事者の表示が誤ったことを事由で表示訂正を通じて当事者の表示を行政機関から大韓民国に変更しなければならないし、中央労働委員会や法院は、訴状に表示されている当事者が間違っている場合に、当事者表示を訂正するように措置を取らなければならない。このような是正措置を取らずに、すぐに申請や訴を却下することはできないとみるのが妥当である[64]。

一方、【事件6-4】慶北大学校非常勤講師事件の地労委をみると、「国立大学の設立・経営と関連する法律上独立した権利義務の帰属主体は、国家又は行政訴訟法第13条第1項（被告適格）'取消訴訟は、他の法律に特別な規定がない限り、その処分等を行った行政庁を被告とする'という規定を援用して、高等教育法第5条第1項に基づいて学校を指導・監督する国家機関である教育科学技術部のに当事者適格が認められる」とした地労委の判断は明らかに妥当ではない。行政訴訟法第13条第1項は、国家が国民に対して優越的な地位で行った処分の権力関係に起因した処分に関する条項であり、この場合の抗告訴訟は、処分をした行政庁が被告適格を有するという特則を置くもので、権利能力のない処分を行った行政庁に、訴訟の便宜上被告適格を認めたものである（これに従って、中労委の再審判定取消訴訟は、中労委委員長を被告として提起される）。しかし、労働委員会の救済手続で、たとえ国家が関連しているとしても、この時、国家と勤労者は、行政作用法関係の中、権力関係ではなく雇用を媒介にした対等な当事者間の国庫関係（行政上の私法関係）であるとみるべきである[65]。

そして、申請権者が派遣勤労者である場合、被申請権者は派遣事業主と使用事業主両方である。被申請権者が派遣事業主であるか使用事業主であるのかは、

113

是正命令を下す対象を決めることを意味するので、誰が被申請権者であるのかは重要な問題である。しかし、多くの事例は賃金差別の是正を申し立てるものであったため、派遣事業主のみに賃金差別是正命令を下すことにとどまった。これは、労働部の差別是正マニュアルの内容と同じ立場である。

是正命令の履行義務者を、使用事業主を排除し、派遣事業主に限定すべきかは一つの議論である。例えば、【事件6-13】ソンウォンティピ（錦湖タイヤ）事件のように社内下請業者に賃金支払を履行するよう求めた大法院判決もあるが、社内下請業者であるソンウォンティピが廃業することにより確定された是正命令が履行される可能性が消えてしまうなどの問題が生じている。

派遣勤労者の場合、派遣法第34条により派遣事業主と使用事業主の責任領域が各々規定され、「連帯して」責任を負うという明示的な規定もないため、各々該当する責任領域に応じて是正命令の履行義務者になる。

しかし、まず、派遣法第34条（勤労基準法の適用に関する特例）1項は、勤労基準法の適用において誰を使用者であるとみて勤労基準法上の義務を課すかを定めたにすぎないので、派遣勤労者の差別禁止規定である派遣法第21条の適用において援用することができるものではない。したがって、これを根拠にして差別是正義務の主体を各差別禁止領域別に派遣事業主と使用事業主に厳格に分離して異なる取扱いをすることは妥当ではない。もし、派遣法第34条の直接適用ではなく、類推適用するという趣旨であれば、使用事業主の責任と関連して、同法34条第1項ではなく、むしろ同条4項が類推適用されるべきである。同法第34条第4項は、「派遣事業主と使用事業主が勤労基準法を違反する内容を含んだ勤労者派遣契約を締結し、その契約により派遣勤労者を勤労させることによって同法に違反した場合には、その契約当事者すべてを同法15条の規定[66]」による使用者とみなして該当罰則規定を適用する」と規定する。すなわち、賃金に係る勤労基準法の規定を含んだ各種違反事案についても派遣事業主だけでなく、使用事業主も使用者であるとみるという点を明らかにしている。これを類推適用すると、派遣法第21条に違反する賃金関連の内容が含まれた勤労者派遣契約を締結し、派遣勤労者を使用する場合に、派遣事業主のみならず、使用事業主も使用者であるとみることができる。そうすると、強力な刑事罰則適用で使用事業主を使用者であるとみるよりは、それより相対的に軽い民事上の賃金差額請求の一環といえる賃金差別是正申請で使用事業主を使

用者であるとみるのが、より簡単だろう。

また、派遣法第21条は、差別的処遇の禁止主体として派遣事業主と一緒に使用事業主であることを明示しており、その履行義務者の主体として差別禁止領域に応じて区分していない。勤労者派遣法の差別的処遇の定義（同法第2条7号）を考慮すると、「連帯して」という用語が明示されなくても、結局、賃金その他の勤労条件などで使用事業主も派遣事業主と同様に合理的な理由なく、派遣勤労者を不利に処遇してはならないということができる。

第3節　雇用形態を理由とする差別で比較対象者

第1款　比較対象者の選定

差別は、特定の対象と比較したときにその意味を持つ概念である。したがって、非正規職勤労者に対する差別的処遇が存在するか否かを判断するためには、これらの主体と比較する比較対象者が必要となる[67]。比較対象者には、不合理な処遇があったか否かを判断する際の基準としての役割のみならず、是正命令の内容を決定する根拠及び基準としての役割もある。比較対象者の存否、あるいは比較対象選定の妥当性に対する判断は、差別審査の最も基礎的な段階といえる[68]。

非正規職保護法において比較対象者は、それぞれ、期間制勤労者については、「当該事業又は事業場で同種又は類似の業務に従事する期間の定めのない勤労契約を締結した勤労者」、短時間勤労者については、「当該事業又は事業場の同種又は類似の業務に従事する通常勤労者」、派遣勤労者については、「使用事業主の事業内の同種又は類似の業務を遂行する勤労者」と定められている。これらをまとめてみると、場所については、期間制勤労者及び短時間勤労者の場合は「当該事業又は事業場」内に存在する者であること、派遣勤労者の場合には「使用事業主の事業内」に存在する者であること、遂行する業務については、「同種又は類似の業務」であること、最後に、時間については、現在、期間制勤労者及び短時間勤労者の場合には「従事する」者であり、派遣勤労者の場合には「実行する」勤労者でなければならない。

第 1 項　場所的範囲（当該事業又は事業場）

　期間制勤労者及び短時間勤労者の比較対象者は、「当該事業又は事業場」、派遣勤労者の比較対象者は、「使用事業主の事業内」に存在する必要がある。ここで「当該事業又は事業場」を必ず単一法人が行う事業又は事業場に限定するのかについては議論がある。法文上の「当該」という表現によれば、比較対象者の範囲は「1つの企業内」に限るのが立法趣旨であるようにも見える。また、「事業又は事業場」は、伝統的な意味では、一定の場所で有期的な組織下で業として継続的に行われることを意味する[69]。会社が本社と複数の支店、支社などに分けて構成されている場合や、一つの会社が場所的に分散され、複数の事業場を持っている場合にも、勤労条件の決定単位が会社全体で行われる場合には、1つの事業とみる。但し、各事業場で人事・労務・財務会計などが明確に分離され、別の団体協約又は就業規則の適用を受けるなど、各事業が独立して営まれている場合は、事業場ごとに判断しなければならない。
　ところが、最近、期間制雇用法第8条第1項の当該事業又は事業場の意味と関連して、伝統的な事業概念とは異なる新たな主張が提起されている。一つは、当該事業又は事業場を同一の使用者による作業に限定する必要はなく、実質的に使用従属関係下で行われる作業については、同一の使用者の下で遂行されない作業も同一な事業又は事業場と認めることができるという見解[70]がある。また、一つの事業場で比較対象者がいない場合に、その企業の他の事業場で、比較対象者を発見することができれば（この時は、その企業が一つの事業になる）、その勤労者と比較するのはもちろんのこと、さらに、当該企業から比較対象者がいない場合でも、その事業に結ばれている他の企業で比較対象者を発見することができれば、その勤労者と比較することができるという見解[71]がある（例えば、一つの企業集団になっている事業では、個別企業だけでなく、企業集団全体で比較対象者を選定することができる）。
　しかし、期間制雇用法第8条第1項の「当該事業又は事業場」の範囲を「同一の使用者」以上に拡大する見解には反対である。なぜならば、この見解によりもたらされる法的効果は立法論的には望ましいが、現行法の解釈では不可能であると考えるからである[72]。ただし、事業主が賃金差別を目的に設立した別個の事業は、同一の事業であるとみなす雇用平等法第8条第3項を類推

適用することは、可能であろう。なぜならば、類推適用に必要な計画されてない法律の欠陥[73]、事案の類似性及び類推適用を禁止する憲法的な制限の不存在[74]という要件がすべて満たされていると考えられるからである。すなわち、差別禁止規定の目的と趣旨に照らして当該事業又は事業場の意味を同一の使用者が運営する法人又は個人事業者まで拡大して解釈することは妥当であると思われる[75]。

第2項　業務（同種又は類似の業務）

比較対象者は、同種又は類似の業務に従事し、これを遂行する者でなければならない。同種の業務とは、職種ないし職務の同一性や作業内容の同一性又は類似性を持つ業務をいう。ここでの業務（work）とは、職務分析する際に使用される狭義の職務（job）とは異なる包括的な概念として理解する必要がある[76]。さらに同法は、類似の職種も比較対象として認めている。例えば、経理職務従事者と総務職務従事者は、不利な処遇が行われた給付の種類と内容に応じて類似性を柔軟に解釈することで比較することができる場合もある。同種又は類似の業務は、同一又は類似の職務を当然含むためこれより広い概念となる[77]。

「同種又は類似の業務」の解釈については、様々な見解が提示されている。代表的なものは、期間制雇用法の同種業務を原則として「職種を基準」にして、その職種内で職務や作業内容が同じ業務であることと、職種が異なっても業務の性格が類似であり、相互交替可能性があるときにこれを類似の業務であると解釈する見解がある[78]。また、各相互代替可能性、業務の性格的類似性、業務価値の類似性等を基準にして同種又は類似の概念を解釈しなければならないという見解もある[79]。これらは、文言の意味を具体化する解釈論である。

一般的に、概念を具体化することは望ましいが、期間制雇用法の適用について法的効果に相違の無い「同種」と「類似」の概念をあえて区別する実益はない。両者を区別せず、まとめて比較対象者の適格性を判断する基準としてとらえる解釈論が妥当であると考える[80]。

また、「同種又は類似の業務」の概念は、いくつかの基準を具体化したとしても完全に明確化される性質のものではない。法は「同種又は類似の業務」という概念を用いて、差別の判断において、残りの条件を同一にした後、問題の

条件を比較するという差別の判断の当為的側面を表現しようとしたと解するべきである。したがって、同種の類似性は「程度の問題」にすぎないため、「Yes or NO」の判断をする基準設定は望ましくない。同種又は類似の概念の役割をこのように理解しなければ、実在する比較対象者が見つからなかったときに、外見上不合理な差別が明らかに疑われても不合理な差別は存在しないものであると解さざるを得ない不都合が生じる。例えば、使用者が職群分離をして、特定の業務を期間制勤労者のみで遂行している場合、又は唯一の比較対象者が退社、休職、派遣等の事由で存在しなくなった場合に、「同種又は類似」の業務を遂行する比較対象者がいないことを理由に差別がないと結論を下すことは、不都合であろう[81]。

こうした不都合を回避するために、同種又は類似の概念を絶対的又は確定的な概念とせず、問題となる処遇の内容に応じて柔軟に解釈しなければならないとする見解がある。この見解は、問題の処遇が勤労提供と関連する程度に応じて、関連性が大きければ(例えば、純粋な賃金や賞与金)同種又は類似の範囲を狭く解し、小さければ(例えば、慶弔や従業員ローンなど)同種又は類似の範囲を広く解するという見解と、同種又は類似の業務に従事する比較対象者をすべての場合に必ず設定する必要はなく、期間制勤労者に対する不利な処遇が明らかに認められる場合には、すぐに合理的な理由に対する審査段階に移ることができるという見解に分かれる[82]。この2つの見解は、実際に結論において大きな差異が見られないため、まとめて「弾力的解釈論」と評価することができる。

弾力解釈論によると、期間制勤労者全体と正規職勤労者全体の間で差別的処遇が存在する場合、賃金など反対給付と関連していない場合には、「同種又は類似性」は、2次的下位基準に過ぎず、「当該事業又は事業場に所属していること」という基準でも比較対象者を選定することができるという。ただし、直接的な交換関係に置かれている賃金領域では、他の勤労条件とは異なり、同種又は類似業務の解釈を相対的に厳格に解釈すべきとする。この見解は、期間制勤労者を保護するという法の趣旨に合致する。

しかし、この見解は、問題解決のために同種又は類似の概念を弾力的に解釈する必要があることは理解できるものの、勤労提供と関連性が少ない処遇について、同種又は類似の範囲を広く解する根拠が不十分である。また、この見解

第 6 章　非正規職保護法における差別的処遇の判断基準

は、賃金のような対価性が明確な処遇に関しては、同種又は類似の範囲を狭く解釈するため、職群分離などを通じて賃金差別がある場合に比較対象者を探すことが困難になるという難点がある。さらに、期間制勤労者に対する処遇が明らかに不利な処遇であると判断される場合には、すぐ合理的な理由に関する審査に移る、という点も、比較をすることなく不利な処遇の内容を特定できるのか疑問である。この点は、期間制雇用法第 8 条が比較対象者の存在を前提とすることに反するものでもあろう。

　弾力的解釈論は、比較対象者が存在しない場合に発生する不合理に対応することを可能にするが、より困難な問題となるのは、比較対象者が多数存在する場合である。判例も「一つの事業場内で勤務する勤労者であっても、その業務の内容や性格、業務の難易度、勤労者の経歴、その他の事情を考慮して、その職務と職責を分けて、これに相応する報酬を策定して支給することは、原則として、使用者の権限」であるとしているので（大法院 1996.7.30 宣告 95 ダ 12804 判決）、同種又は類似の業務を遂行する正規職勤労者の間でも職級と職責を分けて勤労条件が異なる場合があり、年俸制企業でも、同一職級と職責の間で勤労条件が異なる場合がある。従来の議論は、「同種又は類似性」をどのように解釈するか、比較対象者を合理的に選定することができるかが中心であり、このような場合の比較対象者の選出基準については十分な議論はなされていない。ただ、比較対象者が複数存在する場合の優先順位の規定を置く必要があるという指摘はされていた。例えば、同種事業場、同種事業、類似事業場、類似事業の順に決定することを提案する見解である[83]。興味深い主張だが、立法論であるうえ、果たして上記の順位通りに一括適用することが合理的であるか疑問である。同種事業場に、多少類似する業務を遂行する比較対象者がいるが、同種事業には、ほぼ同種の業務を遂行する比較対象者がいる場合、あえて同種の業務を遂行する比較対象者より、同種事業場の類似する業務を遂行する勤労者を優先して比較対象者として選ばなければならない理由は明らかではない[84]。

　同種又は類似の業務に従事する勤労者が複数存在する場合に、誰を比較対象者として選定するのかが問題になる。同種又は類似の業務に従事する比較対象者が複数存在する場合には、なるべく資格、経歴などが類似した者を選定することが望ましい[85]。一方、比較対象者の数が非常に少ない場合には、すべて

を比較対象者として選定して比較することも可能である[86]。この点、中労委は、【事件6-5】大邱大学校非常勤講師事件で、「本件の場合、比較対象者として選定することができる講義専担教授が2名に過ぎないことと、2名の中で誰を比較対象者として選定しても、本件の勤労者らに対する不利な処遇が存在しないため、講義専担教授2名を比較対象者に選定する」とした上で、申請権者と勤続年数が同じである比較対象者が複数であり、該当比較対象者らの賃金など勤労条件が一律であれば該当比較対象者らのうち特定人を選ばずにすべてを比較対象者に選定しても構わないとの判断を示している[87]。【事件6-12】乙路運輸通常時給など差別事件では、中労委は、「期間制勤労者として中型バス運転手である本件の勤労者（入社4年次）が、比較対象者を特定せずに、無期契約勤労者である入社4年次の大型バス運転手の多数を比較対象者に選定したことに関しては、本件使用者が入社4年次の大型バス運転手らに賃金協定書の規定に基づき、通常時給、無事故手当及び勤続手当などの勤労条件を一律に適用しているので、比較対象者の選定に問題はないとみる」と判断した。

第3項　時間的範囲（従事する）

　労働委員会と法院は、【事件6-5】大邱大学校非常勤講師事件、【事件6-9】韓国鉄道公社栄養士賃金など差別事件、【事件6-13】ソンワォンティピ（錦湖タイヤ）事件などで、比較対象者は是正を申請した不利な処遇があった時期に存在しなければならない、という立場をとっている。この立場から、比較対象者が配置転換などにより同種又は類似の業務に従事しなくなった場合、差別是正の対象期間を配置転換の以前までに限定している。すなわち、非正規職勤労者が差別的処遇の是正を申請する際、比較対象者であると主張した同種又は類似の業務に従事する正規職勤労者を使用者が配置転換した場合、それ以降の期間については差別的処遇が認められなくなる。

　しかし、差別是正の申請当時に存在した比較対象者が、その後は、現実的に存在しないという理由のみで、差別是正の救済を受けることができないということは、この制度の立法趣旨に沿うものとはいえない。したがって、比較対象者の現存性に対する例外を設定する必要があるだろう。

第2款　比較対象者の追加等

第1項　比較対象者の追加

　時間講師の差別是正申請事件の再審段階で、中労委が、講義招聘教授又は講義担当教授などを比較対象者として追加することを許容したことがある。例えば、【事件6-4】慶北大学校非常勤講師事件、【事件6-5】大邱大学校非常勤講師事件、【事件6-6】朝鮮大学校非常勤講師事件などがある。

　非正規職勤労者の差別是正と関連する労働委員会規則第114条が、労働委員会規則第89条を準用していることを考慮すると、再審申請段階で比較対象者を追加することは「初審で申請した範囲」を超えたものと解することはできない。「初審で申請した範囲」とは、合理的な理由なく、期間制勤労者であることを理由に、不利な処遇が行われ、これについて、非正規職勤労者は是正を要求するものであると解されるからである。したがって、たとえ初審段階で使用される差別的処遇申込書（労働委員会規則別紙第35号但書）の申請理由欄に暫定な比較対象者を書くものとしたとしても、再審段階においてそこに記載された比較対象者のみを基礎に判断するように強制する必要も根拠もないと考える[88]。

　以上のような解釈問題を是正するために、労働委員会規則第114条（差別是正再審事件）の但書として「第89条を準用するに当たり、再審での暫定的な比較対象者の追加申請は、同規則第89条が規定する再審の範囲に該当するものでみる」という文言を追加することが提案されている[89]。しかし、不服の範囲とは、初審主文に示された是正命令又は棄却決定の内容に対して不服とした範囲であるので、追加された比較対象者と関連して再審判定することはまだ不服の範囲内であるといえる。このように再審申請での比較対象者の追加は、解釈論だけでも十分に許容可能であるため、労働委員会規則第114条に対する付加的な補完必要性はないと考える[90]。

第2項　比較対象者の現存有無と比較対象者の特定

　現実的に不利な処遇に対する是正申請ができる権利は、比較対象者が実際に存在することにより発生する。例えば、【事件6-2】韓国鉄道公社成果賞与金

第2編　韓国の非正規職保護法における差別的処遇の禁止及び差別是正制度

差別事件や大学非常勤講師事件、【事件6-4】慶北大学校非常勤講師事件、【事件6-5】大邱大学校非常勤講師事件、【事件6-6】朝鮮大学校非常勤講師事件など、すでにいくつかの事件で、労働委員会は、「期間制雇用法上の不利な処遇は比較対象者の存在を前提とする」概念で、「当該事業又は事業場に所属しているということは、差別が起こった時期に、同一な使用者に雇用され、使用者の事業場内に実際に存在している必要がある」ということを意味すると判断している。すなわち、現実的に比較対象者が存在することで比較が可能であると判断している[91]。

上記によると、比較する以前には比較対象者が存在していたが、比較する当時に比較対象者が存在しない場合や、比較対象者が存在していることは知るが具体的な比較対象者を特定することが難しい場合、そして、比較する当時に比較対象者は存在しないが比較可能な規定（就業規則など）や職務上の体系が存在する場合にも、差別是正を申請する権利は発生しないことになる。

非正規職保護法では、差別を受けた当時に比較対象者が存在しなければならないようにしているが、これを使用者は巧妙に職務分離又は職群分離などをさせ、比較対象者自体をなくす行動をとったりする。したがって、少なくとも形式的な職務分離又は職群分離を制約する方法が必要であり、これを防ぐために、現在の同種又は類似の業務に「従事する」ものを、過去の同種又は類似の業務に「従事していた」勤労者まで比較対象者として認めるべきである。すなわち、「同種又は類似の業務に従事したり、従事していた」ものでする必要がある[92]。

申請権者に比較対象者を特定することを要求しているが、期間制雇用法第9条には、不利な処遇があったことを知ることができる程度に止まるとされるのであるから[93]、具体的な比較対象者、不利な処遇の金額などは労働委員会の調査員の業務として、調査員が使用者にこれらに関する資料提出を要求すべきである。しかし、労働委員会は、申請権者が正規職勤労者の賃金額を正確に知ることが現実的に難しい場合でも、申請権者に正確な比較対象者を特定し、その比較対象者の賃金その他の勤労条件の具体的な金額を特定することを要求している。これを特定しない場合には却下されることになる。

一般的に、非正規職勤労者が自分と同一の業務を遂行する勤労者が誰であるのかをすべて知ることはできないし、その賃金がどの程度であるのかも正確に

第6章　非正規職保護法における差別的処遇の判断基準

はわからない。非正規職である個別申請権者に、比較対象者をある個人として特定するよう求めることは、現実的には不可能を要求することなのである。集団的な比較対象者の選定を認め、まず、集団的に適用される勤労条件の決定基準（団体協約又は就業規則）を通じて不利益な処遇の存否を判断し、補助的に、使用者から関連資料を受けて申請権者にその資料を交付して最終的な判定の直前までに具体的な比較対象者を誰にするかを決定するようにしたり、労働委員会が職権で比較対象者を決定するようにしたりする方法を採用することが適切であると考える。

第3項　比較対象者が複数存在

　比較対象が多数存在する場合、どの比較対象者の賃金及び勤労条件と比較するのかが問題になる。一次的には、資格、経歴、勤続年数などの条件が、同一又は類似の者を選定しなければならない。この時、条件が同一又は類似であるという意味は、使用者が正規職勤労者に適用する報酬体系を決定する要素をいう。例えば、使用者が正規職勤労者に号俸制（年功級制）を適用する場合は、非正規職勤労者と同一な年功（学歴、経歴、勤続年数など）にある者の賃金及び勤労条件を比較対象基準とする[94]。

　そして、非正規職勤労者と同じ条件である比較対象者が多数存在する場合、勤労条件の水準が最も高い者又は最も低い者がいる場合、どの比較対象者と比較するのかが問題になる[95]。実務では、特別な基準なしに年俸制で契約した場合がこれに該当するものであり、一定の決定基準に従う号俸制及び職務級制などでは発生する余地があまりない。例えば、【事件6-4】慶北大学校非常勤講師事件の中労委は、私的自治領域に対する侵害を最少化させる解釈が必要であることと、高い水準である比較対象者を選定する場合、最も低い水準の処遇を受ける者が非正規職勤労者に比べて逆差別される結果が発生する恐れがあるという点を根拠に、最も低い水準の処遇を受ける者を比較対象者として選定するのが妥当であるとした。このような中労委の立場に賛成する見解が多数である[96]。

　一方、「法施行直後に使用者が差別是正の費用を回避するために、差別是正せず、従前の勤労条件が維持される新しい無期契約職群を作り出している。労働委員会のこのような判断基準が適用される場合、原則として既存の正規職勤

労者ではなく、非正規職勤労者であることを理由に発生した差別が維持される新しい無期契約転換者との比較だけ許可することになり、不利な結果発生がないと反対するだろう。何の制裁なしにこれを合法的なもので許可すると、非正規職勤労者はこれまで行われた不当な差別に無防備状態で露出されるため、差別是正制度を潜脱する結果をもたらすことになる」という、批判的な見解もある[97]。

また、申請権者の立場では、最も高い水準の処遇を受ける者との比較が有利であるので、そのような者との比較可能性自体を否定する必要はないということ、不利な処遇の有無及び不利な処遇の程度をより明確に確認するためには、最も高い水準の処遇を受ける比較対象者と最も低い水準の処遇を受ける比較対象者両者を申請権者と比較することが実務上有用である点を挙げながら、労働委員会がとっている立場のように最も低い水準の処遇を受ける者を適正な比較対象者であるとみるのは適切ではないとする見解がある[98]。この見解は、最も高い水準の処遇を受ける者との比較をする際には、申請権者に不利があるが、最も低い水準の処遇を受ける者との比較をする際には、不利がなければ、その有利・不利の程度及び理由については、合理的な理由を判断する際に考慮すれば良いという立場である。しかし、この立場は、有利・不利の判断をする際のみに比較対象者の選定基準が言及されるのみであり、差別是正命令の基準をどれにするかについては提示していないという限界がある[99]。

しかし、高い水準及び低い水準の処遇を受ける者の基準をすべて比較対象基準としてみて、不利な処遇の有無及び合理的な理由を判断し、どの水準を基準にするかについては、差別是正命令を下す際に考慮すればいいと考えられる。すなわち、同一な条件の比較対象者が多数の場合、高い水準及び低い水準の処遇を受ける者のうち、必ず高い水準又は低い水準の基準なかで一つだけを選定する必要はなく、すべてを比較可能にすることである。例えば、高い水準の処遇を受ける者と比べたら非正規職勤労者は不利な処遇を受けていることになるが、低い水準の処遇を受ける者と比べたら非正規職勤労者が受ける水準が不利ではない場合がある[100]。この場合、使用者には合理的な理由を立証する責任がある。そして、非正規職勤労者には、勤労条件の水準が最も高い者の基準を比較対象とすることが有利であるので、最も低い水準の処遇を受ける者については、比較対象ではないということを立証すれば良い。一方、高い水準及び低

第6章　非正規職保護法における差別的処遇の判断基準

い水準の処遇を受ける者の基準と比較した場合、高い水準にも低い水準にも不利な処遇が存在する場合もある。この場合、もちろん、使用者には合理的な理由を立証する責任がある。そして、不利な処遇であると判断されると、合理的な理由がなくなるので差別的処遇が認められる。その際に、差別是正命令の対象基準として最も低い水準の処遇を受ける者を差別是正命令の基準とすれば良い。というのは、非正規職保護法は、労働保護立法[101]としての性格を持つが、最高水準の正規職勤労者と同等な待遇を保障するものではないからである。最高水準の勤労条件の確保は、労働3権の行使で解決するものである。したがって、同一な条件である比較対象者が多数であり、これらとの比較結果、不利な処遇であり、合理的な理由が存在しない場合には、最も低い水準の処遇を受ける者の基準で是正命令をするのが妥当である[102]。

しかし、同種又は類似の業務を遂行する比較対象者が複数である場合、最も低い勤労条件の適用を受ける正規職勤労者あるいは直接雇用勤労者を比較対象者として選定することは、何の法的根拠も論理的な説得力もない。したがって、まず、申請権者の経歴などを考慮し、同種又は類似の業務を遂行する最も適正な比較対象者を選定するように努力することが優先されなければならない。それにもかかわらず、同種又は類似の業務を遂行する正規職勤労者が複数である場合、すべてが比較対象者になれるし、最終的には申請権者の比較対象者の指定を中心に判定を下さなければならない[103]。すなわち、最も低い処遇を受ける正規職勤労者が比較対象者になる必要はないだろう。

第4節　差別的処遇の禁止領域

期間制雇用法第2条第3項は、差別是正の対象を「賃金、定期賞与金、名節賞与金等定期的に支給される賞与金、経営成果に応じた成果金、その他勤労条件及び福利厚生等に関する事項」と規定している（2013年9月19日施行）[104]。この「勤労条件」の文言は、労働組合法第2条第5号の労働争議の定義規定を受けて制定されたものである。同条は、労働争議を労使関係当事者の間に、賃金、勤労時間、福祉、解雇、その他の待遇など勤労条件の決定に関する主張の不一致による紛争状態であると規定しており、期間制雇用法における「勤労条件」についても、福祉制度や解雇が含まれるのはもちろんのこと、

その他使用者の指揮命令権によって具体化される働き方(例えば、タクシー会社の配車)まで含まれる勤労関係全般にわたるものである[105]。

中央労働委員会は、差別禁止領域には、勤労基準法が規律する勤労条件及び団体協約又は就業規則又は勤労契約などによる勤労条件として勤労関係から発生する賃金をはじめ、勤労時間・休日・休暇・安全・保健・災害補償などが含まれるとしている[106]。ここで「賃金」とは、勤労基準法第2条第5号の規定による賃金、すなわち、使用者が勤労の対価として勤労者に賃金、給料、その他いかなる名称であろうが支給する一切の金品を意味し、「その他勤労条件及び福利厚生[107]等」とは、勤労関係で発生した賃金をはじめ、勤労時間・休日・休暇、安全・保健・災害補償など勤労者の待遇に関して定めた条件として、勤労関係を直接規律するものを意味し、非法定給付などの場合には、団体協約や就業規則、勤労契約などで勤労者らに一般的に適用すると予想されることがある場合は、差別是正を申請することができる領域に含まれるとしている[108]。

一方、就業規則や法令には規定されていないが、慣行的に勤労条件化されたものが差別是正の対象に該当するかどうかも問題になる。判例は、慣行により支給又は条件などが一定の要件を備える場合、勤労条件化され、勤労契約の内容になっていると解しているので、慣行によって制度化された差別是正の対象に関する差別も禁止される。様々に存在する各賃金項目が非正規職保護法上の差別是正の対象に該当するか否かは、名称ではなく、その支給実態や支給根拠など具体的・個別的に判断されるべきもので、その判断においては個別事件の事実関係が核心的な意味を持つ。全体的には、団体協約や就業規則、慣行などにより使用者に支給義務があれば差別是正の対象に該当するものと判断される傾向にある。但し、差別是正の対象が法的な意味の賃金と類似又は同一の意味で判断されるか、それとも、法的な意味での賃金に該当しなくても「その他勤労条件及び福利厚生等」に該当すると判断されるかについて判断が分かれている。全体的には、使用者に支給義務がある場合には、広く差別是正の対象に該当すると判断する傾向があり、これは差別是正制度の導入趣旨に照らして肯定的に評価することができる。

第5節　不利な処遇と合理的な理由

　差別的処遇の審査は、非正規職勤労者に対する不利な処遇の有無に関する審査（不利な処遇審査）と、そのような処遇を正当化するほどの使用者側の事由の有無に関する審査（合理的な事由審査）に区分することができる。しかし、外形上の不利な処遇がないのに差別是正を申請する場合はほとんどないと思われるので、実際の事件で争点となるのは、合理的な事由の有無である[109]。

第1款　不利な処遇

　非正規職保護法は、「不利な処遇」を定義していない。但し、期間制雇用法第2条第3号が「差別的処遇」を「賃金、定期賞与金、名節賞与金等定期的に支給される賞与金、経営成果に応じた成果金、その他勤労条件及び福利厚生等に関する事項において合理的な理由なく不利に処遇する」ものと定義する中で、「不利な処遇」に言及している[110]。これを根拠にすれば「不利な処遇」とは、賃金、定期賞与金、名節賞与金等定期的に支給される賞与金、経営成果に応じた成果金、その他勤労条件及び福利厚生等で使用者の分離・排除により結果的に発生した不利益ということができる。

　非正規職勤労者と比較対象者との賃金だけではなく、勤労条件の全体を比較して、非正規職勤労者の勤労条件が不利にならない場合は、一部不利な処遇があっても差別的処遇とはならない。例えば、非正規職勤労者には正規職勤労者に付与される夏期休暇が付与されないが、その代わりに夏期休暇費を別途に支給している場合、これは不利な処遇に該当しない[111]。

　中労委も、【事件6-1】済州特別自治道賃金及び福利厚生費など差別事件で、「不利益処遇の存否を判断するにあたっては、期間制勤労者に支給される賃金及び勤労条件の詳細支給項目が存在する場合には、それに相応する比較対象者の詳細支給項目と比較して判断することが原則であるが、賃金及び勤労条件などにおいて、特定部分は比較対象者より高い一方、他の特定部分は低い場合、比較可能な賃金及び勤労条件などを一つの範疇にまとめて比較判断することができるものの、この場合も、実際に提供された勤労によって支給額が異なる延長・休日勤労手当などは比較範疇から除外されなければならない」としており、

労働部の同様の立場をとる[112]。

　短時間勤労者の場合には、通常勤労者の賃金（所定勤労時間に対する賃金）を時給賃金に換算して比較する。中労委は、【事件6-4】慶北大学校非常勤講師事件で、「短時間勤労者は、賃金が時間給で決まるため、不利な処遇があるかどうかを確認するためには、通常勤労者の賃金を時間給賃金に換算しなければならない。この場合、所定勤労時間について通常支給する賃金を基準に算定された時間給を原則とする」としている（本事件の取消訴訟で、ソウル行政法院も同じ立場をとっている）。

第2款　合理的な理由

　不利な処遇があっても合理的な理由があれば差別的処遇は成立しない。差別判断の法理には、差別取扱の目的と手段との間に厳格な比例関係が成立するか否かを基準に審査する厳格な審査基準（比例性の原則）と、異なる処遇をすることについて使用者の裁量を認めて、客観的かつ合理的な理由がない場合にのみ差別を認める緩和された審査基準（恣意禁止の原則）がある。人格に関する分野（性別、人種など）を侵害する差別の場合は、厳格な審査基準を適用するが、個人や人的集団を直接的な差別対象にしない経済及び社会分野の場合は、緩和された審査基準を適用する。非正規職保護法は、緩和された審査基準を前提としているとみられる。勤労関係での平等と差別の問題は、人格の問題ではなく、典型的な経済及び社会分野の問題であり、法律上にも合理的な理由の不存在を差別判断の要件として規定しているからである[113]。

　中労委は、合理的な理由の存否に関する判断基準について、差別を合理化する正当な目的と、合理的な根拠の有無を確認し、勤労条件や勤労時間に応じた比例原則が適用されているか否かを判断しなければならないとしている[114]。

　中労委の判定例では、合理的な理由の判断基準について、【事件6-2】韓国鉄道公社成果賞与金差別事件では、「不利な処遇が使用者の恣意に基づくものではなく、使用者の事業経営上の目的と客観的に合理的な関連を有していること」、「使用者が支給する給付の目的と内容を根拠としなければならない」とし、【事件6-12】乙路運輸通常時給など差別事件では、「労働強度の差異、労働の質の差異、勤務形態の差異、権限と責任の差異、実績の差異、勤労者個人の業務能力の差異などに根拠を有すること」などが提示されている。

第 6 章　非正規職保護法における差別的処遇の判断基準

　具体的には、中労委は、【事件 6-2】韓国鉄道公社成果賞与金差別事件では、「採用の方法と手続き、賃金体系、循環補職、業務範囲と責任などの違いは一応認められるとしても、これは個別勤労者間の賃金が異なる場合、これに対する合理的な理由があるかどうかを判断する基準にはなりえるが、この事件の成果賞与金の場合は、2006 年度の経営実績評価結果、2 級以上のチーム長及び役員を除いたこの事件の勤労者の比較対象者の場合、各人の担当業務や実績ではなく、部署又はチームの実績をもとに支給されるものなので、合理的な理由の根拠にはならない」とし、【事件 6-9】韓国鉄道公社栄養士賃金など差別事件では、比較対象者が追加的な業務を遂行するため、賃金に差があるという使用者の主張が、同業務の比重が極めて少ないことを理由に退けられた。そして、【事件 6-14】馬山文化放送定期賞与金など差別事件では、比較対象者が本件申請権者らと異なる業務を担当していたとしても、これらの業務上の相違は基本給に反映されており、定期賞与金まで差をつけて支給したのは差別的処遇に該当し、採用方法の差異は業務遂行と客観的な関連性がないので、これも差別的処遇を正当化する理由にならないと判定した。また、【事件 6-15】国民銀行交通費など差別事件では、通勤費及び昼食費は、実費弁償及び福利厚生的な性格で一律に支給するものなので、勤続年数及び業務内容などは合理的な理由にならないと判断された。

　一方、合理的な理由を認めた事例として、【事件 6-12】乙路運輸通常時給など差別事件の中労委の判定では、通常時給、賞与金、無事故手当などに差を設けたことが、比較対象者と申請権者間の労働強度及び労働の質、負担感、勤務形態などの差異に基づいて合理的とされた。【事件 6-15】国民銀行交通費など差別事件では、個人年金信託支援金は、年金信託の運用期間が長期間にわたって行われ、その目的が老後の生活安定などの職員の長期勤続を誘導することにあるとして、これを期間制勤労者に支給しなかったのは合理的な事由があると判定した。また、【事件 6-15】国民銀行交通費など差別事件では、賃金水準が勤続期間の差異に起因する場合には、合理的な理由があるとし、賃金水準の差異が比較対象者の身分及び業務の特殊性、教育訓練受講の義務づけ、追加的な業務遂行、経営目的に適合する異なる賃金体系などに根拠づけられる場合にも、合理的な理由が認められると判定した。

　合理的な理由の存否に関する判断は、不利な処遇が行われる「賃金その他の

勤労条件等」の名称や目的に応じて形式的に行われてはならないし、その具体的な支給実態、内容、実際の目的などを考慮して、実質的に行われるのが妥当である。合理的な理由の存否と関連して発生する問題の一つは、期間制勤労者などに対して労働組合の加入資格が与えられていない状態で団体協約に基づき発生した賃金などの差別的処遇が合理的な理由に該当するかどうかである。

第1項　合理的な理由の意義

　この要件の判断においては、非正規職勤労者に対する不利な処遇が使用者の恣意に基づくものではなく、使用者の事業経営上の目的に即した客観的に合理的な理由に基づいているか否かが問われる。これは、使用者の給付内容と目的に応じて判断されなければならない。使用者が支給する給付の種類と目的に応じて比較対象者が異なる場合があるように、合理的な理由の具体的な内容も不利な処遇を受ける領域（差別禁止領域）に応じて異なる。給付の目的及び対象において事業場全体ないし特定団体の勤労者に適用される性質のもので、支給要件なしで全体ないし特定団体の勤労者すべてに適用され給付や、一定の支給要件を満たした勤労者全員に支給する給付にもかかわらず、非正規職勤労者には支給されない場合、使用者が提示することができる合理的な理由としては、非正規職勤労者は支給要件を満たさないこととか、あるいは、事業場全体ないし特定の団体で非正規職勤労者を区別排除することができるぐらいの特別な理由があることなどである。また、勤労提供と直接的に対価関係がある給付の範囲は、賃金体系、すなわち、勤労提供と関連するいくつかの要素の中からいかなる要素を賃金決定に反映するかという判断と密接な関連性を有する。いかなる賃金制度を適用するかは完全に使用者の経営上の決定に属するため、差別の審査対象にはならないが、これにより賃金などに不利な結果がもたらされた場合、その部分に限り審査対象にはなると考えられる。一般的に賃金と関連する合理的な理由として、職務・能力・機能・技術・資格・経歴・学歴・勤続年数・責任・業績・実績などがある。合理的な理由の審査は、これらの要素すべてを考慮して社会ないし市場賃金を基準にして相当性があるか否かを判断するのではなく、これらの要素から賃金及び勤労条件を決定する要素を抽出し、これにより差異が発生することが合理的か否かを判断するものであり、賃金及び勤労条件を決定する要素とは全く無関係な要素で、非正規職勤労者に対して不利な

処遇が発生したと判断された場合に、合理的な理由が認められないことになる。

第2項　合理的な理由の立証範囲

合理的な理由の立証は、不利な処遇が発生した対象と範囲内で行われる。すなわち、不利な処遇の有無を判断するに当たり、詳細項目別に比較した場合には、不利が存在する当該給付での合理的な理由を立証し、範囲化して比較した場合には、範囲化した領域での合理的な理由を立証する。総額又は包括的な比較をした場合にも同様である。

例えば、【事件6-12】乙路運輸通常時給など差別事件の地労委は、不利な処遇の有無で、勤労者が主張する賃金その他の勤労条件（基本給、賞与金、勤続手当、無事故手当）を個別的に判断して不利があることを確定した後、合理的な理由があるかどうかについては、これらを個別に判断するのではなく、賃金の項目を問わずすべての責任・労働強度・採用方式などを理由に差別ではないと判定したが、中労委は、各賃金の項目別に合理的な理由を判断して、基本給については、労働強度及び労働の質的差異などを理由に合理的な理由があり、賞与金、勤続手当、無事故手当は、それぞれ合理的な理由がないとして初審の判断を取消して是正命令を下した。行政法院と高等法院は、再審判定の賞与金と無事故手当については、合理的な理由があるとして再審決定を取消す判決をした。不利な処遇の有無を詳細項目別に比較した場合には、合理的な理由の立証及び判断は、勤労者が主張する賃金及び勤労条件でそれぞれ給付別に行われるものとしている[115]。

第3項　合理的な理由として団体協約上の規定及び適用関係

団体協約上の規定及び適用関係を合理的な理由として掲げる場合いかに評価されるかについて、二つの場面に分けて検討する[116]。第一に、同一の団体協約の適用を受けている正規職勤労者と非正規職勤労者に、最初から差別的な内容が規定されている場合である（正規職勤労者と非正規職勤労者の規定が異なる場合と、非正規職勤労者に対する適用を排除する場合）[117]。団体協約の内容は法令に違反してはならないため[118]、これが就業規則とは異なり労使合意により締結されるという事実のみでは不利な処遇の合理的な理由にはならない。ただし、団体協約の内容が非正規職勤労者に結果的に不利であっても、それが

適法な事業経営上の必要なものであり、これを達成するために必要な様々な手段の中で、労使合意を通じて最も緩和された方法で選択されたという事情が認定されるなど、不利な処遇を正当化する別途の事情がある場合に初めて、これを合理的な理由として認めることができるのである[119]。

第二に、団体協約の適用の有無あるいは他の団体協約を適用されることによる不利な処遇である。【事件6-19】ソウル特別市賃金など差別事件の判断をみると、具体的な他の事情を考慮せず、正規職労働組合が締結した団体協約は一般的には非正規職勤労者には及ばないので、これにより団体協約が適用されなかったことによる不利な処遇について、合理的な理由があると認めている[120]。

一方、雇用労働部の業務マニュアル[121]が、非正規職勤労者が組合員ではない結果、団体協約の適用の有無によって生じた不利な処遇は合理的な理由として認められるとするのは、団体協約の適用に関する法理を形式的にあてはめたものに過ぎない。この論理は、非正規職勤労者の場合、正規職勤労者の労働組合に加入することを認められない、あるいは認められたとしても不安定な雇用で実際に加入を期待することができない非正規労働者が存在する実態をふまえれば、差別是正をしないことを実質的に意味するものといえよう[122]。

また、「非正規職勤労者に組合加入資格があるにもかかわらず、自発的に労働組合に加入しないことにより不利な処遇が発生した場合」には、非正規職勤労者を排除する意図がみられないため、団体協約に基づく処遇の区別を認める[123]。

以上の前提によれば、農協高齢畜産物事件[124]において、正規職勤労者への福祉年金又は自己開発費[125]を、団体協約の適用範囲である組合員のみに支給し、非組合員である期間制勤労者に支給しなかったことには、合理的な理由があるとみることができる。但し、比較対象者が正規職労働組合の組織対象（組合員範囲）であるにもかかわらず、実際は加入していない場合は別である。組合員でない比較対象者に、正規職労働組合の団体協約が適用されていたとすれば、それは労使自治の問題ではなく、期間制勤労者に対して団体協約を適用しなかった合理的な理由にならない。

注

1) 濟州特別自治道地労委 2007.11.1 濟州 2007 差別 1 〜 15 併合：中労委 2008.3.20 中央

第 6 章　非正規職保護法における差別的処遇の判断基準

2007 差別 5 〜 19 併合。
2) ソウル地労委 2007.11.8 ソウル 2007 差別 1 〜 3, 5 〜 6, 8 〜 14 併合、京畿地労委 2007.10.10 京畿 2007 差別 2 〜 10 併合、釜山地労委 2007.10.11 釜山 2007 差別 1 〜 11 併合、慶南地労委 2007.11.26 慶南 2007 差別 1 〜 2 併合、忠南地労委 2007.11.28 忠南 2007 差別 2, 4, 6, 8 併合：中労委 2008.1.14 中央 2007 差別 1, 4, 20, 21, 26 併合：ソウル行政法院 2008.10.24 宣告 2008 グハプ 6622 判決：ソウル高等法院 2009.7.9 宣告 2008 ヌ 33923 判決：大法院 2012.1.27 宣告 2009 ヅ 13627 判決。
3)【事件 6-2】韓国鉄道公社成果賞与金差別事件の判定以外にも、類似の時期に同じ事案で差別是正申請が行われた。例えば、ソウル地労委（ソウル 2007 差別 38）、忠北地労委（忠北 2007 差別 2, 3, 4 併合）、釜山地労委（釜山 2007 差別 19, 20, 21 併合）、忠南地労委（忠南 2007 差別 9, 10 併合）、慶北地労委（慶北 2007 差別 23, 24 併合）、全南地労委（全南 2007 差別 4、全南 2007 差別 5, 6 併合）、全北地労委（全北 2007 差別 2）、江原地労委（江原 2007 差別 2）、京畿地労委（京畿 2007 差別 12, 13 併合）、慶南地労委（慶南 2007 差別 6）などで差別是正申請が行われ、各地労委はすべて非正規職勤労者に成果賞与金を不支給したのは差別的な処遇であると認めた。そして、これら地労委の判定に対して中労委（中労委 2008.4.24 中央 2008 差別 1 〜 5, 9 〜 13, 16 併合）の再審判定でも差別的処遇を認めたが、但し、京畿地労委の判定のみ認めなかった。
4) 釜山地労委 2007.11.28 釜山 2007 差別 15 〜 18 併合：中労委 2008.3.31 中央 2007 差別 22 〜 25 併合。
5) 慶北地労委 2008.1.15 慶北 2007 差別 21：中労委 2008.4.14 中央 2008 差別 7：ソウル行政法院 2009.2.6 宣告 2008 グハプ 22747 判決（確定）。
6) 慶北地労委 2008.1.15 慶北 2007 差別 22：中労委 2008.4.30 中央 2008 差別 8：ソウル行政法院 2009.6.3 宣告 2008 グハプ 24743 判決（確定）。
7) 全南地労委 2008.1.23 全南 2007 差別 2, 3, 7：中労委 2008.5.14 中央 2008 差別 15。
8) 京畿地労委 2008.2.29 京畿 2007 差別 15 〜 91, 93, 95 〜 154, 156 〜 203, 205 〜 331, 333 〜 398, 400 〜 440, 442 〜 505, 507 〜 520, 523 〜 524, 526 〜 610 併合：中労委 2008.7.15 中央 2008 差別 22。
9) 慶北地労委 2008.3.21 慶北 2008 差別 1 〜 27 併合：中労委 2008.6.25 中央 2008 差別 20。
10) ソウル地労委 2008.7.22 ソウル 2008 差別 6, 7 併合、忠南地労委 2008.8.5 忠南 2008 差別 2, 3 併合：中労委 2008.11.3 中央 2008 差別 23, 25 併合：ソウル行政法院 2009.5.22 宣告 2008 グハプ 48794 判決：ソウル高等法院 2010.1.13 宣告 2009 ヌ 17614 判決：大法院 2011.12.22 宣告 2010 ヅ 3237 判決。
11) ソウル地労委 208.7.29 ソウル 2008 差別 8：中労委 2008.11.5 中央 2008 差別 24。
12) 忠南地労委 2008.11.4 忠南 2008 差別 1：中労委 2009.3.16 中央 2008 差別 26, 27, 28 併合。
13) 最初に、この事件を受けた忠南地労委は、独自に救済申請の適格性の問題を判断せず、2008 年 4 月 3 日、大田地方労働庁の天安支庁に、この事件が不法派遣に該当するかについて調査を要請した。これに対し、天安支庁は、現代自動車は法違反の事実がないという

第 2 編　韓国の非正規職保護法における差別的処遇の禁止及び差別是正制度

結果を 2008 年 8 月 26 日忠南地労委に通報した。しかし、忠南地労委は、天安支庁の調査結果と関係なく、差別是正委員会の公益委員と担当調査官を 2008 年 8 月 26 日現代自動車の現場調査を実施し、結局、2008 年 11 月 4 日大田地方労働庁の天安支庁の結論と反対に不法派遣であることを前提に差別是正救済命令を下した。

14) 全南地労委 2009.1.9 全南 2008 差別 123：中労委 2009.6.4 中央 2009 差別 1：ソウル行政法院 2010.1.22 宣告 2009 グハプ 28407 判決（勤労者側）、ソウル行政法院 2010.1.22 宣告 2009 グハプ 28155 判決（使用者側）：ソウル高等法院 2010.8.24 宣告 2010 ヌ 8074 判決（確定）、ソウル高等法院 2010.12.31 宣告 2010 ヌ 8081 判決。

15) 全南地労委 2009.2.9 全南 2008 差別 3：中労委 2009.4.27 中央 2009 差別 2：ソウル行政法院 2009.12.11 宣告 2009 グハプ 22164 判決：ソウル高等法院 2010.12.1 宣告 2010 ヌ 2854 判決：大法院 2011.3.24 宣告 2010 ヅ 29413 判決。

16) ところで、この事件の勤労者らは全南地労委の差別是正とは別に、2008 年 7 月 24 日、光州地方労働庁に不法派遣陳情を提起した。光州地方労働庁は、同陳情事件について、2008 年 12 月 1 日、派遣法違反としてこの事件の使用者を立件捜査することになる。全南地労委は、労働庁の判断を待って審理を延期してきたが、2009 年 1 月 9 日、差別事件の現場調査を実施し、2009 年 2 月 9 日、光州地方労働庁の結論のとおり不法派遣であることを前提に差別是正救済命令をした。一方、光州地方労働庁の起訴意見として立件して捜査した光州地方検察庁は、この事件の初審判定が出た後、2009 年 5 月 1 日、「錦湖タイヤとこの事件の勤労者間の労務管理上の使用従属性はない」と判断し、不起訴決定をした（光州地方検察庁 2009.5.1 刑第 6473）。

17) 慶南地労委 2009.2.25 慶南 2008 差別 56, 57 併合：中労委 2009.5.20 中央 2009 差別 3, 4 併合：ソウル行政法院 2010.2.18 宣告 2009 グハプ 26234 判決（確定）。

18) 地労委 2009.4.15 ソウル 2009 差別 8：中労委 2009.7.15 中央 2009 差別 6：ソウル行政法院 2010.4.29 宣告 2009 グハプ 36583 判決（勤労者側）、ソウル行政法院 2010.4.29 宣告 2009 グハプ 36651 判決（使用者側）：ソウル高等法院 2010.11.11 宣告 2010 ヌ 15577 判決、ソウル高等法院 2010.12.3 宣告 2010 ヌ 17139 判決。

19) ソウル地労委 2009.6.22 ソウル 2009 差別 9, 11 併合：中労委 2009.9.23 中央 2009 差別 7, 8 併合：ソウル行政法院 2010.6.4 宣告 2009 グハプ 47385 判決：ソウル高等法院 2011.1.28 宣告 2010 ヌ 20241 判決。

20) 慶南地労委 2009.8.7 慶南 2009 差別 4：中労委 2009.11.9 中央 2009 差別 9：ソウル行政法院 2010.6.8 宣告 2009 グハプ 55553 判決（勤労者側）、ソウル行政法院 2010.6.17 宣告 2009 グハプ 56488 判決（使用者側）：ソウル高等法院 2011.1.27 宣告 2010 ヌ 22940 判決、ソウル高等法院 2011.1.27 宣告 2010 ヌ 21794 判決。

21) ソウル地労委 2009.12.18 ソウル 2009 差別 22：中労委 2010.7.8 中央 2010 差別 3, 4 併合。

22) ソウル地労委 2010.2.25 ソウル 2009 差別 25：中労委 2010.6.11 中央 2010 差別 5。

23) 노동부『비정규직법령 업무 매뉴얼』(2012 년) 쪽（労働部『非正規職法令の業務マニュアル』(2007 年) 62 頁）：巻末【資料 7】労働部の「非正規職保護法令の業務マニュアル」参照、중앙노동위원회『차별시정업무 매뉴얼』(2009 년) 10 쪽（中央労働委員会「差別

是正業務マニュアル」(2009 年) 10 頁):巻末【資料9】中央労働委員会の「差別是正業務マニュアル」参照)。
24) 労働部(労働部)・前掲注 (23) 62 頁:중앙노동위원회(中央労働委員会)・前掲(23) 10 頁。
25) 使用者は同じ済州特別自治道であるが、差別是正の申請期間以内に申請したか否かにより判定結果が異なった事件がある。例えば、【事件 6-1】済州特別自治道賃金及び福利厚生費など差別事件のように、申請期間以内に差別是正を申請した中労委 2008.3.20 中央 2007 差別 5 〜 19 事件は、当事者適格性が認められたが、申請期間以後に差別是正を申請した、中労委 2008.6.25 中央 2008 差別 21 事件(済州特別自治道)では、当事者適格性が否定された。
26) この規定により、労働組合は非正規職に従事する組合員の権益のために差別是正の申請をすることができない。
27) 고용노동부『기간제・단시간・파견근로자를 위한『차별시정제도』를 알려드립니다』(2012년) 21 쪽(雇用労働部『期間制・短時間・派遣勤労者のための『差別是正制度』をお知らせします』(2012 年) 21 頁)。
28) 박종희・강선희『비정규근로자에 대한 차별금지―차별판단의 구조와 기준을 중심으로』산업관계연구 17 권 1 호 (2007 년) 100 쪽(朴ジョンフィ・姜ソンフィ「非正規勤労者に対する差別禁止―差別判断の構造と基準を中心に」『産業関係研究』第 17 巻第 1 号、韓国労使関係学会(2007 年) 100 頁)。これと関連して、大法院は、「期間を定めた勤労契約書を作成した場合でも、例えば、短期の勤労契約が長期間にわたって反復して更新されることでその定めた期間が単に形式にすぎなくなった場合など、契約書の内容と勤労契約が行われるようになった動機及び経緯、期間を定めた目的と当事者の真意、同種の勤労契約の締結方法に関する慣行、そして、勤労者保護法規などを総合的に考慮して、その期間の定めが単に形式にすぎないという事情が認められる場合には、契約書の文言にも関わらず、その場合には使用者が正当な事由なしに更新契約の締結を拒絶することは解雇と同じで無効になる(大法院 2006.2.24 宣告 2005 ヅ 5673 判決)」と判示したことがある。
29) 윤법률「기간제 및 단시간근로자보호등에 관한 법률의 적용과 관련한 실무적 쟁점―비교대상근로자의 해석과 시정명령을 중심으로」노동법포럼제 2 호 (2009 년) 179 쪽(尹ボプリョル「期間制及び短時間勤労者保護等に関する法律の適用と関連する実務的な争点:比較対象勤労者の解釈と是正命令の内容を中心に」労働法フォーラム第 2 号(2009 年) 179 頁)。
30) 김남진・김연태『노동법Ⅰ』법문사 (2005 년) 595 쪽(金南辰・金連泰『行政法Ⅰ』(法文社、2005 年) 595 頁)。
31) 박종희「(비정규직근로자에 대한) 차별금지 제도의 쟁점 검토」조정과심판 34 호 (2008년) 15 쪽(朴ジョンフィ「(非正規職勤労者に対する)差別禁止制度の争点と検討」調停と審判 34 号(2008 年) 15 頁以下)。
32) 윤법률(尹ボプリョル)・前掲注 (29) 180 頁以下。
33) 노동부(労働部)・前掲注 (23) 32 頁以下(巻末【資料7】労働部の「非正規職保護法令の業務マニュアル」参照)。

第 2 編　韓国の非正規職保護法における差別的処遇の禁止及び差別是正制度

34) 중앙노동위원회（中央労働委員会）・前掲注（23）10 頁以下（巻末【資料 9】中央労働委員会の「差別是正業務マニュアル」参照）。
35) 박종희・전윤구・강선희（朴ジョンフィ・全ユング・姜センフィ）・前掲第 2 章注（52）28 頁。
36) 박종희・전윤구・강선희（朴ジョンフィ・全ユング・姜センフィ）・前掲第 2 章注（52）28 頁。
37) 조용만『차별시정 판정사례 분석을 통한 차별시정 운영개선 방책마련』（중앙노동위원회, 2009 년）100 쪽（趙龍晩『差別是正判定事例分析を通じた差別是正運営改善方策用意』（中央労働委員会、2009 年）100 頁）。
38) 仁川地労委 2010.9.8 仁川 2010 差別：中労委 2011.2.14 中央 2010 差別 25（棄却：初審維持）
39) 労働委員会の既存の法理（形式的な契約期間説の援用論）と新たな法理（形式的な契約期間説の排除論）については、조용만（趙龍晩）・前掲注（37）137 頁以下。
40) 윤법률（尹ボプリョル）・前掲注（29）181 頁。
41) 중앙노동위원회（中央労働委員会）・前掲注（23）12 頁：法定勤労時間は、週 40 時間である（勤労基準法第 50 条）。
42) 노동부（労働部）・前掲注（23）69 頁。
43) 고용노동부『기간제・단시간・파견근로자를 위한『차별시정제도』를 알려드립니다』（2010 년）26 쪽이하（雇用労働部『期間制・短時間・派遣勤労者のための『差別是正制度』をお知らせします』（2010 年）26 頁以下）。
44) 이승욱・문강분・박귀천『차별시정제도 요건별・사안별 분석집 발간』（노동부, 2010 년）191 쪽（李スンウク・ムンガンブン・朴ギチョン『差別是正制度要件別・事案別分析集発刊』（労働部、2010 年）191 頁）。
45) 조용만（趙龍晩）・前掲注（37）141 頁。
46) 박주영「비정규직차별사건의 쟁점과 과제－노동위원회의 차별판단기준의 문제점을 중심으로」（2007 년）203 쪽（朴ジュヨン「非正規職差別事件の争点と課題－労働委員会の差別判断基準の問題店を中心に」民主法学第 37 号（2007 年）203 頁以下）。
47) 고용노동부『기간제법・파견법 업무매뉴얼』（2010 년）27 쪽（雇用労働部『期間制法・派遣法の業務マニュアル』(2010 年 12 月)27 頁）：임종률『노동법제 6 판』(박영사, 2007 년) 579 쪽（林種律『労働法第 6 版』（博英社、2007 年）579 頁）。
48) 조용만（趙龍晩）・前掲注（37）141 頁。
49) 노동부（労働部）・前掲注（23）157 頁以下。
50) 박종희・강성태・전윤구・강선희（朴ジョンフィ・姜成泰・全ユング・姜ソンフィ）・前掲第 3 章注（16）100 頁。
51) 조상균「파견근로자에 대한 차별시정」노동정책연구제 10 권제 2 호(2010 년)225 쪽(趙翔均「派遣勤労者に対する差別是正」労働政策研究第 10 巻第 2 号（2010 年）225 頁)。
52) 유성재「비정규근로자에 대한 차별금지에 관한 연구」중앙법학제 11 집（2009 년）507 쪽（兪聖在「非正規勤労者に対する差別禁止に関する研究」中央法学第 11 集第 1 号（2009 年）507 頁）。

53) 이승욱・문강분・박귀천（李スンウク・ムンガンブン・朴ギチョン）・前掲注（44）202 頁。
54) 박주영（朴ジュヨン）・前掲注（46）218 頁。
55) 이승욱・문강분・박귀천（李スンウク・ムンガンブン・朴ギチョン）・前掲注（44）203 頁。
56) 박종희・전윤구・강선희（朴ジョンフィ・全ユング・姜ソンヒ）・前掲第 2 章注（52）50 頁；巻末【資料 8】雇用労働部『期間制法・派遣法の業務マニュアル』参照。
57) 박주영（朴ジュヨン）・前掲注（46）218 頁。
58) 各学校の日雇いである栄養士と食品衛生職公務員である栄養士の賃金差別について、道教育監と教育人的資源部長官を被陳情人として共同の責任を認めながら、各級学校長が選抜した日雇いと、市・道教育監が他学校に配置した食品衛生職公務員間の比較を許容している（박주영（朴ジュヨン）・前掲注（46）218 頁）。
59) 大法院の判決（大法院 2006.2.24 宣告 2005 ダ 5673 判決）は、救済命令が、事業主である使用者の一部組織や業務執行機関又は業務担当者に対して行われた場合には、事業主である使用者に対して行われたものと解しているので、国立大学や国家の行政機関を被申請者とした場合には、被申請者は権利義務の帰属主体である大韓民国であり、同様に地方自治団体の機関（福祉館など）を被申請者とした場合は、当該地方自治団体が被申請者となる。ただし、地方自治団体が設立者である公立学校の場合には、市道教育監にも被申請者適格が同時に認められるべきである。
60) 西安山営業所と土坪営業所が該当する。
61) 강성태「비정규직법 시행 1년의 평가—차별시정제도의 현황과 개선과제를 중심으로」한양 대학교법학논총제 25 권（2008 년）176 쪽（姜成泰「非正規職施行 1 年の評価－差別是正制度の現状と改善課題を中心に」法学論叢第 25 巻 4 号（2008 年）176 頁以下）。
62) 강성태（姜成泰）・前掲注（61）176 頁以下。
63) 중앙노동위원회『심판업무 매뉴얼』(2009 년）25 쪽（中央労働委員会『審判業務マニュアル』(2009 年）25 頁）。
64) 하명호「국가가 사용자인 경우 구제절차상의 문제점 고찰」한국법학원（2009 년）286 쪽（河ミョンホ「国家が使用者である場合救済手続上の問題点考察」韓国法学院（2009 年）286 頁）。
65) 하명호（河ミョンホ）・前掲注（64）272 頁以下。
66) ここでいう勤労基準法 15 条は、現行勤労基準法 15 条（この法を違反した勤労契約）ではなく、勤労者派遣法制定当時の勤労基準法第 15 条（使用者の定義）を指す。
67) 김동욱「차별시정제도와 인사임금제도」임금연구제 17 권제 3 호（2009 년）63 쪽（金ドンウク「差別禁止制度と人事賃金制度」賃金研究第 17 巻第 3 号（2009 年）63 頁）。
68) 노동부『차별시정제도를 알려드립니다』(2009 년）27 쪽（労働部『差別是正制度をお知らせします』(2009 年）27 頁）。
69) 김형배「노동법」(박영사, 2007 년）287 쪽（金亨培『労働法』（博英社、2007 年）287 頁以下）。
70) 조임영・김철희・박주영・조재희・허익수『비정규직차별시정제도의 운영에 관한 연구－기간제근로자 차별시정제도를 중심으로』(국회환경노동위원회, 2006 년)500 쪽(趙淋永、他 4 名『非正規職差別是正制度の運営に関する研究－期間制勤労者の差別是正制度を中心

に』(国会環境労働委員会、2006 年) 50 頁)。
71) 박제성「비정규직 차별금지제도의 법적검토」노동리뷰통권제 31 호 (2007 년) 65 쪽 (朴ジェソン「非正規職差別禁止制度の法的検討」労働レビュー第 31 号 (2007 年) 65 頁)：박제성외 2「기업집단과 노동법 : 노사협의와 단체교섭제도를 중심으로」한국노동연구원 (2007 년) 189 쪽 (朴ジェソン、他 2 名「企業集団と労働法：労使協議と団体交渉制度を中心に」韓国労働研究院 (2007 年) 189 頁)。
72) 유성재 (兪聖在)・前掲注 (52) 507 頁以下：박종희・강성희「비정규직근로자에 대한 차별금지-차별판단의 구조와 기준을 중심으로」산업관계연구제 17 권제 1 호 (2007 년) 95 쪽 (朴ジョンフィ・姜ソンヒ「非正規職勤労者に対する差別禁止-差別判断の構造と基準を中心に」産業関係研究第 17 巻第 1 号 (2007 年) 95 頁)。
73) 当該事業又は事業場に比較対象者がないことを理由に、期間制雇用法の適用が除外されるとすれば、使用者が職群分離などを通じて同法の適用を回避するようになり、差別是正制度の実効性を確保するのが難しくなるという点で、期間制雇用法に当該事業又は事業場に比較対象者がない場合に対する規定を置かなかったのは、立法者の計画的な意図であるといえる (유성재 (兪聖在)・前掲注 (52) 507 頁以下)。
74) 期間制雇用法第 8 条第 1 項の違反したとしても、憲法第 12 条第 1 項の罪刑法定主義による類推適用が禁止される刑事処罰規定を置いていない。
75) 전윤구「임의적 부가급여에서의 차별시정과 비교대상자에 대한 검토」조정과심판제 26 호 (2006 년) 24 쪽 (全ユング「任意的付加給付での差別是正と比較対象者に対する検討」調停と審判第 26 号 (2006 年) 24 頁以下)。
76) 박종희・강성태・전윤구・강선희 (朴ジョンフィ・姜成泰・全ユング・姜ソンフィ)・前掲第 3 章注 (16) 120 頁：団体協約の適用範囲を定めている労働組合および労働関係調整法第 35 条上の同種勤労者の範囲について、大法院 1992.12.22 宣告 92 ヌ 13189 判決、1997.4.25 宣告 95 ダ 4056 判決で「事業場単位で締結される団体協約が適用される場合には、職種の区別なく、事業場内の全ての勤労者が同種の勤労者に該当する」とし、解釈の目的に応じて「同種」を「職種」より、広い概念として解釈し得ると判示した。
77) 전윤구 (全ユング)・前掲第 5 章注 (1) 12 頁。
78) 하갑래『근로기준법』(중앙경제, 2007 년) 923 쪽 (河甲來『勤労基準法』(中央経済、2007 年) 923 頁)。
79) 김형배 (金亨培)・前掲注 (69) 1039 頁以下。
80) 윤법률 (尹ボプリョル)・前掲注 (29) 184 頁。
81) 윤법률 (尹ボプリョル)・前掲注 (29) 184 頁。
82) 박종희・강성태・전윤구・강선희 (朴ジョンフィ・姜成泰・全ユング・姜ソンフィ)・前掲第 3 章注 (16) 112 頁。
83) 윤기택・한경식「기간제근로자의 차별대우금지제도에 관한 고찰」한국법학회제 26 권 (2007 년) 372 쪽 (尹ギテク、他 1 名「期間制勤労者の差別待遇禁止制度に関する考察」法学研究第 26 集 (2007 年) 372 頁)。
84) 윤법률 (尹ボプリョル)・前掲注 (29) 186 頁。
85) 조용만「차별시정 판정사례 분석을 통한 차별시정 운영개선 방안 마련」중앙노동위원

会（2009 년）59 쪽（趙龍晩「差別是正判定事例分析を通じた差別是正運営改善方策用意」中央労働委員会（2009 年）59 頁）。
86) 이승욱・문강분・박귀천（李スンウク・ムンガンブン・朴ギチョン）・前掲注（44）218 頁。
87) 이승욱・문강분・박귀천（李スンウク・ムンガンブン・朴ギチョン）・前掲注（44）218 頁。
88) 박종희・전윤구・강선희（朴ジョンフィ・全ユング・姜センフィ）・前掲第 2 章注（52）111 頁。
89) 조용만（趙龍晩）・前掲注（85）107 頁以下。
90) 박종희・전윤구・강선희（朴ジョンフィ・全ユング・姜センフィ）・前掲第 2 章注（52）111 ～ 112 頁。
91) 박주영『비정규직 차별시정제도 법・제도 개선연구―비정규직 차별 사례 검토 및 정책과제』전국불안정노동철폐연대（2010 년）82 쪽（朴ジュヨン『非正規職差別是正制度法・制度 改善研究―非正規職差別事例検討及び政策課題』（全国不安定労働撤廃連帯、2010 年）82 頁）。
92) 박주영（朴ジュヨン）・前掲注（91）85 頁。
93) 박주영（朴ジュヨン）・前掲注（91）74 頁。
94) 박종희・전윤구・강선희（朴ジョンフィ・全ユング・姜センフィ）・前掲第 2 章注（52）102 頁。
95) これに関連して、比較対象者が複数の場合には、同種事業場、同種事業、類似事業場、類似事業の順に比較対象者を決定すればいいという見解がある（ナギテク、他 1 名・前掲注（83）372 頁）。
96) 박종희「비정규직근로자 차별금지제도의 최근 동향과 쟁점」한국외국어대학교법학연구소외법논집제 34 권제 3 호（2010 년）90 쪽（非正規職勤労者の差別禁止制度の最近動向と争点」韓国外国語大学校法学研究所外法論集第 34 巻第 3 号（2010 年）90 頁）。
97) 박주영（朴ジュヨン）・前掲注（46）228 頁以下。
98) 조용만（趙龍晩）・前掲注（37）118 頁。
99) 박종희・전윤구・강선희（朴ジョンフィ・全ユング・姜センフィ）・前掲第 2 章注（52）103 頁。
100) 박종희・전윤구・강선희（朴ジョンフィ・全ユング・姜センフィ）・前掲第 2 章注（52）103 頁。
101) 박종희・강선희（朴ジョンフィ・姜ソンヒ）・前掲注（72）95 頁：雇用形態による差別禁止を規定している非正規職保護法は、経済的な不平等構造を削除するために平等の構造を借りているが、本質的には経済活動領域に関するもので、社会国家原理に基づく労働保護立法としての性格を持つ。
102) 박종희・전윤구・강선희（朴ジョンフィ・全ユング・姜センフィ）・前掲第 2 章注（52）103 頁以下。
103) 박종희・전윤구・강선희（朴ジョンフィ・全ユング・姜センフィ）・前掲第 2 章注（52）115 頁。
104) 改正前は、「賃金その他の勤労条件等」である。
105) 전윤구（全ユング）・前掲注（75）24 頁以下。

第 2 編　韓国の非正規職保護法における差別的処遇の禁止及び差別是正制度

106) 勤労基準法第 17 条及び同法施行令第 8 条等では、賃金、所定勤労時間、休日、年次有給休暇、就業の場所と従事する業務に関する事項、就業規則に作成しなければならない事項、寄宿舎の規則で定めた事項を勤労条件であると明示している。
107) 期間制雇用法第 2 条第 3 項が改正される前の中央労働委員会は、事業場内の福利制度が、「その他勤労条件等」に該当するか否かについて、【事件 6-4】慶北大学校非常勤講師事件や、【事件 6-5】大邱大学校非常勤講師事件などで、「団体協約又は就業規則又は勤労契約などに、勤労条件として規定されていない場合は、これを賃金その他勤労条件等とみることができないので差別是正を申請することができる領域には含まれない」と判定している。
108) 중앙노동위원회（中央労働委員会）・前掲注（23）19 頁。
109) 강성태（姜成泰）・前掲注（61）178 頁以下。
110) 조임영・김철희・박주영・조재희・허익수（趙淋永、他 4 名）・前掲注（70）65 頁参照。
111) 전윤구（全ユング）・前掲第 5 章注（1）17 頁。
112) 노동부（労働部）・前掲注（23）74 頁以下。
113) 김동욱（金ドンウク）・前掲注（67）60 頁。
114) 중앙노동위원회（中央労働委員会）・前掲注（23）33 頁以下。
115) 박종희・전윤구・강선희（朴ジョンフィ・全ユング・姜センフィ）・前掲第 2 章注（52）104 ～ 106 頁。
116) 박종희・전윤구・강선희（朴ジョンフィ・全ユング・姜センフィ）・前掲第 2 章注（52）123 頁。
117) 労働組合が正規職と非正規職を区別せずに組合員になれる場合に限る。労働組合法第 9 条でも「労働組合の組合員は、いかなる場合でも、人種、宗教、性別、年齢、身体的条件、雇用形態、政党や身分によって差別待遇を受けない」と規定している。そして、特定雇用形態のみで組織された労働組合の団体協約は、当初から他の雇用形態の勤労者には適用されるものではなく、協約当事者も、これらについて団体協約を締結する権限がない。
118) 労働組合法第 31 条第 3 項によると、行政官庁は、団体協約の中で違法な内容がある場合には、労働委員会の議決を得て、その是正を命ずることができる。
119) 박종희・강성태・전윤구・강선희（朴ジョンフィ・姜成泰・全ユング・姜ソンフィ）・前掲第 3 章注（16）140 ～ 141 頁。
120)【事件 6-19】の判断について、原則的には正当であるとしながら、比較対象勤労者と同種の業務に従事するにもかかわらず、基本給に差異が生じた場合まで合理的な理由がある判断しなければならない。したがって、少なくとも、基本給に関しては、非正規職勤労者が正規職勤労者と一緒に当該事業または事業場で同種又は類似の業務に従事しているにもかかわらず勤労条件等の差別が発生した場合には、組合員資格の有無に関係なく、合理的な理由がないと判断すべきである（조상균「비정규직 관련법의 문제점과 개선방안」산업관계연구 20 권제 1 호, 한국노사관계학회（2010 년）128 쪽～ 129 쪽（趙翔均「非正規職関連法の問題点と改善方案」産業関係研究第 20 巻第 1 号、韓国労使関係学会（2010 年）218 ～ 129 頁））。
121) 고용노동부（雇用労働部）・前掲注（47）78 頁。

122) 조임영「차별시정제도의 주요 쟁점과 대안」비정규직 차별시정제도의 쟁점과 대안 토론회 자료집 (2007년) 23쪽 (趙淋永「差別是正制度の主要争点と代案」非正規職差別是正制度の争点と代案討論会資料集 (2007年) 23頁)。
123) 조용만 (趙龍晩)・前掲注 (37) 132〜133頁。
124) 慶北地労委 2007.10.10 慶北 2007 差別 1, 2, 4, 8, 11, 13, 14, 16, 17, 19 併合。
125) 自己開発費とは、体力鍛錬費、図書購入費、語学及び業務と関連する塾の授業料などがある。自己開発費を支援する目的は、職員らが自己管理 (経営) を通じて暮らしの質を向上させ個人のストレス管理のための自己開発支援規定であり、究極的には会社の発展に寄与する職員らの健康な生活を助け、職員らの業務能力向上のためである。

第7章　非正規職保護法における差別是正の手続

　非正規職保護法は、非正規職勤労者に対する差別を単純に禁止することだけではなく、差別を是正するための行政手続（準司法手続）を用意している[1]。このように、勤労者が直接法院に差別是正を求める訴訟ではなく、行政手続としたのは、訴訟手続に比して[2]、低廉・迅速に権利を救済できるようにするためである[3]。すなわち、非正規職保護法では、非正規職であることを理由に差別を受けた非正規職勤労者は、労働委員会にその是正を申請し、適切な救済を受けることができるようにしている。もちろん、現行法上、非正規職に対する差別が存在する場合、非正規職保護法が定めている差別是正制度の他に一般の私法手続による救済や国家人権委員会による救済など他の法律で定められている制度を利用することもできる。この場合、同一の事件が重複的に複数の機関に救済申請された場合には、労働委員会の差別是正委員会がこの問題の最も専門性を持っている機関であるので[4]、優先的な地位をもつとする学説がある[5]。

　労働委員会[6]は、まずその事件を担当する差別是正委員会（差別是正公益委員3人）を構成した後、その申請が法的要件を充足しているか否か（申請者・被申請者の資格、申請期間、事由明示など）を審査する（申請適格の審査）。

　次に、差別是正委員会は、申請資格が備わっていると認めれば、関係当事者の申請又は職権によって事件を調停方式（調停・仲裁）で解決するか（ただし、仲裁による解決は、両当事者の合意による申請があった場合に限る）、審判方式（調査・審問）で解決するかを決定する。審判方式で解決しようとする場合には、差別是正委員会が担当することになるが、調停方式による解決を決定した場合には、調停担当機関（差別是正委員会又はその他の調停担当機関）に事件を移送するが、もし調停担当機関による解決が失敗した場合（ただし、仲裁による解決は除く[7]）には、当該事件は本来の差別是正委員会に再送される。

第2編　韓国の非正規職保護法における差別的処遇の禁止及び差別是正制度

そして、審判方式による解決が決定された場合及び調停方式が失敗し再送された場合に、差別是正委員会は、非正規職保護法に基づいて事件を本案審査する（比較対象者の存否及び差別的処遇の存否などに関して）。

以下において、差別是正申請などの手続についてみることになるが、その際、派遣法では、期間制雇用法を準用することになっているのでその条文の引用については期間制雇用法の条文を掲げることにするようにする[8]。

第1節　差別是正申請

使用者から差別的処遇を受けた期間制・短時間・派遣勤労者は、差別的処遇があった日から6ヶ月以内に労働委員会に差別是正を申請することができる。継続的な差別的処遇については、その終了の日から6ヶ月以内に申請することができる（期間制雇用法第9条第1項[9]）。差別是正申請が行われた場合、まず、労働委員会は、差別是正委員会を構成して申請資格審査をした後、申請に問題がない場合には、調停手続や審判手続を開始する。このような申請適格審査の段階では実質審査をしてはならず、形式審査だけで申請資格の有無を決定した後、審問に入った後の最初の段階で相手の主張又は職権に基づいて実質審査を通じて申請権者の適格性の有無を判断しなければならない[10]。

【事件6-10】洪恩痴呆老人福祉院賃金差別事件では、「懲戒解雇の通知書を2008年3月15日に受領したため、本件の差別的処遇の是正申請期間の起算日は、同通知書を受領した日とすべきであり、本件において申請期間は経過していなかった」との勤労者の主張に対して、中労委は、「本件の勤労者が、福祉院内の入所者の傷害事故に関する始末書を提出するように求めた本件の使用者の要求に応じず、2008年1月11日以降、出勤しなかったこと、同月12日、自分が解雇されたことを知っていたと認めたこと、本件の勤労者が提起した不当解雇の救済再審申請について、当委員会では、申請期間を過ぎたことを理由に却下の判定をしたことなどを考慮すると、本件の勤労者と本件の使用者間の勤労関係は事実上、最終勤務日である2008年1月11日に終了したとみられるので、本件の勤労者の主張のように、たとえ差別的処遇があったとしても、本件の差別的処遇の終了日は2008年1月11日と解される。したがって、これから申請期間が過ぎた2008年6月12日に提起した本件の勤労者の差別的

処遇に対する是正申請は、申請期間(2012年2月1日改正の前だったので、「3ヶ月が経過した場合」に該当する)を過ぎたので、明らかに不適法である」とした。

期間制雇用法第9条第1項は、救済申請の除斥期間を規定しているが、差別是正の対象期間については明示的に規定していないので、期間制雇用法第9条第1項の期間が是正命令の対象期間を意味するのかが問題になる。これについて中労委は、【事件6-12】乙路運輸通常時給など差別事件で、「期間制雇用法第9条第1項において、差別的処遇の是正申請期間を差別的処遇を受けた日から申請期間以内と規定しているところ、これは単に請求権を有効に行使することができる除斥期間を定めたものに過ぎず、差別是正の対象期間を定めたものではない。もし申請期間以前についてのみ差別是正命令をすると、申請以降にも継続する同一の差別的処遇について申請期間ごとに是正申請を通じて権利を救済する必要が生じるなどの問題があるため、差別是正の対象期間は、差別是正の申請日前及び申請期間に発生した差別的処遇のみならず、判定日まで続く差別的処遇については、判定日までを是正対象期間としてみなければならない」と判定した。すなわち、期間制雇用法第9条第1項の期間は除斥期間に過ぎず、差別是正の対象期間とは異なるという立場をとっており、これは制度の実効性の側面から妥当であると考えられる。

第2節　調停・仲裁

非正規職勤労者に対する差別的処遇の存否を判定することは容易ではない場合も多く、この場合、法的判断を経ない方が合理的な場合もある。例えば、比較対象者と比べて特定業務に従事する非正規職勤労者の賃金がある程度の水準である場合、差別的処遇に該当するか否かを判断することは容易ではなく、さらに、差別であると判定されたとしても差別を是正する際に、どの水準に調整すれば適切であるかを法的に判断することは難しい。この場合、調停又は仲裁手続を通じて解決することが、紛争の解決に必要な時間・費用の負担や紛争に伴う葛藤の減少、履行促進といった側面から、より効果的であることがある[11]。

第2編　韓国の非正規職保護法における差別的処遇の禁止及び差別是正制度

第1款　調停

　労働委員会は、審問過程で、関係当事者の双方又は一方の申請又は職権により調停手続を開始することができる。調停申請は、労働委員会の承諾がある場合を除いては、是正申請をした日から14日以内にしなければならない。また、労働委員会は、調停に際して関係当事者の意見を十分に聞き、調停手続を開始した日から60日以内に調停案を提示しなければならない（期間制雇用法第11条）。関係当事者の双方が労働委員会で提示した調停案を受諾して調停が成立した場合、調停調書は、民事訴訟法の規定に基づく裁判上の和解と同一の効力[12]を持つことになる（期間制雇用法第11条）。また、これらの調停手続の進行中に関係当事者の双方又は一方が調停手続の中止を要求したり、事実上調停手続を継続する意思がないことが明らかな場合には、調停を中止することができ、調停が中止されたり調停が成立しなかったときは、遅滞なく調査・審問手続を再開しなければならない（労働委員会規則第119条）。

　調停は、原則として当事者の調停意思の合致を原則として進行されるのが妥当である。当事者が調停する意思がなければ調停は成立しない。それにもかかわらず、継続的に調停を要求した農協高齢畜産物共販場事件[13]がある。本事件では、事件発生後14日が過ぎたにもかかわらず、申請権者が調停手続進行を積極的に勧誘され、結局、労使合意で調停手続を開始することになった。調停が開始されると、地労委は、調停予備会議、事前調停会議、本補正会議などその名称も不明な調停を数回行い、差別判断を遅延させて調停を実現するよう圧力をかけた。一方、イーランド・リテール事件[14]の場合は、団体交渉事項であった差別是正問題を、申請権者らは、調停を通じて交渉しようとして申請したが、却下された。農協高齢畜産物共販場事件のように継続的に調停を要求する取扱いは、労働委員会が差別判断の基準を設けて、積極的に差別可否を判断しようとすることよりも、この負担を避けて判定なし合意取下することを第一の目的としているように見える。

　調停会議は、使用者による差別の有無や不利益の程度に対する事実等、法的判断と関連する客観的な情報が提供され、これらを前提に、当事者らの調停が支援されることが重要である。しかし、調停会議は、差別審判を担当する公益委員と当事者のみが出席する三審制を採用し、当事者らの主張及び事実におけ

る争点を確認する力を持つ勤労者委員と使用者委員の出席を排除され、調停過程には何の情報も提供されない。なので、ただ非正規職勤労者個人に、希望する適切な補償水準を答えることに（すなわち、どの程度もらえば満足であるのか）止まる。

調停会議への勤労者委員と使用者委員の出席を排除する明示の文言はないが、労働委員会は、「労働委員会法上の差別是正調停会議で、勤労者委員が使用者委員の意見を求めることを明示していないため、労働委員会の裁量で、勤労者委員と使用者委員の出席を排除することができる」ものとしている。しかし、労働組合法上の争議調停会議では、勤労者委員と使用者委員の参加が認められている[15]。

第2款　仲裁

関係当事者が事前に労働委員会の仲裁決定に従うことに合意して仲裁を申請した場合には、仲裁をすることができる。仲裁の申請は、労働委員会の承諾がある場合を除いては、是正申請をした日から14日以内にしなければならない。また、労働委員会は、特別な事由がない限り、仲裁申請を受けたときから60日以内に仲裁決定をしなければならない。このような仲裁判断は、民事訴訟法の規定に基づき裁判上の和解と同一の効力を持つ（期間制雇用法第10条）。

しかし、仲裁手続の利用は極めて低調である。例えば、2009年までは1件もなく、2010年に全南地労委で1件仲裁手続が行われただけである。全南地労委の同仲裁手続は、期間制勤労者である中型バス運転手3名が無期契約勤労者である大型バス運転手と比較して賃金及びその他の勤労条件等について差別的処遇を受けたと主張し、2009年11月23日に差別的処遇是正を申請したものである。2010年2月9日に開催された全南地労委の差別是正会議で、本件の勤労者ら及び使用者が合意して仲裁を申請したのに対して、同月10日、これを承認して仲裁手続が進められ、全南地労委は、勤続手当に対する差別的処遇のみを認める仲裁決定をした。

第3節　調査・審問及び使用者の立証責任

労働委員会は、差別是正申請を受けたときは、遅滞なく必要な調査と関係当

事者に対する審問をしなければならない。労働委員会は、審問過程で、関係当事者の申請により、又はその職権で証人を出席させて必要な事項を質問することができる。この過程で、関係当事者に証拠の提出と証人に対する反対審問をすることができる十分な機会を与えなければならない(期間制雇用法第10条)。

　これらの調査・審問過程で、立証責任の問題が発生する。主張責任と立証責任の分配は、一致するのが原則であり、法律要件分類説に従うということが判例と通説の見解である。法律要件分類説は、各当事者は自分に有利な法律の要件事実の存否について立証責任を負う、という分配ルールを採用するものである。したがって、権利根拠規定の要件事実（請求原因事実）は原告が、権利障害及び阻止規定の要件事実は被告が、それぞれ主張・証明しなければならない[16]。すなわち、不利な処遇の存在については勤労者が、合理的な理由の存在ついては使用者が、それぞれ主張責任及び立証責任を負担することになる。しかし、期間制雇用法第9条第2項は、差別是正申請をするときに、差別的処遇の内容を具体的に明示するように規定し、法律要件分類説のように差別的処遇を構成する要件事実の主張責任を申請権者に負担させているが、差別是正と関連する紛争における立証責任は使用者が負担すると規定し、その立証責任を使用者が負担するようにしている。したがって、使用者は、勤労者が明示した比較対象者の不適格性、不利な処遇の不存在、不利な処遇に対する合理的な理由の存在などを証明しなければならず、このような使用者の立証責任は是正申請の段階での勤労者の明示義務とは異なり客観的かつ具体的な証拠提示をすることを必要とする[17]。

　調査・審問段階で、労働委員会は、申請権者が差別是正申請の段階で暫定的に提示した比較対象を職権で変更することができるのか、すなわち、使用者の立証を通じ比較対象者の適格性が否定されたとき、労働委員会は、職権で期間制勤労者が暫定的に提示したその比較対象者を変更することができるかという問題がある。差別判断の手続上、申請権者は、是正申請段階で暫定的な比較対象者を明示し、その比較対象者と比べて賃金その他の勤労条件等で不利な処遇を受けていると主張するものとされる。これに対して、使用者は、比較対象者が適切ではないという抗弁と、これに対する具体的な証拠を優先的に提示しなければならない。比較対象者の適格性又は存在の有無は、不利な処遇に対する合理的な理由の判断において第一に解決する必要がある問題であり、差別的処

遇が一応推定されるとしても差別禁止立法の論理的構造上、合理的な理由の判断を行わないことが可能であるため、これらの問題は重要な議論になる。この点について、もし、使用者の立証によって比較対象者性が否定、あるいは適格性に問題があるとされた場合にも、労働委員会の調査・審問の段階で申請権者に補正を求めることができ、さらに、労働委員会の職権で比較対象者を変更し、調査・審問することができると解することが非正規職保護法の立法趣旨に鑑みて妥当であろう[18]。ところが、労働委員会規則第89条及び同法第114条は、当事者の再審申請は、初審で申請した範囲を超えてはならず、中央労働委員会の再審審理と判定は当事者が再審申請した不服の範囲内でなければならないと規定している。これにより、申請権者が初審で主張しなかった比較対象者を再審で追加することは許されるか否かが問題になりうる。例えば、【事件6-4】慶北大学校非常勤講師事件と【事件6-5】大邱大学校非常勤講師事件で、申請権者である非常勤講師らが初審で専任講師を比較対象者として選定したが、慶北地労委は、非常勤講師と専任講師は業務が異なるため、専任講師は非常勤講師の比較対象者にはならないという理由で棄却判定をした。その後、申請権者らは、初審では主張しなかった講義招聘教授(【事件6-4】)と、講義専担教授(【事件6-5】)などを比較対象者として追加した。これに対して、中労委は、再審段階での比較対象者の追加を許可した。しかし、申請権者が主張せず、労働委員会が職権で比較対象者を変更して調査審問した例はまだ見当たらない。

第4節　是正命令と確定

第1款　判定及び終了

　労働委員会は、「期間制雇用法第10条の規定による調査・審問を終了し、差別的処遇に該当すると判定したときは、使用者に是正命令を発しなければならない。そして、差別的処遇に該当しないと判定したときは、その是正申請を棄却する決定をしなければならない」(期間制雇用法第12条第1項)。是正命令又は棄却決定は書面でするものとし、その理由を具体的に明示して、関係当事者に各々交付しなければならない。特に、「是正命令を発するときには、是正命令の内容及び履行期間などを具体的に記載しなければならない」(同条2

項)。

　調停・仲裁又は是正命令の内容について、「差別的行為の中止、賃金等労働条件の改善（就業規則、団体協約等の制度改善命令を含む）又は適切な補償等が含まれる」と規定している（期間制雇用法第 13 条第 1 項）。同条第 1 項による賠償額は、差別的処遇によって期間制勤労者又は短時間労働者に発生した損害額を基準とする。但し、労働委員会は、使用者の差別的処遇に明白な故意が認められるか、差別的処遇が反復される場合には、損害額を基準に 3 倍を超えない範囲で賠償を命じることができる（同条第 2 項）。同項の規定により、差別的処遇を発生させる内容が含まれている団体協約又は就業規則などを、事前に雇用労働部は是正勧告することができる。しかし、同項でいう是正命令の内容に就業規則、団体協約について是正命令が可能になったのは最近である(旧期間制雇用法第 13 条第 1 項は、「賃金など勤労条件の改善及び適切な金銭補償などを含めることができる」規定されていた)。

　差別是正命令は、不当解雇の救済命令とは異なり、原状回復的な機能のみに焦点を当てたものではなく[19]、労働委員会は差別是正に適合すると判断される適切な措置を裁量的に決定することができる[20]。このような、労働委員会の是正命令の裁量がどの程度まで許容されるのかが問題になる。

　まず、是正命令の内容が何なのかを確認しておく必要がある。この点については、賃金等勤労条件の改善が何を意味するのか、金銭的価値で測定することが難しい勤労条件などの差別的処遇についても補償命令が可能なのか、さらには、金銭補償の法的性格をどのようにみるのかなどについて議論がある[21]。

　そして、非正規職勤労者に対する差別が、団体協約又は就業規則の規定に基づいて生じることがある。この場合、労働委員会は、問題になった団体協約又は就業規則の規定について直接的な無効判定を下したり、その規定を変更する是正命令を下すことができるのか、という問題である[22]。まず、就業規則、団体協約等の変更を命ずることができるという見解[23]がある。例えば、「個別かつ具体的に提起された差別行為についてのみ是正又は中止を命じ、その原因となった団体協約又は就業規則について何らの措置が行われない場合は、今後も類似の差別的処遇が行われる蓋然性があるので、原因提供行為である団体協約又は就業規則に対する是正命令も含まれるものであると考えるべきである。さらに、差別的処遇を禁止する期間制雇用法の規定を強行規定であると理解す

る以上、これに違反する勤労契約、団体協約、就業規則は、その部分で無効になり、したがって、無効となった部分は、比較対象者に適用される勤労条件が原則的に適用されるべきであるので、是正命令の内容にもその内容が反映されるべきである」とした。一方、これを否定する見解として、労働委員会が持つ法的地位、非正規職保護法の差別救済制度は、現れた結果に対する是正を目的とするだけで、その根拠となるものの是正までを目的とすることは混乱が生じるという見解がある[24]。そして、労働委員会は、行政委員会の地位にすぎない。すなわち、私法的な効力存否に関する拘束力がある判定を行う権限がないので、団体協約又は就業規則そのものについて直接的な命令を下すことはできないという見解がある[25]。

　是正命令の対象と関連して、【事件6-2】韓国鉄道公社成果賞与金差別事件で、就業規則の変更を命ずることができるかどうかが争点になったことがある。この事件で京畿地労委は、旧期間制雇用法第13条の差別的行為の中止、賃金など勤労条件の改善規定に基づいて差別是正を申請していない勤労者にも、将来に向けて制度改善[26]の効果が及ぶように是正命令をすることができるとして報酬規定などの内部規定の改正を命じた。しかし、中労委は、「就業規則とは、事業場での勤労者の服務規律と勤労条件に関する準則を定めた一定の法規範（大法院2007ヅ11566）であり、「差別的処遇」が存在するためには、実際に具体的な処分が必要であるが、就業規則が存在するだけの段階では、差別的処遇が一応予想されるだけで、実際に差別的処遇が存在するとみることはできない。さらに、期間制雇用法に基づく差別是正制度は、個別的かつ具体的な勤労関係で発生した差別的処遇を是正するものであるので、一般的な拘束力を持った就業規則等の規範改正を命令して申請権者以外の第3者まで効力を及ぼすことは適切ではなく、さらに、当事者が請求していない範囲まで是正命令の内容に含まれることは妥当ではない」として内部規定の改善を命じた初審地労委の決定部分を取り消した。しかし、改正期間制雇用法第13条には、是正命令の内容として「差別的行為の中止、賃金等労働条件の改善（就業規則、団体協約等の制度改善命令を含む）又は適切な金銭補償等が含まれる」と規定されるようになったので、今後は、労働委員会は、差別是正に適していると判断される場合、就業規則、団体協約等の制度改善命令まで裁量的に決定することができるようになる。

最後に、差別是正申請をした非正規職勤労者と同一の状況に置かれているが是正申請をしていない期間制勤労者に対しても差別是正命令が可能であるか否かという問題である。是正命令及び調停・仲裁の効果について、雇用労働部は、是正申請の関係当事者である申請権者と被申請者のみを拘束されたが、期間制雇用法第 15 条の 3（2014 年 3 月 18 日改正）により、雇用労働部は、確定された是正命令を履行する義務がある使用者の事業又は事業場に、当該是正命令の効力が及ぼす勤労者以外の非正規職勤労者について差別的処遇があるか否かを調査し、差別的処遇がある場合には、その是正を要求することができる。すなわち、賃金その他の勤労条件について差別が行われることは、一般的に、勤労者の個別的な問題であると同時に、当該事業場の非正規職勤労者全体に該当する問題であるので、個別に差別是正申請せずに、事前に差別を予防する制度である。それで、差別是正申請をした当事者以外の非正規職勤労者らにも、同じ差別を受けている者に差別是正命令の効力が及ぶようになる（差別申請をしなかった勤労者が、改めて同じ理由で差別是正申請をすることは、差別是正委員会の手間と費用から考えても不必要な反復的行為であるといえる）。

第 2 款　是正命令に対する不服及び確定

　「地方労働委員会の是正命令又は棄却決定に対して不服がある関係当事者は、その命令書又は棄却決定書の送達を受けた日から 10 日以内に中央労働委員会に再審を申請することができる」[27]（期間制雇用法第 14 条 1 項）。また、「中央労働委員会の再審決定に対して不服がある関係当事者は、その再審決定の送達を受けた日から 15 日以内に行政訴訟を提起することができる」（同条 2 項）。しかし、所定の期間以内に再審の申請又は行政訴訟を提起しない時には、その是正命令・棄却決定又は再審決定は確定する（同条 3 項）[28]。

　雇用労働部長官は、同法第 14 条（第 15 条の 2 第 4 項に基づき準用される場合を含む）による確定された是正命令を履行する義務がある使用者の事業又は事業場に、当該是正命令の効力が及ぼす勤労者以外の期間制勤労者又は短時間勤労者について差別的処遇があるか否かを調査し、差別的処遇がある場合には、その是正を要求することができるように是正命令の効力を拡大させた（同法第 15 条の 3 第 1 項）。

　労働委員会は、是正命令が確定するとその実効性の確保のために、雇用労働

部長官が「確定した是正命令に対して使用者にその履行状況を提出することを要求することができる」(同法第15条1項)。これは「確定した是正命令」に対するものなので、地労委の是正命令又は中労委の再審決定に対して関係当事者が再審申請又は行政訴訟を提起した是正命令については適用されない。すなわち、確定していない是正命令については適用されないと解釈される[29]。そして、「是正申請をした勤労者は、使用者が確定した是正命令を履行しない場合、これを労働部長官に申告することができる」(同条2項)ように規定している。

雇用労働部長官は、使用者が第8条を違反して差別的処遇を行った場合には、その是正を要求することができる(同法第15条の2第1項)。また、使用者が第1項による是正要求に応じない場合には、差別的処遇の内容を具体的に明示して労働委員会に通報しなければならない。この場合、雇用労働部長官は、該当使用者及び勤労者にその事実を通知しなければならない(同法第15条の2第2項)。そして、労働委員会は、同法第2項により雇用労働部長官の通報を受けた場合には、遅滞なく、差別的処遇があるかどうかを審理しなければならない。この場合、労働委員会は、当該使用者及び勤労者に意見を陳述する機会を附与しなければならない(同法第15条の2第3項)。

また、使用者が「確定した是正命令を正当な理由なく履行しない」ときには、一人当たり1億ウォン以下の過怠料を課する罰則が設けられる(同法第24条1項、派遣法第46条1項)。しかし、使用者に課される罰則は、予防的な機能を一定程度果たすものの、使用者が罰則を受けたとしても勤労者が使用者の差別措置から受けた各種の被害まで回復されないという根本的な限界がある。そして、是正命令は、確定しても執行力があるわけではないので(非正規職勤労者に対する差別的処遇の禁止そのものに対する罰則ではなく、是正命令違反に対する行政罰である)、これを根拠にして強制執行をすることができないという限界がある。そのため、使用者が任意に是正命令を履行しなかった場合、結局は民事訴訟を提起しなければならない[30]。そうすると事件は終結していないことになるので、是正命令の履行を強制することができなくなる。この場合、訴訟が継続することにより申請権者は、契約期間の満了で契約解除される可能性が高くなり、不安定な雇用が継続し、訴訟費用に対する金銭的負担が増えることになる。さらに契約を解約された場合は、賃金以外の継続勤労を前提とする給付を得ることは難しくなる。実際、農協高齢畜産物共販場事件[31]で、

第2編　韓国の非正規職保護法における差別的処遇の禁止及び差別是正制度

地労委に差別是正を申請する間に、申請権者らの中に労働契約が期間満了となる申請権者が存在したが、その申請権者は契約更新が拒否された。そして、差別是正命令が下されても履行させる強制力が担保されてない状況で、再審の間に申請権者らは順次に更新契約が拒否されたのである。このことから差別是正命令の履行を強制する何らかの方法が必要である。例えば、差別是正供託金制度や差別是正行強制金制度のような強制的な手段を運営することや[32]、勤労基準法上の均等待遇原則（第6条違反）に違反した場合、500万ウォン以下の罰金（勤労基準法第114条）に処することになっているが、これを差別的処遇の禁止を違反した場合も、同じ量刑で処すること等の方法が考えられる。

注

1) 差別的処遇を受けた非正規職勤労者は、労働委員会を通じた差別是正（図7-1参照）と、勤労監督官を通じた差別是正（図7-2参照）がある。
2) 民事訴訟の際に、非正規職勤労者個人が使用者と実質的に対等な地位で戦うことは不可能である。非正規職勤労者の地位が劣悪なだけでなく、勤労関係訴訟に関する知識と経験でも差異があり、さらに非正規職勤労者は弁護士費用やその他訴訟に必要な費用を自らの生活費から支払わなければならない負担もある（김치중・피영현・유영석・김수교『비정규직 차별에 대한 집단적 권리구제절차의 도입가능성 및 유용성에 관한 연구』(노동부, 2007년) 4쪽（金チジュン『非正規職差別に対する集団的な権利救済手続の導入可能性及び流用性に関する研究』(労働部、2007年) 4頁）。
3) 하갑래『근로기준법 (개정증보 19판)』((주) 중앙경제, 2008년) 939쪽（河甲來『勤労基準法（改訂増補19版）』((株)中央経済、2008年) 939頁）。
4) 労働問題について専門性知識がある労働委員会に差別是正委員会を別途に設置し、差別是正の判断・命令をさせるようにした（労働部『非正規職法の理解』(2007年) 45頁（노동부『비정규직법의 이해』(2007년) 45쪽）：김치중・피영현・유영석・김수교（金チジュン、他3名）・前掲注 (2) 4頁）。労働委員会の差別是正委員会は、全国に12個の地方労働委員会が設置されている上に、是正命令において専門性とアクセスといった実効性の面において有利な構造と状況にある。また、労使問題について専門性のある委員と不当解雇救済判定から蓄積された経験をもとに、労使関係の特性を反映した結論を期待することができる。このような差別是正委員会は、非正規職保護法施行により非正規職勤労者をめぐる紛争を解決するために、組織を整備した。例えば、差別是正を要求する事例が大幅に増えることに備えて、差別是正公益委員173名を新規委嘱したり、全国を5つの地域に分け、尋問会議及び判定会議進行方法と手続を説明するなど、調査官に非正規職保護法の教育を実施した（〈http://dawoorijob.co.kr/news/view.php?db_name=news&seq=86〉参照）。
5) しかし、李鋌「韓国における労働紛争処理システムの現状と課題」日本労働法学会誌116号（2010年) 3頁以下で、差別是正委員会の判断とその他の機関による判断が異な

第 7 章 非正規職保護法における差別是正の手続

る場合、どの機関の判断に従うかという問題について指摘している。
6) 韓国では、日本と同様に、労働紛争を専属管轄する特別裁判所は存在せず、解雇を含む労使紛争は、一般民事事件とともに裁判手続を通じて処理される。裁判手続きは、日本と同じく「三審制」となっている。しかし、中労委の決定や判定に対する取消を求める行政訴訟を提起する場合は、日本と異なり、行政裁判所が第一審となる。したがって、労働委員会における紛争処理手続きは、地労委－中労委－行政裁判所－高等法院－大法院といった「五審制」となる。李鋌「韓国における労働紛争処理システムの現状と課題」日本労働法学会誌 116 号（2010 年）3 頁以下参照。
7) 仲裁の場合は、入口の段階で関係当事者は労働委員会の仲裁決定に従うことに合意して仲裁が行われるので、必ず従わなければならないものである。しかし、差別是正手続に基づいてなされた仲裁決定について、当事者が不服申立をすることができるかできないか、又は不服申立をする場合どのような手続をとるかについて、期間制雇用法では明示されたものはないが、全く不服申立することができないわけでもないという学説もある（박수근「비정규직법의 해석과 과제」노동법연구제 22 호, 2007 년）60 쪽（朴スグン「非正規職法の解釈と課題」（労働法研究第 22 号、2007 年）60 頁）。
8) 派遣法第 21 条第 3 項で、「是正申請その他の是正手続等に関しては、「期間制雇用法弟 9 条ないし第 15 条及び第 16 条（同法 1 号及び第 4 号を除く）」の規定を準用する」と規定されている。
9) 2012 年 2 月 1 日改正以前は、「3 ヶ月が経過した場合」であったが、改正により「6 ヶ月が経過した場合」となった。
10) 박종희・강성태・전윤구・강선희（朴ジョンフィ・姜成泰・全ユング・姜ソンフィ）・前掲第 3 章注（16）251 頁以下。
11) 노동부（労働部）・前掲第 6 章注（23）50 頁以下。
12) 裁判上の和解は、確定判決と同一の効果を持つ（民事訴訟法第 220 条）。そのため、以後、その内容と抵触する訴訟を行うことはできないし（既判力）、管轄法院から執行文を付与されることにより、不動産の差し押えや動産引渡などの強制執行が可能（執行力）である（고갑석『비정규직보호법의 해설과 차별시정실무』일과사람, 2007 년）234 쪽（高ガプソク『非正規職保護法の解説と差別是正実務』（仕事と人、2007 年）234 頁）。
13) 慶北地労委 2007.10.10 慶北 2007 差別 1, 2, 4, 8, 11, 13, 14, 16, 17, 19 併合。
14) ソウル地労委 2008.3.12 ソウル 2008 差別 1。
15) この点については、事件当事者の利益を代弁する勤労者委員及び使用者委員を含む五審制や陪審員制に変更することを検討されている（박동현「비정규직 차별사례에서 나타난 차별시정제도의 쟁점연구」직업과고용서비스연구제 6 권제 1 호(2011 년)57 쪽（朴ドンヒョン「非正規職差別事例から現れた差別是正制度の争点研究」職業と雇用サービス研究第 6 巻第 1 号（2011 年）57 頁）。
16) 이시윤『신민사소송법제 5 판』(박영사, 2010 년)477 쪽（李シユン『新民事訴訟法第 5 版』（博英社、2010 年）477 頁）。
17) 김동욱（金ドンウク）・前掲第 6 章注（67）61 頁以下。
18) 조임영・김철희・박주영・조재희・허익수（趙淋永、他 4 名）・前掲第 6 章注（70）70 頁。

第2編　韓国の非正規職保護法における差別的処遇の禁止及び差別是正制度

19) 박종희・전윤구・강선희（朴ジョンフィ・全ユング・姜センフィ）・前掲第2章注（52）132頁。
20) 고용노동부（雇用労働部）・前掲第6章注（27）57頁。
21) 박종희・전윤구・강선희（朴ジョンフィ・全ユング・姜センフィ）・前掲第2章注（52）132頁。
22) 박종희・전윤구・강선희（朴ジョンフィ・全ユング・姜センフィ）・前掲第2章注（52）132頁。
23) 탁경국「차별시정제도의 절차상의 문제점」차별시정제도의 실효성 확보를 위한 정책토론회（2007년）309쪽（卓ギョングク「差別是正制度の手続き上の問題点」差別是正制度の実効性確保のための政策討論会資料（2007年）309頁）。
24) 박종희（朴ジョンフィ）・前掲第6章注（96）90頁。
25) 윤법률（尹ボプリョル）・前掲第6章注（29）194頁。
26) 過去の給料に対する差額の支払いを求めることに加えて、将来に予想される差別についての救済を申請し、勤労契約の終了まで毎月給日〇〇円を支給しなさい、という命令を得ることができるか否かについて、差別是正申請の除斥期間を置いている期間制雇用法第9条第1項の解釈によれば、将来の差別的処遇は是正の対象ではないとした。すなわち、同法が除斥期間を置いている趣旨は、既に発生した差別的処遇を迅速に処理することにあり、将来の差別的処遇については是正を命ずることができないという見解である（윤법률（尹ボプリョル）・前掲第6章注（29）196頁）。しかし、期間制雇用法第1条によると、「……勤労者に対する不合理な差別を是正……」と定めるのみで、将来の差別的処遇についての是正を排除していない(박수근「비정규직법의 해석과 과제」노동법연구제22호(2007년) 52쪽이하（朴秀根「非正規職法の解釈と課題」労働法研究第22号（2007年）52頁以下）。
27) 是正命令に不服申立する使用者も、再審申請及び行政訴訟の方法で争うことができる（김선수「차별시정제도 활용과 외주화 남용 금지를 위한 법률 대응 방향」노동사회（2007년）55쪽（金センシュ「差別是正制度活用と外需化濫用禁止のための法律対応方向」労働社会（2007年）55頁）。
28) 却下決定についても同じであると解釈される。임종률（林種律）・前掲第6章注（47）577頁。
29) 송치경『노동법강의』(홍문사, 2011년) 417쪽（ソン・チギョン『労働法講義』（弘文社、2011年）417頁）。そして、임종률（林種律）・前掲第6章注（47）578頁では、行政訴訟を提起して確定された是正命令を履行しなかった場合この規定を適用することができるかについて、明文の規定がないということで肯定しにくいとしている。
30) 김선수（金センシュ）・前掲注（27）56頁。
31) 慶北地労委2007.10.10 慶北2007差別1, 2, 4, 8, 11, 13, 14, 16, 17, 19併合。
32) 박동현（朴ドンヒョン）・前掲注（15）57頁。
33) 고용노동부（雇用労働部）・前掲第6章注（27）50頁。
34) 고용노동부（雇用労働部）・前掲第6章注（27）51頁。

第7章　非正規職保護法における差別是正の手続

図7-1　労働委員会による差別是正手続の流れ及び解説[33)]

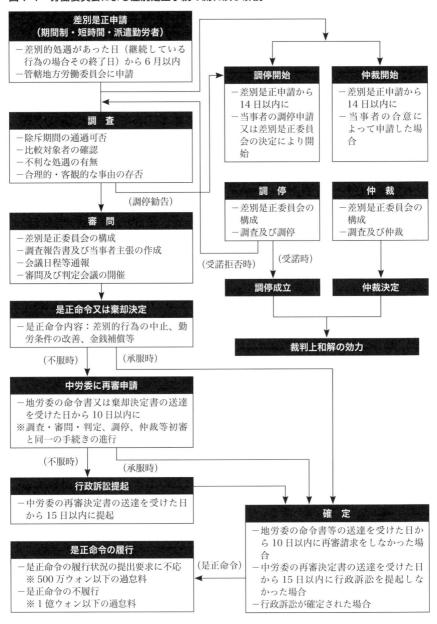

第2編　韓国の非正規職保護法における差別的処遇の禁止及び差別是正制度

図7-2　勤労監督官による差別是正手続の流れ及び解説 [34]

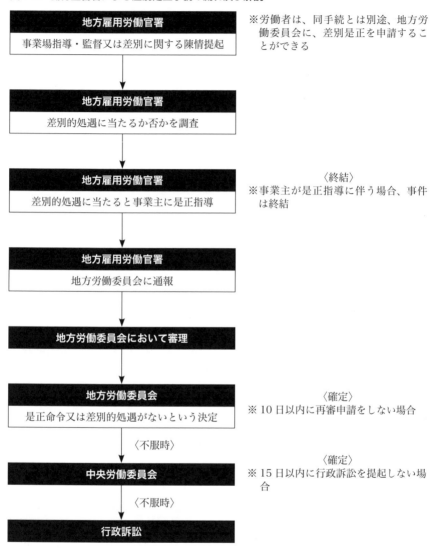

第 8 章　差別是正制度の実効性及び手続的な問題点との検討

第 1 節　差別是正制度の実効性

　非正規職保護法上の差別是正制度が導入された当初は、正規職勤労者と非正規職勤労者の間に存在する不合理な差別が解消されると期待されていた[1]。しかし、労働委員会が処理した差別是正申請事件の現状[2]をみると、2007 年 (145 件) から、2008 年 (1,948 件) まで大幅に増加したが、2009 年には (95 件)、2010 年には (152 件)、2011 年には (88 件)、2012 年には (78 件)、2013 年には (99 件)[3] と急減した。しかし、非正規職勤労者の数はあまり減少しておらず、正規職勤労者との賃金及び勤労条件の格差も解消される様子がないということを勘案すると、実際には、差別是正の需要が減ったとは考えにくい。例えば、労働部は、2008 年、「差別待遇を受けた場合、差別是正申請をする意思があるか否か」について調査したことがある。その資料をみると、勤労者の 81.9％がその意思がないという結果が出た。その理由として、差別是正の救済申請をした場合、今後の勤労契約が更新されないなど雇用上の不利益が懸念されること (32.7％)、是正命令を得たとしても、事業主がこれを履行しないだろうこと[4] (27.0％) や、時間と費用が掛かること (8.9％) などが挙げられている[5]。この結果のように、現実的に、正規職勤労者との賃金及び勤労条件の格差が現存しているにもかかわらず差別是正申請をしないのは、差別是正制度の実効性に疑問があるからであると思われる。すなわち、差別是正制度が施行され、それを通して、差別是正申請をしてもその効果はそれほど大きくないということを反証する指標であるだろう。

　労働委員会の判定件数 2,605 件 (2007 年 7 月 1 日から 2013 年まで) の中、

第2編　韓国の非正規職保護法における差別的処遇の禁止及び差別是正制度

表8-1　年度別差別是正処理内訳　　　　　　　　　　　（2013年12月31日基準）

区分	全体	地方労働委員会							中央労働委員会					
		小計	是正	棄却	却下	取下	調停	仲裁	小計	是正	棄却	却下	取下	調停	仲裁
2007年*	145	145	55	15	1	73	1	—	—	—	—	—	—	—	—
2008年	1,948	1,897	23	557	74	768	475	—	51	18	20	7	4	2	—
2009年	95	80	10	5	6	48	11	—	15	8	—	4	3	—	—
2010年	152	131	12	19	53	26	19	2	21	12	7	2	—	—	—
2011年	88	77	39	4	3	11	20	—	11	2	4	1	4	0	0
2012年	78	65	5	6	10	27	17	0	13	2	7	4	0	0	0
2013年	99	84	14	12	3	35	20	0	15	9	1	3	2	0	0

＊2007年は、2007年7月1日から2007年12月31日までの集計。
※2007年7月1日施行（公共部門、300人以上事業場）、2008年7月1日（100人以上事業場）、2009年7月1日から、常時5人以上の勤労者を使用するすべての事業又は事業場に適用[6]。
出典：中央労働委員会『調停と審判』第55号（2013年冬号）、49頁。

不合理な差別であると認め、差別是正命令を下した事件は209（8.0％）件である。

　すなわち、差別是正申請をしても、実際に不合理な差別で認められている場合は、10件に1件もないということは、全体的に見れば、差別是正制度が実際に非正規職の差別是正する効果がそれほど大きくないことを示している。さらに、差別是正申請をして、差別是正委員会で、不合理な差別であると認められた場合、非正規職勤労者が受ける報酬が大きければ、差別是正申請の期待効果もそれほど大きくなるが、中央労働委員会の再審事件のうち2009年から2010年の間の不合理な差別であると判定された事件の判定文をもとに、実際の補償額を算定してみると、その結果、13件の中で、7件だけが300万ウォン以上の金銭補償を受けたことがわかる。100万ウォン未満の場合も4件もある。中労委の再審で不合理な差別であると認定された事件を基にしたのに半分以上が300万ウォン未満の金銭補償が行われた。ということは、非正規職勤労者が雇用終了の危険まで負担しながら補償を受けられる対価がそれほど大きくないという事実である[7]。このような事情を勘案すると、現在の差別是正制度の下で非正規職勤労者が差別是正申請をすることに相当な負担がかかると思われる。

　そして、労働委員会の判定件数2,605件（2007年7月1日から2013年まで）

第 8 章　差別是正制度の実効性及び手続的な問題点との検討

の中、差別是正申請を棄却した事件は 657 件（25.2%）、却下した事件は 171 件（6.6%）である。

　棄却又は却下された事件を対象（2009 年から 2011 年まで）に、不認定の事由を分析してみると、最も多いの事由は、不利な処遇がないなど、不利な処遇に合理的な理由があるというもの（35.7%）であった。そして、当事者の不適格による事件が 28.8%、比較対象者がいないのが 15.5%、差別禁止に該当しないのが 10.3% である。このように、当事者の不適格又は比較対象者がいないという事由で、最初から、不合理な差別であるか否かの判定がなされなかった事件が、半分程度存在することは、いまだ差別是正制度が遠くて険しい道であることを間接的に示している[8]。

　棄却・却下されたケースとしては、期間の定めのある契約を締結して賃金その他の勤労条件などで実際に差別を受けたにもかかわらず、勤労契約が反復・更新され期間の定めが形式的にすぎなかったため事実上期間の定めがない勤労契約に転換されたと判断され、差別是正申請の当事者の資格がないと判断されたケースや[9][10]、差別是正申請権は認められるが、当該事業又は事業場で同種又は類似の業務に従事する正規職勤労者が存在しないと判断されるケースなどを挙げることができる[11]。この他にも、比較対象者が存在しても除斥期間が過ぎたケース、賃金その他の勤労条件などに差別があっても団体協約により形成されたものであるため合理的な理由があると判断されるケースなどがある[12]。このように差別是正対象の範囲が縮小される中で、非正規職勤労者は更新拒絶や今後の再就職の危険を冒してまで、差別是正制度を利用しようとしなくなったと思われる。

　差別是正申請の処理結果を年度別にみると、不合理な差別であると判定された事件が占める割合は徐々に増加し、差別是正申請を断念する取下げる割合は減少している。全体的には差別是正申請が減っている中で不合理な差別であると認められる割合が高くなっていることは、非正規職勤労者が差別是正を申請する際に、不合理な差別であると認められる確信があるときだけしか申請を行わないという傾向があるからだと考えられる[13]。

　差別是正制度の特徴の一つは、差別を労働委員会による法律的な判断（差別是正判定）を通じて解決することと、調停を通じて紛争を解決することを制度化したことである。この調停制度は、法的判断とは異なり、差別是正申請をし

た以降に当事者間の要求を当事者間の合意により解消する制度である。2007年から2011年まで、調停制度によって解決された差別是正申請の推移は、2008年には475件（24.5％）であり、2009年に11件（11.6％）で、2010年に19件（12.5％）で、2011年に20件（22.7％）である。全体的にみると、調停を通して解決する事件の割合は、法的判断で解決する事件の割合とほぼ同じか若干高い。

　調停により合意される事件には、労働委員会による法的な判断において不合理な差別と判断される可能性が高い事件が多い[14]。にもかかわらず調停により合意することが多いのは、申請権者は契約更新を要する不安定な立場にあり、雇用を継続させるために、差別是正命令による解決よりも労使合意で問題を解決しようとするためであると考えられる。使用者の立場でも、差別是正命令という行政処分を受けることよりも、差別是正要求を当事者間の合意により解決できる方法を好む傾向もあるだろう。

第2節　差別是正制度の手続的な問題点との検討

第1款　申請権者

　立法過程で、労働側は、差別に対する問題提起自体が困難である非正規職勤労者の劣悪な地位を考慮して、労働組合などの関与を主張していたが、現行法は、差別是正の申請権者を非正規職勤労者個人（期間制雇用法第9条第1項と派遣法第21条第2項）と、雇用労働部長官により差別的是正処遇の是正を要求することができる（期間制雇用法第15条の2と派遣法第21条の2）。しかし、差別是正を求めるには現実的に障壁が存在する。差別を受けているが、差別是正の申請による事業主からの不利益な取扱いを恐れたり、労働委員会から是正命令が下されても事業主は履行しないだろうことを懸念したりして、差別是正の申請をしないという者が非常に多い[15]。差別的処遇の禁止は、外見上は非正規職勤労者個人の問題であるようにみえるが、当該事業場で同種又は類似の業務に従事する非正規職勤労者全体の問題でもある。

　この点を考慮すると、①被害当事者以外に労働組合にも差別是正の申請資格を認めるべきとの提案[16]と、②審判代理人制度の明文化及び代表者選定制度

の活性化という改正案[17]がある。そこで、それらを検討するに、②の審判代理人制度[18]の場合、まず、審判代理人として誰を選任するか、誰が費用負担を負うかについて明確にされていない。例えば、弁護士、公認労務士が審判代理人として選任された場合、その費用負担を勤労者が負うことになるので、そうなると、行政手続である差別是正制度を利用する必要性が低くなることである。次に、②の代表者選定制度[19]の場合、雇用終了のおそれ又は不利益な結果がもたらされるかもしれない危険性を同じく有する非正規職勤労者の中で、代表者を選定することになる。その代表者について法的に保護する方法が用意されていない現実で、誰がその代表者になりたがるか疑問である。したがって、これを補完するためには、使用者に差別是正申請などを理由として更新拒絶したことではないという立証責任を課する必要があると思われる。

また、①の場合、これまでの単一組合主義の労働組合法の下で、正規職が労組を独占し、非正規職の労組加入は非常に困難であった[20]のを考えると、それほどの改善の効果があるとは考えにくい。しかし、2011年7月1日施行された「労働組合法」第5条[21]の改正により、複数組合の設立が可能になったことから、非正規職の組合結成・加入の増大が期待されるので、改善の効果があると思われる。但し、労働組合に申請権を認めることについて、勤労者の自己決定権の侵害などを理由に慎重な立場を取る見解や[22]、労働組合は差別を受けた当事者ではなく第三者に過ぎないことを理由に否定的な見解がある[23]。また、勤労者の意思と無関係である労働組合が直接申請することができるようにすることは、個別的救済を本質とする差別是正制度の趣旨と合致せず、労働委員会の承認を受けた場合、労働組合も代理人の地位で申請手続に参加する機会が保障されている[24]ことなども挙げられる。

もちろん、使用者と何の契約関係もない労働組合に差別是正の申請権を付与することは容易ではない。しかし、非正規職勤労者に対する差別は、通常、就業規則等に基づいて行われるので、集団的な性格が強いこと、「差別的行為の中止、賃金等勤労条件の改善（就業規則、団体協約等の制度改善命令を含む）又は適切な補償」などが規定されている労働委員会の是正命令の内容によれば、非正規職勤労者に対する差別禁止は、純粋な私法的救済ではなく、労働委員会を通じた行政的救済をモデルとして想定しており、差別の集団的是正効果と効率性を担保することが望ましいこと、非正規職勤労者個人は、「雇用終了の恐怖」

のせいで、差別是正申請には積極的ではないということ[25]、非正規職勤労者を組織対象とする労働組合は、その活動の目的上、差別禁止に利害関係者として自己関連性がある[26]こと、集団的な差別について集団的な救済を認めることが、迅速かつ効果的な差別是正制度の趣旨により適合すること[27]などの点で、是正申請権者を労働組合まで拡大することが考えられる。

このように、差別是正の申請資格を労働組合にも付与することができるか否かは、立法政策における決断の問題である。救済される権利の帰属主体は、確かに当該非正規勤労者であるが、当該非正規職勤労者の是正手続遂行権を損なわない範囲であれば、この差別が非正規職勤労者全体に関する問題でもあることを理由に、労働組合の是正申請も許可することができよう[28]。

第2款　情報の提供義務

差別事件と関連する情報のほとんどを使用者のみもっていることを考慮し、「立証責任を使用者が負担する」ように規定している。しかし、非正規職勤労者に使用者に対する直接的な情報請求権の保障とか、差別是正委員会が使用者に職権で十分な情報提供を要求することができる職権主義などは一切言及されていない。

これにより、「差別的処遇是正申請書」を作成する際、非正規職勤労者は、専門的な知識と経験の不足などでどのような情報が必要であるかさえわからないことと、必要な情報であっても使用者に情報を得ることができなくて、自ら受けた差別の内容を正確にわかることができない状況で申請書を作成することになる。これは、立証責任を使用者に転換した法規定に照らしてみても妥当ではないと思われる。

したがって、これを補完するために、①差別を受けたと主張する非正規職勤労者が使用者に情報提供を要求することができる情報請求権[29]、②使用者に関連する情報の提供義務[30]、また、③差別是正委員会により広範囲な調査・審問ができるように証拠調査などで職権主義を付与[31]させることなどが必要である。そして、④関連情報を保有して使用者が合理的な理由なく立証責任を果たせなかった場合は、使用者が差別待遇をしたと判断できるような法的根拠を明確にする必要があると思われる。

第3款　差別是正委員会

　差別是正委員会の人的構成、特に判断を担当する公益委員は、法曹や法律的な判断が可能な人材はごく少数で、ほとんどが転職官僚や経営学又は経済学専攻者で構成されている[32]。もちろん様々な職業や学問の経験者が判定に加入することは悪いとはいえないが、私法審査の一種である労働委員会の判定であるので、法的判断を行う能力を持つ人材が優先されるべきである。今まで労働委員会の判定結果を勤労者らが不服した多くの理由が、法律の専門家によらない経験的又は即興的な判断であったからということは無視すべきではない。また、現在行われている労働委員会の現場調査は、非常に形式[33]で、業務の類似性や差別的処遇の程度に関する具体的な根拠を確保するなどの実質的な調査は行われていない。調査員の調査方法及び統一されたガイドラインも存在せず、現場調査をする際に、調査員の裁量や恣意的な先入観に左右される側面が強い。さらに、調査員に差別に関する訓練や人権親和的な調査方法に関する教育が行われないため、捜査官は、雇用の打ち切りを懸念しながら差別是正申請をする勤労者の心的負担などを考慮することができず、むしろ申請権者の人権を保護することより使用者との接触を要求し、調査員の中立性について疑問が生じる状態にある。

　この点については、調査方法や内容に関する専門的知識を補完する制度とし、これらの業務を担当する調査員に、公正性と中立性を要求する必要がある。これらは、差別是正手続の当事者の信頼を確保することとも密接な関連性があるため、これに関する継続的な管理と監督が要求される。例えば、現場調査をする際の提出文書に対する調査員の管理監督などの現場実査調査の方法や原則に関する指針を設ける。又は、慶尚北道地労委のように現場調査事前協議会を開催し、当事者らと調査員が会う機会を設けることも考えられる。その際に、申請権者の要求や望む調査方向を確認し、調査方法を決定する。その過程を通じて、使用者側が提出した文書の範囲や今後の進行日程などを調整する。

注

1) 조상균（趙翔均）・前掲第6章注（120）125頁。
2) 受付現況の内容を具体的に見ると、申請が特定のいくつかの事業所で集中的に提起され

第 2 編　韓国の非正規職保護法における差別的処遇の禁止及び差別是正制度

ていたという点を確認することができる。例えば、2007 年 7 月 1 日から 2008 年 12 月 31 日まで全国地方労働委員会の申請事件の 2,042 件の中で、韓国鉄道公社（1,259 件）と韓国道路公社が（596 件）で全体の 91％を占めている。次に、浦項医療院（27 件）、農協中央会高齢畜産物共販場（19 件）、韓国消費者保護院（17 件）、済州市庁（15 件）の順である。강성태（姜成泰）・前掲第 6 章注（61）174 頁と、毎日労働ニュース（2009 年 8 月 31 日）を再構成。

3) 表 8-1　年度別差別是正処理内訳、参照。
4) 毎日労働ニュース（2009 年 8 月 31 日）によると、非正規職保護法の施行初年度 1 年間に、是正命令が下されたにもかかわらず、一件も是正命令が履行されてないと発表している。
5) ソウル地方労働委員会の調査でも、労働部の調査と同じ結果となっている。ソウル地労委『2008 年度の差別是正担当公益委員・調査官合同ワークショップ資料』2008 年 6 月参照。
6) 期間制雇用法第 3 条 1 項、同法付則 1 項、派遣法第 21 条 4 項。その理由としては、差別是正制度の軟着陸（市場の適応）のため、事業又は事業場の規模別に 1 年単位で段階的に適用した。
7) 이성희（李ソンヒ）・前掲第 2 章注（57）27 頁。
8) 이성희（李ソンヒ）・前掲第 2 章注（57）27 頁。
9) 契約期間が 2 年以上を超え、無期勤労契約とみなされた勤労者は、それが契約形式において期間制勤労契約を維持していても、使用者は勤労契約期間の満了を主張することができないため、本質的に期間制勤労者としてみることができないということで、申請権者の資格を否認される。박종희・강선희（朴ジョンフィ・姜ソンヒ）・前掲第 6 章注（72）100 頁；中労委 2008.6.25、2008 差別 20 と、同じ趣旨でソウル行判 2010.2.18, 2009 グハプ 26234 参照。しかし、この場合、期間制雇用法による差別禁止条項は適用されないが、「勤労基準法」第 6 条の「均等な処遇」などの一般的な差別禁止条項は適用される。非正規職対策チーム -2173, 2007.7.6。
10) しかし、【事件 6-14】馬山文化放送定期賞与金など差別事件（中労委 2009.5.20 中央 2009 差別 3, 4 併合）の判断では、数回に当たって期間制勤労契約が反復・更新されたとしても期間制雇用法の施行の後に勤労契約を締結し、継続勤労した期間が 2 年を超えない勤労者である場合は期間制雇用法上の期間制勤労者に該当するので差別是正の申請権者の資格があると判断している。
11) 【事件 6-4】慶北大学校非常勤講師事件（慶北地労委 2008.1.15 慶北 2007 差別 21：中労委 2008.4.14 中央 2008 差別 7：ソウル行政法院 2009.2.6 宣告 2008 구합 22747 判決）と大邱大学校事件（慶北地労委 2008.1.15 慶北 2007 差別 22：中労委 2008.4.30 中央 2008 差別 8 判定）が代表的な事例である。
12) 差別的処遇の合理性が認められ申請が棄却された事例として、【事件 6-6】朝鮮大学校非常勤講師事件（全南地労委 2008.1.23 全南 2007 差別 2, 3, 7 併合：全南地労委 2008.3.3 全南 2008 差別 1）や、農協高齢畜産物共販場（慶北地労委 2007.10.10 慶北 2007 差別 1, 2, 4, 8, 11, 13, 14, 16, 17, 19 併合）などがある。
13) 이성희（李ソンヒ）・前掲第 2 章注（57）18 頁。
14) 이성희（李ソンヒ）・前掲第 2 章注（57）18 頁。

15) 労働部「非正規職保護法施行1年アンケート調査結果」(2008年6月27日)。
16) 박수근「비정규직법의 문제점과 개선방향」월간복지동향제9권제4호 (2008년) 97쪽 (朴秀根「非正規職法の問題点と改善方向」月刊福祉動向第9巻第4号 (2008年) 97頁);강성태「비정규직법안의 내용과 과제」노동법학제21호 (2005년) 27쪽 (姜成泰「非正規職法案の内容と課題」労働法学第21号 (2005年) 27頁)。
17) 2011年9月9日に、政府が不合理な差別を受けている非正規職を保護し、社会安全を拡充するために発表した (「非正規職総合対策」の資料5頁)。
18) 労働委員会規則第36条 (審判代理人の選任等) によると、①当事者が勤労者の場合はその配偶者、直系尊・卑属及び兄弟姉妹 (同条1項1号)、②当事者が労働組合の場合はその組合の役員及び組合員 (同条1項2号)、③他の法律に従って審判事件を代理することができる弁護士、公認労務士 (同条1項4号) などが列挙されている (巻末【資料1-3-3】参照)。
19) 労働委員会規則第35条 (選定代表者) によると、事件の当事者が多数である場合、代表者を選定することができ、この場合の判定の効力は該当する当事者全員に及ぶことになる (巻末【資料1-3-3】参照)。
20) 労働側によると、非正規職の労働組合の組織率は1.7%であり、正規職の労働組合の組織率は20.3%である。しかし、政府によると、非正規職の労働組合の組織率は2.9%であり、正規職の労働組合の組織率は15.6%である。
21) 「労働組合法」第5条:「勤労者は、自由に労働組合を組織し、又はこれに加入することができる」(脇田滋「労働組合及び労働関係調整法 (韓国)」労働法律旬報第1727号 (2010年) 70頁)。
22) 박종희「비정규직근로자에 대한 차별시정제도의 쟁점검토」제3회 충청법률포럼자료집 (2008년) 37쪽 (朴ジョンフィ「非正規職勤労者に対する差別禁止制度の争点検討」第3回忠清法律フォーラム資料集 (2008年) 37頁以下)。
23) 박종희・전윤구・강선희 (朴ジョンフィ・全ユング・姜センフィ)・前掲第2章注 (52) 33頁。
24) 박종희「차별시정제도 시행1주년 평가와 향후 입법 정책적 논의 방향」노동리뷰 (2008년) 41쪽 (朴ジョンフィ「差別是正制度施行1周年評価と今後の立法政策的な論議方向」労働リビュ (2008年) 41頁)。
25) 강성태 (姜成泰)・前掲第6章注 (61) 180頁以下。
26) 전윤구「비정규직 관계법의 입법적 개선방향」노동법학제28호 (2008년) 374쪽 (全ユング「非正規職関係法の立法的な改善方向」労働法学第28号 (2008年) 374頁)。
27) 조용만 (趙龍晩)・前掲第5章注 (2) 12頁。
28) 박종희・전윤구・강선희 (朴ジョンフィ・全ユング・姜センフィ)・前掲第2章注 (52) 34頁。
29) 중앙노동위원회『비정규직 차별금지 판단기준 및 운영에 관한 연구』(2007년) 263쪽 (中央労働委員会『非正規職差別禁止判断基準及び運営に関する研究』(2007年) 263頁)。
30) 강성태 (姜成泰)・前掲注 (16) 27頁。
31) 労働委員会法第14条の3、労働委員会法施行令第9条の2 (巻末【資料1-3-1】【資料

第 2 編　韓国の非正規職保護法における差別的処遇の禁止及び差別是正制度

　　1-3-2】参照）：중앙노동위원회（中央労働委員会）・前掲注（29）255 頁。
32）労働委員会法第 8 条、労働委員会規則第 103 条、同規則第 44 条（巻末【資料 1-3-1】【資料 1-3-3】参照）。
33）現場調査は行われるが、【事件 6-4】慶北大学校非常勤講師事件（慶北地労委 2008.1.15 慶北 2007 差別 21：中労委 2008.4.14 中央 2008 差別 7：ソウル行政法院 2009.2.6 宣告 2008 グハプ 22747 判決（確定））の場合、使用者と労働組合を訪問して簡単な主張事実のみを確認することにとどまり、【事件 6-5】大邱大学校非常勤講師事件（慶北地労委 2008.1.15 慶北 2007 差別 22：中労委 2008.4.30 中央 2008 差別 8：ソウル行政法院 2009.6.3 宣告 2008 グハプ 24743 判決（確定））の場合、使用者のみを面談するなど、勤労者側には何の調査も行われなかった。現場調査を行ってもそれが形式的に行われるに過ぎない。

第9章　結論

　本編では、非正規職保護法の差別是正制度と労働委員会の判決を中心に、韓国における雇用形態を理由とする労働条件格差是正の法理について検討した。
　韓国には、憲法上の平等権規定をはじめ、勤労基準法に均等処遇、男女雇用機会均等法による性を理由とする差別など、様々な差別禁止に関わる規定が存在する。にもかかわらず、社会の各分野で、不合理な差別は続いており、これに対する法的規制の必要性が強調されてきた。そこで、雇用形態による差別的処遇の禁止が導入された。
　非正規職勤労者に対する差別的処遇の禁止が規定された理由は、正規職勤労者に比べて対使用者との交渉力が脆弱である非正規職勤労者は、それにより契約の公正ささえまともに確保することができない、という事情が問題として認識されたことにあると思われる。したがって、非正規職勤労者に対する差別的処遇禁止の法規制は、厳密に言えば、従来の特定の人格的事由（性、信仰、国籍、社会的身分）を理由にした差別禁止とはその性格を異にする面がある。
　サービス産業の比重の増大と雇用形態の多様化、グローバル化による競争激化と雇用の柔軟性の必要は、一国では制御することができない客観的な状況変化であるため、単純な人権保護を主張することだけでは対応が難しい。一方、契約の公正さの具体的内容は、これに対する人々の価値観によって異なるため、一律に規定するのは困難である。重要なのは、雇用不安と低賃金という問題点を改善し、これを規律するための一定のルールを確保しようという社会的ニーズに対応することであるが、これを企図したものが非正規職保護法である。
　本編の検討からは、韓国の非正規職保護法上の差別禁止規定は、社会的な基本権ないし社会国家原理に基づいたものであり、強行的効力を持つ規定であることがわかる。文言上は、行為規範的な観点から提示されたと見られるが、そ

第2編　韓国の非正規職保護法における差別的処遇の禁止及び差別是正制度

の規範自体に、すでに均等な処遇をしなければならないという意味が内包されている。

このような韓国の雇用形態を理由とする差別的処遇の禁止制度は、施行時の予想に反して、差別是正申請の件数が少なく、特に、2009年から是正申請件数が大幅に減少した。その理由としては、その特性上、非正規職勤労者が現実的に差別是正を申請するのは難しいだけでなく、是正申請をしたとしても差別であると認められることも容易ではない、という事情がある。より具体的には、まず、申請権者の範囲等に関する制度的要因が障害として作用する。また、現実的な要因として、非正規雇用労働者の雇用自体の特性上、雇用関係を維持しながら、是正申請をすることが事実上困難であり、雇用終了後も、求職活動や再就職などで是正申請の機会を喪失することがある。さらには、とりわけ差別是正制度の施行初期段階には、労働委員会が差別是正制度の運用について積極的な姿勢をとらなかったことから、差別是正制度に対する失望が生じたことがある。

ただ、中労委を中心とする労働委員会の判定は、徐々に従来とは異なる新しい法理に立脚して、より積極的かつ発展的な傾向を示しつつある。本編で分析・検討したように、それは、勤労契約期間の形式論に立脚して、当事者適格を否定していた立場から、その法理の適用自体を不適切なものであると見る立場に変更したことや、比較対象者の認定基準と考慮要素を徐々に具体化したことなどである。それにもかかわらず、依然として不十分な点はある。例えば、業務の同種又は類似性の判断で核心であるとも言える、主な業務ないし核心的業務の存否を判断する客観的な基準が未だ確立されていないし、また、比較対象者の存在時点および期間についても、労働委員会が今後慎重な再検討を行うこととされていることなどである。

差別的処遇の禁止の範囲と関連して、「勤労基準法に基づく賃金、定期賞与金、名節賞与金等定期的に支給される賞与金、経営成果に応じた成果金、その他勤労条件及び福利厚生」などを含む、勤労関係を基礎とするすべての給付を含むものとして広く解釈されている。したがって、差別されている部分が勤労基準法上の賃金に該当するか否かは、差別的処遇の禁止の対象に入るか否かを判定するにあたり、大きな影響力を持たないとみるのが妥当である。そして、表面的には非正規雇用労働者に対して中立的な基準により、実質的または結果的に

非正規雇用労働者であることを理由として不利な処遇が発生した場合には間接差別の禁止を類推し、このような不利な処遇も禁止される差別と認めるべきである。

　合理的な理由の判断の問題は、これまで差別是正制度の運営過程で注目されてこなかった。なぜならば、合理性判断は、差別是正判断の最後の段階であるので、それ以前の段階で、当事者の適格性が否定されたり（特に期間制勤労契約が反復更新された場合）、比較対象者が存在しないことを理由に差別是正申請事件が棄却されたりすることが少なくなかったからである。しかし、合理性判断より前の段階で認められた差別の推定が差別と認定されるか否かは、合理性判断を経て確定されるものであるから、その重要性は大きい。本編では、労働委員会の判定事例を分析し、そこに示されてきた合理性判断の審査基準を検討した結果、期間制勤労者の勤続期間、短時間勤労者の所定勤労時間、短期雇用という特性、採用の条件・基準・方法・手続、業務の範囲と責任、職能・技術・資格・経歴などのような賃金及び勤労条件決定の直接的要素などを理由とする客観的な差別は合理性を認められるものとされている、ということが明らかにされた。

　最後に、差別是正命令の方法と関連して、差別是正命令の内容に差別的処遇を規定している団体協約又は就業規則・勤労契約について、労働委員会が直接的に、是正命令をすることが可能であるか否かが問題となる。法院の判決とは異なり、労働委員会の判定にはより広い裁量権が認められることなどから考えると、労働委員会は、団体協約又は就業規則・勤労契約について直接的な是正命令をすることは可能と解すべきであろう。これにより、差別是正を申請しなかった非正規職勤労者の権益も保護できることになる。2014年の法改正で、これを可能とする法改正がなされた。それでもなお、その実効性を確保するために、差別是正命令の履行を強制する規定を導入すべきであると考える。

　以上にまとめたように、本編では、韓国における非正規雇用勤労者の雇用形態を理由とする労働条件格差の是正のための法制度について検討し、現行法制の枠内での問題点とその解決へ向けた改善策について示したのであるが、その検討から、韓国における法規制には、次のような重大かつ困難な問題のあることを指摘しうる。すなわち、韓国の非正規職保護法による雇用形態を理由とする労働条件格差是正のための法規制においては、同一の扱いを強制する差別禁

第2編　韓国の非正規職保護法における差別的処遇の禁止及び差別是正制度

止という厳格な規制だけがとられていることから、労働条件格差を問題とする際の比較対象者の認定について、労働委員会がその認定基準と考慮要素を徐々に具体化しつつあるものの、やはり厳格さを求められることとなるため、比較対象者の認定が緩和されうるとしても、そこには自ずと限界があり、その立証は難しいものとなる。また、差別禁止の法規制では、非正規職勤労者と正規職勤労者間において職務内容等に相違がある場合において、それらの両者間に存在する職務内容等の観点からの相違の程度と、それら両者間の基本給の差が相当なものといいうるかについて法的に問題としうるか、ということについては、否定的に考えられよう。それは、差別禁止の法規制の構造からして、困難であると考えられるからである。

　このような韓国における雇用形態を理由とする労働条件格差の是正のための法規制にみられる構造的な問題について、どのように考えて行くべきか。その問題については、第4編において、本書全体の結論として、私見を提示することとする。

第 3 編

日本における非正規雇用労働者の労働条件格差是正のための法規制

第10章　非正規雇用労働者の労働条件格差是正の立法政策の展開

　非正規雇用労働者といっても、その法政策的課題は様々である。短時間労働者については、「不利益な労働条件の禁止」・「差別的取扱い禁止」・「均衡考慮」を、有期契約労働者については、「不利益な労働条件の禁止」を、派遣労働者については、「均衡考慮」が挙げられている。これらの制度や概念が、それぞれどのような関係にあり、いかなる構造を持つものかについて、十分な議論がされてきたとはいえないのが現状である[1]。「不利益な労働条件の禁止」・「差別的取扱い禁止」・「均衡考慮」の相互関係について検討するために（第3編第13章）、本章では、それぞれの立法の展開について論じることにしたい。

第1節　均衡考慮の立法政策の展開

　日本において正規・非正規雇用労働者間の格差を巡る法的議論が一気に活性化・本格化した時期は1983年以後である。1983年前後に行われた各種実態調査[2]により明らかにされた短時間労働者の実態の下に、パートタイム労働政策が問われた。
　また、名古屋地裁1983年5月11日に提訴された新白砂電気事件[3]は、正規雇用労働者と短時間労働者間の同一価値労働同一賃金原則の成否についての解釈論を活性化させた大きな要因となった[4]。本事件を裁判所に提起した当時には、正規雇用労働者と短時間労働者間の労働条件における均等待遇の原則を定める法としては、わずかにEU理事会の指令案（1982年）と1981年に国連で採択されたILO156号条約「男女労働者特に家族的責任を有する労働者の機会均等及び均等待遇に関する条約」と165号勧告があるのみであった。勧告は「短時間労働者及び臨時労働者の労働条件は、可能な限度において、フル

タイム労働者及び常用労働者の労働条件と同等でなければならない。適切な場合には、短時間労働者及び臨時労働者の権利は、比例により計算することができる」と規定している。しかし、条約の批准は、当時の政治課題でもなく、批准されたとしても条約を国内法としてその実効性を確保しようという問題意識もなかった。この当時の日本には、パートタイム労働をめぐる法律はなく、労働省（現在、厚生労働省）の通達として、労働事務次官通達「パートタイム労働対策要綱の策定について」（1984年発基第97号）、労働省告示「短時間労働者の処遇及び労働条件等について考慮すべき事項に関する指針」（1989年労働省告示第39号）、労働事務次官通達「総合的パートタイム労働対策について」（1989年発婦第9号）などがあるだけであった[5]。

1984年の労働基準法研究会報告においても「基本的には、我が国の雇用慣行を背景に、パートタイム労働者の労働市場が需要側、供給側双方の要因に基づき通常の労働者のそれとは別に形成され、そこでの労働職の需要関係によりパートタイム労働者の労働条件が決定されていることによるもの」として、「行政的に介入することは適当とは考えられない」という考え方が支配的であった。

これに対して当時野党の社会党や公明党からは賃金等の不利益取扱を禁止する法案が提出され、労働省は1989年に大臣告示として「パートタイム労働者の処遇及び労働条件等について考慮すべき事項に関する指針」を制定した。ここでは、賃金等について「労使において、その就業の実態、通常の労働者との均衡等を考慮して定めるように努める」と書かれていた[6]。

その後、1992年、四野党（日本社会党、公明党、社会民主連合、連合参議院）によって「均等待遇の原則と差別是正」を柱とする共同法案提出が行われた。しかし、罰則付きの法律による規制を求めた労働者側の要求に対して、法制化不要という経営者側からの強い反対にあったため、政府案として労働省が提案した法案は、短時間労働者に対する差別是正というより、短時間労働者の雇用管理の改善を中心としたものであった。その政府案が1993年に第126回国会に提出され、同国会において「短時間労働者の雇用管理の改善等に関する法律」（1993年6月18日法律76号（以下では「旧パートタイム労働法」））が可決成立した[7]。その原案には均等や均衡といった文字はなかったが、国会修正によりパートタイム労働法第3条の事業主の責務に「その就業実態、通常の労働者との均衡等を考慮して」という文言が盛り込まれた[8]。しかし、同

条は使用者の努力義務規定を備えるのみであって、短時間労働者の権利の宣言や差別是正の面等において実効性を欠くものであった。

また、2005年の労働契約法研究会報告において、「労働契約においては、雇用形態にかかわらず、その就業の実態に応じた均衡待遇が図られるべきこと」と指摘されていたことを受けて、2007年に成立した労働契約法第3条第2項において「労働契約は、労働者及び使用者が、就業の実態に応じて、均衡を考慮しつつ締結し、又は変更すべきものとする」と国会における修正を経て定められた。しかし、その法的効果については不明である[9]。

そして、2008年2月、厚生労働省は、労働者派遣制度の在り方の根幹に関わる問題について幅広く議論するために、「今後の労働者派遣制度の在り方に関する研究会[10]」を設置し、2008年7月28日に報告書が取りまとめられた。この報告書を受け、労働政策審議会職安定分科会労働力需給制度部会で議論が行われ、2008年9月24日に建議[11]がなされた。そして、2008年11月、派遣法改正案[12]に「派遣元事業主は、その雇用する派遣労働者の従事する業務と同種の業務にかかる一般の賃金水準その他の事情を考慮しつつ、その雇用する派遣労働者の職務の内容、職務の成果、意欲、能力又は経験等を勘案し、その賃金を決定するように努めなければならない」と規定したものを、国会に提出した。

その頃、2008年秋の経済危機、いわゆるリーマン・ショックの影響を受け、製造業を中心に派遣労働者を対象に大量の派遣切りが強行され、派遣労働者数の多くが雇用を失われ[13]、労働契約の終了とともに住居も失うなど雇用と生活の基盤を同時に失うなど社会問題化する中、正規雇用労働者と非正規雇用労働者の二極化構造の解消が、労働政策上の大きな課題となった。このリーマン・ショックを契機に、さらに、派遣労働者の保護と事業規制を強化する方向での法改正の必要性が高まり、労働者派遣制度の根本的な見直しが行われた。そのために、労働者派遣制度の在り方の根幹に関わる問題について幅広く議論が行われた「今後の労働者派遣制度の在り方に関する研究会報告書」をたたき台として、労働政策審議会職安定分科会労働力需給制度部会で議論が行われた。その労働政策審議会で審議がなされている間に、政権交替により、衆議院解散にともない派遣法の一部を改正する法律案は廃案となった。

2009年10月には、厚生労働大臣より労働政策審議会に対し、今後の労働

第3編　日本における非正規雇用労働者の労働条件格差是正のための法規制

者派遣制度のあり方について諮問がなされ、2009年12月28日に労働政策審議会から答申が示された。そこでは、いわゆる派遣切り問題、及びその中で顕在化した登録型派遣や製造業務派遣の問題点を踏まえ、廃案となった2008年の派遣法案を提出することが適当とされた。

　しかし、2010年4月、その後の参議院選で与党が大敗したため、当時野党であった自民党と公明党の要求を容れた案に修正された。その改正案では、「派遣元事業主は、その雇用する派遣労働者の従事する業務と同種の業務に従事する派遣先の労働者の賃金水準との均衡を考慮しつつ、その雇用する派遣労働者の従事する業務と同種の業務に従事する一般の労働者の賃金水準又は当該派遣労働者の職務の内容、職務の成果、意欲、能力若しくは経験等を勘案し、その賃金を決定するように配慮しなければならない」と規定したものである。この規定は国会修正でもそのまま残って2012年3月28日に第180回通常国会において労働者派遣法の一部改正法が可決・成立し、2012年4月6日に公布（2012年法律第27号）され、2012年10月1日に施行された。

　上記のように派遣法は優劣曲折を経て改正されたが、派遣労働者の労働条件格差の是正策としては、派遣法第30条の3に同種労働者との賃金の均衡原則が定められただけである。

　そして、2014年1月、「派遣法」は、2012年改正時の附帯決議に基づき、改正の議論がなされている。2012年10月、厚生労働省に「今後の労働者派遣制度の在り方に関する研究会」（以下、「在り方研究会」）が設置され、2013年8月に、同研究会が報告書（以下、「研究会報告書」）[14]を発表した。この報告書を受けて労働政策審議会職業安定分科会労働力需給制度部会（以下、「需給制度部会」）で改正を審議、2014年1月に、報告書（以下、「部会報告書」）[15]がまとめられ、建議された。そして、2014年3月11日、派遣労働者の均衡待遇の確保・キャリアアップの推進の在り方について、労働者派遣事業の適正な運営の確保及び派遣労働者の保護等に関する法律等の一部を改正する法律案が国会に提出された[16]。

　例えば、①派遣元事業主と派遣先の双方において、派遣労働者の均衡待遇確保のための取り組みを強化することと、②派遣元事業主に計画的な教育訓練等の実施を義務付けること等により、派遣労働者のキャリアアップを推進することである。

第10章 非正規雇用労働者の労働条件格差是正の立法政策の展開

　まず、①では、正規雇用と非正規雇用の待遇格差の是正について、均等待遇、均衡待遇という考え方が用いられる。両者の違いは、均等待遇が同一の業務であれば同一賃金同一労働条件であることを求めるのに対し、均衡待遇はバランスを考慮するものである。しかし、何をもって均衡が取れているのか（例えば、賃金のバランスが100％対80％だったらいいのかとか）を判断するのは難しい[17]。部会報告書では、賃金や教育訓練、福利厚生施設について均衡待遇を推進することとされた。これに対して、需給制度部会の労働者代表委員からは、諸外国では均等待遇を定める例が多いことから、均衡待遇ではなく均等待遇を原則とすべきとの意見が付された。また、均衡待遇を進めると言っても実効性が乏しいという意見もある[18]。さらに、上述の専門26業務の撤廃との関連では、入口規制である専門26業務を撤廃するのであれば、その代替として均等・均衡待遇がほとんど考慮されていないのはなぜか、との指摘もある[19]。一方、使用者の観点からは、外部労働市場で賃金の決まる派遣社員と内部労働市場で賃金が決まる正社員とでは賃金決定の在り方が異なること、均等処遇に際して職務給を前提としている欧米に対して我が国では職務給を前提としていないこと、均衡待遇に当たり派遣労働者と同様の業務に従事する派遣先の社員を特定することが困難であることから、均衡処遇に関する法令や指針の見直しは必要ないとの見解が示されている[20]。

　そして、②については、部会報告書では、派遣元・派遣先双方に派遣労働者のキャリアアップ措置を講じることを求めた。派遣元に対しては、労働者派遣事業の許可・更新要件に「派遣労働者へのキャリア形成支援制度を有すること」を追加することを定め、派遣先に対しては、派遣元の求めに応じて派遣労働者の職務遂行能力等に関する情報を派遣元に提供するように努めるように求めた。なお、派遣労働者の教育訓練については、均等待遇原則の導入の是非に関して提言されていないことが指摘されており、派遣先の協力を求めるだけでは実効性に乏しく、派遣労働者に対する教育訓練が適切に実施されないことに懸念が示されている[21]。他方、派遣労働者はキャリアアップ措置を適切に行う派遣元を選ぶと考えられるため、派遣元はこうした措置に対応せざるを得ないとの見方もある[22]。また、キャリアアップ措置については、派遣労働者と派遣元が派遣先と対等に派遣料金交渉を行うためにも、派遣労働者のスキルを客観的に評価する制度が必要であるとの見解もある[23]。このほか、キャリアアッ

プの具体的な内容が明らかにされていないことも指摘される[24]。

そして、労働者派遣法案は、これまで2度国会に提出されながら廃案となり、2015年3月13日再度国会に提出され、2015年9月30日（法律第73号）施行される。同法改正により、派遣元の均衡待遇の配慮義務の条項が、同法第30条の2から同法第30条の3に変更された。また、同法第31条の2第2項が新設された。新設された同条同項は、派遣元事業主は、その雇用する派遣労働者から求めがあつたときは、第30条の3の規定により配慮すべきこととされている事項に関する決定をするに当たって考慮した事項について、当該派遣労働者に説明しなければならない。そして、派遣先の労働者に関する賃金等の派遣元への情報提供の努力義務が、配慮義務に変更された。

第2節　差別的取扱の禁止の立法政策の展開

1993年のパートタイム労働法は、福祉的側面が強く、同法第3条の「均衡」処遇は、努力義務にとどまるものであり、著しい労働条件格差についてのみ公序違反として不法行為（民法第709条）を成立させるに過ぎなかった。しかし2007年改正により、短時間労働者と通常の労働者[25]の間の差別的取扱い禁止規定や通常の労働者との「均衡待遇」が新たに導入されるなど、法律の性格そのものが変更され、労働者保護の側面がより強化された[26]。「均衡」理念の下に置かれた同法第9条の「差別禁止」は、著しいものを客観的な理由なく不利益に取扱うことを禁止するものであり、著しいものを著しく取扱うという「均等」の概念の現れである[27]。

上記の変化の背景をみると、1996年、【事件11-1】丸子警報器事件判決[28]を契機として、正規雇用労働者と非正規雇用労働者の労働条件格差を法的にどう取り扱うべきかという問題が注目を集め、政府も日本における均等待遇をどうするべきかという観点から法的ルールの整備を検討するようになり、1997年から1998年にかけて、女性少年問題審議会においてパートタイム労働指針の見直しに向けた検討が行われた。そして、2003年、厚生労働省に「パートタイム労働研究会」が設置され、そこで、パートタイム労働の均等待遇に向けたルールが検討された。

同研究会[29]では、まず、パート等の多様な働き方が拡大していく中で、そ

の雇用保障・処遇を「働きに見合ったもの」にしていくことが、処遇の公平性を高め、能力の発揮を促すために、また、労働市場のバランスを確保していくためにも必要であるとする。そのうえで、職務に賃金がリンクしている分野が多いヨーロッパでは仕事が同じであれば、個人の属性や働きぶりによって賃金格差の生まれる余地が少ないという点で、同一価値労働同一賃金原則の前提条件が満たされているといえるが、日本においては、外形的に同じ仕事をしていても、年齢、勤続年数、扶養家族、残業・配転などの拘束性、職務遂行能力、成果などの違いによって、処遇が大きく異なりうることは正規雇用労働者とパートの間だけではなく、正規雇用労働者同士においてもしばしばみられるところであり、日本においてヨーロッパ的な意味での「同一価値労働同一賃金」が公序となっているとは言いがたいとまとめた[30]。そこで、日本における格差是正制度のあり方は日本の実態にあった日本型均衡処遇ルールが妥当だとしたうえで、法制の内容については「均等待遇原則タイプ」[31] と「均衡配慮義務タイプ」[32] の二つの方向を示した。

　同研究会の報告を受けて、2002年から2003年にかけて、議論した労働政策審議会雇用均等分科会での取りまとめ段階で、労働側は、均等待遇原則の法制化要求を、使用者側は、短時間労働者についての公正な処遇の考え方は企業の人事処遇管理に深甚な影響を及ぼすものなので、これを一律に法律で規制しようとすることについて反対の意見であった。結局、2003年3月にまとめられた建議では、「通常の労働者との均衡を考慮した処遇の考え方を指針に示す」こととされ、法改正は行わず、パートタイム労働指針が改正されることで終わった。

　しかし、正規雇用労働者と短時間労働者の格差問題、就職氷河期に正規雇用労働者として採用されなかった若年者や子育てなどのために一旦離職した女性に対する再チャレンジ支援問題が注目を集める中で、パートタイム労働政策を強化するよう求める政治的な強い要請により、パートタイム労働法改正の検討が再び行われた。まず、2006年第164回通常国会で行われた男女雇用機会均等法改正の審議で、厚生労働委員会において、「短時間労働者が意欲を持ってその有する能力を十分発揮できるようにするため、正規雇用労働者との均衡処遇に関する法制化を進めること」を内容とする附帯決議が採択された。一方、2006年7月に閣議決定された「経済財政運営と構造改革に関する基本方

針 2006」にも、「パート労働者への社会保険の適用拡大や均衡処遇の推進等の問題に対処するための法的整備等や均衡ある能力開発等の取組みを進め、正規雇用労働者と短時間労働者間の均衡処遇を目指す」ことが盛り込まれた。

　これらを受けて、2006 年 7 月 20 日から厚生労働省の労働政策審議会雇用均等分科会での法改正の議論の中で、使用者側は、「就業実態が多様な短時間労働者を就業実態に合わない形で一律に取扱って規制強化することは、むしろ柔軟な働き方を阻害することになりかねない」として法改正に反対した。また、公益委員によって示された報告案についても、実務的な対応が本当に可能なのかどうか、最後まで反対意見を繰り返したが、政治的要請もあって、使用者側の実務的な懸念に十分配慮しながら施行されることが確認されたため、ようやく建議がまとめられ、2006 年 12 月 26 日、「今後のパートタイム労働対策について」と題する労働政策審議会建議が厚生労働大臣宛になされ、この建議を踏まえて 2007 年 2 月 13 日に「短時間労働者の雇用管理の改善等に関する法律の一部を改正する法律案」が第 166 回通常国会に提出され、同国会において「短時間労働者の雇用管理の改善等に関する法律」(平成 19 年法律 72 号)が可決成立した[33]。同法は、通常の労働者と同視すべきパートタイム労働者について差別的取扱いを禁止するとともに、同視できないものについては、均衡待遇実現の努力義務を定めるという仕組みを有している。

　2007 年のパートタイム労働法が改正される際、3 年後の見直しが設けられていた。民主党は、2009 年総選挙公約 (Manifesto2009) で、「性別、正規・非正規にかかわらず、同じ職場で同じ仕事をしている人とは同じ賃金を得られる均等待遇を実現する」との公約を挙げていた。ここでは、性差別と正規・非正規格差問題の双方を対象として同一労働同一賃金と均等待遇の実現を図ることが挙げられている。これに基づいて、厚生労働省は、2011 年 2 月に「今後のパートタイム労働対策に関する研究会」を設置し、積み残しになっている議論について議論を開始した。その背景には、2010 年 6 月に決定した新成長戦略において、「同一価値労働同一賃金に向けた均等・均衡待遇の推進に取り組む」と明記され、対応が必要となっていたこともある[34]。ここでは、性差別問題が対象から抜け落ち、正規・非正規格差問題への対処について挙げられている。同研究会では、諸外国のパート対策、労使団体からのヒアリングを経て委員の間で白熱した議論が行われ、2011 年 9 月 15 日、「今後のパートタイム労働対

策に関する研究会報告書」を取りまとめた。同報告書は、明確な方向性を示すというよりも様々な意見を列記するものとなっている。例えば、「通常の労働者との待遇の異同」、「待遇に関する納得性の向上」、「教育訓練」、「パートタイム労働法の実効性の確保」などの事項について、考えられる選択肢を幅広く整理している。特に、「通常の労働者との待遇の異同」については、①旧パートタイム労働法第8条の3要件の在り方（「職務の内容が同一であること」のみで良いか、「人材活用の仕組み、運用等が同一であること」の要件のみでよいか、あるいは、すべての事業主に対し、一律に3要件を適用していることが問題ではないか等）と、短時間労働者であることを理由とする合理的な理由のない不利益取扱いを禁止する法制を採る可能性、②フルタイム有期契約労働者に対するパートタイム労働法の適用対象の拡大可能性、③均等待遇の対象とならない短時間労働者の待遇を改善するために、事業主が自主的に短時間労働者の雇用管理の改善等を計画的に進めること（いわゆる、積極的改善措置の取り組み）の必要性、④職務評価の実施の方向性（事業主が、その雇用管理の在り方や短時間労働者のニーズ等の実状に合わせて、職務評価制度を導入し、労使間で職務評価のプロセス及び結果を共有して、これを踏まえ通常の労働者と短時間労働者との間の待遇について議論を進めること）などの選択肢を示した。

2012年6月21日の労働政策審議会雇用均等分科会は、「今後のパートタイム労働対策について（報告）」において、「有期契約労働法制の動向を念頭に、パートタイム労働法第9条について、3要件から無期労働契約要件を削除するとともに、職務の内容、人材活用の仕組み、その他の事情を考慮して不合理な相違は認められないとする法制をとることが適当である」とした。

この報告を受け、最近、改正に差別的取扱い禁止の対象となる通常の労働者と同視すべき短時間労働者について、事業主と期間の定めのない労働契約を締結しているものとの要件が削除されることになる。

第3節　不合理な労働条件の立法政策の展開

有期契約労働者にも派遣労働者にも適用される条文として、労働契約法第3条第2項に均衡考慮の原則が定められている。同条同項は、幅広く様々な雇用形態や就業上の地位について妥当する「均衡」の理念を一般的に定めたもの

である[35)]。しかし、同条同項は、労働法上の諸問題の解釈や立法政策に際して考慮されるべき基本的な規定であることは間違いないが、非正規雇用労働者等に対して均衡に反する処遇を争う場合には、さらに不法行為、権利濫用の禁止、信義則など一般条項の解釈に照らして、違法性を争わなければならない理念的規定と解されている[36)]。

こうした中、2009年の総選挙で政権を獲得した民主党は、マニフェストとして、この非正規労働者の待遇格差問題について、「性別、正規・非正規にかかわらず、同じ職場で同じ仕事をしている人は同じ賃金を得られる均等待遇を実現する」ことを挙げた[37)]。これを受けて厚生労働省は、厚生労働省労働基準局の委嘱の下に設置され、この新成長戦略以前から開始される2009年2月23日から2010年8月24日に至るまで18回の会議を通じて有期契約労働の在り方について広く検討・議論し、有期契約労働研究会（座長：鎌田耕一東洋大学教授）の「有期契約労働研究会報告書」[38)]を2010年9月10日付けで公表した。報告書では、まず、正規雇用労働者に比して有期契約労働者であることを理由とする不利益取扱の禁止を掲げるEUのような規制をわが国で導入することの可否について論じ、これについて、日本における賃金が諸外国のように職務ごとに決定される職務給体系とはなっていないため、何をもって正規雇用労働者と比較するのか、何が合理的理由がない不利益取扱いに当たるかの判断を行うことが難しい等と評価された。他方、パートタイム労働法の枠組み[39)]を参考に、有期契約労働者と正規雇用労働者との均衡待遇を図る方策は、多様な有期契約労働者を対象とすることができるとともに、努力義務等による行政指導等によるほか、妥当な労働条件に向けた当事者の創意工夫を促すなどの事情に即した対応を可能とする一方、パート労働法の仕組みや、2007年の同法改正法附則7条[40)]に基づく検討の動向に留意しつつ、引き続き十分に検討していく必要性が指摘されている。

さらに、2010年10月からは、労働者代表、使用者代表、学者の公益代表の3者構成による第82回労働政策審議会労働条件分科会[41)]で有期契約労働に関する施策について議論が開始され、1年以上にわたる計17回の議論を経て、2011年12月26日に建議「有期契約労働の在り方について」が公労使の全会一致によりまとめられた。その際、有期契約労働者と正規雇用労働者との均等待遇に限らず、一般的に労働契約においては、雇用形態にかかわらず、そ

の就業の実態に応じた均等待遇が図られるべきことを明らかにすることが適当とした[42]。そして、その建議では、期間の定めを理由とする不合理な処遇の解消について法整備を行うことが提言されたが、有期契約労働は、合理的な理由がない場合（例外理由に該当しない場合）には締結できないような仕組みとすることについては、例外業務の範囲をめぐる紛争多発の懸念や雇用機会の減少の懸念等を踏まえ、措置を講ずべきとの結論には至らなかった。他方、並行して議論されてきた「今後のパートタイム労働対策に関する研究会」[43]や「雇用形態による均等待遇についての研究会」[44]では、EU諸国の法制度を参考に具体的な検討が行われてきた。

その後、労働政策審議会は、それを反映させた「労働契約法の一部を改正する法律案」が立案され、2012年3月23日に第180回通常国会に提出された。労働契約法改正法案は、2012年8月3日、衆議院、参議院の賛成多数で原案どおり可決・成立され、2012年8月10日公布（2013年4月1日から施行）された。

その後、2014年2月14日、厚生労働省は、短時間労働者の雇用管理の改善等に関する法律の一部を改正する法律案(以下「パートタイム労働法改正案」)を第186回国会に提出し、同年4月16日に成立した（2015年4月1日施行）。これにより、パートタイム労働法にも労働契約法第20条と同様の規定が設けられることとなった。

注

1) 緒方桂子「日本における非正規雇用と均等待遇原則・試論」西谷敏・和田肇・朴洪圭編『日韓比較労働法1　労働法の基本概念』（旬報社、2014年）203頁。
2) パートタイマー実態調査結果は、全労働省労組の『不安定雇用労働者の実態と問題点』、行政管理庁行政監督局編『パートタイマーの現状と問題点』、労働省婦人少年局編『婦人労働の実情』（1982年版）などを参照。
3) 浅倉むつ子「パートタイム労働と均等待遇原則－新白砂電機事件に関する法的検討・下」労働法律旬報1387号（1996年）38頁以下；大脇雅子「新白砂電機パート賃金差別事件と労働法－「人として生きる証し」闘い」労働法律旬報1471・1472号(2000年)75頁以下。
4) 水町勇一郎「非典型雇用を巡る法理論」季刊労働法171号（1994年）115頁。
5) 大脇・前掲注（3）76頁。
6) 濱口・前掲第1章注（1）38頁。
7) パートタイム労働法の成立経緯については、大脇雅子「パートタイム労働法の概要と問

第 3 編　日本における非正規雇用労働者の労働条件格差是正のための法規制

　　題点」季刊労働法 170 号（1994 年）7 頁。
8）濱口・前掲第 1 章注（1）38 頁以下。
9）濱口・前掲第 1 章注（1）38 頁以下。
10）今後の労働者派遣制度の在り方に関する研究会「今後の労働者派遣制度の在り方に関する研究会報告書」（2008 年 7 月 28 日）。同報告書には、日雇派遣の禁止の検討や、マージン率等の情報の提供、グループ企業内派遣の制限等、今回の改正で実現した内容が多く盛り込まれた。
11）日雇派遣を原則として禁止し、例外とする業務のみポジティブリスト化して認めること、グループ企業内派遣の割合を 8 割以下とすることなど、研究会の報告書の内容をさらに具体化した内容が盛り込まれた。
12）主な内容は、30 日以内の日雇派遣の原則禁止、グループ企業内派遣の 8 割規制、一定の有期雇用労働者の常用雇用化の努力義務化、マージン率等の情報提供義務化等である。
13）その結果、派遣労働者は 2008 年に 146 万人にまで増大した。総務省「労働力調査（詳細集計）によると、被用者全体の 2.8％、非正規労働者の中で 8.3％を数えるに至る。その後のリーマン・ショックに端を発した派遣切り等の影響から減少したものの、2011 年でも 92 万人と、被用者全体の 1.9％、非正規労働者の中で 5.3％を占めている。
14）今後の労働者派遣制度の在り方に関する研究会「今後の労働者派遣制度の在り方に関する研究会報告書」（2013 年 8 月 20 日）：今後の労働者派遣制度の在り方に関する研究会「今後の労働者派遣制度の在り方に関する研究会報告書概要」（2013 年 8 月 20 日）。
15）労働政策審議会「労働者派遣制度の改正について（報告書）」（2014 年 1 月 29 日）。
16）これは、2012 年改正時の附帯決議等を踏まえ、「今後の労働者派遣制度の在り方に関する研究会」（2012 年 10 月 17 日～2013 年 8 月 20 日）及び「職業安定分科会労働力需給制度部会」（2013 年 8 月 30 日～2014 年 2 月 27 日）で検討されてきたものである。2014 年 1 月 29 日には労働政策審議会建議「労働者派遣制度の改正について」が出され、2014 年 2 月 28 日には「法律案要綱」の答申が行われた。
17）厚生労働省「第 11 回今後の労働者派遣制度の在り方に関する研究会 議事録」（2013 年 3 月 29 日）。
18）沼田雅之「「今後の労働者派遣制度の在り方に関する研究会」報告書の評価と課題」労働法律旬報 1805 号（2013 年）11 頁：沼田雅之「2012 年改正労働者派遣法の概要とその検討」和田ほか編著『労働者派遣と法』（日本評論社、2013 年）41 頁。
19）沼田「「今後の労働者派遣制度の在り方に関する研究会」報告書の評価と課題」・前掲注（18）11 頁以下：緒方桂子「論点［労働者派遣法の改正案］乱用防止へ監視機関を」（毎日新聞、2013 年 12 月 20 日）：大橋範雄「ドイツの労働者派遣法」和田ほか編著『労働者派遣と法』（日本評論社、2013 年）27 頁。
20）日本経済団体連合会「今後の労働者派遣制度のあり方について」（2013 年 7 月 24 日）。
21）沼田「「今後の労働者派遣制度の在り方に関する研究会」報告書の評価と課題」・前掲注（18）12 頁。
22）家中隆「ゆれる派遣規制どうあるべきか 業務で制限 時代遅れ」（朝日新聞、2013 年 11 月 29 日）。

23）小野昌子「若年層の教育訓練と能力開発を支援し、適正な評価制度を構築する。自らのやる気を引き出す"気づき"の場の提供も重要です」人材ビジネス 28 号（2013 年）12 ～ 14 頁。
24）日本弁護士連合会「「今後の労働者派遣制度の在り方に関する研究会報告書」に対する意見書」（2013 年 11 月 21 日）2 頁。
25）パートタイム労働法で、「通常の労働者」とは、当該業務に従事する者の中に期間の定めのない労働契約を締結している労働者（いわゆる正規雇用労働者）がいる場合は、そのいわゆる正規雇用労働者をいい、当該業務に従事する者の中にいわゆる正規雇用労働者がいない場合については、反復更新されることによって期間の定めのない労働契約と同視することが社会的通念上相当と認められる期間の定めのある労働契約を締結している者（例えば、フルタイム労働者）のみと解される。「いわゆる正規雇用労働者」については、「社会通念に従い、当該労働者の雇用形態、賃金体系等（例えば、労働契約の期間の定めがなく、長期雇用を前提とした待遇を受けるものであるか、賃金の主たる部分の支給形態、賞与、退職金、定期的な昇給又は昇格の有無）を総合的に勘案して判断する」ものである。そして、「フルタイム労働者」については、「当該業務に恒常的に従事する 1 週間の最長の所定労働時間が、正規雇用労働者でない者を指し、一時的な業務のために臨時的に採用されるような者は含まない」とされている。平成 19 年 10 月 1 日付け基発第 1001016 号、職発第 1001002 号、能発第 1001001 号、雇児発第 1001002 号「短時間労働者の雇用管理の改善等に関する法律の施行について」第 1 の 3 (3)。
26）巻末【資料 10】短時間労働者の待遇格差の是正措置、参照。
27）川田知子「パートタイム労働法解説」西谷敏・野田進・和田肇編『新基本法コンメンタール労働基準法・労働契約法』（日本評論社、2012 年）498 頁。
28）長野地裁上田支部判決平成 8.3.15 労働判例 690 号 32 頁（第 3 編第 11 章参照）。
29）厚生労働省労働政策審議会雇用均等分科会報告「今後のパートタイム労働対策の方向について」（2003 年 3 月 18 日）。
30）厚生労働省労働政策審議会雇用均等分科会報告・前掲注（29）参照。
31）「均等待遇原則タイプ」とは、同原則に反する賃金等の取り決めについて私法的に無効とするものであるから、合理的理由がないとされれば、私法的に重大な効果が及ぶことになる。これを回避するため、企業自ずから雇用管理の改善を積極的に行う効果をもたらす制度である。
32）「均衡配慮義務タイプ」とは、格差について一定の合理性があるとされた場合も含め、短時間労働者の処遇の改善という政策目的に照らして必要な配慮を企業に法的義務として求めるものである。
33）改正の経緯及び背景については、和田肇「パート労働法改正の意義と今後の課題」季刊労働法 220 号（2008 年）65 頁以下；陳浩展「労働側から見た改正パートタイム労働法の評価と問題点」季刊労働法 220 号（2008 年）76 頁；松井博志「改正パートタイム労働法の意義と課題」季刊労働法 220 号（2008 年）84 頁を参照。
34）濱口・前掲第 1 章注（1）41 頁。
35）浅倉むつ子「日本の賃金差別禁止法制と紛争解決システムへの改正提案」浅倉むつ子・

第3編　日本における非正規雇用労働者の労働条件格差是正のための法規制

　　森ます美編著『同一価値労働同一賃金原則の実施システム』有斐閣（2010年）307頁。
36）菅野・前掲第3章注（47）74頁以下。
37）阿部未央「不合理な労働条件の禁止－正規・非正規労働者間の待遇格差」ジュリスト1448号（2012年）58頁。
38）有期契約労働研究会「有期労働契約研究会報告書」労働法律旬報1735・1736号（2011年）111頁。
39）旧パートタイム労働法第8条から第11条が念頭に置かれていると推測される。
40）同条の文言は、「政府は、この法律の施行後三年を経過した場合において、この法律による改正後の……「同法」の規定の施行の状況を勘案し、必要があると認めるときは、当該規定について検討を加え、その結果に基づいて必要な措置を講ずるものとする」。
41）分科会長：岩村正彦東京大学教授。
42）中内哲「有期労働契約に対する法規制の今後－有期労働契約研究会報告書を読んで」季刊労働法231号（2010年）11頁。
43）厚生労働省「今後のパートタイム労働対策に関する研究会報告書」（2011年9月）座長：今野浩一郎学習院大学教授。
44）(独)労働政策研究・研修機構「雇用形態による均等待遇についての研究会報告書」(2003年)。

第11章　非正規雇用労働者の労働条件格差是正に関わる主な判例

　以下では、正規雇用労働者と非正規雇用労働者間の待遇格差をめぐる議論が深まる中、パートタイム労働法改正及び労働契約法の制定と労働者派遣法改正に大きな影響を下した裁判例である【事件11-1】丸子警報器事件（肯定）、【事件11-2】日本郵便逓送（臨時社員・損害賠償）事件（否定）、【事件11-3】京都市女性協会事件（否定）、【事件11-4】ニヤクコーポレーション事件（肯定）の概要及び判旨を第1節で紹介し、第2節では、判例を検討する。

第1節　雇用形態を理由とする労働条件格差是正に関わる主な判例の概要と判旨

【事件11-1】丸子警報器事件[1]（肯定）
（事案の概要）
　原告Ｘら（28名）は、自動車用警報器等の製造販売を業とするＹにおいて、2ヶ月の期間の定めのある雇用契約の反復更新により4年ないし25年間にわたって勤務してき女性臨時職員である。Ｘらは、女性正規雇用労働者と同じ組立ラインに配置され、女性正規雇用労働者と同様の仕事に従事していた。勤務時間及び勤務日数も正規雇用労働者と同じである（但し、1日の所定労働時間は正規雇用労働者より15分短くその分は残業扱いとされている）。
　Ｙの正規雇用労働者の賃金はいわゆる年功賃金体系の月給制であったが、臨時社員の賃金は勤続連数3年未満、3年以上10年未満、10年以上の3段階に分かれる日給額をもとに計算されており、正規雇用労働者と臨時社員との賃金格差は勤続年数が長くなるほど大きくなったい。例えば、女性正規雇用労働者の33.7％に過ぎなかった。

第3編　日本における非正規雇用労働者の労働条件格差是正のための法規制

　Xらは、Yが正規雇用労働者との間にこのような賃金格差を設けたのは、①男女差別（労働基準法3条違反）、②社会的身分による差別（労働基準法3条違反）、及び、③同一価値労働同一賃金の原則という公序良俗に反する不当な賃金差別を受けたとして、損害賠償を求める訴えを提起した。本判決は、①及び②の主張を斥けたうえで、③の主張について次のように判示した。

（判旨）X_1からX_{26}の請求を一部認容。X_{27}からX_{28}の請求を棄却。
　「同一価値労働同一賃金の原則についてこれを明言する実定法の規定は未だ存在しない……それは、これまでのわが国の多くの企業においては、年功序列による賃金体系を基本とし、さらに職歴による賃金の加算や、扶養家族手当の支給などさまざまな制度を設けてきたのであって、同一価値労働に単純に同一賃金を支給してきたわけではないし、……労働価値が同一であるか否かを客観性をもって評価判定することは、人の労働というものの性質上著しい困難」である。したがって、「同一価値労働同一賃金の原則は、不合理な賃金格差を是正するための一個の指導理念とはなり得ても、これに反する賃金格差が直ちに違法となるという意味での公序とみなすことはできないと言わなければならない。……同一価値労働同一賃金の原則は、労働関係を一般的に規律する法規範として存在すると考えることはできないけれども、賃金格差が現に存在しその違法性が争われているときは、その違法性の判断にあたり、この原則の理念が考慮されないで良いというわけでは決してない。けだし、労働基準法三条、四条のような差別禁止規定は、直接的には社会的身分や性による差別を禁止しているものではあるが、その根底には、およそ人はその労働に対し等しく報われなければならないという均等待遇の理念が存在していると解される。それは言わば、人格の価値を平等と見る市民法の不偏的な原則と考えるべきものである。……したがって、同一価値労働同一賃金の原則の基礎にある均等待遇の理念は、賃金格差の違法性判断において、一つの重要な判断要素として考慮されるべきものであって、その理念に反する賃金格差は、使用者に許された裁量の範囲を逸脱したものとして、公序良俗違反の違法を招来する場合があると言うべきである」。
　「Xら臨時社員の提供する労働内容は、その外形面においても、Yへの帰属意識という内面においても、Yの女性正規雇用労働者と全く同一であると言え

る」。にもかかわらず、「Xらを臨時社員として採用したままこれを固定化し、……女性正規雇用労働者との顕著な賃金格差を維持拡大しつつ長期間の雇用を継続したことは、前述した同一価値労働同一賃金の原則の根底にある均等待遇の理念に違反する格差であり、単に妥当性を欠くというにとどまらず公序良俗違反として違法となるものと言うべきである」。

　「もっとも、均等待遇の理念も抽象的なものであって、均等に扱うための前提となる諸要素の判断に幅がある以上は、その幅の範囲内における待遇の差に使用者側の裁量も認めざるを得ないところである。したがって、本件においても、Xら臨時社員と女性正規雇用労働者の賃金格差がすべて違法となるというものではない。前提要素として最も重要な労働内容が同一であること、一定期間以上勤務した臨時社員については年功という要素も正規雇用労働者と同様に考慮すべきであること、その他本件に現れた一切の事情に加え、Yにおいて同一価値労働同一賃金の原則が公序ではないということのほか賃金格差を正当化する事情を何ら主張立証していないことも考慮すれば、Xらの賃金が、同じ勤続年数の女性正規雇用労働者の八割以下となるときは、許容される賃金格差の範囲を明らかに越え、その限度においてYの裁量が公序良俗違反として違法となると判断すべきである」。

【事件 11-2】日本郵便逓送（臨時社員・損害賠償）事件[2]（否定）
(事案の概要)

　Xらは、Yとの間で雇用期間を3ヶ月とする労働契約を締結し、4年ないし8年にわたり契約更新をされてきた期間臨時社員である。Xらの賃金は、正規雇用労働者の賃金が月給制であるのに対して日給月給制であった。また、所定労働時間は、正規雇用労働者が1日8時間であるのに対し、1日7時間15分であった。Yは、期間臨時社員の一形態である臨時社員運転士が、正規雇用労働者たる本務者に比して、賃金その他の労働条件面で同社にとって有利なこともあって、臨時社員を多用してきた。

　Yにおける郵便物の取集業務の内容は、本務者も臨時社員運転士も基本的に同じであり、本務者は原則として既定便というあらかじめ定められた便にしか乗務しないのに対して、臨時社員運転士は、臨時便を中心に乗務していたが、ときには、本務者と同じローテーションに組み込まれて乗務することもあり、

第3編　日本における非正規雇用労働者の労働条件格差是正のための法規制

臨時社員運転士の労働が本務者のそれに比して軽度ということはなかった。

　Xらは、正規雇用労働者と同一の労働をしているにもかかわらず、Yが、Xらに正規雇用労働者と同一の賃金を支払わないのは、同一労働同一賃金の原則に反し公序良俗違反であり、不法行為に該当するとして、正規雇用労働者との賃金差額相当額の損害金の支払を求めた。

（判旨）請求棄却

　「Xらが主張する同一労働同一賃金の原則が一般的な法規範として存在しているとはいいがたい。すなわち、賃金など労働者の労働条件については、労働基準法などによる規制があるものの、これらの法規に反しない限りは、当事者間の合意によって定まるものである。我が国の多くの企業においては、賃金は、年功序列による賃金体系を基本として、企業によってその内容は異なるものの、学歴、年齢、勤続年数、職能資格、業務内容、責任、成果、扶養家族等々の様々な要素により定められてきた。労働の価値が同一か否かは、職種が異なる場合はもちろん、同様の職種においても、雇用形態が異なれば、これを客観的に判断することは困難であるうえ、賃金が労働の対価であるといっても、必ずしも一定の賃金支払期間だけの労働の量に応じてこれが支払われるものではなく、年齢、学歴、勤続年数、企業貢献度、勤労意欲を期待する企業側の思惑などが考慮され、純粋に労働の価値のみによって決定されるものではない。このように、長期雇用制度の下では、労働者に対する将来の期待を含めて年功型賃金体系がとられてきたのであり、年功によって賃金の増加が保障される一方でそれに相応しい資質の向上が期待され、かつ、将来の管理者的立場に立つことも期待されるとともに、他方で、これに対応した服務や責任が求められ、研鑽努力も要求され、配転、降級、降格等の負担も負うことになる。これに対して、期間雇用労働者の賃金は、それが原則的には短期的な需要に基づくものであるから、そのときどきの労働市場の相場によって定まるという傾向をもち、将来に対する期待がないから、一般に年功的考慮はされず、賃金制度には、長期雇用の労働者と差違が設けられるのが通常である。そこで、長期雇用労働者と短期雇用労働者とでは、雇用形態が異なり、かつ賃金制度も異なることになるが、これを必ずしも不合理ということはできない」。

　「これらから、Xらが主張する同一労働同一賃金の原則が一般的な法規範と

して存在しているとはいいがたいのであって、一般に、期間雇用の臨時従業員について、これを正規雇用労働者と異なる賃金体系によって雇用することは、正規雇用労働者と同様の労働を求める場合であっても、契約の自由の範疇であり、何ら違法ではないといわなければならない」と判示した。

【事件11-3】京都市女性協会事件[3]（否定）

(事案の概要)

　Xは、公益財団法人Yとの間で嘱託職員として雇用契約を締結し（1994年2月1日から2000年3月末日まで（以下、「当初雇用期間」）、及び2004年4月1日から2007年3月末日まで（以下、「本件雇用期間」））、Yの相談業務に従事していた。Xは、自らの労働は「Yの一般職員の労働と同一であり、Yは、2004年4月から2007年3月までの間、Xに対して、Xを一般職員としてYの給与規定及び退職金支給規定に当てはめた賃金よりも低い嘱託職員の賃金を支給したことは憲法13条及び14条、労働基準法3条及び4条、同一価値労働同一賃金の原則並びに民法90条に違反する。」と主張し、一般職員としてのYの給与規定及び退職手当支給規定に当てはめた賃金と実際に受領した差額相当の損害を被ったとして、Yに対して不法行為に基づき請求した。

　一審では、①本件賃金処遇は憲法13条、14条に直接反するとはいえない。②嘱託職員という地位は労働基準法第3条にいう「社会的身分」に当たらず、本件賃金処遇が労働基準法第3条に反するとはいえない。③本件賃金処遇が女性であることを理由とする差別的取扱いとはいえ、間接差別であるとも認められず、労働基準法第4条違反とはいえない。④ILO100号条約、国際人権規約、女子差別撤廃条約等は自動執行力を有するとはいえず、本件賃金処遇が同一価値労働同一賃金の原則もしくは公序に反するとはいえないとしてXの請求を棄却したため、Xが控訴。

(判旨)

　均衡の理念について、「法律関係（パートタイム労働法、労働契約法）とその背景を総合すると……憲法第14条及び労基法の基底には、正規雇用労働者と非正規雇用労働者との間における賃金が、同一価値労働にも関わらず、均衡を著しく欠くほどの低額である場合には、改善が図られなければならないとの

第 3 編　日本における非正規雇用労働者の労働条件格差是正のための法規制

理念があると考えられる。したがって、非正規雇用労働者が提供する労働が、正規雇用労働者との比較において同一価値労働であることが認められるにも関わらず、当該事業所における慣行や就業の実態を考慮しても許容できないほど著しい賃金格差が生じている場合には、均衡の理念に基づく公序違反として不法行為が成立する余地があると解される。そこで上記の見地から本件をみると、本件で不法行為が成立するには、①Xの労働が、一般職員との比較において同一価値労働であると認められること、②Yにおける慣行や就業の実態を考慮しても許容できないほど著しい賃金格差が生じていることが必要であると考えられる。」

　Xの労働と一般職員の労働との比較について、「相談業務について比較対照すべき一般職員はいない。……Xが実際担当していた職務と一般職員の職務とを比較対照しなければならない。Xは、相談業務の質が低いものではなかったと主張しており、前記認定のとおり、Y専務理事も、相談業務の質が一般職員の業務内容と比べ低いとは全く考えていなかったと述べているところである。しかし、そこでいうところの相談業務の質や一般業務の質というものの意味内容は明らかではなく、主観的、感覚的な感想又は観測にとどまっている。……相談室担当の嘱託職員の職務は、相談業務に特化しており、他の部署への人事異動は考えられておらず、その在職期間についても比較的短期で、実際上、相談業務の開始から2007年度までの間に6名が退職していることが認められる。このような点からみて、Yは、相談業務の特質に応じて、それを、Yの業務全体に通暁した基幹職への成長が期待されている一般職員ではなく、比較的短期間、在職することが予定され、相談という専門的で特殊な職能に適応した嘱託職員を採用して割り振り、担当させていたとみるべきである。それが使用者の判断として合理性を欠くとは認めがたいし、その状況に照らすと相談業務を担当する嘱託職員の労働が一般職員の労働と同一価値であるとまで認めることはできない。……Xの職掌が相談業務及びこれに関連する業務に限定され、比較対照すべき一般職員が見当たらないうえに、年齢等の採用条件が一般職員とは異なっており、……これらの点を総合すると、Xの労働が一般職員の労働と比較して、同一又は同一価値であると認めることができない。」

　賃金格差について、「Xの労働が一般職員の労働と比較して、同一又は同一価値と認めるには足りない以上、均衡の理念に基づく公序違反として不法行為

は成立しない。Xは、Xの労働が、一般職員の労働と比較して、同一又は同一価値と認めることはできない場合であっても、その労働価値の差異に比べて、なお賃金格差が著しいことを理由に、その賃金格差を設けたことが不法行為に該当する旨を主張していると解することができる。しかし、Xは、2004年3月、Cからの嘱託職員勧誘に応じて、基本賃金月額14万2000円、期間1年間などの労働条件の説明を受けたうえYに就職し、その後も毎年、ほぼ同条件の嘱託職員雇用契約に応じていることが認められ、これらの労働契約については契約自由の原則が妥当するところである。短時間労働者法においても「通常の労働者と同視すべき短時間労働者」においても、「通常の労働者と同視すべき短時間労働者」については同一価値労働同一賃金の原則を法定しているが、それ以外の短時間労働者については努力義務としている点に照らせば、同一価値労働と認められるに至らない場合においても、契約自由の原則を排除して、賃金の格差があれば、直ちに賃上げを求めることができる権利については、実定法上の根拠を認めがたいというべきであり、したがって、賃金に格差ある場合に常に公序違反と扱い、不法行為に該当すると断定することもできない」。

【事件11-4】ニヤクコーポレーション事件[4]（肯定）

(事案の概要)

Xは、石油製品等の運送事業等を営むY社に、2004年10月15日から2005年4月14日まで、及び2005年10月1日から2006年3月31日まで、それぞれ6カ月の有期労働契約により期間社員として雇用された。また、2006年4月1日からは1年の有期労働契約により準社員として雇用され、同契約を6回更新して2013年3月31日まで雇用されていた。

Xの職務内容は、Y社の貨物自動車の運転手として、正社員の職務と同じであった。Y社の正社員の1日の所定労働時間は8時間、勤務日数は年258日であったのに対し、準社員であるXのそれらは1日7時間、年291日であった（但し、2012年7月1日以降は8時間に統一された）。

Y社の正社員就業規則には、正社員について転勤・出向を命ずることがある旨の規定があり、準社員就業規則には、準社員に転勤・出向を命ずることはないと定められていた。実際に準社員には転勤・出向した者はいなかった。しかし、正社員の転勤・出向も数がなく、2002年以降は、転勤・出向はなかった。

第3編　日本における非正規雇用労働者の労働条件格差是正のための法規制

　正社員と準社員とは、チーフ、グループ長、運行管理者、運行管理補助者への任命の点で 2008 年 4 月 1 日までは差はなかったが、同日以降、Y 社の方針で、準社員がチーフ、グループ長、運行管理者になっている場合には速やかに解任することとされた。もっとも、2012 年 3 月の時点で、運行管理補助者に任命されていた準社員が大分事務所に 3 名いた。正社員ドライバーの中には、事務職に職系転換して主任、事業所長または課長に任命された者がいるが、その人数は非常に少なかった。

　X は、職務内容が正社員と同じであるにもかかわらず、準社員であることを理由として処遇（賞与、休日賃金、退職金）に差があるのは、パートタイム労働法第 8 条第 1 項に違反すると主張し、2011 年 2 月 24 日、大分労働局長に紛争解決の援助を求め、同局長は同年 4 月 26 日、Y 社に指導を行った。X は、同年 11 月 7 日、パートタイム労働法第 22 条に基づいて調停の申請を行い、大分紛争調整委員会は、2012 年 1 月 24 日、調停案受諾の勧告をしたが、Y 社はこれを受諾しなかった。X は、同年 5 月 1 日、大分地裁に労働審判を申し立てた。同年 8 月 2 日、労働審判が行われたが、Y 社が異議を申し立てたため、本件訴訟に移行した。

　Y 社は、2012 年 7 月 1 日、準社員就業規則等を変更し、準社員の所定労働時間、勤務日数を正社員と同じ 1 日 8 時間、年 258 日とした。X 以外の準社員は、この変更された就業規則等に則り、新たな雇用契約書に署名押印したが、X は新たな雇用契約書には署名押印しなかった。

　Y 社は、2013 年 3 月 23 日、X に対し、同月 31 日をもって労働契約を終了し、契約の更新をしないことを通知した。その通知書には、更新しない理由として、X が本件訴訟において様々な点において事実と異なる主張をしていること、Y 社の従業員を本件訴訟に多数巻き込んでいることが記載されていた。

　X は、2013 年 3 月 27 日、Y 社に対し、旧パートタイム労働法第 8 条第 1 項違反の有無と正社員と同一の待遇を受ける雇用契約上の地位確認及び不法行為に基づく損害賠償と、労働契約法第 20 条違反にもあたるとして不法行為損害賠償等を求めている。

（判旨）請求一部認容。
　2012 年 7 月 1 日に行われた準社員就業規則等の変更は、労働者に周知され、

内容も、賃金の減少なく所定労働時間や勤務日数を正社員と統一するなど、合理的と認められるため、XとY社間の労働契約の内容は、同日以降、変更後の準社員就業規則に定めるところによるべきものと認められる。したがって、同日以降、Xは、短時間労働者に該当しなくなり、旧パートタイム労働法第8条第1項違反の有無は、2012年6月30日までについて検討されるべきものと解される。

　XとY社間の労働契約の実情に鑑みると、XとY社間の労働契約は、反復して更新されることによって期間の定めのない労働契約と同視することが社会通念上相当と認められる（旧パートタイム労働法第8条2項）。そして、Xは、職務の内容が通常の労働者と同一の短時間労働者であって、期間の定めのない労働契約を締結しているもののうち、雇用関係が終了するまでの全期間において、その職務の内容及び配置が通常の労働者の職務の内容及び配置の変更の範囲と同一の範囲で変更されると見込まれるもの（旧同条1項）に該当したものと認められる。

　正社員と準社員であるXとの間で、賞与額が大幅に異なる点（年間55万円超と15万円との差額約40万円）、週休日の日数が異なる点（同じ日数を勤務したときの休日割増賃金の支給の有無）、退職金の支給の有無が異なる点は、短時間労働者であることを理由とした差別的取扱いとして、旧パートタイム労働法第8条第1項に違反するものと認められる。

　旧パートタイム労働法第8条第1項は、差別的取扱いの禁止を定めているものであり、同項に基づいて正社員と同一の待遇を受ける労働契約上の地位確認を求めることはできない。2009年4月から2012年6月までの賞与の差額、休日割増分の差額等については、不法行為に基づく損害賠償請求が認められる。

　労働契約法第20条は、その違反が不法行為を構成すると解されるが、その施行日は2013年4月1日であるから、同日後の不法行為及び損害の成否が検討されるべきである。

　Xは、2012年7月1日以降の賃金の差額を算出するにあたり、準社員と正社員の年間賞与額の差を主張するが、2013年4月1日以降の賞与については、支給の査定が行われていないから、Xは、Y社に対して賞与を求める権利はなく、損害が生じているとは認められない。

第2節　雇用形態を理由とする労働条件格差是正に関わる主な判例の検討

　正規雇用労働者と非正規雇用労働者との間の賃金格差の違法性が問題となった裁判例として、労働内容が同一であるにもかかわらず顕著な賃金格差があることを違法として救済を肯定したもの（【事件11-1】丸子警報器事件[5]）、労働内容が同じであっても雇用形態が異なる場合に賃金格差は契約自由の範疇の問題であるとして救済を否定したもの（【事件11-2】日本郵便逓送（臨時社員・損害賠償）事件[6]）、同一価値労働であるにもかかわらず賃金が相応の基準に達していないことが明らかである場合には違法となりうるとの一般論を示しつつ、職務内容が同一でないとして救済を否定したもの（【事件11-3】京都市女性協会事件[7]）、賞与額などの支給の有無が異なる点は、短時間労働者であることを理由とした差別的取扱いとして、旧パートタイム労働法第8条第1項に違反するものとして肯定したもの（【事件11-4】ニヤクコーポレーション事件（肯定））がある。

　まず、【事件11-1】丸子警報器事件は、「同一価値労働同一賃金の原則が、労働関係を規律する一般的な法規範性として存在しているとは認めることはできない」と同一価値労働同一賃金原則の法規範性を否定しつつ、同原則の基礎にある「均等待遇の理念」が格差の違法性の重要な要素となると述べた。その上で、「その外形面においても、Yへの帰属意識[8]という内面においても、Yの女性正規雇用労働者と全く同一」の一定期間以上勤務した臨時社員に対して正規雇用労働者となる途を用意せず、また正規雇用労働者に準じた年功序例制の賃金体系も設けないまま「女性正規雇用労働者との顕著な賃金格差を維持拡大しつつ長期間の雇用を継続したことは、前述した同一価値労働同一賃金原則の根底にある均等待遇の理念に違反する格差であり、単に妥当性を欠くというにとどまらず公序良俗違反として違法となる」と判断した。さらに、本判決は、格差の違法性に関する諸要素の判断に幅がある以上は、その幅の範囲内における待遇の差に使用者の裁量を認めざるを得ないとして正規雇用労働者と臨時社員との間に生じた格差のうち、正規雇用労働者の8割以下となるときは公序良俗違反として違法とする。

第 11 章　非正規雇用労働者の労働条件格差是正に関わる主な判例

　本判決は、同一価値労働同一賃金原則の法規範性を否定しながらも、格差是正の救済を否定するわけではなく、労働基準法第 3 条・4 条の趣旨（均等待遇の理念）にその根拠を求めつつ、その理念の抽象性ゆえに使用者に一定の幅の裁量を認めた部分的救済を肯定した [9]。このように、「同一価値労働同一賃金原則」と「均等待遇原則」の区別は、【事件 11-1】丸子警報器事件を契機に初めて明らかになった（それまでは、均等待遇原則と同一価値労働同一賃金原則は格別区別されずに議論されてきたといえる）[10]。

　本判決の影響を受け、労働の量・質・拘束度に応じて「均衡のとれた」待遇を要求する均衡処遇説などの比例的な救済を許容する議論が出されるようになった [11]。

　また、本判決を批判する立場から、同一価値労働同一賃金原則は国際社会が認める法原則であり、日本でも ILO100 号条約を批准したときから、この原則の遵守は当然の法的要請として理解されるべきであり、同原則の「同一労働」とは、狭い職務の概念としてではなく、実態に即したより広い概念として把握すべきことであり、生活給及び年齢給も同原則の「同一労働」の範囲内において許容され得るものであると解釈すべきであると主張した。また、合理的な理由があれば同一労働に対して同一賃金を支払わなくても公序違反にならないし、年齢給や生活給の反公序評価を免れるためにも、「同一価値労働同一賃金原則」自体の公序性を否定する必要はないとして「同一価値労働同一賃金原則」の性格を解釈し、日本においても同原則の公序性を認めるべきとした見解を表した [12]。

　【事件 11-2】日本郵便逓送（臨時社員・損害賠償）事件は、【事件 11-1】丸子警報器事件の判示内容と同じく、同一労働同一賃金原則は実定法上の法規範として存在しているとはいい難く、雇用形態の違いによる賃金格差は、契約自由の範疇に属する問題であり、違法とはいえないとして救済を否定しているが、形式論にすぎる判断であると言わざるを得ない。しかし、臨時社員と正規雇用労働者の賃金格差に関連する本事件のように判断する判例が多いという [13]。本事件は、臨時社員の不利益を認めて（臨時社員は、予定されたスケジュールに基づいて車両を運行していないため、正規雇用労働者よりも、むしろ業務が過重であると判断）、正規雇用労働者のみに支給される洗車手当、宿泊手当などが臨時社員に支給されていなかった事実に関連して、Y から納得できる理由

が示されていないとしながらも、原告の請求を棄却している。合理的な差別を禁止する法制の存否に応じて、判断の結果が異なることを示す事例であると思われる。

　【事件 11-3】京都市女性協会事件は、2007 年のパートタイム労働法が改正された以後出された判決として、【事件 11-1】丸子警報器事件の判断枠組みと旧パートタイム労働法第 8 条（差別的取り扱いの禁止）に沿って又は拘束され影響を受けながら判断したものである。

　均衡の理念について、パートタイム労働法及び労働契約法が制定された背景を総合すると、「憲法第 14 条及び労基法の基底には、正規雇用労働者と非正規雇用労働者との間における賃金が、同一価値労働にも関わらず、均衡を著しく欠くほどの低額である場合には、改善が図られなければならないとの理念がある」と示したのは、【事件 11-1】丸子警報器事件の「労働基準法第 3 条、4 条のような差別禁止規定……の根底には、およそ人はその労働に対し等しく報われなければならないという、均等待遇の理念が存在していると解される」という理念に即したものである。

　そして、【事件 11-1】丸子警報器事件では、「前提要素として最も重要な労働内容が同一であること、一定期間以上勤務した臨時社員については年功という要素も正規雇用労働者と同様に考慮すべきであること、その他本件に現れた一切の事情に加え、被告において同一（価値）労働同一賃金の原則が公序でないということのほか賃金格差を正当化する事情を何ら主張立証していないことも考慮すれば、原告らの賃金が、同じ勤務年数の女性正規雇用労働者の 8 割以下となるときは、許容される賃金格差の範囲を明らかに越え、その限度において被告の裁量が公序良俗違反として違法となると判断すべき」であるから、本判決では、「非正規雇用労働者が提供する労働が、正規雇用労働者との比較において同一価値労働であることが認められるにも関わらず、当該事業所における慣行や就業の実態を考慮しても許容できないほど著しい賃金格差が生じている場合には、均衡の理念に基づく公序違反として不法行為が成立する余地がある」と示した。しかし、結果的に、賃金格差の違法性を否定した。例えば、「正規雇用労働者と非正規雇用労働者の労働が同一であるにもかかわらず、著しい賃金格差が生じている場合には、均衡の理念に基づく公序良俗違反として不法行為が成立する余地があるものの……旧パートタイム労働法第 8 条は通常の

労働者と同視すべき短時間労働者については均等待遇原則を、具体的に規定するものの、それ以外のパートに対しては努力義務をおいているに過ぎず旧パートタイム労働法第9条（均衡考慮）……比較対照すべき一般職員が見あたらない上、……同一又は同一価値の労働とは認められない」として、均衡の理念に「著しい低額の賃金」要件を加えて不法行為該当性を限定し、また、旧パートタイム労働法第8条と旧パートタイム労働法第9条の違反も否定し、しかも、旧パートタイム労働法第9条の努力義務という法的性格を強調している。

　このように、法改正がなされたにもかかわらず、パート労働法の趣旨である「働きと貢献に応じた公正な処遇」という考え方がほとんど判旨に反映されていないのは問題である[14]。また、旧パートタイム労働法第8条の厳格な要件は、本来の意味での同一（価値）労働の判断基準にならないにもかかわらず、初めて具体的に実定化したものである「同一労働同一賃金の原則」が反映されていなかったことも問題である。

　上記らの事件は、通常の労働者と短時間労働者との差別的取扱いを禁止する旧パートタイム労働法第8条第1項の施行前の事件であり、同法が禁止する差別的取扱いにあたるかについて判断したのはこれまでなかった。

　これに対し、【事件11-4】ニヤクコーポレーション事件は、旧パートタイム労働法第8条第1項違反性を具体的に判断した初めての裁判例であり、結論としても同規定を適用して救済を肯定した点でその意味がある。本事件は、Xの労働契約は反復更新されることにより、期間の定めのない労働契約と同視されるものと認められるとし、職務の内容や人材活用の仕組みも同一と認められることから、通常の労働者と同視すべき短時間労働者（旧パートタイム労働法第8条1項）に該当するとしている。その上で、正社員と準社員であるXとの間で、賞与額が大幅に異なる点、週休日の日数が異なる点、退職金の支給の有無が異なる点は、短時間労働者であることを理由として賃金の決定その他の処遇は旧パートタイム労働法第8条1項に違反する差別的取扱いに当たり[15]、不法行為に基づく損害賠償請求が認められると判示している。また、本事件では、事件の途中で所定労働時間を短時間労働者からフルタイムに改める準社員就業規則及び準社員賃金規程が変更され、短時間労働者でなくなった。そのためパートタイム労働法の適用はなく、有期契約労働者への不合理な労働条件の禁止（労働契約法第20条違反性）が問題になるなど、パートタイム労働法以

外にも波及する課題を含んでいる。

　正規雇用労働者と非正規雇用労働者間の賃金格差が公序違反（または不法行為）になるかをめぐって、救済を肯定する見解と、救済を否定する見解に分かれていたが、旧パートタイム労働法第8条による救済まで否定しようとする見解はない。

　厚生労働省は、旧パートタイム労働法第8条について、職務内容の同一性については個々の作業まで完全に一致していることを求めるのではなく、中核的業務を抽出して実質的に判断すること、人事異動等の有無・範囲の同一性についても完全な一致ではなく実質的な同一性を客観的な事情・実態を考慮して判断することなどを示した施行通達[16]を発出している。学説上は、この通達の紹介以上に同規定の射程を詳論したものはない[17]。

注

1) 長野地裁上田支部判決平成8.3.15 労働判例690号32頁。本事件は、東京高裁において、臨時社員の賃金体系を正規雇用労働者のように月給制に変更し、月給制について特別増額是正すること、賞与を正規雇用労働者と同じ計算式で支給するなどの内容で平成11年11月29日に和解が成立した。
2) 大阪地判平成14.5.22 労働判例830号22頁。
3) 大阪高判平成21.7.16 労働判例1001号77頁：京都地判平成20.7.9 労働判例973号52頁、最高裁平成22.2.5確定。
4) 労働判例「ニヤクコーポレーション（パートタイム労働法八条違反）事件・大分地裁判決〈平25.12.10〉」労働法律旬報1810号（2014年）52頁以下。本件は、被告が控訴し福岡高裁で審理が続く。平成23年4月には、大分労働局長がパート労働法8条に違反するため、賃金の決定その他の処遇について速やかに改善することを指導、平成23年11月には、紛争調整委員会が大分労働局長の指導と同様の調停案の受諾を勧告、平成24年8月には、労働審判でパート労働法8条違反、不法行為を認めるなどの経過を経てきており、高裁での審理の行方が注目される。
5) 長野地裁上田支部判決平成8.3.15 労働判例690号32頁。
6) 大阪地判平成14.5.22 労働判例830号22頁。
7) 京都地判平成20.7.9 労働判例973号52頁、大阪高判平成21.7.16 労働判例1001号77頁、最高裁平成22.2.5確定。
8) 判決は帰属意識を同一労働の評価基準としているが、これに対し、そのような基準は抽象的であるので評価者の主観に左右されることがあり、労働の構成要素に労働者の内的意識・心情を含んでいるのは適切ではないという見解がある（石井保雄「女性臨時社員と同正規雇用労働者の賃金格差が咽頭待遇理念に反する場合」季刊労働法181号（1997年）

第 11 章　非正規雇用労働者の労働条件格差是正に関わる主な判例

181 頁)。
9) 水町勇一郎「正規雇用労働者とパートタイムの賃金格差の違法性－丸子警報器事件－私論」ジュリスト 1094 号 (1996 年) 99 頁：水町「「同一労働同一賃金」は幻想か？：正規・非正規労働者間の格差是正のための法原則のあり方」・前掲第 3 章注 (64) 277 頁。
10) 人権保障に係わる同一価値労働同一賃金原則は、性別や人種など特定の差別禁止事由を問う原則であり、当事者の合意により決定することが可能な雇用形態の違い理由とする賃金の差別取扱いも規制できる一般的な原則とは解されず、同原則の公序性を否定した本判決は妥当であるとした見解もある (野田・前掲第 3 章注 (66) 47 頁以下：菅野・諏訪・前掲第 1 章注 (3) 131 頁以下。
11) 土田・前掲第 3 章注 (65) 543 頁。
12) 浅倉むつ子「丸子警報器事件判決・批判」法律時報 68 巻 9 号 (1996 年) 78 頁：浅倉むつ子「パートタイム労働と均等待遇原則 (下)」労働法律旬報 1387 号 (1996 年) 38 頁。
13) 大内伸哉『最新中庸判例 200 (労働法)』(弘文堂、2009 年) 75 頁。
14) 浅倉むつ子「同一価値労働同一賃金原則実施システムの提案」労働法律旬報 1767 号 (2012 年) 51 頁。
15) 実際に、賞与額 (準社員が年間 15 万円であるのに対し、正社員は 55 万〜58 万円と 40 万円以上の差がある)、週休日 (準社員は年間 6 日であるのに対し正社員は同 39 日)、退職金 (準社員には退職金がない) の差異があった。
16) 厚生労働省「短時間労働者の雇用管理の改善等に関する法律の一部を改正する法律の施行について」(平成 19 年 10 月 1 日雇児発第 1001002 号)。
17) 菅野和夫『労働法 (第十版)』有斐閣 (2012 年) 246 頁以下。

第12章　非正規雇用労働者の労働条件に対する法規制

第1節　均衡考慮

　均衡考慮とは、労働契約の締結や変更にあたって、仕事の内容や労働時間などが異なることを前提にし、その違いの中で均衡を取り、処遇を決定するというものである。特に、短時間労働者については、仕事の内容や労働時間等は正規雇用労働者とほとんど変わらないにもかかわらず、待遇の面では、雇用形態が短時間労働者であるという理由のみで、正規雇用に比べ低い処遇しか与えられない傾向にある。

　そこで、労働契約法第3条第2項は、労働契約の締結当事者である労働者と使用者が、労働契約を締結したり、変更したりする場合には、就業の実態に応じて、均衡を考慮すべきものという「均衡考慮の原則」を明らかにしている。

　このことは、パートタイム労働法第10条ないし第12条（旧パートタイム労働法第9条ないし第11条）と、派遣法第30条の3に規定された「均衡待遇のルール」にも通じる。この際、差別を超えた大きな取扱いの違いのないように扱うとする概念であるため取扱いについて使用者に一定の裁量が認められる[1]。

第1款　パートタイム労働法における均衡考慮[2]

第1項　賃金（改正パートタイム労働法第10条）

　改正パートタイム労働法第10条（旧同法9条に該当）は、同法第9条（差別的取扱いの禁止）の対象となる「通常の労働者と同視すべき短時間労働者」

以外の短時間労働者を対象とする。その際、短時間労働者の就業の実態に応じ、通常の労働者と職務が異なる短時間労働者と、職務は同じであるが人材活用の仕組み、運用等は異なる短時間労働者が対象となる。そして、その短時間労働者の賃金の決定については、①通常の労働者と均衡のとれた待遇になるよう、事業主が措置を講ずべきこととしている。これは、短時間労働者が勤続年数を重ねてもほとんど賃金に反映されないことや昇給が最低賃金の改定に応じて決定されるなど、働きや貢献[3]とは関係のない要素で賃金が決定されることが多いことから、②職務の内容、職務の成果、意欲、能力又は経験等に応じて賃金を決定するよう努めることとしたものである。③現行同条における賃金は、職務遂行に関連する賃金に限定される。

　上記①の「通常の労働者との均衡を考慮しつつ」とは[4]、職務の内容、職務の成果等を勘案して賃金を決定するという措置を講ずる際に、通常の労働者の賃金の決定方法との均衡を考慮しながら勘案する事項を決定するよう求めるものである。この場合の「通常の労働者」とは、短時間労働者にとって職務の内容が同一である通常の労働者だけでなく、職務の内容が異なる通常の労働者との均衡も考慮することを指す。例えば、事業所の中に職務の内容が異なる通常の労働者と同一の通常の労働者がいる場合には、まず職務の内容が同一の通常の労働者との間での均衡を考慮することとなる。具体的には、通常の労働者の賃金決定に当たっての勘案要素を踏まえ、例えば、職務の内容が同一の通常の労働者の賃金については経験に応じて上昇する決定方法となっているならば、短時間労働者についても経験を考慮して賃金決定を行うこととすることが考えられる。この場合、職務が異なる通常の労働者との関係での「均衡」については、当該通常の労働者の賃金決定に当たっての考慮要素を、短時間労働者の賃金決定に際して勘案するものとしてさらに追加できるのであればそのようにすることが望ましいが、職務の内容が同一の者との間で共通の要素が考慮されている場合は、職務が異なる者との間での均衡を考慮した結果、考慮要素に具体的に反映されていなくても措置を講じたこととなる。なぜならば、この「通常の労働者との均衡を考慮しつつ」という規定は、何らかの要素を勘案するという現行同条第1項の措置を講ずるに当たっては通常の労働者の賃金決定に際して勘案している要素を踏まえるべきである旨の一般的な考え方を示したもので、通常の労働者が事業所において何パターンも存在するからといって、勘案

する要素を増やすよう求めることを想定したものではないためである。

　他方、事業所の中に職務の内容が異なる通常の労働者しかいない場合には、当然、その者の賃金決定に当たって勘案している要素を踏まえ、短時間労働者についての考慮要素を決定することとなる。この場合は、均衡を考慮した結果、短時間労働者については適当な要素がなかったので勘案しない、ということとなると、現行同条第1項の措置を講じたこととはならない。なお、法の適用要件上は、職務の内容が異なる場合であっても、実は業務の内容が同じで責任の程度が異なるのみであるとか、業務の内容が一部異なるのみであるといったときは、職務の内容に一定の共通性があると考えられるため、その共通の部分の評価とそれに応じた待遇について、勘案する要素を合わせていくということが望ましい。

　上記②の「職務の内容、職務の成果、意欲、能力又は経験等[5]を勘案し」における要素のうち、賃金の決定にあたりどの要素を用いるかは各企業の判断に委ねられているが、同法第14条（事業主が講ずる措置の内容等の説明）に基づく説明を求められることを念頭に、どの要素によることとしたのか、また、その要素をどのように勘案しているのかについて合理的な説明ができるものとされるべきである。具体的に、「職務の内容、職務の成果、意欲、能力又は経験等」を勘案した措置の例としては、職務の内容、職務の成果、意欲、能力又は経験等を踏まえた、ⓐ賃金水準の見直し、ⓑ昇給・昇格制度や成績等の考課制度の整備、ⓒ職務手当、役職手当、成果手当の支給等が考えられる。例えば、職務の内容を勘案する場合、責任の重さや業務の困難度で賃金等級に差を設けることなどが考えられる。すなわち、複数の職務がある事業所において、単にそれぞれの職務ごとの賃金の決定がなされているだけでは、職務の内容を具体的に勘案しているとはいえず、同条の措置を講じたことにはならない。ここで留意すべきことは、同条の趣旨が、この措置の結果として短時間労働者の集団の中で職務を細分化させ、賃金の差を生じさせることにあるわけではなく、職務の内容、職務の成果等を適切に賃金に反映し、これまではその待遇の決定に際して重視されてこなかった働き・貢献を評価することによって、結果として通常の労働者の待遇との均衡を図っていくことにあることである。

　上記③の「賃金（通勤手当、退職手当その他の厚生労働省令で定めるものを除く」の対象となるのは[6]、基本給、賞与金、役付手当等の勤務手当及び精

皆勤手当など職務の内容と密接に関連して支払われる賃金（以下「職務関連賃金」）である。施行規則第3条に定められている通勤手当、退職手当、家族手当、住宅手当、別居手当、子女教育手当その他名称の如何を問わず職務と関連性が希薄な賃金については、同条の対象とならない。賃金として支払われるものには様々なものがあるが、短時間労働者が職務を遂行するに当たっての働き・貢献を評価するという同条の措置がなじむものと、そうでないものがあるため、職務との関連性が強いものに限って、同条の措置の対象としているのである。

なお、各種の手当について、同条の措置の対象となるかどうかを判断するに当たっては、名称のみならず、支払い方法、支払い基準なども併せて見る必要がある。例えば、「家族手当」という名称であっても、家族の有無にかかわらず、一律に支払われる基準となっているような場合については、職務関連賃金の一部となっている可能性がある。

第2項　教育訓練（改正パートタイム労働法第11条）

改正パートタイム労働法第11条（旧同法10条に該当）は、職務内容同一短時間労働者（通常の労働者と同視すべき短時間労働者を除く）に対する、通常の労働者が従事する職務の遂行に必要な能力を与えるための教育訓練（同条第1項）と、それ以外の教育訓練（同条第2項）に分けて講じられている。

①同条第1項は、職務内容同一短時間労働者が、既に当該教育訓練により得られる能力を有している場合を除き、事業主は当該短時間労働者に対しても教育訓練を実施しなければならないものとする（実施義務）。事業主がその実施を外部の教育訓練機関等に委託している場合も同様である。これは、短時間労働者の職務の内容が通常の労働者と同じである場合は、短時間労働者に対しても職務の遂行に必要な能力を身につけさせるための教育訓練を実施することは当然であることを背景とする。

②同条第2項は、通常の労働者と同視すべき短時間労働者を除くすべての短時間労働者を対象として、同条第1項の規定に加えて、職務の遂行に必要な教育訓練以外の教育訓練についても、通常の労働者との均衡を考慮しつつ、職務の内容、職務の成果、意欲、能力及び経験等に応じて、短時間労働者に対して実施する「努力義務」を事業主に課している。同法第11条第2項においては「職務の内容、職務の成果、意欲、能力及び経験等に応じて」と規定され

ており、同法第10条の「職務の内容、職務の成果、意欲、能力又は経験を勘案し」という規定ぶりとは異なっている。これは、同法第10条は、労働契約関係において必ず存在する待遇である賃金の決定にかかる措置であり、少なくとも例示されるいずれかの要素を「勘案する」という具体的な措置を設けて努めるべきこととしている一方、同法第11条2項の措置の対象となっている教育訓練は、実施するかどうか自体が事業主の裁量によるという前提のもとで、事業主はその人事戦略上必要と考える人材、能力等の発掘・開発を行う観点から、短時間労働者の職務の内容、職務の成果、意欲、能力及び経験等に応じて教育訓練を実施することとなる旨を規定したものである。

　労働力人口が減少する中で日本経済の活力を維持するためには、短時間労働者がその有する能力を有効に発揮することが重要であることは言うまでもない。しかしながら、現実には、短時間労働者がキャリアアップするための企業内での教育訓練の機会は乏しく、通常の労働者との待遇の格差の原因ともなっている。企業内における中長期的な人材育成システムからは外れがちである短時間労働者についても、その職務の内容、職務の成果等に応じた教育訓練を行い、活用を図ることは、企業にもメリットがある[7]。短時間労働者に対する積極的な教育訓練の実施を求める現行同条第2項は、こうした社会的背景の下に制定されたものである。

　同条の「教育訓練」とは、事業主が、その雇用する短時間労働者に対して、その労働者の職務の遂行の過程以外において、現在及び将来の職務の遂行に必要な能力を付与するために行うものをいう。主なものとしては職務の遂行に関連する知識、技術、技能を付与するものが考えられ、事業主が直接実施するもののほか、外部の教育訓練機関等に委託して行うものも含まれる。職務の遂行の過程内で行われるもの（いわゆるOJT）については、明確な訓練目標が立てられ、担当者が定められている等計画性を有するもののみが該当し、単に見よう見まねの訓練や個々の業務指示は含まれない。

　「当該通常の労働者が従事する職務の遂行に必要な能力を付与するためのもの」というのは、同条第1項の対象となる教育訓練として、通常の労働者が従事する職務の遂行に必要な能力を付与するために実施される教育訓練を規定しているものである。

　同条第1項の対象となる教育訓練は、短時間労働者に対して実施しないこ

とに合理的な理由がないと考えられることから、その実施義務を事業主に課すこととしたものであるが、その実施が必要とされない場合は実施義務を課す合理性がないことから、そのような場合を個別に厚生労働省令で定めて除外している。

「既に当該職務に必要な能力を有している場合」とは、短時間労働者が以前同業他社に勤務し、当該教育訓練と同様の内容の教育訓練を受講している場合など、職務の遂行に必要な知識や技術を身につけている場合を指す。

なお、同条第1項の規定は、他の法律において、教育訓練等を受講することが義務づけられている場合についてまで、その義務を免除する趣旨ではない。

職務の内容が通常の労働者と異なる短時間労働者に対しては、その職務の遂行に必要な能力を付与するための教育訓練が、同条第1項に基づいて義務づけられるわけではない。しかしながら、そのような種類の教育訓練については、適切に実施されなければ職務がきちんと遂行できないと考えられることから、事業主は、同条第2項に定める措置として実施することが強く望まれる。

しかしながら、短時間労働者の中には、時間の制約があって短時間の就業を選択している者も少なからずいることから、その実施に当たっては、勤務時間帯など短時間労働者側の事情も考慮して実施する必要がある。例えば、勤務時間外や、遠隔地で実施する教育訓練のような、短時間労働者が実質的に受講できないようなものについては、形式的に短時間労働者をその実施対象とするだけでは実施義務を果たしたこととはならない。そのような場合は、短時間労働者がその教育訓練を受講すれば平均的に身に付けられる知識、技能等と同様の内容を習得できる教育訓練を、短時間労働者が受講できるような形で別途提供する必要がある。

なお、事業主が同条第1項の対象となる教育訓練を実施したにもかかわらず短時間労働者が受講を欠席・拒否等した場合は、上記のように短時間労働者が実質的に受講できないようなものとなっていない限り、事業主が同条第1項の措置を履行していないこととはならない。

上記②の「通常の労働者との均衡を考慮しつつ」とは、同法第10条の場合と同様に、通常の労働者に対して実施する教育訓練との均衡を考慮しながら、短時間労働者に対しても実施するよう求めるものである。この場合の「通常の労働者」とは、短時間労働者にとって職務の内容が同一である通常の労働者だ

第 12 章　非正規雇用労働者の労働条件に対する法規制

けでなく、職務の内容が異なる通常の労働者との均衡も考慮することを指す。例えば、通常の労働者に対しては、社内における一定のキャリアを有する希望者に限って、職種転換のためのキャリアアップ訓練を受講させることとしている場合、それとの均衡を考慮すると、その対象者の要件と同等の能力を有する短時間労働者も対象とすることが望ましいと考えられる。また、幹部候補となる能力・意欲のある者に限って海外留学させているような場合に、短時間労働者を対象とすることまでは求められないと考えられるが、これも、均衡を考慮した結果であるといえる。通常の労働者との均衡を考慮した結果、実施内容やカリキュラム等が異なることもあり得るのである。

　上記で述べたように、同法第 11 条第 1 項により、通常の労働者と職務が同じ短時間労働者に対する、職務遂行に必要な能力を付与する教育訓練の実施率[8]は、通常の労働者に対する実施率よりも低くなっている。また、同法第 11 条第 2 項により、短時間労働者が従事する職務に必要な教育訓練は事業所で一定程度実施されているが、キャリア形成のための教育訓練は、必ずしも十分に行われていない。これは、短時間労働者のキャリア・ラダー（現在の仕事に固定されることなく条件の良い仕事へ移行が可能な環境のこと）[9]が整備されていないことや、教育訓練を実施しても配置するポストが無いことを背景とする。

　短時間労働者へのキャリア形成のための教育訓練は、経営戦略に応じて行われるものであること等を踏まえると、法律等により一律の基準を設け、事業主に教育訓練の実施を義務付けることは困難である。むしろ、事業主が、短時間労働者の活用方針について行動計画を作成し、その中に、短時間労働者のキャリア・ラダーの整備や、これに応じた短時間労働者に対する計画的な教育訓練の実施を盛り込み、それに対して、政策的なインセンティブを付与して誘導することの方が妥当であろう[10]。このインセンティブ付与には、基準を満たす行動計画を策定した事業主に対し一定の表示を認める次世代育成支援対策推進法の仕組みが参考となる。この場合、教育訓練と相互に関連する、待遇改善、通常の労働者への転換等についても対象とすることが適当である。

　また、職業訓練により得られた短時間労働者の経験・能力を評価しやすい仕組みを普及させる必要があることから、きめ細かなキャリア・コンサルティング、実践的な職業訓練、訓練終了後の職業能力評価や職務経歴等のジョブ・カー

ドへのとりまとめを通じ、安定的な雇用への移行等を促進する「ジョブ・カード制度」、職業能力を客観的に評価することを目的として、仕事をこなすために必要な知識と技術・技能に加えて、職務遂行能力を業種別、職種・職務別に整理した「職業能力評価基準」、実践的な職業能力の評価・認定制度として検討されている「キャリア段位制度」の一層の普及・促進とともに、個人の能力開発支援の強化も併せて重要になるだろう。

第3項　福利厚生（改正パートタイム労働法第12条）

　福利厚生は、基本的に事業主がその裁量によって実施するものであり、短時間労働者に対してどのように実施するかについても、その裁量に任されている。しかしながら、その中には、職務の遂行との関連の深いものもあり、通常の労働者との間で取扱いに差を設けることに合理性がないものがある。改正パートタイム労働法第12条（旧同法11条に該当）は、①通常の労働者に対して利用の機会を与える②福利厚生施設であって、健康の保持又は業務の円滑な遂行に資する施設（施行規則第5条によると、給食施設、休憩室、脱衣室をいう）については、その雇用する短時間労働者に対しても、③利用の機会を与えるように配慮する義務（配慮義務）を使用者に果たしている。

　上記①の同法第12条における「通常の労働者」とは、当該事業所におけるすべての通常の労働者が含まれる。したがって、ある短時間労働者と職務内容が同一の通常の労働者のみならず、職務の内容が異なる通常の労働者との関係も考慮される。但し、ある短時間労働者の従事する業務には更衣室が必要なく、当該業務に従事している通常の労働者も同様の実態にある場合には、他の業務に従事している通常の労働者が更衣室を利用しているからといって当該短時間労働者に更衣室の利用の機会を与える必要は通常ないと考えられる。

　上記②の「福利厚生施設であって、健康の保持又は業務の円滑な遂行に資するものとして厚生労働省令で定めるもの」には、施設を利用させることだけでなく、法で義務づけられている範囲を超える休暇（リフレッシュ休暇、慶弔休暇等）、各種の金銭的給付（慶弔見舞金等）、サービスの提供（住宅取得資金の貸付、事業所内託児施設の運営等）など、多様なものが含まれる。また、施設についても、給食施設や休憩室等のように、日々の就業に密接に関連する施設以外にも、保養所や体育館のようなレクリエーション施設などが含まれる。そ

のような中で、職務を遂行することとの関連性が深いものとして、労働者の健康の保持に資する施設や、業務の円滑な遂行に資する施設について、同条の措置の対象とすることとし、具体的には、給食施設、休憩室、更衣室の3つの施設を施行規則第5条において定めている。

　上記③の配慮義務の規範内容が何なのかについては明確ではないが、努力義務より実施義務に近い概念である。したがって、施設の定員の関係等でその雇用する労働者全員に施設の利用の機会を与えられないような場合に、増築等により結果として全員に利用の機会が与えられるようにすることまでは求めないが、通常の労働者と同じ利用規程を適用したり、利用時間帯に幅を設けたりすることにより短時間労働者にも利用の機会が拡大する措置を講ずる等の具体的措置を求めるものである[11]。すなわち、施設の定員の関係等で利用の機会が制限されている場合においても、定員を理由としてその利用を通常の労働者に限定することは同条に反することとなる。

　なお、同条の義務は、「利用の機会を与えるように」配慮することとされており、施設の利用に関する取扱いをすべて同じくすることまでを求めるものではない。例えば、給食施設であれば、その利用規程上の利用対象者に短時間労働者が含まれていれば足りる。例えば、当該給食施設を利用することに伴って通常の労働者はIDカードで支払いができるが短時間労働者にはそのようなカードを付与していない、といった場合に、そのようなカードの付与までを求めるものではない。しかしながら、当該カードがなければ支払いができないなど、実質的に利用機会を制限している場合は、短時間労働者に対するカードの付与も併せて行うか、カード以外による支払い（例えば現金による支払い）を可能とするなどの措置を取る必要がある。また、更衣室に関しても、その利用の機会が与えられていれば同条の義務の履行となり、ロッカー等まで通常の労働者と同様に(例えば一人一個といった形で)割り当てなければならないといったことではない[12]。

　同条の対象となる施設（給食施設、休憩室、更衣室）の運営を事業主ではなく、労使が運営する共済会等が実施している場合には、同条により事業主が講じなければならない措置の対象とはならない。但し、共済会で運営している場合でも、会員からの出資がなく、運営について事業主の負担で運営されている場合には同条の対象となる。

第4項 事業主が講ずる措置の内容等の説明
（改正パートタイム労働法第14条）

　短時間労働者は、通常の労働者に比べて労働時間や職務の内容が多様であり、その労働条件が不明確になりやすいことなどから、通常の労働者の待遇との違いを生じさせている理由がわからず、不満を抱く場合も少なくない。短時間労働者がその有する能力を十分に発揮するためには、このような状況を改善し、その納得性を高めることが有効であるので、そこで、パートタイム労働法第14条第1項（新設）により、事業主は、短時間労働者を雇い入れたときは、速やかに、差別的取扱いの禁止等の規定により措置を講ずべきとされている事項に関し講ずることとしている措置の内容について、当該短時間労働者に説明しなければならないものとする。これは、雇用管理の改善[13]を徹底するために説明義務を雇入れまで広げたものである。また、同法第14条第2項（旧同法13条に該当）は、事業主に対し、「その雇用する短時間労働者から求めがあったときは、第6条、第7条及び第9条から前条までの規定により措置を講ずべきこととされている事項を実施するにあたり考慮した事項について、当該短時間労働者に説明」する義務を課している。例えば、賃金に関して説明を求められた事業主は、①当該短時間労働者が属する労働者の集団の賃金の決定に当たって勘案することとしている要素が何か、②当該短時間労働者についてどのように評価し、どのように当該要素を勘案しているか、の2点を説明することとなる（①のように集団で雇用管理をしていない場合は、当然、②のみとなる）。また、努力義務であるために実際にはまだ措置を講じていないという場合には、措置を講ずべきこととされている事項に関して、「措置を講じない」という決定をするに当たって考慮した事項、つまり措置を講じていない理由を説明することが義務づけられている。

第2款 派遣法における均衡考慮

第1項 賃金（派遣法第30条の3第1項）

　派遣労働者の賃金等の待遇を確保するための仕組みとして、均等待遇を導入することが各方面から提言されていた。しかし、2008年の研究会報告書[14]

にあるように、欧州諸国では企業を超えた職種別賃金が普及しているのに対し、日本ではそうではないこと、正規雇用労働者の待遇は企業の内部労働市場で決定されるが、派遣労働者は一般には外部労働市場における派遣労働者の賃金を反映して待遇が決定されることが多く、派遣先の正規雇用労働者との比較において均等待遇を実現するには、比較対象となる派遣先の労働者や業務を特定しにくいことや、同じ派遣元事業主に雇用されている派遣労働者同士の不均衡が生じ得ること等の課題があること等を理由に、2012年、派遣法改正において均等待遇ではなく、均衡待遇という形で明文化された。

派遣法の均衡待遇の規定は、労働契約法3条2項の趣旨(均衡待遇の理念)を、労働者派遣という特殊な三者間労務供給関係に具体化した規定と解釈することが可能である。近年、パートタイム労働法や労働契約法で、均等・均衡処遇の問題が一定程度措置されている流れを考慮すれば、労働者派遣の場合にも均衡処遇の問題に一定の基準が示されたことは、一歩前進と評価[15]することができる。

派遣労働者の賃金を決定する際、「派遣元事業主は、①その雇用する派遣労働者の従事する業務と同種の業務に従事する派遣先に雇用される労働者の賃金水準との均衡を考慮しつつ、②当該派遣労働者の従事する業務と同種の業務に従事する一般の労働者の賃金水準又は③当該派遣労働者の職務内容、職務の成果、意欲、能力若しくは経験等を勘案し、当該派遣労働者の賃金を決定するよう配慮しなければならない」ことが定められている。すなわち、同項は、賃金についての均衡処遇を求める考慮要素として3つを示している[16]。

賃金の決定に際して、一定の事情を考慮することを求めた規定は、2008年政府案(廃案)の中にもあったが、2008年政府案では努力義務規定とされていたのに対し、2012年改正労働者派遣法では均衡考慮の配慮義務規定として措置されたことと、2008年政府案では、考慮されるべき事情として、②及び③のみ言及されていたが、2012年改正労働者派遣法では、①の派遣先労働者との賃金水準が比較対象に挙げられたことも大きな変更である。すなわち、派遣労働者と派遣先の直接雇用の労働者が同様の業務に従事しているにもかかわらず、派遣労働者という理由だけで待遇が低く抑えられていることは不合理であることから、均衡待遇の取組を進めている。均衡待遇を進めていくことは、派遣労働者の待遇の改善をもたらすだけではなく、派遣先にとっては、派遣料

金の引上げ等の派遣労働者受入れコストの増加につながるため、待遇が低いことによる派遣労働者の安易な利用を抑制する効果があると考えられる[17]。この規定を通じて、同種労働者との賃金の均衡を図るため行政指導・監督をすることが可能であり、このことは、パートタイム労働法の規定と類似する側面がある。

第2項　均衡を考慮した待遇の確保のために事業主が講ずる措置（派遣法第30条の3第2項）

派遣元事業主は、「その雇用する派遣労働者の従事する業務と同種の業務に従事する派遣先に雇用される労働者との均衡を考慮しつつ、当該派遣労働者について、教育訓練及び福利厚生の実態その他当該派遣労働者の円満な派遣就業の確保のために必要な措置を講ずるように配慮しなければならない」ことが定められている。すなわち、派遣元事業主は、雇入れ等の際、派遣労働者に対し、その待遇に関する事項等を説明しなければならず、当該労働者に関する派遣料金の額又は当該派遣元における派遣料金の平均額を明示しなければならない（同法第34条の2（労働者派遣に関する料金の額の明示）、同法規則第26条の2（労働者派遣に関する料金の額の明示の方法等））。

教育訓練及び福利厚生の実態その他当該派遣労働者の円満な派遣就業の確保のために必要な措置について定める同項は、賃金についての規定である同条第1項と比較すると、考慮要素に複雑な規定はなく明快ではあるが、その配慮義務は、同条第1項の規定と同様に強い効力を持つ規定ではない[18]。そして、教育訓練及び福利厚生の実施等に関する配慮義務については、考慮すべき対象が派遣先での同種業務で直接雇用される労働者との均衡に限定されているものの、同条第1項の規定とは異なって、そもそも教育訓練及び福利厚生の実施水準について、派遣元と派遣先との水準をどのように比較するのかという問題がある[19]。ただし、派遣労働条件について派遣先での同種業務で直接雇用される労働者との均衡を志向していく姿勢を示したことは注目すべきであり、今後の働きを見守っていく必要がある。この点、業務取扱要領は、例えば、OA機器操作を円滑に行うための周辺機器の貸与や、着衣への汚れを防止するための衣服、手袋等の支給、業務を迅速に進めるための研修の受講等、様々なものが考えられ、派遣元事業主は、派遣先に対し、派遣労働者と同種の業務

第 12 章 非正規雇用労働者の労働条件に対する法規制

に従事している労働者等の福利厚生等の実態について情報提供を求める、派遣労働者に要望を聴取する等を通じて実態を把握し、必要な措置を講ずるよう努めなければならない」としており、かなり限定的である。確かに、同一の使用者に雇用されている労働者間でも、雇用形態が異なると処遇格差があることが現状では一般的であり、どのような場合に、その間の処遇格差を不合理なものと判断すべきかについては、現状ではかなり難しい問題である。雇用と使用が分離している労働者派遣の場合では、派遣元の営業の事由や財産権の保障規定との抵触を問題として、この問題を消極的に理解する見解[20]もある程度首肯できる[21]。しかし、もともと労働者派遣の場合に問題とされていたのは、食堂の利用形態といった、賃金などの問題以前の福利厚生レベルでの処遇格差であったはずである。この点、OJTのような教育訓練はともかく、福利厚生の問題でさえも「配慮義務」の問題としているのには疑問が残る[22]。したがって、措置義務のように一歩踏み込んだ規制が必要である。

これらの定めに沿った対応をするためには、派遣先の協力が必要である。すなわち、派遣労働者の賃金の原資は派遣料金であり、派遣先の協力がなければ、派遣元の待遇改善努力にも限界がある。また、派遣先での業務遂行に密接に関連した教育訓練を実施させるためには、派遣先の協力が不可欠である。さらに、食堂などの福利厚生施設の利用についても、派遣元で対応することは現実的でないことから、今後、派遣労働者の賃金や教育訓練、福利厚生施設の利用などの面でさらに派遣先の役割が期待される[23]。

同条の比較対象は、派遣先に雇用される労働者であるが、派遣元事業主は、派遣先に直接雇用されている労働者の賃金額等の待遇の具体的内容を直接知ることはできない。同条の義務の名宛人は、派遣元事業主であるから、派遣元事業主が派遣先に雇用されている労働者の処遇等を知る手段がなければ、均衡を考慮した処遇はできない。そこで、派遣先にも、「派遣元事業主の求めに応じ、その指揮命令の下に労働させる派遣労働者が従事する業務と同種の業務に従事する当該派遣先に雇用される労働者に関する情報であって当該措置に必要なものを提供する等必要な協力をするように努めなければならない」としている（派遣法40条第3項）。すなわち、同法では、派遣元が派遣労働者の賃金や教育訓練、福利厚生等について決定する際に、派遣先に雇用される労働者との均衡を努力することが義務付けられている。しかし、派遣法第40条3項は、派遣先の同

種の業務に従事する労働者の賃金等の情報は、派遣元に情報提供する協力努力義務を課しているに過ぎない。仮に同法第30条の3の趣旨に反する処遇が派遣労働者になされていた場合には、不法行為責任を肯定できる場合があると解釈することができるとしても、このような法的枠組みのもとでは、その帰責性を問うことは困難である。したがって、少なくとも同法第40条3項を義務規定にするべきである。

　派遣労働者の均衡処遇に関する規定は、派遣元の配慮義務が定められているが、どのような配慮が行われているかを派遣労働者本人が知る手段が担保されていないなど、条文の配慮内容が非常に抽象的な水準でとどまっており、具体的な請求権はもちろん、不法行為に基づいた損害賠償責任も、その趣旨に著しく反する場合には認められる可能性もあるが、この配慮義務から私法上の効力を直接導き出すことは困難である[24]。この点、パートタイム労働法第9条が、限定的とはいえ、いわゆる正規雇用との均等待遇原則を定め、私法上の効力を有していると解釈されていること、また、労働契約法第20条では、有期契約労働者の労働条件と無期契約労働者の労働条件が相違する場合に、期間の定めのあることによる不合理な労働条件を禁止する規定を定め、私法上の効力を有していると解釈されていることからも、派遣法第30条の3の規定内容は不十分である。学説においては、比較法的な観点から、派遣労働者の同一賃金原則が主張されるが[25]、派遣労働の特徴である三者関係での同原則をめぐる緻密な法解釈（同種労働者の定義、同原則の根拠、内容と効果など）が、十分に行われてこなかったため、現時点では、これらの法解釈を確立することは少し難しいと思われる。そこで、パートタイム労働法や労働契約法と同様の規制を設けることまではなくても、単に政策的に均衡処遇原則を定立するにとどまらず、法規範的な観点から、均衡処遇を義務化し、これに関わる請求権を確立することが必要である。

第2節　差別的取扱い禁止（改正パートタイム労働法第9条）

　事業所において重要な役割を担う短時間労働者が増加している中で、職務の内容や人材活用の仕組み、運用等といった就業の実態が通常の労働者[26]と同様であるにもかかわらず、賃金などの取扱いが異なるなど、公正な待遇がされ

ていない場合がある。そこから、改正パートタイム労働法第9条（旧同法第8条第1項）は、「①事業主は、業務の内容及び当該業務に伴う責任の程度（以下「職務の内容」）が当該事業所に雇用される通常の労働者と同一の短時間労働者（以下「職務内容同一短時間労働者」）であって、当該事業主と期間の定めのない労働契約を締結しているもののうち、②当該事業所における慣行その他の事情からみて、当該事業主との雇用関係が終了するまでの全期間において、その職務の内容及び配置が当該通常の労働者の職務の内容及び配置の変更の範囲と同一の範囲で変更されると見込まれるもの（以下「通常の労働者と同視すべき短時間労働者」）については、短時間労働者であることを理由として、賃金の決定、教育訓練の実施、福利厚生施設の利用その他の待遇について、差別的取扱いをしてはならない」と規定している。すなわち、職務内容が通常の労働者と同じであるなど、実態が通常の労働者と同じの短時間労働者については、すべての待遇について通常の労働者と同じに取扱いするように規定したものが、改正パートタイム労働法第9条である。

さらに、旧パートタイム労働法第8条第2項は、「前項の期間の定めのない労働契約には、③反復して更新されることによって期間の定めのない労働契約と同視することが社会通念上相当と認められる期間の定めのある労働契約を含むものとする」と規定している（旧パートタイム労働法第8条第2項は改正により削除）。

上記のように改正パートタイム労働法第9条は、雇用形態を理由にした差別を禁止する規定である[27]。しかし、成立要件が厳しいため、実効性が低下し[28]、人材活用方法を労働条件決定の条件として設定することは問題であるという指摘[29]も提起されている。そのため、3要件から③期間の定めのない労働契約要件を削除することとなった。これにより、差別的取扱い禁止の対象となる短時間労働者が少しは拡大されることになろう。

第1款　要件をめぐる解釈論

「通常の労働者と同一の短時間労働者」とは、職務遂行の同一性、人事管理の同一性などの要件をすべて備えた短時間労働者である。この要件を満たす短時間労働者については、通常の労働者との間に待遇の格差を設ける合理的な理由が基本的にはないと考えられ、両者を「同視すべき」であることから、賃金

の決定、教育訓練の実施、福利厚生施設の利用等について短時間労働者であることを理由とした通常の労働者との差別的取扱いを禁止しているものである。

以下、要件が短時間労働者の差別的取扱いの禁止の確保を図る手段として合理性を有するか検討する[30]。

第1項 職務の内容の同一性

「職務の内容」とは、「業務の内容及び当該業務に従う責任の程度」をいい、同一性とは詳細にわたってまで完全に一致することではなく、「実質的に同一」及び「著しく異なっていない」ということを指す[31]。そして、職務内容の同一性の判断として、職務の種類の同一性の判断、比較対象労働者の業務における中核的業務の抽出と同一性の判断、それが異なる場合にはさらに必要とされる知識・技能を含めた判断、責任の程度の同一性の判断が挙げられる。

これは、あくまで「当該事業所に雇用される通常の労働者」と短時間労働者とを比較するものである[32]。例えば、ある事業所において、A職務については、以前は通常の労働者が従事していたが、現在はすべて短時間労働者が担当している場合や、ある企業は複数の営業事業所を持っており、同じマニュアルに基づいてそれぞれの事業所でB職務を行っているが、これについて、営業所Xでは通常の労働者が担当し、営業所Yでは短時間労働者が担当している場合には比較が成立しない。

しかし、現実にはこのような場合でも、短時間労働者は、それぞれの通常の労働者との間での職務の内容が同一であると感じることが少なくない。また、わずかな職務の違いで同一性が否定されることになり、それにより比較対象である通常の労働者が不存在とされ、同条による救済ができなくなる問題もある。

したがって、「業務の内容及び当該業務に伴う責任の程度」を判断するにあたっての職務内容の同一性についての判断基準は、基本的、全体的に実質的に同じ職務と評価できれば十分であると思われる。その際、「職務の内容」及び長期にわたる「職務の内容及び配置の変更の範囲」が通常の労働者と同じであり、「労働契約期間の定め」がない、のパターンは、働き・貢献のみならず、企業にとっての位置づけが通常の労働者とまったく同じであるわけなので、福利厚生等、長期の雇用を前提とした通常の労働者に対して実施する待遇まで含めて措置の対象とする。

第2項　人材活用の同一性

　同法第9条における短時間労働者の比較労働者となる通常の労働者は、その労働契約に期間の定めがない者となる。したがって、ここでの差別的取扱いの禁止は、長期雇用を前提とするものといえる[33]。

　「当該事業所における慣行」とは、当該事業所において繰り返し行われることによって定着している人事異動等を指し、「その他の事情」とは、例えば、人事規程等により明文化されたものや、当該企業において当該事業所以外に複数事業所がある場合の他の事業所における慣行等が含まれる。

　当該事業所における慣行により窺い知ることができる実態が、規程等で明文化されているものと異なる場合は、慣行により判断する。他方、事業所において新たな人事制度を導入した場合は、それ以降の人材活用について、必ずしもそれまでの実態で判断できるわけではないから、新たな規程等の内容も踏まえて判断することとなる。また、複数の事業所を持つ企業において、その中に人材活用に関する慣行が確立されていない事業所がある場合、当該事業所においては、規程等の他、職務や規模を同じくする事業所における慣行を参考する。なお、このように慣行その他の事情からは判断できないような場合、例えば、短時間労働者が期間の定めのない雇用契約を締結しているものの、その勤続年数がいずれも比較的短く、長期にわたる人材活用の傾向を判断することができない一方で、通常の労働者については確立された慣行があるような場合は、人材活用が異なることとなるが、短時間労働者と通常労働者双方ともに勤続の実態及びその間の活用がばらばらであって一定の傾向が見いだせないような場合は、双方ともに確立された慣行がないという意味で、人材活用が同じであると判断する。

　「当該事業主との雇用関係が終了するまでの全期間」とは、当該短時間労働者の職務の内容が通常の労働者と同一となってから、その雇用関係が終了するまでの間をいう。すなわち、事業所に雇い入れられた後、通常の労働者と職務の内容が異なっている期間があっても、その期間まで「全期間」に含めるものではない。この要件は、将来にかかる部分を含んでいるため、上記に述べた「当該事業所における慣行その他の事情から」から、これまでに当該事業主に雇用されていた通常の労働者及び短時間労働者が、どのような職務、配置を経験し、

活用されてきていたかにより、見込みを判断する。

　「職務の内容及び配置が当該通常の労働者の職務の内容及び配置の変更の範囲と同一の範囲で変更されると見込まれるもの（以下「通常の労働者と同視すべき短時間労働者」）」の要件を充足するか否かについては、職務の内容が同一であると判断された通常の労働者と短時間労働者について、上記で示した職務遂行の同一性（職務内容の同一性の判断として、職務の種類の同一性の判断、比較対象労働者の業務における中核的業務の抽出と同一性の判断、それが異なる場合にはさらに必要とされる知識・技能を含めた判断、責任の程度の同一性の判断）の判断手順にしたがって判断することとなる。例えば、職務の内容が同一であると判断された通常の労働者と短時間労働者について、その通常の労働者全員に昇進の可能性があり、短時間労働者については全員その可能性がないという場合は、人材活用の仕組み、運用等が異なることとなる。しかしながら、そのような人材活用をとる場合であっても、そのうちの一時点では通常の労働者の中に既に昇進の可能性がなくなった者が存在する場合は、昇進の可能性がない短時間労働者との間でこの要件を満たすこととなる（この例では、人材活用のうち、昇進以外を捨象したもの）。

　これ以外の判断基準として、配置の変更に関して転勤の有無が同じか、同じである場合に転勤の範囲が同じか、職務の内容の変更が同じであるかが挙げられる。しかし、短時間労働者の約7割を占める女性短時間労働者の多くが育児や介護など家庭の事情等からあえて短時間勤務や限定された勤務地又は転勤や残業のない短時間労働を志向する短時間労働者にとって「人材活用の仕組・運用等が同一である」という要件、特に転勤要件まで満たすことは困難であると思われる。転勤要件は、男女共同参画社会やワークライフバランスの実現と逆行する効果をもたらすことになるので、「人材活用の仕組・運用等が同一である」の中から削除すべきであると思われる。

第2款　法的効果をめぐる解釈論

　上記で述べた要件を満たした場合、事業主は、短時間労働者であることを理由として、賃金の決定、教育訓練の実施、福利厚生施設の利用のほか、休憩、休日、休暇、安全衛生、災害補償、解雇の基準等労働時間以外のすべての待遇について差別的取扱いをしてはならない。同条の差別禁止は強行規定であり、同条に

違反する就業規則の差別的賃金規定等は無効となり、当該規定から生じた賃金差別について不法行為として差額賃金相当額の損害賠償を請求することができる[34]。

この場合、賃金の決定に当たっては、通常の労働者と同一の賃金表を適用する。ただし、同一の賃金表を適用しても、労働時間が短いことに比例した取扱いの差異が生じ、査定や業績評価が同じである場合であっても基本給が時間比例分少ないなどの合理的な差異が生じることについては、同条違反とはならない[35]。すなわち、短時間労働者の職務の成果、意欲、能力、経験といった個人の査定・業績評価等に基づいて結果的に賃金水準が異なるといったことは、通常の労働者間でも同様に起こりうることであり、その前提である査定や業績評価が通常の労働者と同じ取扱いで合理的かつ公正に行われているものである限りは許容される。そして、同条が適用され、短時間労働者と就業の実態が同じであるとされた複数の通常の労働者について、一律に適用される賃金表がなく個別に賃金が設定されているといった場合は、短時間労働者の待遇をどの通常の労働者に合わせるべきかが問題となるが、差別的取扱いを禁止する同条の趣旨から考えれば、当然、その通常の労働者のなかで最も待遇のよい者との間の取扱いをなくしていくことが求められる[36]。しかし、正社員は月給制、短時間労働者には時給制のように、賃金の支払い方法の違いのみでは同条違反とはならない。

また、教育訓練の実施や福利厚生の提供に当たっては、同一の利用規程を適用すること等が求められる。他方、家族手当や通勤手当のように、所定労働時間に応じるものではなく、家族の数や通勤にかかる費用の補填といった理由で支給しているものについては、所定労働時間が短い分の減額を行うことは同条違反となる。

なお、経営上の理由により解雇を行う場合には、解雇対象の選定が妥当である必要があるが、通常の労働者と同視すべき短時間労働者については、労働時間が短いことのみをもって、通常の労働者より先に解雇する場合には、解雇対象者の選定基準の設定において差別的取扱いがなされたとして、同条違反となる。

上記で述べたように、同条は、就業の実態が同じ通常の労働者と短時間労働者との間での差別的取扱いを禁止している。しかし、通常の労働者の待遇より

も短時間労働者の待遇が良い場合の取扱いが問題となる。これについては、通常の労働者の方が短時間労働者よりも良い待遇となっていることが一般的であることから、「短時間労働者の雇用管理の改善」のために通常の労働者との差別的取扱い禁止を規定しているという立法趣旨を踏まえると、通常の労働者の待遇がより低い場合にそれに合わせる必要はない[37]。それは、同条の趣旨に逆行することとなるので、適当ではない。したがって、この差別的取扱い禁止は、短時間労働者が通常の労働者よりも低い待遇となっている場合に限って適用されるべきである。

最後に、短時間労働者の中には、所得税及び住民税の課税に当たって配偶者控除が認められる年収額である 103 万円以下に年収を抑えて働きたいと希望する者がおり、実際、そのように就業調整する場合がある。これに関して、差別的取扱い禁止の対象者に当たる場合は、特に、事業主がその待遇について通常の労働者と同じ取扱いをすることとすると、基本給や賞与の額が上がって年収の水準が 103 万円を上回り、本人の希望に反する結果となる場合がある。しかしながら、このような場合であっても、短時間労働者が年収 103 万円以下の就業を希望しているからといった理由で、従前の差別的取扱いを認めることとはならない。そもそも、かつての配偶者特別控除によるいわゆる「手取りの逆転現象」は現在では解消されており、103 万円以上の年収となれば手取りの額は上昇するような制度設計となっているため、事業主は改めてこれについて短時間労働者に周知するとともに、それでもなお短時間労働者が年収 103 万円以下の就業を希望する場合には、その所定労働時間を短くするといった対応をとることが考えられる[38]。

第3節 不合理な労働条件の禁止（労働契約法第 20 条及び改正パートタイム労働法第 8 条）

有期契約労働者の不合理な労働条件を禁止する労働契約法第 20 条は、「有期契約労働を締結している労働者の労働契約の内容である労働条件が、期間の定めがあることにより同一の使用者と期間の定めのない労働契約を締結している労働者の労働契約の内容である労働条件と相違する場合においては、当該労働条件の相違は、労働者の業務の内容及び当該業務に伴う責任の程度（以下こ

の条において「職務の内容」)、当該職務の内容及び配置の変更の範囲その他の事情を考慮して、不合理と認められるものであってはならない」と規定している。言い換えれば、同条は、①有期契約労働であることを理由に労働条件が相違しており、かつ、②当該労働条件の相違が不合理であることを要件とし、これに該当する有期契約労働者の労働条件の法的効力を否定するという効果を規定している。

同法第20条は、無期契約労働者の労働条件と有期契約労働者の労働条件の相違が、期間の定めがあることによる不合理な労働条件を禁止するという新しいタイプ[39]の規制である。これは、同一労働同一賃金原則とは異なり、職務の同一性という要件は重視されておらず、平等原則に基づく均等・均衡処遇を定めたものと解され[40]、問題とされた給付の性質・目的に応じた個別の判断によって、キャリアや勤続年数の違いなども幅広く判断要素とすることで多様な実態に応じた柔軟な対応が可能な法原則であるといえる[41]。

ただし、同条の規制内容は、抽象度がきわめて高く、法的安定性を欠いている[42]。例えば、「職務の内容」と「配置の変更の範囲」が例示されてはいるものの、「その他の事情」という総合考慮を認める文言が用いられているので、例示されている事項が不合理性判断の手がかりになるのかも不明である[43]。したがって、同条の不合理性の内容を明らかにするためには、学説の議論や判例の蓄積を通じて、同法がいかなる理論的根拠を基礎とするのかが問われなければならない。

また、パートタイム労働法第8条(新設)は、「事業主が、その雇用する短時間労働者の待遇を、当該事業所に雇用される通常の労働者の待遇と相違するものとする場合においては、当該待遇の相違は、当該短時間労働者及び通常の労働者の業務の内容及び当該業務に伴う責任の程度(以下「職務の内容」という)、当該職務の内容及び配置の変更の範囲その他の事情を考慮して、不合理と認められるものであってはならない」と規定している。これは、短時間労働者の待遇の原則として、労働契約法20条と同様の規定を新たに設け、労働契約法20条とパートタイム労働法との整合性を図ったものといえよう。

ここで一つ留意すべき点は、労働契約法施行通達(基発0810第2号)が、「通勤手当、食堂の利用、安全管理などについて労働条件を相違させることは、職務の内容、当該職務の内容及び配置の変更の範囲その他の事情を考慮して特段

の理由がない限り合理的とは認められないと解される」としていることである。この点について、基本給など職務内容や人材活用の仕組みに関連している給付については、相違があったとしても直ちには不合理にならないが、通勤手当や食堂の利用など直接関連しない給付については、相違させることは特段の理由がない限り合理的とは認められないとする考え方が示されている。

そこで、職務の内容、当該職務の内容及び配置の変更の範囲に差異がある場合においても、無期契約労働者と有期契約労働者間、あるいは通常の労働者とパートタイム労働者間の労働条件の相違の程度（低さ）が、それらの両者間に存在する職務内容等の観点からの相違の程度に比して著しいときには、それら両者間の労働条件の差を不合理なものと判断しうるかが、重要な解釈上の問題となる。こうした解釈が可能とすれば、非正規労働者（今のところ、有期契約労働者とパートタイム労働者）の労働条件格差の中でも大きく重要な部分をなしている基本給等の賃金における格差の是正に大きく寄与しうることとなろう。その意味において、これは、重要な解釈上の問題なのである。

以下では、そのような解釈上の問題を視野に入れたうえで、「労働条件相違」要件と「不合理性」要素、そして法的効果に分けて論じていくことにする。

第1款　要件をめぐる解釈論

第1項　「労働条件相違」要件について

「相違」とは、不合理と認められる労働条件であるかを判断する前提となる労働条件上の相違である。したがって、不利益か否かが明らかでない場合を含む広い範囲の異別の取扱いをいうものと解される[44]。

1．労働条件の意義

労働契約法第20条の対象となる「労働契約の内容である労働条件」は包括的なものと解される[45]。施行通達[46]によれば、同法第20条の対象になる「労働条件」には、「賃金や労働時間等の狭義の労働条件のみならず、労働契約の内容となっている災害補償、教育訓練、服務規律、付随義務、福利厚生等労働者に対する一切の待遇を含む」としている（施行通達第5の6（2）イ）。「労働条件」に該当しない例として、労使協議の手続等が考えられる[47]。

第12章　非正規雇用労働者の労働条件に対する法規制

　問題となるのは、労働契約の内容である労働条件に、①労働者の配置、業務の配分、業務にかかる権限の付与、昇進、降格、職種や就業場所の変更、②退職の勧奨、解雇（とりわけ整理解雇）といった事実上の運用も含まれるか否かである。これについて、文言を限定的にとらえ、法的拘束力のある労使慣行が成立していない限り事実上の運用は含まれないという見解（否定）[48]がある。これによれば、使用者が有期契約労働者のみ選定して退職勧奨を実施したという事案や、昇進に関し労働契約上定めがあるわけではないものの、事実上、有期契約労働者は昇進の対象にしない場合は、同条の適用から除外され得ることになる。

　一方、施行通達によれば、同条の趣旨として、「有期契約労働の労働条件を設定する際のルールを法律上明確にする」とされているが、有期契約労働者の処遇改善のためには労働契約、就業規則あるいは労働協約上の規定を整えるのはもちろん、それだけでは十分でないことは明らかであるので、事実上の運用も含まれるという見解（肯定）[49]がある。例えば、上記の①労働者の配置や業務の配分、業務にかかる権限の付与、昇進、降格、職種や就業場所の変更は、賃金額の決定ないしその前提となる人事考課に大きな影響を及ぼす可能性のある事項であり、その段階で無期契約労働者と別異に取り扱われていれば、支払われる賃金額の差となって現れる。不合理な労働条件格差を是正するためには、当該格差の前提となる事柄についても合理的な運用を求める必要がある。有期契約労働者に対しては、就労期間に期限があるために、例えば、業務の進め方について大きな権限を与えないとか、昇進の対象から排除するという扱いがなされるかもしれないが、それらは第2の要件である「不合理性」要件（第3編第12章第3節第1款第2項）のなかで検討されるべき事項である。また、②退職の勧奨や整理解雇において、無期契約労働者に先んじて、有期契約労働者に対してそれらの措置が行われる場合にも、別異の取扱いであるとして、「労働条件相違」要件に該当する。この場合にも、有期契約労働者を優先的に整理解雇の対象とした理由は、「不合理性」要素のなかで審査されることになる[50]。

　また、労働条件に③「職務の内容や勤務地」も含まれるか否かも問題である。これについて労働契約法第8条は、これらを特定する合意は「労働契約の内容である労働条件」に含まれるとする[51]。したがって、有期労働契約労働者

227

についてこれらを特定している使用者が、無期契約労働者について特定していない場合では、同条違反の可能性がないわけではない。そうすると、職務の内容や勤務地の範囲の異同を不合理性の考慮要素としてよいのか、という疑問が生じるが、こうした事案における職務の内容や勤務地に関する相違もまた不合理でない限り本条に反しないと解される[52]。

2. 比較対象者と因果関係

「相違」を確認するための比較において、比較対象者は「無期契約労働を締結している労働者」である。すなわち、同条は、無期契約労働を締結した労働者すべてが比較主体である。

比較対象とされるのは「①同一の使用者と②期間の定めのない労働契約を締結している労働者」であり、労働者の職種や資格・地位等を問わず、同一の使用者と期間の定めのない労働契約を締結しているすべての労働者である[53]。

まず、比較対象とされる①「同一の使用者」とは、労働契約を締結する法律上の主体が同一であることを指すので、「労働条件相違」要件が満たされるか否かは、事業場単位ではなく、労働契約の法律上の主体が法人であれば法人単位で、個人事業主であれば当該個人事業主単位で判断されることになる[54]。このように「労働条件相違」要件を、広い範囲で比較させる方針から、パートタイム労働法第8条のように職務内容が同一である労働者の存在を事業所単位で立証することは求められず、有期契約労働者の就労する企業全体から選定することができる。その比較対象者を広い範囲で選定できる可能性が開かれたことは、有期契約労働者の低労働条件を是正する際に、大きなメリットになる[55]。また、②期間の定めのない労働契約とは、有期労働契約でない労働契約を指す。その際、比較対象としての無期契約労働者はその時点で使用者に雇用されていなくてはならないのか、それとも過去に雇用されていた無期契約労働者と比較して相違を示すこともできるのかが問題になる。これは、無期契約労働者が従事していた仕事に有期契約労働者を雇い入れ配置したような場合に問題となるが、「期間の定めのない労働契約を締結している」という文言からは、現在の労働者との比較が予定されていると思われる[56]。

そして、「労働条件相違」要件が満たされるためには、有期契約労働者の労働条件が期間の定めがあることにより生じたものでなければならず、同一の使

用者の無期契約労働者のそれと相違していることが必要である。そして、上記で述べたように、有期契約労働者の比較対象となるのは、同一の使用者で期間の定めのない労働契約を締結しているすべての労働者である[57]。

　労働契約法第20条が、「期間の定めのあることにより……相違している場合」と規定していることは、無期契約労働者と有期契約労働者との間の労働条件の相違と、「期間の定めがあること」との間に、一定の因果関係が求められていることを意味する。

　しかし、この因果関係を証明するという要請は、「期間の定めがあること」と明らかに関係のない相違を排除する趣旨にすぎず、これ以上の厳格な要件として設けられているわけではない[58]。両当事者間に差異があり、その差異が別の合理的理由によるものか否かの実質的な判断は、「不合理性」要素のなかで判断されることになる。例えば、期間の定めなく雇用されている労働者には年功的賃金制度が、有期契約労働を締結している労働者には年功的ではない職務給的な時間給が適用されている場合であっても、それは、同法20条で定められた諸要素を考慮した上で、それらの適用される制度の相違を合理化できるか否かで検討すれば足りる[59]。

　一方、有期契約労働の労働者は、従事する仕事の内容が単純作業に限定されていて、そのために職務給として低い給与しか与えられないときには、賃金の相違は「期間の定めがあることにより」生じたとはいえない。有期契約労働者Aは家族手当の支給を受けておらず、無期契約労働者Bは家族手当の支給を受けている場合であっても、他の有期契約労働者Cが家族手当を受けているような場合には、「期間の定めがあることにより」生じた相違とはいえない。

　しかし、同一企業内のA、Bという2つの部門において、労働条件が異なっており（例えば、A部門の労働者には特別手当が支給され、B部門の労働者にはそれが支給されない）、A部門には無期契約労働者もいるが、B部門には有期契約労働者しか存在しない場合について、たしかに労働条件の相違は所属する部門の違いから生じているものではあるが、この場合にも、B部門には有期契約労働者しか存在しない（あるいはそれにきわめて近い状態）であるという事実から、無期契約労働者と有期契約労働者間の労働条件の相違があるとして、「労働条件相違」要件は満たされると考えてよい。その相違が、所属部門の違いによるものかどうかの実質的な判断は、「不合理性」要素のなかで審査される。

もっとも、A部門の労働者には有期契約労働者が含まれており、それらの者には当該手当が支給されているといった事実があれば、「労働条件相違」要件の段階で、要件が満たされていないということになる。

第2項 「不合理性」要素について

1.「不合理」の意味

　「不合理と認められるものであってはならない[60]」という文言は、有期契約労働者に対する不利益な取扱いが「合理的」であることではなく、「不合理」でないことを求めている[61]。そして、有期契約労働者の労働条件が無期契約労働者の労働条件に比して単に低いばかりではなく、法的に否認すべき程度に不公正に低いものであってはならないとの趣旨を表現したもの、と解する見解が有力である[62]。この見解は、労働契約法20条の「不合理」の意味を、両当事者の間にある労働条件格差に許容される格差の幅を認めたうえで、その幅にいわば最下限を設定し、それを下回るもののみを排除すると捉えているものと理解される[63]。例えば、ほぼフルタイムの有期契約労働者として就労していた女性労働者の賃金について、「同じ勤務年数の女性正規雇用労働者の8割以下となる時は、許容される賃金格差の範囲を明らかに超え、その限度において……公序良俗違反となる」と判断した【事件11-1】丸子警報器事件[64]（第3編第11章）のように、有期契約労働者の基本給が正規雇用労働者の8割以下（6割以上8割未満が31.8%と最も多く、4割以上6割未満が16.9%である[65]）の場合、その賃金格差は、職務の内容等に照らし、「不合理」なものと認められる。しかし、この場合、8割以上の格差は、たとえ職務の内容や人材活用の仕組みが同一であったとしても、その格差は不合理とは認められないという問題があり、これにより、有期契約労働者の賃金水準が全体として引き下げられる危険性又は8割水準でとどまる可能性が有りうる。

　したがって、有期契約労働者にとって当該雇用形態が少しでも良好な形態となるためには、「不合理」の文言を「合理的でない」と読むべきである。すなわち、問題となった処遇に合理的理由がない場合に、「不合理性」要素を満たすかどうかを判断するべきである[66]。

　労働条件格差にかかる規定には、非正規雇用労働者を不利に取扱うことを禁止し、かつ、有利に取扱うことを許容する片面的規定[67]と、不利な取扱いも有

利な取扱も禁止する解釈がある。同条は、無期契約労働者と有期契約労働者を均等に取扱うことを出発点とし、前者のように、有期契約労働者が無期契約労働者に比して有利に扱われることを適法と認める一方で、不利に扱われる場合には、合理的な理由がある場合にのみ、両者の間に差異にある取扱いを認めるというものである[68]。これが、本条の解釈にあたっての基本的方針となるべきである。

また、ここでいう不合理性ないし合理性には、2つの意味があるものと解すべきである[69]。それは、第1に、当該処遇の差に合理的な理由があること、そして、第2に、当該処遇の差に合理的理由があるとしても、その程度が相当な範囲内にとどまることという2つの意味である。これにしたがって、「不合理性」の要件は、2段階の審査を行う必要がある。例えば、有期契約労働者は就業場所が限定されており、他方、比較対象となる無期契約労働者については全国転勤が要請されているという事情のもとにおいては、人材活用の仕組みの違いゆえに基本給に差を設けることには合理的な理由があるとされる可能性が高いが（第1段階審査）、当該有期契約労働者の基本給が無期契約労働者のそれの例えば60％に留まる場合にその差が相当なものといえるか（第2段階審査）が問われるということである。

このような解釈は、職務の内容、当該職務の内容及び配置の変更の範囲に差異がある場合においても、無期契約労働者と有期契約労働者間、あるいは通常の労働者とパートタイム労働者間の労働条件の相違の程度（低さ）が、それらの両者間に存在する職務内容等の観点からの相違の程度に比して著しいときには、それら両者間の労働条件の差を不合理なものと判断しうるか、という前述した重要な解釈上の問題について、これを肯定するものである。こうした解釈がなされることで、非正規労働者（今のところ、有期契約労働者とパートタイム労働者）の労働条件格差の中でも大きく重要な部分をなしている基本給等の賃金における格差の是正に大きく寄与しうることとなろう。

2. 不合理性判断の考慮要素

労働条件の相違の不合理性を判断するときの考慮要素として、①「労働者の業務の内容及び当該業務に伴う責任の程度（以下「職務の内容」という）」、②「当該職務の内容及び配置の変更の範囲」、③「その他の事情」が条文上挙げら

れ、総合的に審査するとしている。パートタイム労働法が職務内容の同一性、職務の内容及び配置変更の範囲の同一性といった厳格な要件を設定しているのと比較すると、①②の考慮要素は似るが[70]、職務の内容や在職中の配置変更の有無の同一性を不合理性判断の要件とせず、「その他の事情」を含めて考慮する[71]。実際に、労働契約法第20条の立法過程では「基本給などの職務内容に関連する給付について職務内容の異なる者の間でどの程度のバランスをとるべきかという問題」についてもその射程に入れて議論がなされてきた[72]。この仕組みは、職務内容を均衡考慮の必須の要件としていない労働契約法3条2項にも共通するし、異なる職種間の均等・均衡処遇の延長線上にある同一価値労働同一賃金（処遇）の問題も「その他の事情」で考慮することが可能である[73]。③「その他の事情」として考慮すべき事情としては、合理的な労使の慣行などの諸事情[74]のほか、当該労働条件が、労使間での交渉を踏まえて決定されたものかどうかといった事情が挙げられよう[75]。対象となる労働条件を広く解し通勤手当、食堂の利用、安全管理などの相違は原則的に不合理であると解されている[76]ことも特徴的である。

1）「職務の内容」

不合理性を判断する際に、「労働者の業務の内容及び当該業務に伴う責任の程度（職務の内容）」が考慮される。このうち「業務の内容」は、労働者の職種及び現実に従事する仕事の内容を意味する。「当該業務に伴う責任の程度」とは、今後の見込みも含め、資格又は職位の位置あるいは担当するプロジェクトの責任者など現実に負担している責任の程度を意味する[77]。また、「当該業務に伴う責任の程度」の異同については、権限の範囲、業務の成果について求められる役割、トラブル発生時等に求められる対応の程度、ノルマ等の成果への期待の程度等が考慮される[78]。

同条は、「同一労働同一賃金（処遇）」のルールのみを具体化したものとはいえないとしても、中核ではその規範性を含む。したがって、「業務の内容及び業務に伴う責任の程度」が同等であれば、直接に「同一労働同一賃金（処遇）」を使用者に要請し、労働条件の相違にその他の合理的理由が存在していることを使用者側が立証できない限り、その不合理性が肯定される[79]と考えるべきである。【事件11-1】丸子警報器事件[80]や【事件11-2】日本郵便逓送事件[81]

で認められていた「契約自由の原則」や「使用者の裁量」を判断要素に加えることはできないと思われ、もし考慮するとしても際限ない「自由」も「裁量」も認められないと解される。

2)「職務の内容及び配置の変更の範囲」

「職務の内容及び配置の変更の範囲」とは、職務内容及び勤務場所の変更、すなわち配転可能な範囲を意味する。例えば、有期契約労働者は、特定製品の販売職への職種限定で採用するという取扱いであるときに、これを理由とする賃金等の労働条件の相違についての不合理性が判断される[82]。この点について、平成24年施行通達[83]によれば、基本的には「今後の見込みも含め、転勤、昇進といった人事異動や本人の役割の変化等（配置の変更を伴わない職務の内容の変更を含む）の有無や範囲」を考慮することになる。しかし、例えば、客観的な配置転換の有無やその範囲の差異を、そのまま労働条件の相違の合理性を肯定する要素とすることには反対である。そもそも、全国的な配置転換は、幅広い職務を経験させることによって、将来の会社経営を担う人材を育成することを期待する労務管理の一貫としてなされると説明されることがあり、結局のところ労働者に求められる役割、広義の「責任の程度」を問題にしていると考えられるからである[84]。したがって、単純に転勤といった配置転換の有無やその範囲の違い、あるいは、昇進といった人事異動や本人の役割の変化等の客観的な差異がそのまま問題となるのではなく、なぜ一方のカテゴリーの労働者には配置転換が求められているのか、なぜ両者の間に配置転換の範囲に差異があるのか、なぜ昇進可能性の有無に差異があるのかについて、客観的で合理的な理由の存在が問題とされるべきである。また、①配転の有無やその範囲は、本来、労働契約の条件・内容の一つの問題であること、また、②転勤のように、勤務地の変更を伴う配置転換には、均等・均衡処遇の問題ではなく、ワークライフバランスの観点からも、むしろ実際に配転が命じられた労働者に対してなされる代償措置等の配慮がなされているかなど、就業規則等の合理性の問題として検討されるべきである[85]ことも考慮されるべきである。

3)「その他の事情」

「その他の事情」とは、有期契約労働者のみを短時間労働で就業させてい

事情、あるいは定年後の嘱託雇用として雇用している事情[86]、そして、不合理と主張される当該労働条件決定が、使用者によって一方的に行われたものか、労働組合や従業員集団との労使交渉を経て行われたものか、この場合には、交渉の形態（特に有期契約労働者を包含する形態で行われたか）、状況（合意達成の有無・内容）などの事情が考えらる[87]。この考慮に際しては、交渉の形態・状況のほか、有期契約労働者の利害を反映した集団的労働条件設定の在り方がどのように機能したのかも判断要素となる[88]。

平成24年施行通達[89]には、「合理的な労使の慣行などの諸事情が想定される」とし、例えば、定年後に有期労働契約で継続雇用された労働者の労働条件が定年前の他の無期契約労働者の労働条件と相違することについては、定年の前後で職務の内容、当該職務の内容及び配置の変更の範囲等が変更されるとこが一般的であることを考慮すれば、特段の事情のない限り不合理と認められないと解される、とする。

「その他の事情」にどのような事情が含まれるかは、一律に判断されるべきものではなく、事案に応じて判断される。但し、ここで一点だけ強調すれば、勤続年数は一律考慮されるべき要素の1つである。有期契約労働を締結して企業内に取り込むことが、更新を予定しない、真に臨時的・一時的な利用の場合と、何度も更新をして、ある程度の長期の雇用関係が継続している場合とでは、労働者がその雇用に生活を依存している度合いは大きく異なる。この点は、不合理性の判断でも大いに考慮されるべきである。また、職務内容がまったく異なっていたとしても、その処遇の差異に相当性が問われる場合には、必要に応じて同業他社の状況も考慮し判断すべきである[90]。

3. 不合理な労働条件の相違

労働条件の不合理性を判断するときに、適用されている制度そのものを対象とするか、あるいは結果としての労働条件の待遇差を対象とするかという問題である。例えば、有期契約労働者には一律に職務給的時間給が、期間の定めのない労働者である正規雇用労働者には年功給が適用され、かつ前者には賞与や退職金制度はなく、後者にはそれらが適用される場面を想定した場合、労働契約法20条にいう不合理な労働条件とは、このように両者間に適用される制度の相違を問題とするものなのか、あるいは結果として生じる賃金額等の差異を

問題とするものなのかは、同条の文言からは不明である[91]。

　労働契約法 20 条はこの両者を含む、と考えるべきであろう[92]。というのも、同条の「不合理性」とは、「職務内容等の諸要素によって考慮しても、その差異が合理的に説明できない労働条件」を意味すると解されるが、このように解釈すると、適用される制度の相違が合理的に説明できない場合のほか、仮にその点が合理的なものであっても、結果としての処遇格差が、同条で示された要素を考慮しても、なお説明ができない程度の差異である場合には、その相当性が否定され、その労働条件は不合理なものと判断されることになると考えるからである。このような解釈は、「不合理性」要件の 2 段階の審査について述べたところでも、すでに示したものである。

　より具体的な不合理性の判断の在り方については、今後の判例及び学説の蓄積を持つほかないが、ここでは、行政解釈を参考にしつつ、本条の適用対象たる労働条件のうち、いくつかの例を取り上げる。

　まず、有期契約労働者と無期契約労働者間の労働条件の差異に関してもっとも大きな問題となるのは、職務の内容及び当該職務の内容及び配置の変更の範囲と強い関連性を持つ処遇である基本給である。この 2 つの考慮要素は、パートタイム労働法第 9 条がその適用要件として挙げている基準と共通する[93]。このパートタイム労働法第 9 条に照らして労働契約法 20 条は、職務内容等がほぼ同一であるにもかかわらず、有期契約労働者と無期契約労働者間の基本給の額に差異があるならば、無期契約労働者と異なる制度を有期契約労働者に適用することは許されず、その他考慮すべき特段の事情がない限り、期間の定めがあることによる「不合理」な相違と評価されるものとする。使用者がこの評価を回避するためには、個別具体的かつ合理的な企業経営上の方針や必要性など特段の事情の存在を主張・立証しなければならない。一方、労働者にとって立証が困難となるのは、有期契約労働者と無期契約労働者間において職務内容等に相違がある場合である。この場合であっても、これらの差異を理由として、それぞれ異なる制度を適用すること自体は、それが合理的に説明できるものである限り、不合理なものと評価されることにならない。但し、その場合でも、支給される賃金額の総額の差異が、その職務内容等を比較しても説明できない程度の差異がある場合には、均衡の理念の公序に反し、相当性がないものとして、不合理な相違と判断されることになると考える[94]。もちろん、その差が

相当なものとはいえないことの立証は労働者にとって容易ではない。このとき、立証の手段として労働者側が取りうる手段としては2つ考えられる。一つは、立証に要するコストは小さいとはいえないが、職務分析・職務評価の手法を積極的に活用する方法である。もう一つの手段は、訴訟に至る前の段階で、労働者側が使用者に対して、基本給の差異について説明を求めることである。労働契約法4条第1項は、使用者に対して労働条件及び労働契約の内容に関する労働者の理解を深めるようにする責務を課し、パートタイム労働法14条は、事業主が講じる措置の内容等の説明を義務づけている。これらの手段を利用し、労働者側が説明を求めたにもかかわらず、使用者がそれに対して十分な説明を行わなかったとしたら、訴訟の場面において、当該事実を、差異の不合理性を基礎づける重要な事実として位置づけるべきである。

　基本給の項で検討したように、賞与の場合も、職務内容等が同等な場合は、制度の適用に差異が設けられていること自体が不合理の評価を受けることになる。しかし、職務内容等に差異がある場合には、必ずしも適用されている制度の差異自体が不合理性とはいえないものの、これはその制度趣旨の解釈の問題とも関係する難問ではあるが、功労報償的性格と賃金後払い的性格の両者の性格を併有する一般的な賞与を前提とする限り、一切の支給がなされないことには相当性がない、と考えられる。少なくとも、賃金の後払い部分に関しては、その職務内容に伴う貢献度に応じた額が、支給されるべきである[95]。

　退職金に関しても、基本給と賞与と同様に考えるべきである。だが、退職金には多年にわたる勤続に対する対価との側面があるのが一般的であり、有期契約労働を反復継続して更新し、その雇用が長期にわたっている場合は、その雇用期間の長さを考慮しつつ、それまでの貢献度に応じた何らかの支給がなされるべきであろう[96]。

　施行通達によると[97]、「通勤手当、食堂の利用、安全管理などについて労働条件を相違させることは、職務の内容、当該職務の内容及び配置の変更の範囲その他の事情を考慮して特段の理由がない限り合理的とは認められないと解される」としている。すなわち、職務内容等の差異とは直接関係なく、同一の使用者の下におかれていることに基づいて支給される手当や処遇、具体的には、通勤手当、食堂の利用、安全管理などの福利厚生等に関しては、適用に関し両者間に差異があることを合理的に説明できる場合は少なく、その多くは、適

用される制度の差異の不合理性が肯定される[98]。例えば、労働者の安全を確保するために無期契約労働者に対し健康診断を実施するものとしている場合において、有期契約労働者にはこれを実施しないものとすることは、この健康診断の実施が、労働者の安全の確保を目的とする以上、有期契約労働者が従事する業務については当該健康診断を要しないといった特段の事情がない限り、本条に違反するということになる[99]。また、通勤手当の支給及び食堂の利用は、労働者の業務の円滑な遂行や労働者の健康を確保するためのものである以上、これらの対象から有期契約労働者を除外することは、特段の理由がない限り、本条に違反するということになる。

　しかし、問題は、家族手当や扶養手当など、一見職務内容とは関係なく支給がなされる手当であるが、一方で、生活給的な性格を持つものについてはどのように判断されるべきかである。結局は、職務内容等の要素に、その適用の差異を合理化できるだけの理由を見いだせるか否かによって判断されることになると考えられる。しかし、「その他の要素」で検討したように、何度も更新をしてある程度の長期の雇用関係が継続している場合では、労働者がその雇用に生活を依存している度合いが大きいことが想定されるため、生活給的な要素は、勤続年数の要素が重視されると考えるべきである。

第3項　立証責任

　労働条件は、使用者によって一方的に決定されるだけではなく、使用者と労働組合との交渉や使用者と個別の労働者との交渉、さらには労働市場の動向にも左右されて決定される[100]。そのため、同法20条の不合理性の証明について、単純に一方のみが立証責任を負うということではなく、労使双方が負担するものと解されている。この点について、審議会では、「不合理を基礎づける評価根拠事実を労働者が立証し、それを覆すための評価障害事実を使用者が立証するということになる」との説明がなされている。そして、平成24年施行通達は、「有期契約労働者が労働条件が期間の定めを理由とする不合理なものであることを基礎づける事実を主張立証し、他方で使用者が当該労働条件が期間の定めを理由とする合理的なものであることを基礎づける事実の主張立証を行うという形でなされ、同条の私法上の判断は、有期契約労働者及び使用者双方が主張立証を尽くした結果が総体としてなされるものであり、立証の負担が有期契約

労働者に一方的に負わされることにはならない」[101]としている。

労働者の方が第一次的には不合理性を主張立証しなければならないこの解釈に対しては、同法20条の有期契約労働者と無期契約労働者間の労働条件の格差の不合理性判断が、平等原則に基づく均等処遇の問題であることの特質を反映したものとなっていないとの批判がある[102]。また、労働団体は、合理的な理由に関する立証責任は、使用者が負担し、法には原則のみを規定して、合理的な理由が何なのかに関しては、私法判断に任せるべきと主張している[103]。これに対し、使用者団体は、比較対象労働者の合理的な理由と関連した判断の難しさなどを理由に反対意見を表明している[104]。使用者の立証責任を明示的に規定することはないが、全体的に見て、労使の理解が適切に反映された定めであるように見える。

両者に適用されている制度の差異や結果としての労働条件の相違など、合理性を説明しうる情報は、もっぱら使用者が有していることを考慮して、立証責任の配分がなされるべき[105]、と考えられる[106]。

第2款　法的効果をめぐる解釈論

不合理であることの禁止は、労働契約法の中に規定されていることからすれば、不合理とされた労働条件の定めは、直ちに労働契約の効力に反映され、無効と評価される[107]。また、事実行為の場合も含めて不法行為として損害賠償責任を追及することができると解され[108]、個別労働解決紛争解決促進法に基づく助言・指導・斡旋、各労働委員会における個別労働紛争に関する相談・斡旋において参照される[109]。この規定によりある労働条件が無効となった場合、基本的には、無期契約労働者と同じ内容の労働条件が当てはまる補充的効力も認められると解される[110]。平成24年施行通達[111]は、「同法第20条により不合理とされた労働条件の定めは無効となり、故意・過失による権利侵害、すなわち不法行為として損害賠償が認められ得ると解されるものであること。また、同法第20条により、無効とされた労働条件については、基本的には、無期契約労働者と同じ労働条件が認められると解されるもの」であるとしている。

他方、この点を消極的に解釈し、「同条が労働契約に対する格差是正の直律的（補充的）効力までも規定したとは読みがたい」とした上で、「就業規則等……の合理的解釈によって同基準を有期労働契約労働者にも適用できるような

第12章　非正規雇用労働者の労働条件に対する法規制

場合でなければ、無効と損害賠償の法的救済にとどめ」るべきとする立場もある[112]。しかし、この消極的解釈は、これまで均等待遇や均衡処遇をある種別なものとして捉えてきたこれまでの法規制や議論に対して、同法20条がこれら両方の概念を含む広範な規定として定められたと理解するべきであり、そのいずれの場合も同一の基準で考えるのには無理があると考える。

相違のある労働条件は様々であり、例えば、有期契約労働者独自の昇格・異動の制度など、期間の定めのない労働契約の内容である労働条件で補充することが妥当でない場合があるが、この場合には、事情に即した合理的な相違を含む制度に是正されるにとどまる[113]。基本的に、就業規則等の合理的解釈を行うことによって、その補充的効果を最大限検討すべきである。

ところで、同法20条のような契約形態による格差の問題は、基本的人権に直接抵触するような人種等を理由とした処遇格差とは異なり、少なくとも刑事罰をもって強制するまでの強い規範性はないことから、労基法による厳しい規制下におくのではなく、労働契約法によるよりソフトな規制の下におく方が適当であるとの政策的配慮があるものと考えられる。しかし、①同一価値労働同一賃金原則が、草案段階とはいえ、労働基準法に規定されることが準備されていたこと[114]、②少なくとも同一労働同一賃金（処遇）原則の部分は、雇用社会における最低限の秩序として、最低労働条件を形成していると解釈すべきであること、との理由から、強い公序違反が認められる同一労働同一賃金（処遇）原則の規範内容に抵触する不合理な労働条件によって処遇されている場合には、労働基準法第13条の効果を参考としながら、就業規則等の合理的解釈が積極的になされるべきである[115]。

注

1) 労働問題リサーチセンター『雇用平等法制の比較法的研究：正規雇用労働者と非正規雇用労働者との間の賃金格差問題に関する法的分析』（労働問題リサーチセンター・日本ILO協会、2008年）54頁。
2) 本書では、2014年4月23日に公布された「パートタイム労働法の一部を改正する法律」によるものを基準にする（平成26年法律第27号：2015年4月1日施行）。但し、従来の判例の判旨に引用する際に、旧パートタイム労働法を利用する場合もある。
3) 短時間労働者と通常の労働者との働き・貢献を、3つの要素（「職務の内容」、「職務の内容及び配置の変更の範囲（有無を含む）」、「労働契約期間の定めの有無」）をもとに、4パ

第 3 編　日本における非正規雇用労働者の労働条件格差是正のための法規制

　　ターン（①職務の内容及び長期にわたる職務の内容及び配置の変更の範囲が通常の労働者と同じであり、労働契約期間の定めがない、②職務の内容及び短期的な職務の内容及び配置の変更の範囲が通常の労働者と同じ（①を除く）、③職務の内容が通常の労働者と同じ（①及び②を除く）、④職務の内容が通常の労働者と異なる）に区分した上で、それに応じて事業主に措置を課すという仕組みが採用されている。その対象となる待遇については、「働き・貢献に関する評価を反映させることができるもの」という考え方を基本に置き、①のパターンに該当する場合を除いて、職務の内容に関連する待遇を措置の対象としている。①のパターンについては、働き・貢献のみならず、企業にとっての位置づけが通常の労働者とまったく同じなので、福利厚生等、長期の雇用を前提とした通常の労働者に対して実施する待遇まで含めて措置の対象としている。厚生労働省雇用均等・児童家庭局短時間・住宅労働課長高崎真一『コンメンタールパートタイム労働法』（労働調査会、2008）193頁以下。
4)　厚生労働省雇用均等・児童家庭局短時間・住宅労働課長高崎真一・前掲注 (3) 235 頁以下。
5)　「経験等」の「等」としては、例えば、勤続年数が考えられる。
6)　厚生労働省雇用均等・児童家庭局短時間・住宅労働課長高崎真一・前掲注 (3) 237 頁以下。
7)　厚生労働省雇用均等・児童家庭局短時間・住宅労働課長高崎真一・前掲注 (3) 244 頁以下。
8)　第 1 編第 2 章第 2 節第 1 款第 3 項参照。
9)　厚生労働省「雇用政策研究会報告書」(2010 年) 18 頁参照。
10)　厚生労働省雇用均等・児童家庭局「今後のパートタイム労働対策に関する研究会報告書」(2011 年) 44 頁以下。
11)　厚生労働省雇用均等・児童家庭局短時間・住宅労働課長高崎真一・前掲注 (3) 247 頁以下。
12)　和田・前掲第 10 章注 (33) 72 頁。
13)　「雇用管理の改善に関する措置」とは、賃金に関する均衡、教育訓練の実施、福利厚生施設の利用、通常の労働者への転換等が対象となる。
14)　厚生労働省「今後の労働者派遣制度の在り方に関する研究会報告書」(2008 年)。
15)　沼田雅之「2012 年改正労働者派遣法の概要とその検討」和田肇・脇田滋・矢野昌浩『労働者派遣と法』（本評論社、2013 年) 40 頁。
16)　同項は、余程のことがない限り、適用される余地はないと言わざるえを得ない（沼田・前掲注 (15) 41 頁)。
17)　高橋賢司「改正派遣労働法とその解釈上の課題－派遣労働者の保護」ジュリスト 1446 号 (2012 年) 52 頁。
18)　沼田・前掲注 (15) 41 頁。
19)　本庄淳志「改正労働法派遣法をめぐる諸問題－施行後の抜本的再検討に向けて」季刊労働法 237 号 (2012 年) 34 頁。
20)　本庄・前掲注 (19) 35 頁。
21)　EU 労働者派遣法指令でさえ、労働者派遣が中断している際の賃金支払いを考慮すれば、ある程度の例外を許容せざるをえないことをもとめている。濱口桂一郎「EU 労働者派遣指令と日本の労働者派遣法」大原社会問題研究所雑誌 604 号 (2009 年) 28 頁以下。
22)　パートタイム労働法第 12 条でも、福利厚生施設の利用は、その機会提供の配慮義務が

定められているにすぎない。なお、この点について毛塚教授は、「平等」を「同一生活空間に属する者の平等感情に根ざした規範」とした上で、「法定外福利の多くが労働対価的正確を持つものでないから提要対象外とすることに合理性をもつか疑問」であるとしている（毛塚・前掲第 3 章注（10）32 頁）；働く場所との結びつきの強い交通手段や食堂などの集団的施設の利用について、派遣労働者にも同様に権利を認めるべきものとされてフランスの状況を詳解したものがある（水町「「同一労働同一賃金」は幻想か？：正規・非正規労働者間の格差是正のための法原則のあり方」・前掲第 3 章注（64）289 頁）。

23) 厚生労働省職業安定局需給調整事業課「労働者派遣の実態に関するアンケート調査（派遣先調査）」（2012 年 12 月実施）によれば、派遣先事業所で行っている派遣労働者の均衡待遇の確保のための取組みとしては、「派遣労働者が他の社員と同じように福利厚生施設を使えるようにしている」が 65.5％と最も多く、「特に行っていない」と回答した事業所は 3.7％となっている。また、派遣労働者のスキル向上のために行っている取組みとしては、「事業所でのOJT」が 67.3％と最も多く、次いで「事業所の従業員と合同でのOff-JT」が 30.2％となっており、「派遣労働者に教育訓練は行っていない」と回答した事業所は 16.5％となっている。（いずれも複数回答）。

24) 本庄・前掲注（19）34 頁。

25) 髙橋・前掲注（17）55 頁。

26) パートタイム労働法で、「通常の労働者」とは、「当該業務に従事する者の中に期間の定めのない労働契約を締結している労働者（いわゆる正規雇用労働者）がいる場合は、そのいわゆる正規雇用労働者をいい、当該業務に従事する者の中にいわゆる正規雇用労働者がいない場合については、反復更新されることによって期間の定めのない労働契約と同視することが社会的通念上相当と認められる期間の定めのある労働契約を締結している者（例えば、フルタイム労働者）のみと解される。「いわゆる正規雇用労働者」については、「社会通念に従い、当該労働者の雇用形態、賃金体系等（例えば、労働契約の期間の定めがなく、長期雇用を前提とした待遇を受けるものであるか、賃金の主たる部分の支給形態、賞与、退職金、定期的な昇給又は昇格の有無）を総合的に勘案して判断する」ものである。そして、「フルタイム労働者」については、「当該業務に恒常的に従事する 1 週間の最長の所定労働時間が、正規雇用労働者でない者を指し、一時的な業務のために臨時的に採用されるような者は含まない」とされている。平成 19 年 10 月 1 日付け基発第 1001016 号、職発第 1001002 号、能発第 1001001 号、雇児発第 1001002 号「短時間労働者の雇用管理の改善等に関する法律の施行について」第 1 の 3（3）。

27) 短時間労働者第 9 条の差別禁止規定は、労働基準法や男女雇用機会均等法の差別禁止規定と比べると、差別の成立要件が厳格で、差別禁止規定がパートタイム労働法の目的である均衡待遇原則の一環として設定されたことに特徴がある。両角道代「均衡待遇と差別禁止 - 改正パート労働法の意義と課題」日本労働研究雑誌 576 号（2008 年）50 頁。

28) 例えば、厚生労働省の「平成 23 年パートタイム労働者総合実態調査」では、正社員と同視すべきパート等の労働者割合のデータが示されている。それによるとパートタイム労働法第 8 条の 3 要件を満たす短時間労働者は短時間労働者の 1.3％を占めるのに対し、2 要件を満たす短時間労働者は 2.1％を占めるとされている。

第 3 編　日本における非正規雇用労働者の労働条件格差是正のための法規制

29) 川田知子「パートタイム労働法八条の差別禁止規定の問題と今後の課題」労働法律旬報第 1711 号（2008 年）65 頁。
30) 「短時間労働者の雇用管理の改善等に関する法律の一部を改正する法律の施行について」（平成 19 年 10 月 1 日付け基発第 1001016 号、職発第 1001002 号、能発第 1001001 号、雇児発第 1001002 号）。
31) 「短時間労働者の雇用管理の改善等に関する法律の一部を改正する法律の施行について」（平成 19 年 10 月 1 日、雇児発第 1001002 号）：和田・前掲第 10 章注 (33) 71 頁。
32) 厚生労働省雇用均等・児童家庭局短時間・住宅労働課長高崎真一・前掲注 (3) 225 頁以下。
33) 厚生労働省雇用均等・児童家庭局短時間・住宅労働課長高崎真一・前掲注 (3) 226 頁。
34) 川田知子「パートタイム労働法八条の差別禁止規定の問題と今後の課題（特集 現在日本の労働法の課題）」労働法律旬報 1711・1712 号（2010 年）64 頁。
35) 厚生労働省雇用均等・児童家庭局短時間・住宅労働課長高崎真一・前掲注 (3) 228 頁。
36) 厚生労働省雇用均等・児童家庭局短時間・住宅労働課長高崎真一・前掲注 (3) 229 頁。
37) 水町勇一郎・連合総研編『労働法改革』（日本経済新聞出版社、2010 年）65 頁以下。
38) 厚生労働省雇用均等・児童家庭局短時間・住宅労働課長高崎真一・前掲注 (3) 230 頁。
39) 野田進【改正 20 条（1 年後施行）】（期間の定めがあることによる不合理な労働条件の禁止）」西谷敏・野田進・和田肇編『新基本法コンメンタール労働基準法・労働契約法』（日本評論社、2012 年）430 頁。
40) ここでの不合理な労働条件の禁止は、平等原則に基づく均等・均衡処遇を定めたものと解される（毛塚勝利「非正規労働の均等処遇問題への法理論的接近方法－雇用管理区分による処遇格差問題を中心に」日本労働研究雑誌第 636 号（2013 年）22 頁）。
41) 水町「「同一労働同一賃金」は幻想か？：正規・非正規労働者間の格差是正のための法原則のあり方」・前掲第 3 章注 (64) 271 頁以下。
42) 大木・前掲第 3 章注 (67) 85 頁。
43) 大木・前掲第 3 章注 (67) 75 頁。
44) 野田・前掲注 (39) 430 頁以下。
45) 労働契約法第 20 条の「労働契約の内容である」という文言について、同法第 8 条では、就業規則によって規律される内容もこれに含まれると解されている（施行通達第 3 の 3 (2) ウ）。また、同じ文言を用いる同法第 7 条ではその概念を広く解されている（荒木尚志・菅野和夫・山川隆一『詳説労働契約法』（弘文堂、2008 年）98 頁以下）。
46) 厚生労働者「労働契約法の施行について」（平成 24 年 8 月 10 日基発 0810 第 2 号）第 5 の 6 (2) イ参照。
47) 荒木・菅野・山川・前掲注 (45) 97 頁参照。
48) 櫻庭涼子「期間の定めがあることによる不合理な労働条件の禁止」荒木尚志『有期雇用法制ベーシックス』（有斐閣、2014 年）109 頁。
49) 緒方桂子「改正労働契約法 20 条の意義と解釈上の課題」季刊労働法 241 号（2013 年）22 頁。
50) 緒方・前掲注 (49) 22 〜 23 頁。
51) 野田進「労働契約の内容の変更」西谷敏・野田進・和田肇編『新基本法コンメンタール

労働基準法・労働契約法』（日本評論社、2012年）355頁。
52) 櫻庭・前掲注（48）109頁以下。
53) 厚生労働者「労働契約法の施行について」（平成24年8月10日基発0810第2号）第5の6（2）ウ。
54) 労働契約法の施行について」（平成24.8.10基発0810第2号）第5の6（2）ウ。
55) 緒方・前掲注（49）23頁。
56) 櫻庭・前掲注（48）111頁以下。
57) 緒方・前掲注（49）23頁。
58) 野田・前掲注（39）430頁以下。。
59) 沼田雅之「有期労働契約法制と均等・均衡処遇」日本労働法学会誌121号（2013年）49頁。
60)「あってはならない」との文言がいかなる法的効果を予定しているかは、同条からは必ずしも明確ではなく解釈に委ねられた事項であるが、労働契約法が私法上のルールを定めた法律の条文であることも考慮すると、少なくともそのような労働条件に法的効力が認められないのは明らかである。緒方・前掲注（49）23頁以下。
61) 労働政策研究研修機構『雇用形態による均等処遇についての研究会報告者』（2011年7月）30頁以下の報告書は、欧州の法規制の現状に照らすと、人権保障に係る均等待遇原則は性別・宗教・信条による両面的な差別の禁止であるのに対して、雇用形態に係る均等待遇原則は非正規労働者の処遇改善の観点から、非正規労働者に対する合理的理由のない処遇格差を禁止するものである、との解明を行った。本条の不合理と認められるものであってはならないとの規定は、この解明に従った規制の仕方であると解される。
62) 菅野・前掲第11章注（17）235頁以下。
63) 緒方・前掲注（49）25頁。
64) 長野地裁上田支部判決平成8.3.15労働判例690号32頁（第3編第11章参照）。
65) 労働政策研究研修機構『雇用形態による均等処遇についての研究会報告者』（2011年）106頁。
66) 緒方・前掲注（49）24頁：緒方桂子「新しい有期労働契約法制と社会的包摂」法律時報85巻3号（2013年）18頁。
67) 労働政策研究研修機構・前掲注（65）106頁以下。また、パートタイム労働法第9条が一定の要件を満たす短時間労働者についての差別的取扱を禁止しているが、その場合も、短時間労働者が通常の労働者よりも低い待遇となっている場合に限って適用されるべきものと解されている（厚生労働省雇用均等・児童家庭局短時間・住宅労働課長高﨑真一・前掲注（3）229頁以下）。
68) 緒方・前掲注（49）20頁。
69) 緒方・前掲注（49）24頁：阿部・前掲第10章注（37）63頁。
70) この点を指摘したものとして、川田知子「有期労働契約法制の新動向－改正法案の評価と有期労働法制の今後の課題」季労働法237号（2012年）13頁。
71) 毛塚勝利「改正労働契約法・有期労働契約規制をめぐる解釈論的課題」労働法律旬報1783・84号（2013年）26頁も同旨。
72) 水町「「同一労働同一賃金」は幻想か？：正規・非正規労働者間の格差是正のための法

第3編　日本における非正規雇用労働者の労働条件格差是正のための法規制

　　　原則のあり方」・前掲第3章注（64）294頁。
73）沼田・前掲注（59）50頁。
74）厚生労働省厚生労働者「労働契約法の施行について」（平成24年8月10日基発0810第2号）施行通達第5の6（2）エ。
75）もっとも、有期契約労働者が労働組合に十分に組織されているとは言いがたい現状において、労働組合と使用者との間の交渉および合意を重視することの危険性も指摘されている。そのため、労働合意を合理性判断の要素として考慮する際には、労使合意ないし労働者の利益代表組織が、非正規労働者を含む多様な労働者によって　組織されている民主的な組織であること、及び、労働合意の中に内在する可能性のある不公正さ（不合理さ）を裁判所等の中立的な機関が事後的に審査できる制度があることを前提とすべきと指摘されている（水町「「同一労働同一賃金」は幻想か？：正規・非正規労働者間の格差是正のための法原則のあり方」・前掲第3章注（64）292頁）。
76）厚生労働者「労働契約法の施行について」（平成24年8月10日基発0810第2号）施行通達第5の6（2）オ。
77）野田・前掲注（39）430頁以下。
78）櫻庭・前掲注（49）113頁以下。
79）野田・前掲注（39）431頁は、「本条にいう不合理な労働条件の禁止は、考慮要素の面では均衡処遇を求める規制に近い」としているが、私見では、同一労働（ここでは職務と責任）が同一であれば、もはや均衡処遇が求められるのではなく、均等待遇が妥当し、一方で部分的に同質性をもっている場合には、その程度に応じた均衡処遇が求められるという二重の意味を含む法規定であると理解したい。
80）長野地裁上田支部判決平成8.3.15労働判例690号32頁（第3編第11章参照）。
81）大阪地判平成14.5.22労働判例830号22頁（第3編第11章参照）。
82）野田・前掲注（39）430頁以下。
83）厚生労働者「労働契約法の施行について」（平成24年8月10日基発0810第2号）施行通達第5の6（2）エ。
84）山田省三「改正パーとタイム労働法いおける均等待遇原則の理論的な課題」労働法律旬報1678号（2008年）12頁も同旨。
85）緒方桂子「雇用形態間における均等待遇」日本労働法学会誌117号（2011年）46〜47頁。
86）野田・前掲注（39）431頁。
87）菅野和夫『労働法（第10版）』（弘文堂、2012年）237頁。
88）荒木尚志『労働法第2版』（有斐閣、2013年）478頁以下。
89）厚生労働者「労働契約法の施行について」（平成24年8月10日基発0810第2号）施行通達第5の6（2）エ。
90）沼田・前掲注（59）52頁。
91）沼田・前掲注（59）53頁。
92）奥田香子「パート労働の将来像と法政策」西谷敏・中島正雄・奥田香子編『転換期労働法の課題』（旬報社、2003年）364頁：緒方・前掲注（85）46頁。
93）「短時間労働者の雇用管理の改善等に関する法律の一部を改正する法律の施行について」

第 12 章　非正規雇用労働者の労働条件に対する法規制

（平成 19 年 10 月 1 日基発第 1001016 号、「短時間労働者施行通達」）を手がかりに、これらの考慮要素を検討するに、職務の内容については、問題となっている有期契約労働者の中核的職務について、授権されている権限の範囲、業務の成果について求められる役割、トラブル発生時や臨時・緊急時に求められる対応の程度、ノルマ等の成果への期待の程度といった点が判断のポイントとなる。また、人材活用の仕組みについては、転居を伴う配転の有無、その範囲、事業所内における配置転換の態様といった点が挙げられる。

94) 沼田・前掲注 (59) 53 頁。
95) 沼田・前掲注 (59) 53 頁。
96) 沼田・前掲注 (59) 54 頁。
97) 厚生労働者「労働契約法の施行について」（平成 24 年 8 月 10 日基発 0810 第 2 号）施行通達第 5 の 6 (2) オ。
98) 沼田・前掲注 (59) 54 頁。
99) 櫻庭・前掲注 (48) 116 頁以下。
100) 沼田・前掲注 (59) 55 頁。
101) 厚生労働者「労働契約法の施行について」（平成 24 年 8 月 10 日基発 0810 第 2 号）施行通達第 6 (2) キ。
102) 毛塚勝利・前掲注 (40) 22 頁。
103) 労働条件は原則として私的自治のもと労使が自由に決定できるものである。大木・前掲第 3 章注 (67) 75 頁。
104) 川田・前掲注 (34) 64 頁：山田・前掲注 (84) 8 頁。
105) 川田知子「有期労働契約法制の新動向－改正法案の評価と有期労働契約法制の今後の課題」季労労働法 237 号（2012 年）13 頁は、「労働条件に相違があることについては労働者側が立証責任を負い、その相違が不合理であるか否かについては使用者側が立証責任を負うべき」としている。労働者側の立証責任を緩和する立場である。これは情報の偏在という点を最大限に配慮したものと理解できる。
106) 水町「「同一労働同一賃金」は幻想か？：正規・非正規労働者間の格差是正のための法原則のあり方」・前掲第 3 章注 (64) 291 頁と、川田・前掲注 (105) 13 頁では、業務と責任の関係やその具体的内容うについて「使用者に説明義務を果し、立証責任と使用者に負わせる」とする学説もある。
107) 野田・前掲注 (39) 430 頁以下。
108) 厚生労働者「労働契約法の施行について」（平成 24 年 8 月 10 日基発 0810 第 2 号）施行通達第 5 の 6 (2) カ。
109) 櫻庭・前掲注 (48) 118 頁以下。
110) 野田・前掲注 (39) 431 頁以下：厚生労働者「労働契約法の施行について」（平成 24 年 8 月 10 日基発 0810 第 2 号）：第 99 回労働条件分科会の労働条件性作課長の発言。
111) 厚生労働者「労働契約法の施行について」（平成 24 年 8 月 10 日基発 0810 第 2 号）施行通達第 5 の 6 (2) カ。
112) 菅野・前掲第 11 章注 (17) 238 頁以下。なお、労働法学会でもその点については詳細な議論がなされている。渡辺賢「雇用平等を実現するための諸法理と救済のあり方」日

第 3 編　日本における非正規雇用労働者の労働条件格差是正のための法規制

　本労働法学会誌 117 号（2011 年）64 頁以下参照。
113) 野田・前掲注（39）430 頁以下。
114) 浜田冨士郎「労基法 4 条による男女賃金差別の阻止可能性の展望」前田達男・萬井隆令・西谷敏編『労働法学の理論と課題』（有斐閣、1998 年）390 頁以下参照。
115) 日本労働法学会第 124 回大会での拙発表では、労基法 13 条適用あるいは類推適用の可能性について言及したが、そのような立場は本文のように修正したい（沼田・前掲注（59）57 頁）。

第13章　非正規雇用労働者の労働条件格差是正の法理論
― 均衡考慮、不合理な労働条件の禁止及び差別的取扱いの禁止の相互関係（試論）

　以上の検討を踏まえて、ここでは、日本における非正規労働者の労働条件格差是正の法規制として法定されているところの3つのもの、すなわち、①均衡考慮、②不合理な労働条件の禁止、③差別的取扱いの禁止の相互関係について検討する。それというのも、パートタイム労働法ではこれら3つの法規制がすべて定められているように、これらの相互関係を明らかにすることは、非正規労働者の労働条件格差是正のための法規制の構造を把握し、それによって、それら法規制の内容についての法解釈や立法論の基礎・根拠となるものを提供するものと考えられるからである。

　そこでまず、上記3つの規制手法のすべてを定める改正パートタイム労働法の規制の構造を分析することから始めたい。同法だけが3つの規制手法のすべてを定めていることから、同法の規定の仕方、その構造を分析することによって、それら3つの法規制の相互関係とその構造を把握することができると考える。

　改正パートタイム労働法は、前述のように、第1に、①職務の内容の同一性、及び、②配置の範囲の同一性という2つの要件が充足されると、使用者は、当該パートタイム労働者（「通常の労働者と同視すべき短時間労働者」）の労働条件について、それらの要件の充足により特定された比較対象となる通常の労働者との間で差別的取り扱いを禁じられる（改正同法第9条）。そして、第2に、同法は、上記の①の要件だけが充足される場合には、使用者は、当該パートタイム労働者の労働条件について、①の要件の充足により特定された比較対象となる通常の労働者との間で不合理な労働条件の差を設けることを禁じられる（同法第8条）。さらに、第3に、賃金（通勤手当、退職手当その他の厚生労働省令で定めるものを除く）については、そうした要件の充足がなくとも、事業

第3編　日本における非正規雇用労働者の労働条件格差是正のための法規制

主は、通常の労働者と同視すべき短時間労働者を除いたその雇用する短時間労働者の職務の内容、職務の成果、意欲、能力又は経験等を勘案し、通常の労働者との均衡を考慮しつつ、決定するように努めるものとされる（同法第10条）。この第3の法規制（賃金についての均衡考慮の努力義務）は、第1の「通常の労働者と同視すべき短時間労働者」の場合には、差別的取り扱いが禁止され、同一の扱いをすることが求められるから、当然のことながらその適用はないが、上記の①の要件を充足する、不合理な労働条件が禁じられる第2の場合については、その適用を前提としているものと考えられる。

　このように見てくると、賃金について定められている均衡考慮の努力義務の法規制は、パートタイム労働者の全体について適用される、共通基盤をなす法規制であると解することができよう。努力義務にとどめられてはいるが、均衡考慮、換言すれば、バランスをとるようにすることは、賃金については、共通基盤をなす法規制といえよう。そして、上記の①の要件の充足が認められる場合には、賃金については、均衡考慮の努力義務によってバランスが取れているものであることを前提として、不合理な労働条件の差の禁止が加えられる、という法規制の構造をなしているといえよう。なお、不合理な労働条件の差を禁じるパートタイム労働法第8条の見出しには、「短時間労働者の待遇の原則」と書かれているが、これはあくまで、上記の①の要件を充足していることを条件としたものであり、賃金については、バランスをとった決め方がなされていることがその前提となっていることに変わりはない。

　このように、私見は、改正パートタイム労働法をその規制モデルとしてみたうえで、①均衡考慮、②不合理な労働条件の禁止、③差別的取扱いの禁止という3つの法規制が、①均衡考慮を共通ベースとしたうえで、比較対象者を設定する際の要件がより厳格なものに加重されるのに応じて、②不合理な労働条件の禁止、そして③差別的取扱いの禁止といった順で、より厳しい労働条件格差是正の法規制がかかってくるというように、重層構造をなすものと理解するものである。すべての労働契約についての原則として、労働契約法が「均衡考慮の原則」を定めていること（同法第3条2項）も、均衡考慮が労働条件格差是正の法理、法規制における共通ベースになるものと解すべき根拠といえよう。雇用形態を理由とする非正規労働者の労働条件格差是正の法理は、このような重層構造をなすものと考えられるのである。

第13章　非正規雇用労働者の労働条件格差是正の法理論

　こうした理解に対して、パートタイム労働法の3つの条項を次のような関係にあるものとする見解が示されている[1]。それによれば、パートタイム労働法第8条は、労働契約法第20条にいう「不合理な労働条件の禁止」が、パートタイム労働者についての「待遇の原則」として規定されたものと位置づけることができ、これまでは旧パートタイム労働法第8条第1項の均等待遇（差別的取扱いの禁止）と旧パートタイム労働法第9条第1項の均衡処遇が2本立てとなってきたなかで、この両方を待遇の原則として取り込み、合理的な理由のない不利益取り扱いを禁止するものと解されるのである。そして、改正パートタイム労働法第8条では、労働契約法第20条と同様に、旧パートタイム労働法第8条第1項のうちの無期契約要件を除く2要件が不合理性判断の要素とされていることから、より適用範囲の広い規定となっており、また、改正パートタイム労働法第9条は2要件となって差別的取扱い禁止規定のまま存続することから、改正パートタイム労働法第9条の要件に該当しない場合であっても、改正パートタイム労働法第8条で不合理と認められる場合には違法となりうるし、逆に、改正パートタイム労働法第8条に該当する場合でもさらに改正パートタイム労働法第9条の2要件を満たす場合には同条の差別的取扱い禁止の適用を受けると解される。改正パートタイム労働法第10条についても、これまでは旧パートタイム労働法第8条に該当しない場合に、賃金について旧パートタイム労働法第9条（改正パートタイム労働法第10条）の均衡処遇の努力義務規定の適用がありえたが、改正パートタイム労働法第8条で不合理と認められる場合には同条により違法となりうるし、改正パートタイム労働法第8条に該当しない場合であっても、改正パートタイム労働法第10条の考慮事項に基づく判断により、行政指導が行われる余地がある。

　以上のように改正パートタイム労働法の3つの条項の関係を理解する立場は、前述したような私見とは異なり、改正パートタイム労働法第8条（不合理な労働条件の禁止）が原則的な法規制として他の2つを包摂する関係にあるものと理解しているように思われる。しかし、このような理解には、次のような大きな問題が存している。

　改正パートタイム労働法第8条や労働契約法第20条の解釈に関して、パートタイム労働者と通常の労働者間において職務内容等に相違がある場合や有期契約労働者と無期契約労働者間において職務内容等に相違がある場合であって

第3編　日本における非正規雇用労働者の労働条件格差是正のための法規制

図 13-1　非正規雇用労働者の労働条件の格差の規制

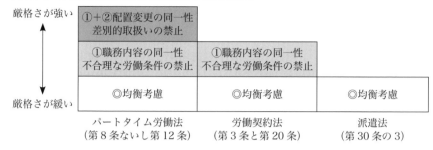

　も、それらの両者間に存在する職務内容等の観点からの相違の程度と、それら両者間の基本給の差が相当なものといいうるかについて問題としうるか、という解釈上の問題があるが、同旨の規定である労働契約法第20条の解釈として示されたものであるが、学説ではこれを肯定する解釈が有力である[2]。私見も、そのような解釈を妥当なものと考える。

　では、そのような解釈は、なぜ可能となるのか。これまでの学説においては、この点について明確に述べるものはみられないが、私見のように、上記の3つの法規制の関係が重層構造をなすものであるとの理解は、そうした解釈の規範的根拠を提供しうる。すなわち、労働条件格差是正の法理が重層的な構造をなすものと理解する私見では、均衡考慮は、労働条件格差是正の法規制においてその共通基盤をなすものと解されるから、不合理な労働条件の禁止の法規制においてもその基底に存し、労働条件に相違があるとしてもそれには均衡が取れていることを規範的に要請するものとして、均衡を失した労働条件の相違を不合理な労働条件と規範的に評価することになる。このようにして、労働条件格差是正の法理が重層的な構造をなすものと理解する私見は、上述のような解釈に規範的根拠を提供しうるのである。

　これに対して、改正パートタイム労働法の理解としてのものではあるが、非正規労働者の労働条件格差是正の3つの法規制関係について、不合理な労働条件の禁止が原則的な法規制として他の2つを包摂する関係にあるものと理解する立場からは、私見のような解釈の規範的根拠を提供しえない。

　さて、以上に試論として述べてきた、労働条件格差是正の法理の重層的構造論を図で表せば、図 13-1 のようになる。

第 13 章　非正規雇用労働者の労働条件格差是正の法理論

　ここで試論として述べた、労働条件格差是正の法理の重層的構造論は、上述のように、労働契約法第 20 条や改正パートタイム労働法第 8 条の解釈の規範的根拠を提供するものと考えられるのであるが、それのみならず、今後のあるべき法規制のあり方、立法政策論を展開するうえでも、その規範的根拠を提供し、それを方向付けるものといえよう。

　そこで、最後の第 4 編では、本書の結論として、これまで本書で展開して議論をまとめ、そこから導き出された雇用形態を理由とする労働条件格差是正の法理の重層的構造論に基づいて、労働条件格差是正の今後のあるべき法規制について述べることにしたい。

注

1) 奥田香子「改正パートタイム労働法と均等・均衡待遇」季刊労働法 246 号（2014 年）13 頁、19 〜 20 頁。
2) 緒方・前掲第 12 章注（49）24 〜 27 頁：櫻庭・前掲第 12 章注（48）115 頁：土田道夫『労働法概説　第 3 版』（弘文堂、2014 年）313 〜 314 頁など。

第4編
結　論

日本においても韓国においても、非正規雇用労働者が増大している。それは、労働者側の就業ニーズや意識の変化、高齢化の進行等の変化に対応するという側面がある一方、企業が、内部労働市場の柔軟性を確保し、労働費用を節減しようとした結果としての側面もある。しかし、このような非正規雇用労働者の増大は、企業にとっては有能な人材の確保を難しくし、労働者にとっては雇用不安が拡大する、という問題を生じさせることになる。そして、過剰な非正規雇用労働者の増加は、所得分配の歪曲をもたらし、雇用の不安定から失業者を量産して社会不安を惹起し、国民生活の質を持続的に低下させる。こうした社会問題の最大の原因といってよいのが、非正規雇用労働者の正規雇用労働者との間における労働条件格差の存在である。これこそ、本書が、非正規雇用をめぐる労働法上の諸問題の中でも、雇用形態を理由とする労働条件格差是正の法理について研究の対象とした所以である。

　日本においてもまた韓国においても、雇用形態を理由とする労働条件格差の是正を図るための法律が制定されるまでは、性、人種、宗教、社会的身分など憲法で禁止する事由に基づく差別禁止を具体化するために定められた、労働（勤労）基準法における均等待遇原則の規定、男女雇用機会均等法における性を理由とする差別禁止の規定など、様々な差別禁止に関わる規定によって、非正規雇用労働者の労働条件格差の是正が図られてきた。しかし、社会の各分野で非正規雇用労働者の不合理な労働条件の格差は存在し続けてきたため、雇用形態を理由とする労働条件格差を是正するための特別な法的規制を設ける必要性があった。

　韓国では、憲法で禁止する性、人種、宗教、社会的身分などの事由以外に、雇用形態を理由とする労働条件格差を禁止する法規制が制度化された。それに着目して、本書では、差別概念をめぐる日韓の議論をまとめ、検討した。

　差別の概念は、平等概念とのかかわりにおいて定義することができる。平等概念については、すべてのことを常に同一に待遇する絶対的平等ではなく、同じであることは同じに、異なることは異なるように待遇する相対的平等である、と理解する見解が一般的である。相対的平等の概念によると、合理的な根拠がある差別は許される。すなわち、すべての差別的待遇が、差別に該当するのではなく、差別の概念に含まれる差別的待遇と差別の概念に含まれない差別的待遇に区別することができる。そこでは、差別という事実関係の確認が先行し、

第4編　結論

次に、規範的な評価として差別か否かの結論が示される。

　しかし、このような差別の概念は、その社会の中で追求する理念的な伝統と歴史、そして、文化的な背景、支配的な差別種類などによって異なる場合がある。当初の差別概念は、アメリカ、オーストラリア、ニュージーランド、カナダなど様々な人種で構成された多人種社会において、人種間の差別、原住民に対する差別を禁止するための概念として出発したが、現代社会では、人権概念の拡大や社会構成のより一層の複雑化などにより、年齢、宗教、経済力など、差別が問題となる領域が拡大している。現代社会では、社会構成が複雑となり、構成員間、集団間での差別が深刻な水準に達しており、それは解消しなければならない課題となっている。したがって、初期の奴隷制度、人種差別から出発して、今日では、雇用、性別、宗教、年齢、障害、社会的身分、人種、皮膚色、出身国家、出身民族、出身地域、容貌など身体条件、婚姻有無、家族の状況、同性愛などのような性的性向、病歴、政治的な見解など、非常に広範な事項が、差別禁止の対象とされているのである。

　日本や韓国では、人種差別はそれほど深刻な問題ではないが、男女間の性差別は深刻な水準であり、また、社会がより複雑になることにより、社会全般に存在する様々な差別の解消の必要性が認識されるところとなっている。特に、最近では、女性差別、障害者差別、学歴差別、非正規雇用労働者の差別、外国人労働者に対する差別などが深刻な問題として認識されるようになっている。

　このように、差別の概念は、時代に応じて新たに定義され、その意味も絶えず変化している。例えば、米国は、直接的な差別を前提に成立した差別的取扱い理論の限界を認識して判例を通じて差別の概念を拡大している傾向にある。

　これらの初期の差別に対して同一な状況にある人を、その人が持っている性別や人種、宗教、皮膚の色などのような特性を理由に異にする待遇をするアメリカでは差別的取扱い、イギリスとオーストラリアでは、直接差別として規定している。今まで差別解消のための初期の努力は、主に直接差別（差別的取扱い理論）を中心に構成されてきた。その結果、差別に対する認識は、集団間の差異を実際に把握して検討せずに政策や慣行が中立的であるかどうかをみて判断していた。

　実際には、「同じであることは同じように」という原則に基づいて、男性、女性など特定集団に同一な雇用慣行や基準を適用するとしても、長く維持され

てきた社会的な慣行により、実際には、特定集団を排除する結果をもたらす場合が多かった。例えば、女性が男性のように行動したり、障害者が健常者のように行動するには限界があるので、中立的な政策が必ずしも中立的な結果をもたらすとは言えないだろう。このような直接差別概念の限界について認識されるようになると、実質的平等が追求されるようになる。実質的平等の理論は、構造的差別の問題を解決するため、実質的に、規範とはかなり異なる人をまるで同じように待遇することは、彼らの差異を理由に、直接的に不利に待遇する結果をもたらすことになり、差別にあたるという事実を認識するようになった。このような認識に基づいて、外見上中立的な基準を実質的に同一に適用することができない集団に適用することをアメリカでは差別的効果、イギリス、オーストラリアでは間接差別であると規定し、差別の概念に含ませている。

　思うに、「同じであることは同じに」という概念は、形式的な同一待遇を要求することだけであって、どのような内容で待遇するのが公正であるのかに関しては基準を提示していない。また、形式的な平等は、比較要素を必要とするが、これらの比較要素が、場合によって存在しなかったり、存在しても社会的に支配的な存在であるとか、優越的な集団である場合が多く、従来から維持されている構造的な差別により、比較対象者との間に現実的な差異が存在するだろう。したがって、形式的な平等は、現実的に存在する差別を規制したり、解消することができず、むしろ、差別を強化することができる合法的な正当性を付与するという問題を含んでいる。このようなことから、実質的平等を追求することができるように、差別の概念を拡大させていかなければならないと考える。

　雇用形態を理由とした差別を救済するための日本の学説は、同一労働同一賃金の原則や均等待遇原則などを公序とみることができるか、公序とみる場合、その根拠は何なのか、公序違反の成否を判断するに当たって、日本の賃金体系と人事管理の特性をどのように反映するか、といった争点についての立場の差異を巡って展開された、とみることができる。

　第一に、均等待遇原則を公序とみることについては、これを否定する見解も、法解釈論として均等待遇原則の公序性が認めにくいということであって、非正規雇用労働者の保護のために国家政策の関与自体を否定するものとは思われない。第二に、非正規雇用労働者の保護のために公序法理を認める見解は、憲法

第4編　結論

第13条・第14条、労働基準法第3条・第4条、パートタイム労働法第3条、民法第1条2項・第90条など実定法の多様な条項に、その根拠を求めている。ただし、均衡処遇説は、同一労働同一賃金原則説とは異なり、比例的救済を認めており、平等待遇義務説は、時間の経過を違法性判断の重要な要素として把握するなど、違反の効果と違法性の判断指標に多少の差異を見せている。そして、第三に、均等待遇原則を公序であると認める見解も、合理的な理由があれば差別であるとはみないし、合理的な理由との関連については、労働との関連性を原則としながらも、日本の賃金体系と人事管理の属性も一緒に考慮する。

　日本における以上のような議論は、その後のパートタイム労働法の差別的取扱い禁止を定める規定や賃金について均衡考慮の努力義務を定める規定、労働契約法の改正により定められた不合理な労働条件を禁止する規定や同様の内容の改正パートタイム労働法の規定の制定に際し、またその解釈にあたって、一定の影響を与えたものと考えられる。パートタイム労働法の差別的取扱いの禁止を定める規定にみられるその適用のための要件の設定の仕方、同様に、労働契約法及び改正パートタイム労働法の不合理な労働条件の禁止を定める規定にみられるその適用のための要件の設定の仕方に、その影響を見ることができよう。

　さて、第2編で述べたように、韓国では、非正規職の労働条件に関する規制は、まず、最低勤労条件の保護の対象に非正規職勤労者を実質的に含める体制を整えることから始まり、正規・非正規職勤労者の労働条件格差の問題へと広がった。今日韓国は、非正規職保護法において非正規職であることを理由とする差別的処遇の禁止とその差別是正制度を定め、日本の法整備に一歩先行しているようにも思われる。

　韓国の非正規職保護法の差別是正のため法規制の特徴をまとめれば、次のような点を指摘できる。第一に、雇用形態を理由とする差別禁止を勤労基準法の均等待遇の原則とは別に特別法として規定している。非正規雇用労働者に対する不合理な勤労条件の差別を禁止する法規制が規定された理由は、正規雇用労働者に比べて使用者との交渉力が脆弱である非正規雇用労働者は、それにより契約の公正ささえまともに確保することができないという事情にあると考えられる。この点で、非正規雇用労働者の不合理な勤労条件の差別を禁止する法規制は、厳密に言えば、従来の特定の人格的事由（性、信仰、国籍、社会的身分）

を理由にした差別禁止とはその性格を異にする面がある。したがって、非正規雇用を理由とした不利益取扱いの禁止を人権的アプローチで理解することになると、この問題に対する合理的な解決策を見つけるのは難しいだろう。

サービス産業の比重の増大と雇用形態の多様化、グローバル化による競争激化と雇用の柔軟性の必要は、一国では制御することができない客観的な状況変化であるため、単純な人権保護を主張することだけでは対応が難しい。一方、契約の公正さの具体的内容は、これに対する人々の価値観によって異なるため、一律に規定するのは困難である。重要なのは、雇用不安と低賃金という問題点を改善し、これを規律するための一定のルールを確保しようという社会的ニーズに対応することであるが、これを企図したものが非正規職保護法である。第2編の検討から、韓国の非正規職保護法上の差別禁止規定は、社会的な基本権ないし社会国家原理に基づいたものであり、強行的効力を持つ規定であることがわかる。文言上は、行為規範的な観点から提示されたと見られるが、その規範自体に、すでに均等な処遇をしなければならないという意味が内包されている。

第二の特徴は、雇用形態を理由とした差別については、他の法律で定められている救済機関及び救済手続とは別に、労働委員会内に新たに設置した差別是正委員会による独自の是正手続と、勤労監督官は、使用者が差別的処遇をした場合、その是正を要求することができるように規定したことにある。前者の救済手続については、さらに、次のような特徴を指摘することができる。まず、救済手続として調停方式と審判方式を並列させ、職権で調停手続に回付することができるようにしたこと、次に、差別的処遇それ自体には罰則を課さず、労働委員会による是正命令を予定すること、そして、確定した是正命令を履行しない場合、その履行を確保するために過怠料処分を予定していること、最後に、是正命令の種類として、差別行為の停止、賃金等勤労条件の改善（就業規則、団体協約等の制度改善命令を含む）又は適切な補償等のような様々な救済手法が用意され、どのような是正命令を下すかについては、事案の特性と差別的処遇の性質を勘案して労働委員会が裁量的に選ぶことができるようにしたことである。

労働委員会（差別是正委員会）が採用している差別の審査基準は、「本質的に、同じであることは同じに、異なることは異なる取扱をすること」を求める

ものである。そして、その判断は、前述の相対的差別概念について述べたように、まず、差別という事実関係の確認が先行されなければならず、そして次に、規範的な評価として差別かどうかの結論が下されることになるものであるため、次の2つの審査基準によって、順になされるものとされている。これらは、憲法大法院が示してきた差別審査基準であるが、労働委員会（差別是正委員会）は、それらを審査基準として採用してきた。第1段階の平等権の違反の有無の差別審査では、「本質的に、同一であるものを異なる扱いをしたかどうか」、に、「その差別に憲法的に正当化することができる事由があるかどうか」が判断される。そして、第2段階の審査は、恣意禁止原則による審査（緩和された審査基準）と比例性原則による審査基準（厳格な審査基準）である。それらのうち、緩和された審査尺度である恣意禁止原則による審査は、「差別を正当化する合理的な理由があるのか」を基準に審査し、また、厳格な審査尺度である比例性原則による審査は、合理的な理由の有無を審査することにとどまらず、「差別扱いの目的と手段の間に比例関係が成立するかどうか」を基準に審査する。

　差別審査基準としての恣意禁止（合理性）原則は、使用者に対し、本質的に同じであることを恣意的に異なって扱うことを禁止し、本質的に異なることを恣意的に同じように扱うことを禁止することに意義がある。この際、恣意性は、「合理的な理由の欠如」を意味するので、恣意性の審査においては、「差別の合理的な理由が存在するかどうか」のみを判断する。これによると、該当する比較対象者間の事実上の差異や立法目的（差別目的）の発見・確認にとどまることになる。

　これに対して、比例性原則による審査は、「差別を正当化する合理的な理由があるかどうか」を判断するために、差別待遇と差別目的間の相互関係を比例の原則を基準として審査する。比例原則に立脚した審査は、「単純に合理的な理由の存否の問題ではなく、差別を正当化する理由と差別との間の相関関係に対する審査、すなわち、比較対象者間の事実上の差異の性質と、比重又は立法目的（差別目的）が、比重と差別の程度に適正な均衡関係が構成されているか」を審査するものである。

　期間制雇用法第8条は、合理的な理由なく非正規職勤労者を不利に取り扱うことを禁止するが、合理的な理由の意味を具体的に規定していない。この「合理的な理由」の理解の仕方によって差別の認定範囲が変化する。すなわち、恣

意的でないという意味で理解すると、合理的な理由は、恣意禁止原則に基づいて判断されるので、差別審査基準は緩やかになり、使用者の裁量権（処分の自由）は、相対的に広く認められる一方、差別の認定範囲は狭くなる。逆に恣意的でないことは当然であり、さらに、差別目的・手段などが均衡を保つという意味で理解すると、合理的な理由は、比例の原則に基づいて判断することになり、差別審査基準は厳格になるため、使用者の裁量権（処分の自由）は、相対的に狭くなる一方、差別の認定範囲は幅が広くなる。

　非正規職勤労者に対する差別の審査基準を、上記で述べた憲法大法院での差別審査基準によるものとしてこれを適用してみると、憲法大法院は、社会・経済的領域に対しては恣意禁止原則を、憲法自ら差別を禁止する領域には、比例の原則を適用しているので、非正規職勤労者の差別については、恣意禁止原則が適用されるものとみることができる。したがって、非正規職の差別において、「合理的な理由」は、恣意的でないという意味で理解するのが妥当ということになり、差別の審査基準は、緩和された審査基準（恣意禁止原則）に基づいて判断されることになる。

　ところで、差別是正制度は、施行時の期待とは異なり、差別是正申請の件数が少なく、特に、2009年以降は是正申請件数が大幅に減少した。その理由としては、その特性上、非正規職勤労者が現実的に差別是正を申請することが難しいだけでなく、是正申請をしたとしても差別であると認められることも容易ではない、という事情がある。より具体的には、まず、申請権者の範囲等に関する制度的要因が障害として作用する。また、現実的な要因として、非正規雇用労働者の雇用自体の特性上、雇用関係を維持しながら、是正申請をすることが事実上困難であり、雇用終了後も、求職活動や再就職などで是正申請の機会を喪失することがある。さらには、とりわけ差別是正制度の施行初期段階には、労働委員会が差別是正制度の運用について積極的な姿勢をとらなかったことから、差別是正制度に対する失望が生じたことがある。

　ただ、中労委を中心とする労働委員会の判定は、徐々に従来とは異なる新しい法理に立脚して、より積極的かつ発展的な傾向を示しつつある。それは、勤労契約期間の形式論に立脚して、当事者適格を否定していた立場から、その法理の適用自体を不適切なものであると見る立場に変更したことや、比較対象者の認定基準と考慮要素を徐々に具体化したことなどである。それにもかかわら

ず、依然として不十分な点はある。例えば、業務の同種又は類似性の判断で核心であるとも言える、主な業務ないし核心的業務の存否を判断する客観的な基準が未だ確立されていないし、また、比較対象者の存在時点及び期間についても、労働委員会が今後慎重な再検討を行うこととされていることなどである。

差別的処遇の禁止の範囲と関連して、非正規職保護法で規定している「賃金その他勤労条件等福利厚生等」は、賃金以外の金品、人事制度などを含む、勤労関係を基礎とするすべての給付を含むものとして広く解釈されている。したがって、差別されている部分が勤労基準法上の賃金に該当するか否かは、差別的処遇の禁止の対象に入るか否かを判定するにあたり、大きな影響力を持たないとみるのが妥当である。そして、表面的には非正規雇用労働者に対して中立的な基準により、実質的または結果的に非正規雇用労働者であることを理由として不利な処遇が発生した場合には間接差別の禁止を類推し、このような不利な処遇も禁止される差別と認めるべきである。

合理的な理由の判断の問題は、これまで差別是正制度の運営過程で注目されてこなかった。なぜならば、合理性判断は、差別是正判断の最後の段階であるので、それ以前の段階で、当事者の適格性が否定されたり（特に期間制勤労契約が反復更新された場合）、比較対象者が存在しないことを理由に差別是正申請事件が棄却されたりすることが少なくなかったからである。しかし、合理性判断より前の段階で認められた差別の推定が差別と認定されるか否かは、合理性判断を経て確定されるものであるから、その重要性は大きい。第2編では、労働委員会の判定事例を分析し、そこに示されてきた合理性判断の審査基準を検討した結果、期間制勤労者の勤続期間、短時間勤労者の所定勤労時間、短期雇用という特性、採用の条件・基準・方法・手続、業務の範囲と責任、職能・技術・資格・経歴などのような賃金及び勤労条件決定の直接的要素などを理由とする客観的な差別は合理性を認められるものとされている、ということが明らかにされた。

最後に、差別是正命令の方法と関連して、差別是正命令の内容に差別的処遇を規定している団体協約又は就業規則・勤労契約について、労働委員会が直接的に、是正命令をすることが可能であるか否かが問題となる。これについては、最近（2014年9月19日施行）、その実効性を確保するために差別是正命令の内容に団体協約又は就業規則等の制度改善命令ができるようになり、これによ

り、差別是正を申請しなかった非正規職勤労者の権益も保護できる。

　以上にまとめたように第2編では、韓国における非正規雇用勤労者の勤労関係を規律する法制度について検討し、現行法制の枠内での問題点とその解決へ向けた改善策について示したのであるが、韓国における法規制には、次のような重大かつ困難な問題があることを指摘しうる。すなわち、韓国の非正規職保護法による雇用形態を理由とする労働条件格差是正のための法規制においては、同一の扱いを強制する差別禁止という厳格な規制だけがとられていることから、労働条件格差を問題とする際の比較対象者の認定について、労働委員会がその認定基準と考慮要素を徐々に具体化しつつあるものの、やはり厳格さを求められることとなるため、比較対象者の認定が緩和されうるとしても、そこには自ずと限界があり、その立証は難しいものとなる。また、差別禁止の法規制では、非正規職勤労者と正規職勤労者間において職務内容等に相違がある場合において、それらの両者間に存在する職務内容等の観点からの相違の程度と、それら両者間の基本給の差が相当なものといいうるかについて法的に問題としうるか、ということについては、否定的に考えられよう。差別禁止の法規制の構造からして、困難であるといえよう。非正規職勤労者の労働条件の向上を図るためには、この問題を克服すべく、雇用形態を理由とする労働条件格差の是正のための法規制のあり方の基本構造を再検討すべきであろう。

　さて、この問題については、第3編で日本における雇用形態を理由とする労働条件格差の是正のための法規制について検討した結果、その結論として得られたところの雇用形態を理由とする労働条件格差是正の法理の重層的構造論が、その解決のための方向を示しているものと考える。

　日本では、前述のように、雇用形態を理由とする労働条件格差のための立法的対応がなされる前は、同一労働同一賃金の原則や均等待遇原則などを公序とみることができるか、公序とみる場合、その根拠は何なのか、公序違反の成否を判断するに当たって、日本の賃金体系と人事管理の特性をどのように反映するかなどの争点事項についての立場の差異をめぐって展開され、それらの公序性を認める見解においても、合理的な理由があれば差別であるとはみないし、合理的な理由と関連しては、労働との関連性を原則としながらも、日本の賃金体系と人事管理の属性も一緒に考慮することが考えられていた。

　このような、賃金格差の合理的な理由との関連性についての判断において日

第4編　結論

本の賃金体系と人事管理の属性も一緒に考慮する、というこれまでの議論の存在は、日本における最初の雇用形態を理由とする賃金格差の是正のための法規制として立法化され、その後の改正によって、「通常労働者と同視すべきパート労働者」に対する差別的取扱いの禁止を定めたパートタイム労働法の規定が適用されるための要件（①職務の内容の同一性、②人材活用の仕組みの同一性、③無期契約または反復更新され無期契約と同視すべき有期契約、なお、2014年改正後は、③は要件から削除される）の中に反映されたものといえよう。しかし、それは、差別禁止の法規制の手法であるが故に、上記のような同一性の要件の充足を求め、そのために、その適用を受けるパートタイム労働者は非常に限定されるという問題を抱えるものであった。

　そこで、そうした問題点への反省を踏まえて、有期契約労働者の労働条件格差是正のための法規制を労働契約法の改正により新たに導入する際には、差別禁止の法規制の手法をとることをせず、不合理な労働条件の禁止という法規制の手法が採用されることになった。この労働契約法第20条は、上記の同一性要件にみられるような、職務の内容と配置の変更の範囲（その他の事情を加え）を、差別禁止の要件とするのではなく、労働条件の相違（格差）の不合理性を判断するものとした。これにより、その規定の適用対象範囲は格段に広くなり、問題のある労働条件の格差として法的に争いうる範囲も拡大した。これは、韓国の法規制の問題点に対する一つの解釈となる。すなわち、非正規雇用労働者と正規雇用労働者間において職務内容等に相違がある場合においても、両者間に存在する職務内容等の観点からの相違の程度と、それら両者間の基本給の差が相当なものといいうるかについて法的に問題としうるのである。

　そのような不合理な労働条件の禁止の規範内容の解釈は、以下に述べるように、雇用形態を理由とする賃金格差是正の法理を重層的構造として理解をすることで、その規範的根拠が提供され、可能となるものと考える。

　2014年の改正（2015年4月1日施行）によって、パートタイム労働法は、上述のような不合理な労働条件の禁止の法規制を導入したが、差別的取扱いの禁止の法規制も残し、また、賃金決定についての均衡考慮の（バランスをとることを求める）努力義務の法規制も残した。私見では、それは、単なる法技術上の問題からではなく、雇用形態を理由とする賃金格差是正の法理、法規制においてその本質的に求められる基本構造の故に、そのような形をとるものと

なったと理解する[1]。すなわち、私見は、改正パートタイム労働法をその規制モデルとしてみたうえで、①均衡考慮、②不合理な労働条件の禁止、③差別的取扱いの禁止という3つの法規制が、①均衡考慮を共通ベースとしたうえで、比較対象者を設定する際の要件がより厳格なものに加重されるのに応じて、②不合理な労働条件の禁止、そして③差別的取扱いの禁止といった順で、より厳しい労働条件格差是正の法規制がかかってくるというように、重層構造をなすものと理解するものである。すべての労働契約についての原則として、労働契約法が「均衡考慮の原則」を定めていること（同法3条2項）も、均衡考慮が労働条件格差是正の法理、法規制における共通ベースになるものと解すべき根拠といえよう。雇用形態を理由とする非正規労働者の労働条件格差是正の法理は、このような重層構造をなすものと考えるのである。

このような重層的構造論の立場に立てば、均衡考慮は、労働条件格差是正の法規制においてその共通基盤をなすものと解されるから、不合理な労働条件の禁止の法規制においてもその基底に存し、労働条件に相違があるとしてもそれには均衡（バランス）が取れていることを規範的に要請するものとして、均衡を失した労働条件の相違を不合理な労働条件と規範的に評価することになる。このようにして、雇用形態を理由とする労働条件格差是正の法理が重層的な構造をなすものと理解する私見は、上述のような解釈に規範的根拠を提供しうるのである。

ただ、課題も残っている。それは、労働条件の格差が存在するときに、それが均衡のとれたものといえるか否かを、いかなる基準をもって判断するかである。第3編において検討した、【事件11-1】丸子警報器事件[2]で示された判断がひとつの参考になるように思われるが、今後における労働契約法第20条や改正パートタイム労働法第8条に関する裁判例の蓄積とその分析によって、その具体化のための検討が進められていくことになろう。そのようなことから、この問題については、今後に残された課題としたい。

ところで、日本における労働条件格差の是正のための法規制は、上述のように、パートタイム労働については三層構造が明確にされる形で規定が定められているが、有期契約労働については不合理な労働条件の禁止の法規制のみであり、また、派遣労働については均衡考慮の法規制のみとなっている。こうした有期契約労働と派遣労働における労働条件格差是正のための法規制の仕組み

を、パートタイム労働法におけるように重層的な構造をもった法規制へと整備していくことが今後の立法政策として求められよう。非正規雇用における雇用形態の違いによって、労働条件格差の是正のための法規制に違いがあることは、より規制の緩やかな雇用形態への移行を生じさせることになるであろうから、そうしたことを防ぐ意味でも、共通の法規制にすべきと考える。

とりわけ、派遣労働については、現在予定されている改正法案の内容から、今後は、同一の派遣先において部署を変え（異動し）ながら、長期間継続して派遣労働者として就労することが可能となる[3]。そのため、派遣労働者に固定化される労働者が非常に増大することも考えられることから、派遣労働における労働条件格差の是正のための法規制の見直しは、喫緊の課題性をもっている。さらには、上記のような派遣法の改正がなされれば、これまでの常用代替防止の仕組みとしての派遣期間の制限が機能しなくなることになるため、派遣労働者の派遣先の労働者との間の労働条件格差の是正は、残された常用代替防止の仕組みとして、その重要性を増すものとなろう。この意味においても、派遣法における労働条件格差の是正のための法規制をパートタイム労働法のような形にすることが、重要な立法政策上の課題となろう。

さて、日本と同じく、韓国においても、差別禁止の法規制のみによる雇用形態を理由とする労働条件格差の是正のための法規制から、重層的構造をもつ法規制へと転換すべきか。前述のように、差別禁止の法規制の基本構造からすれば、適用要件の緩和を図ることによって、労働条件格差の是正を図りうる範囲を拡大するにしても、そこには限界があると考えられる。このことを考えれば、韓国においても、非正規労働者に対する労働条件格差の是正のための法規制についても、私見で提示した重層構造をもつものへと転換を図ることを検討すべきと考える。

とはいえ、非正規雇用労働者の労働条件格差の是正ための法規制をめぐる議論は、労働市場制度の全体の改革に関わるものであり、そう簡単に進むものではないだろう。しかしながら、労働市場で提供されるあらゆる雇用が、ディーセント・ワーク（decent work）であり、いかなる雇用形態で働こうとも、ワーキング・プアとなることなく、その社会においてきちんとした暮らしをしていけるようにするために、雇用形態を理由とする労働条件の格差の是正のための法規制の見直しは、必須の法政策上の課題であることを再確認して、本書を終

えることにしたい。

注

1) その意味で、パートタイム労働法における均衡考慮の努力義務は、強行規定による規制が困難であるために、ソフト・ローとしての努力義務にとどめられていると解すべきではなかろう。
2) 長野地裁上田支部判決平成8.3.15労働判例690号32頁（第3編第11章参照）。
3) 有田謙司「『労働者派遣制度の改正について』（建議）の検討」季刊労働法244号（2014年）62頁以下を参照。

資　料

【資料1】韓国における差別是正制度に関わる法規定（翻訳）

> 【資料1-1-1】期間制及び短時間勤労者保護等に関する法律
> 【資料1-1-2】期間制及び短時間勤労者保護等に関する法律施行令
> 【資料1-1-3】期間制及び短時間勤労者保護等に関する法律施行規則
> 【資料1-2-1】派遣勤労者保護等に関する法律
> 【資料1-2-2】派遣勤労者保護等に関する法律施行令
> 【資料1-2-3】派遣勤労者保護等に関する法律施行規則
> 【資料1-3-1】労働委員会法
> 【資料1-3-2】労働委員会法施行令
> 【資料1-3-3】労働委員会規則

【資料1-1-1】期間制及び短時間勤労者保護等に関する法律

〔法律第8074号 2006.12.21、法律第8372号 2007.4.11、法律第10339号 2010.6.4、法律第11273号 2012.2.1、法律第11667号 2013.3.22、法律第12469号 2014.3.18〕

第1章　総則

第1条（目的） この法は期間制勤労者及び短時間勤労者に対する不合理な差別を是正し、期間制勤労者及び短時間勤労者の勤労条件保護を強化することによって労働市場の健全な発展に資することを目的とする。

第2条（定義） この法で使用する用語の定義は次の通りである。〈改正 2007.4.11、2013.3.22〉

1. 「期間制勤労者」とは、期間の定めがある勤労契約（以下、「期間制勤労契約」とする）を締結した勤労者をいう。
2. 「短時間勤労者」とは、「勤労基準法」第2条の短時間勤労者をいう。
3. 「差別的処遇」とは、次に掲げる事項において合理的な理由なく不利に処遇することをいう。
   - イ．「勤労基準法」第2条第1項第5号による賃金
   - ロ．定期賞与金、名節賞与金など定期的に支給される賞与金
   - ハ．経営成果に応じた成果金
   - ニ．その他の勤労条件及び福利厚生などに関する事項

第3条（適用範囲） ①この法は常時5人以上の勤労者を使用するすべての事業又は事業場に適用する。但し、同居の親族のみを使用する事業又は事業場と家事使用人に対しては適用しない。

②常時4人以下の勤労者を使用する事業又は事業場に対しては大統領令が定めるところによ

り、この法の一部規定を適用することができる。
③国家及び地方自治団体の機関に対しては常時使用する勤労者の数に関わらずこの法を適用する。

第2章　期間制勤労者

第4条（期間制勤労者の使用） ①使用者は2年を超えない範囲内で（期間制勤労契約の反復更新等の場合には、その継続労働した総期間が2年を超えない範囲の内で）期間制勤労者を使用できる。但し、次の各号のいずれか一に該当する場合には2年を超えて期間制勤労者として使用することができる。

1. 事業の完了又は特定業務の完成に必要な期間を定めた場合
2. 休職・派遣等で欠員が発生し、当該勤労者の復帰までその業務を代替する必要がある場合
3. 勤労者が学業、職業訓練等の履修によってその履修に必要な期間を定めた場合
4. 「高齢者雇用促進法」第2条第1号による高齢者と勤労契約を締結する場合
5. 専門的知識・技術の活用が必要な場合と、政府の福祉対策・失業対策等によって仕事を提供する場合として大統領令が定める場合
6. その他第1号ないし第5号に準じる合理的な事由がある場合として大統領令が定める場合

②使用者が第1項但書の事由がないか、消滅したにも関わらず2年を超えて期間制勤労者として使用する場合、その期間制勤労者は期間の定めのない勤労契約を締結した勤労者とみなす。

第5条（期間の定めのない勤労者への転換） 使用者は期間の定めのない勤労契約を締結しようとするとき、当該事業又は事業場の同種又は類似した業務に従事する期間制勤労者を優先的に雇用するように努力しなければならない。

第3章　短時間勤労者

第6条（短時間勤労者の超過勤労の制限） ①使用者は短時間勤労者に対して「勤労基準法」第2条の所定勤労時間を超えて勤労させる場合には、当該勤労者の同意を得なければならない。この場合、1週間に12時間を超えて勤労させることはできない。
②短時間勤労者は、使用者が第1項による同意を得ずに超過勤労をさせる場合にはこれを拒否できる。
③使用者は第1項による超過勤労について通常賃金の100分の50以上を可算して支給しなければならない。〈本項新設 2014.3.18〉

第7条（通常勤労者への転換等） ①使用者は通常勤労者を採用しようとする場合には、当該事業又は事業場の同種又は類似した業務に従事する期間制勤労者を優先的に雇用するよう努力しなければならない。
②使用者は家事、学業その他の理由で勤労者が短時間労働を申請する場合、当該勤労者を短時間勤労者に転換させるように努力しなければならない。

第4章　差別的処遇の禁止及び是正

第8条（差別的処遇の禁止） ①使用者は期間制勤労者であることを理由に当該事業又は事業場で同種又は類似した業務に従事する期間の定めのない勤労契約を締結した勤労者と比べて差別的処遇をしてはならない。

②使用者は短時間勤労者であることを理由に当該事業又は事業場で同種又は類似した業務に従事する通常勤労者と比べて差別的処遇をしてはならない。
第9条（差別的処遇の是正申請）①期間制勤労者又は短時間勤労者は差別的処遇を受けた場合「労働委員会法」第1条による労働委員会（以下、「労働委員会」とする）にその是正を申請することができる。但し、差別的処遇があった日（継続される差別的処遇の場合は、その終了日）から6ヶ月が経過した場合は、その限りではない。〈改正 2012.2.1〉
②期間制勤労者又は短時間勤労者が第1項による是正申請をするときには差別的処遇の内容を具体的に明示しなければならない。
③第1項及び第2項による是正申請の手続・方法等について必要な事項は「労働委員会法」第2条第1項による中央労働委員会（以下、「中央労働委員会」とする）が別途に定める。
④第8条第1項ないし第3項と関連する紛争において立証責任は使用者が負担する。
第10条（調査・審問等）①労働委員会は第9条による是正申請を受けたときには遅滞なく必要な調査と関係当事者に対する審問を行わなければならない。
②労働委員会は第1項による審問をする時は、関係当事者の申請又は職権で証人を出席させ、必要な事項を質問することができる。
③労働委員会は第1項及び第2項による審問をするにあたっては、関係当事者に証拠の提出と証人に対する反対審問ができるよう十分な機会を与えなければならない。
④第1項から第3項までの規定による調査・審問の方法及び手続等に関して必要な事項は中央労働委員会が別途定める。
⑤労働委員会は差別是正事務に関する専門的な調査・研究業務を遂行するため、専門委員を置くことができる。この場合、専門委員の数、資格及び報酬等に関して必要な事項は大統領令で定める。
第11条（調停・仲裁）①労働委員会は第10条による審問の過程において関係当事者双方又は一方の申請又は職権によって調停手続を開始することができ、関係当事者があらかじめ労働委員会の仲裁決定に従うことを合意して仲裁を申請した場合に仲裁を行うことができる。
②第1項の規定によって調停又は仲裁を申請する場合には、第9条による差別的処遇の是正申請をした日から14日以内にしなければならない。但し、労働委員会の承諾がある場合は14日以降にも申請することができる。
③労働委員会は調停又は仲裁をするにおいて関係当事者の意見を十分に聞かなければならない。
④労働委員会は特別な事由がない限り調停手続の開始又は仲裁申請を受けた時から60日以内に調停案を提示するか仲裁決定をしなければならない。
⑤労働委員会は関係当事者双方が調停案を受諾した場合には、調停調書を作成し、仲裁決定をした場合には仲裁決定書を作成しなければならない。
⑥調停調書には関係当事者と調停に関与した委員全員が署名捺印を、仲裁決定書には関与した委員全員が署名捺印しなければならない。
⑦第5項及び第6項による調停又は仲裁決定は「民事訴訟法」の規定による裁判上和解と同じ効力を持つ。
⑧第1項ないし第7項による調停・仲裁の方法、調停調書・仲裁決定書の作成等に関する事項は中央労働委員会がこれを別途定める。

第 12 条（是正命令等）①労働委員会は第 10 条による調査・審問を終了して差別的処遇に該当すると判定した時は使用者に是正命令を発しなければならず、差別的処遇に該当しないと判定したときには、その是正申請を棄却する決定をしなければならない。
②第 1 項による判定・是正命令又は棄却決定は、書面でするものとし、その理由を具体的に明示して関係当事者に各々交付しなければならない。この場合、是正命令を発するときには是正命令の内容及び履行期限等を具体的に記載しなければならない。
第 13 条（調停・仲裁又は是正命令の内容）①第 11 条による調停・仲裁又は第 12 条による是正命令の内容には、差別的行為の中止、賃金等労働条件の改善（就業規則、団体協約等の制度改善命令を含む）又は適切な金銭補償等が含まれる。〈改正 2014.3.18〉
②第 1 項による賠償額は、差別的処遇によって期間制勤労者又は短時間労働者に発生した損害額を基準とする。但し、労働委員会は、使用者の差別的処遇に明白な故意が認められるか、差別的処遇が反復される場合には、損害額を基準に 3 倍を超えない範囲で賠償を命じることができる。〈本項新設 2014.3.18〉
第 14 条（是正命令等の確定）①地方労働委員会の是正命令又は棄却決定に対する不服のある関係当事者はその命令書又は棄却決定書の送達を受けた日から 10 日以内に中央労働委員会に再審を申請することができる。
②第 1 項による中央労働委員会の再審決定に対して不服がある関係当事者は、再審決定書の送達日から 15 日以内に行政訴訟を提起することができる。
③第 1 項に規定された期間以内に再審を申請しないか、第 2 項の規定された期間以内に行政訴訟を提起しないときには、その是正命令・棄却決定又は再審決定は確定される。
第 15 条（是正命令履行状況の提出要求等）①雇用労働部長官は、確定した是正命令に対して使用者にその履行状況を提出することを要求することができる。〈改正 2010.6.4〉
②是正申請をした勤労者は、使用者が確定された是正命令を履行しない場合、これを雇用労働部長官に申告することができる。〈改正 2010.6.4〉
第 15 条の 2（雇用労働部長官の差別的処遇の是正要求等）〈本条新設 2012.2.1〉①雇用労働部長官は、使用者が第 8 条を違反して差別的処遇を行った場合には、その是正を要求することができる。
②雇用労働部長官は、使用者が第 1 項による是正要求に応じない場合には、差別的処遇の内容を具体的に明示して労働委員会に通報しなければならない。この場合、雇用労働部長官は、該当使用者及び勤労者にその事実を通知しなければならない。
③労働委員会は、第 2 項により雇用労働部長官の通報を受けた場合には、遅滞なく、差別的処遇がいるかどうかを審理しなければならない。この場合、労働委員会は、当該使用者及び勤労者に意見を陳述する機会を附与しなければならない。
④第 3 項による労働委員会の審理及びその他の是正手続等に関しては、第 9 条第 4 項及び第 11 条から第 15 条までの規定を準用する。この場合「是正を申請した日」は「通知を受けた日」で、「棄却決定」は「差別的処遇がないという決定」で、「関係当事者」は「当該使用者又は勤労者」で、「是正を申請した勤労者」は「該当勤労者」であるとみる。
⑤第 3 項及び第 4 項による労働委員会の審理等に関する事項は、中央労働委員会が定める。
第 15 条の 3（確定した是正命令の効力の拡大）〈本条新設 2014.3.18〉①雇用労働部長官は、第 14 条（第 15 条の 2 第 4 項に基づき準用される場合を含む）による確定された是正命令

を履行する義務がある使用者の事業又は事業場に、当該是正命令の効力が及ぼす勤労者以外の期間制勤労者又は短時間勤労者について差別的処遇があるか否かを調査し、差別的処遇がある場合には、その是正を要求することができる。
②使用者が第1項による是正要求に応じない場合には、第15条の2第2項から第5項までの規定を準用する。

第5章 補則

第16条（不利な処遇の禁止） 使用者は期間制勤労者又は短時間勤労者が次の各号のいずれかの行為をしたことを理由にして解雇その他の不利な処遇をしてはならない。
1. 第6条第2項による使用者の不当な超過勤労の要求の拒否
2. 第9条による差別的処遇の是正申請、第10条による労働委員会への出席及び陳述、第14条による再審申請又は行政訴訟の提起
3. 第15条第2項による是正命令の不履行の申告
4. 第18条による通告

第17条（勤労条件の書面明示） 使用者は期間制勤労者又は短時間勤労者と勤労契約を締結する時は、次の各号のすべての事項を書面で明示しないといけない。但し、第6号は短時間勤労者に限る。
1. 勤労契約の期間に関する事項
2. 勤労時間、休憩に関する事項
3. 賃金の構成項目、計算方法及び支払方法に関する事項
4. 休日・休暇に関する事項
5. 就業の場所と従事する業務に関する事項
6. 勤労日及び勤労日別の勤労時間

第18条（監督機関に対する通告） 事業又は事業場でこの法又はこの法による命令を違反した事実のある場合には、勤労者は、その事実を雇用労働部長官又は勤労監督官に通告することができる。〈改正 2010.6.4〉

第19条（権限の委任） この法の規定による雇用労働部長官の権限は、その一部を大統領令が定めるところにより地方雇用労働官署の長に委任することができる。〈改正 2010.6.4〉

第20条（就業促進のための国家等の努力） 国家及び地方自治団体は雇用情報の提供、職業指導、就業斡旋、職業能力開発等、期間制勤労者及び短時間勤労者の就業促進のために必要な措置を優先的に取るように努力しなければならない。

第6章 罰則

第21条（罰則） 第16条の規定を違反して勤労者に不利な処遇をした者は2年以下の懲役又は1000万ウォン以下の罰金に処する。

第22条（罰則） 第6条第1項の規定を違反して短時間勤労者に超過勤労をさせた者は1000万ウォン以下の罰金に処する。

第23条（両罰規定） 事業主の代理人・使用人その他の従業員が事業主の業務に関して第21条及び第22条の規定に該当する違反行為をしたときには行為者を罰する外、その事業主に対しても該当条の罰金刑に科する。

第24条（過怠料） ①第14条（第15条の2第4項及び第15条の3第2項に従って準用される場合も含む）の規定によって確定された是正命令を正当な理由なく履行しない者は1億

ウォン以下の過怠料に処する。〈改正 2012.2.1、2014.3.18〉
②次各号のいずれか一に該当する者は500万ウォン以下の過怠料に処する。〈改正 2010.6.4、2012.2.1、2014.3.18〉
1. 第15条第1項(第15条の2第4項及び第15条の3第2項に従って準用される場合も含む)の規定を違反して正当な理由なく雇用労働部長官の履行状況提出要求に応じなかった者
2. 第17条の規定を違反して勤労条件を書面で明示しなかった者
③第1項及び第2項による過怠料は大統領令が定めるところによって、雇用労働部長官が賦課・徴収する。〈改正 2010.6.4〉
④第3項による過怠料処分に不服がある者は、その処分の告知を受けた日から30日以内に雇用労働部長官に異議を提起することができる。〈改正 2010.6.4〉
⑤第3項による過怠料処分を受けた者が第4項により異議を提起したときには雇用労働部長官は遅滞なく通報しなければならず、その通報を受けた管轄法院は「非訟事件手続法」による過怠料の裁判をする。〈改正 2010.6.4〉
⑥第4項による期間以内に異議を提起しなく過怠料を納めないときには国税滞納処分の例によってこれを徴収する。

【資料1-1-2】期間制及び短時間勤労者保護等に関する法律施行令

〔大統領令第20093号 2007.6.18、大統領令第21835号 2009.11.20、大統領令第21928号 2009.12.30、大統領令第22018号 2010.2.4、大統領令第22269号 2010.7.12、大統領令第22797号 2011.3.30、大統領令第23488号 2012.1.6、大統領令第23852号 2012.6.12、大統領令第24852号 2013.11.20、大統領令第25614号 2014.9.18〕

第1条(目的) この令は、「期間制及び短時間勤労者保護等に関する法律」で委任された事項とその施行に必要な事項を規定することを目的とする。
第2条(適用範囲) 「期間制及び短時間勤労者保護等に関する法律」(以下「法」という)第3条第2項により常時4人以下の勤労者を使用する事業又は事業場に適用する法規定は別表1の通りである。
第3条(期間制勤労者の使用期間制限の例外) ①第4条第1項第5号で「専門的知識・技術の活用が必要な場合として大統領令が定める場合」とは、次の各号のいずれか一に該当する場合をいう。
1. 博士学位(外国で授与を受けた博士学位を含む)を所持して該当分野に従事する場合
2. 「国家技術資格法」第9条第1項第1号による技術士等級の国家技術資格を所持して該当分野に従事する場合
3. 別表2で定めた専門資格を所持して該当分野に従事する場合
②法第4条第1項第5号で「政府の福祉政策・失業対策などによって働き口を提供する場合として大統領令が定める場合」とは、次の各号のいずれか一に該当する場合をいう。〈改正 2009.12.30〉
1. 「雇用政策基本法」、「雇用保険法」など他の法令により国民の職業能力開発、就業促進及び社会的に必要なサービスの提供などのために働き口を提供する場合
2. 「除隊軍人支援に関する法律」第3条により除隊軍人の雇用増進及び生活安定のために働

き口を提供する場合
3.「国家報勲基本法」第19条第2項により国家報勲対象者に対する福祉増進と生活安定のために報勲介助者など福祉支援人材を運営する場合

③法第4条第1項第6号で「大統領令が定める場合」とは、次の各号のいずれか一に該当する場合をいう。〈改正 2010.2.4、2010.7.12〉
1. 他の法令で期間制勤労者の使用期間を法第4条第1項と別に決めたり、別途の期間を定めて勤労契約を締結でるようにした場合
2. 国防部長官が認める軍事的専門的知識・技術を持って関連職業に従事したり、「高等教育法」第2条第1号による大学で安保及び軍事学の科目を講義している場合
3. 特殊な経歴を持って、国家安全保障、国防・外交又は統一と関連する業務に従事する場合
4.「高等教育法」第2条による学校(同法第30条による大学院大学を含む)で、次の各目の業務に従事する場合
    イ.「高等教育法」第14条による助教の業務
    ロ.「高等教育法施行令」第7条による兼任教員、名誉教授、時間講師、招聘教員等の業務
5.「統計法」第22条により告示した韓国標準職業分類の大分類1と大分類2職業に従事する者の「所得税法」第20条第1項による勤労所得が(最近2年間の年平均勤労所得をいう)雇用労働部長官が最近調べた雇用形態別勤労実態調査の韓国標準職業分類の大分類2職業に従事する者の勤労所得上位100分の25に該当する場合
6.「勤労基準法」第18条第3項による1週間の所定勤労時間が明確に短い短時間勤労者を使用する場合
7.「国民体育振興法」第2条第4号による選手と、同条第6号による体育指導者の業務に従事する場合
8. 次の各目の研究機関で研究業務に直接従事する場合、又は、実験・調査等を遂行するなど、研究業務に直接関与して支援する業務に従事する場合
    イ. 国公立研究機関
    ロ.「政府出捐研究機関等の設立・運営及び育成に関する法律」又は「科学技術分野の政府出捐研究機関等の設立・運営及び育成に関する法律」に従って設立された政府出捐研究機関
    ハ.「特定研究機関育成法」による特定研究機関
    ニ.「地方自治団体出捐の研究院の設立及び運営に関する法律」により設立された研究機関
    ホ.「公共機関の運営に関する法律」による公共機関の付設研究機関
    ヘ. 企業又は大学の付設研究機関
    ト.「民法」又は他の法律により設立された法人である研究機関

第4条(専門委員の数及び資格等) ①第10条第5項により「労働委員会法」第2条第1項による労働委員会(以下「労働委員会」という)に置く専門委員の数は10人以内である。
②第1項による専門委員は、法律・経営学・経済学など労働問題と関連した学問分野の博士学位取得者、弁護士・公認会計士・公認労務士など関連資格証所持者の中で「労働委員会法」

第2条第1項による中央労働委員会（以下「中央労働委員会」という）の委員長が任命する。
③第1項による専門委員の報酬に関する事項は、「公務員報酬規定」別表34 一般任期制公務員の年俸等級基準表を準用して、中央労働委員会が別に定める。〈改正 2013.11.20〉
第5条（権限の委任） 雇用労働部長官は法第19条により次の各号の事項に関する権限を地方雇用労働官署の長に委任する。〈改正 2010.7.12、2012.6.12、2014.9.18〉
1. 法第15条第1項（法第15条の2第4項及び第15条の3第2項により準用される場合を含む）による確定した是正命令に対する履行状況の提出要求
2. 法第15条第2項（法第15条の2第4項及び第15条の3第2項により準用される場合を含む）による確定した是正命令不履行に対する申告の受付
2の2. 法第15条の2第1項及び第15条の3第1項による差別的処遇に対する是正要求及び法第15条の2第2項（法第15条の3第2項により準用される場合を含む）による差別的処遇の通報・通知
3. 法第24条による過怠料の賦課・徴収

第5条の2（固有識別情報の処理）〈本条新設 2012.1.6〉労働委員会は次の各号の事務を遂行するために不可避な場合は、「個人情報保護法施行令」第19条第1号又は第4号による住民登録番号又は外国人登録番号が含まれた資料を処理することができる。
1. 法第9条第1項による期間制及び短時間勤労者に対する差別的処遇の是正申請に関する事務
2. 法第11条による期間制及び短時間勤労者に対する差別的処遇の是正申請のための調停及び仲裁に関する事務
3. 法第14条による期間制及び短時間勤労者に対する差別的処遇の是正命令又は棄却決定に対する再審に関する事務

第6条（過怠料の賦課基準）〈全文改正 2011.3.30〉法第24条第1項及び第2項による過怠料の賦課基準は、別表3の通りである。

〈別表1〉常時4人以下の勤労者を使用する事業又は事業場に適用する法規定（第2条関連）

区　分	適用法規定
第1章　総則	第1条、第2条
第2章　期間制勤労者	第5条
第3章　短時間勤労者	第7条
第5章　補則	第16条第4号 第17条第1号・第2号（休憩に関する事項に限る）・第3号・第4号（休日に関する地黄に限る）・第5号 第18条から第20条までの規定
第6章　罰則	第21条、第23条 第24条第2項第2号、第24条第3項から第6項までの規定

〈別表2〉専門資格の種類（第3条第1項第3号関連）〈改正 2009.11.20〉
1. 「建築士法」第7条による建築士
2. 「公認労務士法」第3条による公認労務士

3.「公認会計士法」第3条による公認会計士
4.「関税士法」第4条による関税士
5.「弁理士法」第3条よる弁理士
6.「弁護士法」第4条による弁護士
7.「保険業法」第182条による保険計理士
8.「保険業法」第186条による損害査定士
9.「不動産価格公示及び鑑定評価に関する法律」第23条による鑑定評価士
10.「獣医師法」第2条第1号による獣医師
11.「税務士法」第3条による税務士
12.「薬事法」第3条による薬剤師
13.「薬事法」第4条による漢薬士
14.「薬事法」第45条による漢薬業士
15. 大統領令第14319号薬事法施行令一部改正令付則第2条による漢薬調剤士
16.「医療法」第5条による医師
17.「医療法」第5条による歯科医師
18.「医療法」第5条による漢医師
19.「中小企業振興に関する法律」第46条による経営指導士
20.「中小企業振興に関する法律」第46条による技術指導士
21.「航空法」第26条による事業用操縦士
22.「航空法」第26条による運送用操縦士
23.「航空法」第26条による航空交通管制士
24.「航空法」第26条による航空機関士
25.「航空法第26条による航空士

〈別表3〉過怠料の賦課基準（第6条関連）〈改正 2014.9.18〉
1. 一般基準
　イ. 違反行為の回数による過怠料賦課基準は、最近2年間、同じ違反行為に過怠料を賦課された場合に適用する。この場合、違反行為に対して過怠料賦課処分をした日と、再び同じ違反行為を摘発した日を各々基準にして違反回数を計算する。
　ロ. 雇用労働部長官は次のいずれか一に該当する場合には第2号による過怠料の金額の2分の1の範囲でその金額を減軽することができる。但し、過怠料を滞納している違反行為者の場合にはこの限りではない。
　　1) 違反行為者が「秩序違反行為規制法施行令」第2条の2第1項各号のいずれか一に該当する場合
　　2) 違反行為者が自然災害・火災等により財産に顕著な損失が発生するとか、事業与件の悪化で事業が重大な危機に処する等の事情がある場合
　　3) 違反行為者が些細な不注意や誤謬など過失によるものであると認定される場合
　　4) 違反行為者が違法行為による結果を是正したり、解消した場合
　　5) その他を違反行為の程度、違反行為の動機とその結果等を考慮して減軽する必要があると認められる場合

2. 個別基準

違反行為	該当法条文	過怠料万金額（万ウォン）		
		1次	2次	3次以上
イ．法第14条（法第15条の2第4項及び第15条の3第2項により準用される場合を含む）により確定された是正命令を正当な理由なく履行しない場合	第24条第1項	1億ウォンの範囲で該当賠償命令額		
1）賠償を内容とする是正命令を履行しない場合				
2）勤労時間、休日・休暇など勤労条件の差別に対する是正命令を履行しない場合		500	1000	2000
3）施設など利用の差別に対する是正命令を履行しない場合		500	1000	2000
ロ．法第15条第1項（法第15条の2第4項及び第15条の3第2項により準用される場合を含む）を違反して、正当な理由なく雇用労働部長官の履行状況提出要求に応じない場合	第24条第2項第1号	200	400	500
ハ．法第17条を違反して、勤労条件を書面で明示しない場合	第24条第2項第2号	＊以下は書面明示事項1個当たり金額		
1）法第17条第1号、第3号又は第6号を明示しない場合		50	100	200
2）法第17条第2号、第4号又は第5号を明示しない場合		30	60	120

【資料1-1-3】期間制及び短時間勤労者保護等に関する法律施行規則
〔労働部令第277号 2007.6.29〕

第1条（目的）
この規則は「期間制及び短時間勤労者保護等に関する法律」及び同法施行令で委任された事項とその施行に関して必要な事項を規定することを目的とする。
第2条（過怠料の徴収手続）
「期間制及び短時間勤労者保護等に関する法律施行令」第6条第4項による過怠料の徴収手続に関しては「国庫金管理法施行規則」を準用する。この場合、納入告知書には異議提起の方法及び期間等を共に記載しなければならない。

【資料1-2-1】派遣勤労者保護等に関する法律
〔法律第5512号 1998.2.20、法律第8076号 2006.12.21、法律第8372号 2007.4.11、法律第8617号 2007.8.3、法律第8963号 2008.3.21、法律第8964号 2008.3.21、法律第9432号 2009.2.6、法律第9698号 2009.5.21、法律第10339号 2010.6.4、法律第11024号 2011.8.4、法律第11279号 2012.2.1、法律第11668号 2013.3.22、法律第12470号 2014.3.18〕

第1章　総則
第1条（目的）この法は勤労者派遣事業の適正な運営を期して派遣勤労者の勤労条件等に関

する基準を確立することにより、派遣勤労者の雇用安定と福祉増進に寄与して人材需給を円滑にすることを目的とする。
第2条（定義） この法で使用する用語の定義は次の通りとする。〈改正 2006.12.21、2013.3.22〉
1. 「勤労者派遣」とは、派遣事業主が勤労者を雇用した後、その雇用関係を維持しながら、勤労者派遣契約の内容にしたがって使用事業主の指揮・命令を受け、使用事業主のための勤労に従事させることをいう。
2. 「勤労者派遣事業」とは、勤労者派遣を業として行うことをいう。
3. 「派遣事業主」とは、勤労者派遣事業を行う者をいう。
4. 「使用事業主」とは、勤労者派遣契約によって派遣勤労者を使用する者をいう。
5. 「派遣勤労者」とは、派遣事業主が雇用した勤労者として勤労者派遣の対象になる者をいう。
6. 「勤労者派遣契約」とは、派遣事業主と使用事業主間での勤労者派遣を約定する契約をいう。
7. 「差別的処遇」とは、次の各項目の事項において合理的な理由なく不利に処遇することをいう。
　イ．「勤労基準法」第2条第1項第5号による賃金
　ロ．定期賞与金、名節賞与金など定期的に支給される賞与金
　ハ．経営成果に応じた成果金
　ニ．その他の勤労条件及び福利厚生などに関する事項

第3条（政府の責務） 政府は、派遣勤労者を保護して勤労者の求職と使用者の人材確保を容易にするために、次の各号の各種施策を講究・試行することによって、勤労者が使用者に直接雇用されるように努力すべきである。
1. 雇用情報の収集・提供
2. 職業に関する研究
3. 職業指導
4. 職業安定機関の設置・運営

第4条（勤労者派遣事業の調査・研究） ①政府は必要な場合、勤労者代表・使用者代表・公益代表及び関係専門家に勤労者派遣事業の適正な運営と派遣勤労者の保護に関する主要事項を調査・研究させることができる。
②第1項による調査・研究に関して必要な事項は雇用労働部令で定める。〈改正 2010.6.4〉

第2章　勤労者派遣事業の適正運営

第5条（勤労者派遣対象業務等） ①労者派遣事業は、製造業の直接生産工程業務を除いて、専門知識・技術・経験又は業務の性質などを考慮して適合すると判断される業務として大統領が定める業務を対象とする。〈改正 2006.12.21〉
②第1項の規定に関わらず、出産・疾病・負傷などで欠員が生じた場合又は一時的・間歇的に人材を確保しなければならない必要がある場合には勤労者派遣事業を行うことができる。〈改正 2006.12.21〉
③第1項及び第2項の規定に関わらず、次の各号の業務については勤労者派遣事業を行ってはならない。〈新設 2006.12.21、2007.8.3、2011.8.4〉
1. 建設工事現場にて行われる業務
2. 「港湾運送事業法」第3条第1号、「韓国鉄道工事法」第9条第1項第1号、「農水産物

流通及び価格安定に関する法律」第40条、「物流政策基本法」第2条第1項第1号の規定による荷役業務として「職業安定法」第33条により勤労者供給事業の許可を受けた地域の業務
3. 「船員法」第2条第1号による船員の業務
4. 「産業安全保健法」第28条による有害ないし危険な業務
5. その他勤労者保護等の理由で勤労者派遣事業の対象として適切でないと認め、大統領令が定める業務

④第2項によって、派遣勤労者を使用しようとする場合、使用事業主は当該事業又は事業場に勤労者の過半数で組織された労働組合がある場合にはその労働組合、勤労者の過半数で組織された労働組合がない場合には勤労者の過半数を代表する者とあらかじめ誠実に協議しなければならない。〈改正 2006.12.21〉

⑤誰でも第1項ないし第4項の規定を違反して勤労者派遣事業を行ったり、その勤労者派遣事業を行う者から勤労者派遣の役務を提供されてはならない。〈改正 2006.12.21〉

第6条（派遣期間） ①勤労者派遣の期間は、第5条第2項の規定に該当する場合を除いては、1年を越えることはできない。〈改正 2006.12.21〉

②第1項の規定に関わらず、派遣事業主・使用事業主・派遣勤労者間の合意がある場合には派遣期間を延長することができる。この場合、1回を延長するときには、その延長期間は1年を超えることができず、延長された期間を含む総派遣期間は2年を超えることができない。〈新設 2006.12.21〉

③「雇用上年齢差別禁止及び高齢者雇用促進に関する法律」第2条第1号による高齢者の派遣勤労者については、第2項後段の規定に関わらず、2年を越えて勤労者派遣期間を延長することができる。〈改正 2006.12.21、2012.2.1〉

④第5条第2項による勤労者派遣の期間は次の通りである。〈改正 2006.12.21〉
1. 出産・疾病・負傷等その事由が客観的に明確な場合には、その事由の解消に必要な期間
2. 一時的・間歇的に人材を確保する必要がある場合には、その期間を3ヶ月以内の期間。但し、その事由が解消されず、派遣事業主・使用事業主・派遣勤労者間の合意がある場合には、1回に限って3ヶ月の範囲内でその期間を延長することができる。

第6条の2（雇用義務） ①使用事業主が次の各号のいずれか一に該当する場合には、該当派遣勤労者を直接雇用しなければならない。〈改正 2012.2.1〉
1. 第5条第1項の勤労者派遣対象業務に該当しない業務に派遣勤労者を使用する場合（第5条第2項により勤労者派遣事業を行った場合は除く）
2. 第5条第3項の規定を違反して派遣勤労者を使用する場合
3. 第6条第2項を違反して2年を超えて継続的に派遣勤労者を使用する場合
4. 第6条第4項を違反して派遣勤労者を使用する場合
5. 第7条第3項の規定を違反して勤労者派遣の役務の提供を受けた場合

②第1項の規定は当該派遣勤労者が明示的な反対意思を表示するか、大統領令が定める正当な理由がある場合には適用しない。

③第1項の規定により使用事業主が派遣勤労者を直接雇用する場合において派遣勤労者の勤労条件は次の通りである。
1. 使用事業主の勤務者の中で当該派遣勤労者と同種又は類似業務を遂行する勤労者がいる

場合にはその勤労者に適用される就業規則等で定める勤労条件によること
2．使用事業主の勤労者の中で当該派遣勤労者と同種又は類似業務を行う勤労者がいない場合には当該派遣勤労者の既存の勤労条件の水準より低下してはならないこと
④使用事業主は派遣勤労者を使用している業務に勤労者を直接雇用しようとする場合には当該派遣勤労者を優先的に雇用するように努力しなければならない。〈本条新設 2006.12.21〉
第7条（勤労者派遣事業の許可）①労者派遣事業を行おうとする者は雇用労動部令が定めるところにより、雇用労働部長官の許可を受けなければならない。許可を受けた事項の中で雇用労動部令が定める重要事項を変更する場合も同様とする。〈改正 2010.6.4〉
②第1項前段の規定によって勤労者派遣事業の許可を受けた者が許可を受けた事項の中で同項後段の規定による重要事項以外の事項を変更しようとする場合には雇用労動部令が定めるところにより雇用労動部長官に申告しなければならない。〈改正 2010.6.4〉
③使用事業主は第1項の規定を違反して勤労者派遣事業を行う者から勤労者派遣の役務の提供を受けてはならない。〈新設 2006.12.21〉
第8条（許可の欠格事由）次の各号の一に該当する者は第7条の規定による勤労者派遣事業の許可を受けることができない。〈改正 2007.4.11、2008.3.21、2011.8.4〉
1．未成年者・禁治産者・限定治産者又は破産宣告を受けて復権できていない者
2．禁固以上の刑（執行猶予を除く）の宣告を受けてその執行が終了したか、執行を受けないと確定した後2年が経過していない者
3．この法、職業安定法、「勤労基準法」第7条、第9条、第20条から第22条まで、第36条、第43条から第46条まで、第56条及び第64条、「最低賃金法」第6条、「船員法」第110条を違反して罰金以上の刑（執行猶予を除く）の宣告を受けてその執行が終了したか、執行を受けないと確定した後3年が経過していない者
4．禁錮以上の刑の執行猶予宣告を受けてその猶予期間中にいる者
5．第12条の規定による当該事業の許可が取消された後3年が経過していない者
6．法人としてその役員の中で第1号ないし第5号の1に該当する者がいる法人
第9条（許可の基準）①雇用労働部長官は第7条の規定によって、勤労者派遣事業の許可申請がある場合には次の各号の要件に適合した場合に限って、これを許可することができる。〈改正 2010.6.4〉
1．申請人が当該勤労者派遣事業を適正に遂行できる資産及び施設等を揃えていること
2．当該事業が特定少数の使用事業主を対象にして勤労者派遣を行うものではないこと
②第1項の規定による許可の細部基準は大統領令で定める。
第10条（許可の有効期間等）①労者派遣事業の許可の有効期間は3年とする。
②第1項の規定による許可の有効期間の満了後、継続して勤労者派遣事業を行おうとする者は雇用労動部令が定めるところによって更新許可を受けなければならない。〈改正 2010.6.4〉
③第2項の規定による更新許可の有効期間は当該更新前の許可の有効期間が満了する日の翌日から起算して3年とする。
④第7条ないし第9条の規定は第2項の規定による更新許可に関してこれを準用する。
第11条（事業の廃止）①派遣事業主は勤労者派遣事業を廃止したときには雇用労動部令が定めるところにより雇用労動部長官に申告しなければならない。〈改正 2010.6.4〉
②第1項の規定による申告があるときには勤労者派遣事業の許可は申告日からその効力を失

う。

第12条（許可の取消等）①雇用労働部長官は派遣事業主が次の各号の一に該当するときには勤労者派遣事業の許可を取り消すか、6ヶ月以内の期間を定めて営業停止を命じることができる。但し、第1号又は第2号に該当するときにはその許可を取り消さなければならない。〈改正 2008.3.21、2010.6.4〉

1. 第7条第1項又は第10条第2項による許可を虚偽又はその他の不正な方法で受けたとき
2. 第8条の規定による欠格事由に該当するようになったとき
3. 第9条の規定による許可の基準に達しなくなったとき
4. 第5条第5項を違反して勤労者派遣事業を行ったとき
5. 第6条第1項・第2項又は第4項を違反して勤労者派遣事業を行ったとき
6. 第7条第1項後段を違反して許可を受けずに重要な事項を変更したとき
7. 第7条第2項による変更申告をしなくて申告事項を変更したとき
8. 第11条第1項による廃止申告をしなかったとき
9. 第13条第2項を違反して営業停止処分の内容を使用事業主に通知しなかったとき
10. 第14条による兼業禁止義務を違反したとき
11. 第15条を違反して名義を貸与したとき
12. 第16条第1項を違反して勤労者を派遣したとき
13. 第17条による遵守事項を違反したとき
14. 第18条による報告をしないとか、虚偽の報告をしたとき
15. 第20条第1項による勤労者派遣契約を書面で締結しなかったとき
16. 第24条第2項を違反して勤労者の同意を得ずに勤労者派遣を行った時
17. 第25条を違反して勤労契約又は勤労者派遣契約を締結したとき
18. 第26条第1項を違反して派遣勤労者に第20条第1項第2号・第4号から第12号までの事項を知らせしかったとき
19. 第28条による派遣事業管理責任者を選任しないとか、欠格事由に該当する者を選任したとき
20. 第29条による派遣事業管理台帳を作成しないとか、保存しなかったとき
21. 第35条第5項を違反して健康診断結果を送付しなかったとき
22. 第37条による勤労者派遣事業の運営及び派遣勤労者の雇用管理等に関する改善命令を履行しなかったとき
23. 第38条による報告命令を違反したり、関係公務員の出入・検査・質問等の業務を拒否・忌避・妨害したとき

②雇用労働部長官は法人が第8条第6号の規定による欠格事由に該当され、許可を取り消そうとする場合にはあらかじめその役員の改任に必要な期間を1ヶ月以上与えなければならない。〈改正 2010.6.4〉
③雇用労働部長官は第1項によって許可を取り消そうとする場合には、聴聞を実施しなければならない。〈改正 2010.6.4〉
④第1項の規定による勤労者派遣事業の許可の取消又は営業停止の基準は雇用労働部令で定める。〈改正 2010.6.4〉

第 13 条（許可取消等の処分後の勤労者派遣）①第 12 条の規定による許可の取消又は営業の停止処分を受けた派遣事業主は、その処分前に派遣した派遣勤労者とその使用事業主についてはその派遣期間が終了するときまで派遣事業主としての義務と権利を有する。
②第 1 項の場合に派遣事業主はその処分の内容を遅滞なく使用事業主に通知しなければならない。
第 14 条（兼業禁止）次の各号の一に該当する事業をする者は勤労者派遣事業を行うことができない。〈改正 2009.2.6〉
1.「食品衛生法」第 36 条第 1 項第 3 号による食品接客業
2. 公衆衛生法第 2 条第 1 項第 1 号イ目の規定による宿泊業
3. 家庭儀礼に関する法律第 5 条による結婚相談又は仲媒行為をする事業
4. その他大統領令に定める事業
第 15 条（名義貸与の禁止）派遣事業主は自らの名義で他人に勤労者派遣事業を行わせてはならない。
第 16 条（勤労者派遣の制限）①派遣事業主は争議行為中の事業場にその争議行為で中断された業務の遂行のために勤労者を派遣してはならない。
②誰でも「勤労基準法」第 24 条の規定による経営上の理由による解雇をした後、大統領令が定める一定期間が経過する前には当該業務に派遣勤労者を使用してはならない。〈改正 2007.4.11〉
第 17 条（派遣事業主等の遵守事項）派遣事業主及び第 28 条の規定による派遣事業管理責任者は勤労者派遣事業を行うにあたって雇用労働部令が定める事項を遵守しなければならない。〈改正 2010.6.4〉
第 18 条（事業報告）派遣事業主は雇用労働部令の定めるところに従って事業報告書を作成して労働部長官に提出しなければならない。〈改正 2010.6.4〉
第 19 条（閉鎖措置等）①雇用労働部長官は許可を受けずに勤労者派遣事業をするか、許可の取消又は営業の停止処分を受けた後も継続して事業をする者に対しては関連公務員をして当該事業を閉鎖するために次の各号の措置をとらせることができる。〈改正 2010.6.4〉
1. 当該事務所又は事務室の看板その他営業表示物の除去・削除
2. 当該事業が違法であることを知らせる掲示物の付着
3. 当該事業の運営のために必須不可欠な器具又は施設物を使用することができないように封印
②第 1 項の規定による措置をしようとする場合にはあらかじめこれを当該派遣事業主又はその代理人に書面で通知しなければならない。但し、急迫な事由がある場合にはこの限りではない。
③第 1 項の規定による措置はその事業をできないようにするのに必要な最小限の範囲に止まらなければならない。
④第 1 項によって措置をする関連公務員はその権限を表わす証票を関係人に示さなければならない。

第 3 章　派遣勤労者の勤労条件等
第 1 節　勤労者派遣契約

第 20 条（契約の内容等）①勤労者派遣契約の当事者は雇用労働部令が定めるところに

従って次の各号の事項が含まれる勤労者派遣契約を書面で締結しなければならない。〈改正 2006.12.21、2010.6.4〉
1. 派遣勤労者の人数
2. 派遣勤労者が従事する業務の内容
3. 派遣事由（第5条第2項の規定によって勤労者派遣を行う場合に限る）
4. 派遣勤労者が派遣されて勤労する事業場の名称及び所在地その他派遣勤労者の勤労場所
5. 派遣勤労中の派遣勤労者を直接指揮・命令する者に関する事項
6. 勤労者派遣期間及び派遣勤労開始日に関する事項
7. 始業及び終業の時刻と休憩時間に関する事項
8. 休日・休暇に関する事項
9. 延長・夜間・休日勤労に関する事項
10. 安全及び保健に関する事項
11. 勤労者派遣の対価
12. その他雇用労働部令が定める事項

②使用事業主は第1項の規定により勤労者派遣契約を締結するときには派遣事業主に第21条第1項の規定を遵守させるために必要な情報を提供しなければならない。この場合提供しなければならない情報の範囲及び提供方法などに関する事項は大統領令で定める。〈新設 2006.12.21〉

第21条（差別的処遇の禁止及び是正等）〈全文改正 2006.12.21〉①派遣事業主と使用事業主は派遣勤労者であることを理由に使用事業主の事業内の同種又は類似の業務を遂行する勤労者に比べて派遣勤労者に差別的処遇をしてはならない。
②派遣勤労者は差別的処遇を受けた場合、労働委員会にその是正を申請することができる。
③第2項の規定による是正申請その他の是正手続などに関しては、「期間制及び短時間勤労者保護等に関する法律」第9条ないし第15条及び第16条（同条第1号及び第4号を除く）の規定を準拠する。この場合、「期間制勤労者又は短時間勤労者」は「派遣勤労者」で、「使用者」は「派遣事業主又は使用事業主」とみなす。
④第1項ないし第3項の規定は使用事業主が常時4人以下の勤労者を使用する場合にはこれを適用しない。

第21条の2（雇用労働部長官の差別的処遇の是正要求等）〈本条新設 2012.2.1〉①雇用労働部長官は派遣事業主と使用事業主が第21条第1項を違反して差別的処遇をした場合には、その是正を要求することができる。
②雇用労働部長官は派遣事業主と使用事業主が第1項による是正要求に応じない場合には、差別的処遇の内容を具体的に明示して労働委員会に通報しなければならない。この場合、雇用労働部長官は該当派遣事業主又は使用事業者及び勤労者にその事実を通知しなければならない。
③労働委員会は第2項による雇用労働部長官の通報を受けた場合には遅滞なく差別的処遇の可否を審理しなければならない。この場合、労働委員会は当該の派遣事業主又は使用事業者及び勤労者に意見を陳述する機会を付与しなければならない。
④第3項による労働委員会の審理及びその他の是正手続等については「期間制及び短時間労働者保護等に関する法律」第15条の2第4項に従って準用される同法第9条第4項、第11

条ないし第15条までの規定及び第15条の2第5項を準用する。この場合「是正申請をした日」は「通知を受けた日」で、「棄却決定」は「差別的処遇がないという決定」で、「関係当事者」は「該当派遣事業主又は使用事業者及び勤労者」で、「是正申請をした勤労者」は「該当勤労者」とみなす。

第21条の3（確定された是正命令効力拡大）〈本条新設 2014.3.18〉①雇用労働部長官は、第21条第3項又は第21条の2第4項により準用される「期間制および短時間勤労者保護等に関する法律」第14条の規定により確定された是正命令を履行する義務がある派遣事業主又は使用事業主の事業又は事業場で該当是正命令の効力が及ぶ勤労者以外の派遣労働者に対して差別的処遇の可否を調査し、差別的処遇がある場合には、その是正を要求することができある。

②派遣事業主又は使用事業主が第1項の規定による是正要求に応じない場合には、第21条の2第2項から第4項までの規定を準用する。

第22条（契約の解約等）①使用事業主は派遣勤労者の性別・宗教・社会的身分や派遣勤労者の正当な労働組合の活動等を理由に勤労者派遣契約を解約してはならない。

②派遣事業主は使用事業主が派遣勤労に関してこの法又はこの法による命令、勤労基準法又は同法による命令、産業安全保健法又は同法による命令を違反する場合には、勤労者派遣を停止するか、勤労者派遣契約を解約することができる。

第2節　派遣事業主が講じなければならない措置

第23条（派遣勤労者の福祉増進）派遣事業主は派遣勤労者の希望と能力に適合する就業及び教育訓練機会の確保、勤労条件の向上その他雇用安定を期するために必要な措置を講じることによって派遣勤労者の福祉増進に努力しなければならない。

第24条（派遣勤労者に対する告知義務）派遣事業主は勤労者を派遣勤労者として雇用しようとするときには、あらかじめ当該勤労者にその趣旨を書面で知らせなければならない。〈改正 2006.12.21〉

②派遣事業主は、派遣事業主が雇用した勤労者の中で派遣勤労者として雇用しなかった者を勤労者派遣の対象にしようとする場合には、あらかじめその趣旨を書面で知らせて当該勤労者の同意を得なければならない。〈改正 2006.12.21〉

第25条（派遣勤労者に対する雇用制限の禁止）①派遣事業主は正当な理由なく派遣勤労者又は派遣勤労者として雇用されようとする者とその雇用関係の終了後使用事業主に雇用されることを禁止する内容の勤労契約を締結してはならない。

②派遣事業主は正当な理由なく派遣勤労者の雇用関係の終了後使用事業主が当該派遣勤労者を雇用することを禁止する内容の勤労者派遣契約を締結してはならない。

第26条（就業条件の告知）①派遣事業主は勤労者派遣をしようとするときには、あらかじめ当該派遣勤労者に第20条第1項各号の事項その他雇用労働部令が定める事項を書面で知らせなければならない。〈改正 2006.12.21、2010.6.4〉

②派遣勤労者は派遣事業主に第20条第1項第11号の規定による当該勤労者派遣の代価に関してその内訳の提示を要求することができる。〈新設 2006.12.21〉

③派遣事業主は第2項によりその内訳の提示を要求されたときには遅滞なくその内訳を書面で提示しなければならない。〈新設 2006.12.21〉

第27条（使用事業主に対する通知）派遣事業主は勤労者派遣をする場合には派遣勤労者

の姓名その他雇用労働部令が定める事項を使用事業主に通知しなければならない。〈改正 2010.6.4〉

第28条（派遣事業管理責任者）①派遣事業主は派遣勤労者の適切な雇用管理のために第8条第1号ないし第5号の規定による欠格事由に該当しない者の中から派遣事業管理責任者を選任しなければならない。
②派遣事業管理責任者の任務等に関して必要な事項は雇用労働部令で定める。〈改正 2010.6.4〉

第29条（派遣事業管理台帳）①派遣事業主は派遣事業管理台帳を作成・保存しなければならない。
②第1項の規定による派遣事業管理台帳の記載事項及びその保存期間は雇用労働部令で定める。〈改正 2010.6.4〉

第3節　使用事業主が講じなければならない措置

第30条（勤労者派遣契約に関する措置）使用事業主は第20条の規定による勤労者派遣契約を違反しないように必要な措置を講じなければならない。

第31条（適正な派遣勤労の確保）①使用事業主は派遣勤労者から派遣勤労に関する苦情の提示がある場合にはその苦情の内容を派遣事業主に通知して迅速・適切に苦情を処理するようにしなければならない。
②第1項の規定による苦情の処理の外に使用事業主は派遣勤労が適切に行われるように必要な措置を講じなければならない。

第32条（使用事業管理責任者）①使用事業主は派遣勤労者の適切な派遣勤労のために使用事業管理責任者を選任しなければならない。
②使用事業管理責任者の任務等に関して必要な事項は雇用労働部令で定める。〈改正 2010.6.4〉

第33条（使用事業管理台帳）①使用事業主は使用事業管理台帳を作成・保存しなければならない。
②第1項の規定による使用事業管理台帳の記載事項及びその保存期間は雇用労働部令で定める。〈改正 2010.6.4〉

第4節　勤労基準法等の適用に関する特例

第34条（勤労基準法の適用に関する特例）①派遣中である勤労者の派遣勤労に関しては派遣事業主及び使用事業主を「勤労基準法」第2条の規定による使用者とみなして同法を適用する。但し、同法第15条から第36条まで、第39条、第41条から第48条まで、第56条、第60条、第64条、第66条から第68条まで及び第78条から第92条までの規定の適用においては派遣事業主を、同法第50条から第55条まで、第58条、第59条、第62条、63条及び第69条から第75条までの規定の適用においては使用事業主を使用者とする。〈改正 2007.4.11〉
②派遣事業主は大統領令が定める使用事業主の帰責事由によって勤労者の賃金を支給できなかったときには使用事業主は当該派遣事業主と連帯して責任を負う。この場合「勤労基準法」第43条及び第68条の規定を適用することにおいては派遣事業主及び使用事業主を同法第2条の規定による使用者とみて同法を適用する。〈改正 2007.4.11〉
③「勤労基準法」第55条、第73条及び第74条第1項の規定によって使用事業主が有給休

日又は有給休暇を与える場合、その休日又は休暇に対して有給で支給される賃金は派遣事業主が支給しなければならない。〈改正 2007.4.11〉
④派遣事業主と使用事業主が勤労基準法を違反する内容を含んだ勤労者派遣契約を締結し、その契約により派遣勤労者を勤労させることによって同法を違反する場合にはその契約当事者すべてを同法第15条の規定による使用者とみなして該当罰則規定を適用する。

第35条（産業安全保健法の適用に関する特例） ①派遣中である勤労者の派遣勤労に関しては使用事業主を産業安全保健法第2条第3号の規定による事業主とみなして同法を適用する。この場合、同法第31条第2項の規定を適用するにおいては、同項中「勤労者を採用するとき」を「勤労者派遣の役務を提供されたとき」とする。
②第1項の規定にも関わらず、産業安全保健法第5条、第43条第5項（作業場所の変更、作業の転換及び勤労時間短縮の場合に限る）、第43条第6項但書、第52条第2項の適用においては派遣事業主及び使用事業主を同法第2条第3項による事業主とする。
③使用事業主は派遣中である勤労者に対して産業安全保健法第43条の規定による健康診断を実施したときには同法第43条第6項の規定によって当該健康診断結果を説明しなければならず、当該健康診断結果を遅滞なく派遣事業主に送付しなければならない。
④第1項及び第3項の規定にも関わらず、産業安全保健法第43条第1項の規定によって事業主が定期的に実施しなければならない健康診断の中で雇用労働部令が定める健康診断については派遣事業主を同法第2条第3号の規定による事業主とする。〈改正 2008.3.21、2010.6.4〉
⑤派遣事業主は第4項の規定による健康診断を実施したときには産業安全保健法第43条第6項の規定によって当該健康診断結果を説明しなければならず、当該健康診断結果を遅滞なく使用事業主に送付しなければならない。
⑥派遣事業主と使用事業主が産業安全保健法を違反する内容を含んだ勤労者派遣契約を締結してその契約に従って派遣勤労者を勤労させることによって同法を違反した場合にはその契約当事者すべてを同法第2条第3号の規定による事業主とみなして該当罰則規定を適用する。

第4章　補則

第36条（指導・助言等） 雇用労働部長官はこの法の施行のために必要であると認めるときには派遣事業主及び使用事業主に対して勤労者派遣事業の適正な運営又は適正な派遣勤労を確保するために必要な指導及び助言をすることができる。〈改正 2010.6.4〉
第37条（改善命令） 雇用労働部長官は適正な派遣勤労の確保のために必要であると認めるときには派遣事業主に対して勤労者派遣事業の運営及び派遣勤労者の雇用管理等に関する改善を命じることができる。〈改正 2010.6.4〉
第38条（報告と検査） ①雇用労働部長官はこの法の施行のために必要であると認めるときには雇用労働部令が定めるところよって派遣事業主及び使用事業主に対して必要な事項の報告を命じることができる。〈改正 2010.6.4〉
②雇用労働部長官は必要であると認めるときには関連公務員をして派遣事業主及び使用事業主の事業場その他施設に立入して帳簿・書類その他の物を検査したり、関係人に質問させることができる。〈改正 2010.6.4〉
③第2項の規定によって立入・検査をする公務員はその権限を表示する証票を関係人に見せなければならない。

第39条（資料の要請）①雇用労働部長官は関係行政機関その他公共団体等に対してこの法の施行に必要な資料の提出を要請することができる。〈改正2010.6.4〉
②第1項によって資料の提出を要請された者は正当な事由がない限りこれに応じなければならない。
第40条（手数料）第7条及び第10条の規定による許可を受けようとする者は雇用労働部令が定めるとことに従って手数料を納付しなければならない。〈改正2010.6.4〉
第41条（権限の委任）この法による雇用労働部長官の権限は大統領令が定めるところによってその一部を地方雇用労働官署の長に委任することができる。〈改正2010.6.4〉

第5章　罰則

第42条（罰則）①公衆衛生又は公衆道徳上有害な業務に就業させる目的で勤労者派遣をした者は5年以下の懲役又は5千万ウォン以下の罰金に処する。〈改正2014.5.20〉
②第1項の未遂犯は処罰する。
第43条（罰則）次の各号の一に該当する者は3年以下の懲役又は2千万ウォン以下の罰金に処する。〈改正2006.12.21、2014.5.20〉
1. 第5条第5項、第6条第1項・第2項・第4項又は第7条第1項の規定を違反して勤労者派遣事業を行った者
1の2. 第5条第5項、第6条第1項・第2項・第4項又は第7条第3項の規定を違反して勤労者派遣の役務を提供された者
2. 虚偽その他不正な方法で第7条第1項の規定による許可又は第10条第2項の規定による更新許可を受けた者
3. 第15条又は第34条第2項の規定を違反した者
第43条の2（罰則）〈本条新設2006.12.21〉第21条第3項の規定により準用される「期間制及び短時間勤労者の保護等に関する法律」第16条（同条第1項及び第4項を除く）の規定を違反した者は2年以下の懲役又は1千万ウォン以下の罰金に処する。
第44条（罰則）次の各号の一に該当する者は1年以下の懲役又は1千万ウォン以下の罰金に処する。〈改正2006.12.21、2009.5.21〉
1. 削除〈2006.12.21〉
2. 第12条第1項の規定による営業の停止命令を違反して勤労者派遣事業を継続した者
3. 第16条を違反した者
第45条（両罰規定）〈全文改正2009.5.21〉法人の代表者や法人又は個人の代理人・使用人その他従業員がその法人又は個人の業務に関して第42条・第43条・第43条の2又は第44条の違反行為をしたときにはその行為者を罰する他にその法人又は個人に対しても当該条文の罰金刑を科する。但し、法人又は個人がその違反行為を防止するために当該業務に関して相当な注意と監督を怠ってない場合にはその限りでない。
第46条（過怠料）①第21条第3項及び第21条の2第4項及び第21条の3第2項により準用される「期間制及び短時間勤労者の保護等に関する法律」第14条第2項又は第3項の規定により確定した是正命令を正当な理由なく履行しない者は1億ウォン以下の過怠料に処する。〈新設2006.12.21、2012.2.1、2014.3.18〉
②第6条の2第1項の規定を違反して派遣勤労者を直接雇用しない者は3千万ウォン以下の過怠料に処する。〈新設2006.12.21〉

③第26条第1項を違反して労働者派遣をするときにあらかじめ該当派遣勤労者に第20条第1項各号の事項及びその外に雇用労働部令で定める事項を書面で知らせなかった派遣事業主には1千万ウォン以下の過怠料を賦課する。〈新設 2009.5.21、2010.6.4〉
④第21条第3項及び第21条の2第4項及び第21条の3第2項により準用される「期間制及び短時間勤労者の保護等に関する法律」第15条第1項の規定による雇用労働部長官の履行状況提出要求に正当な理由なく応じない者は500万ウォン以下の過怠料に処する。〈新設 2006.12.21、2009.5.21、2010.6.4、2012.2.1、2014.3.18〉
⑤次の各号の一に該当する者は300万ウォン以下の過怠料に処する。〈改正 2006.12.21、2009.5.21〉
1. 第11条第1項の規定による申告をしないか、虚偽の申告をした者
2. 第18条又は第38条第1項の規定による報告をしないか、虚偽の報告をした者
2の2. 第26条第3項の規定を違反した者
3. 第27条・第29条又は第33条の規定を違反した者
4. 第35条第3項又は第5項の規定を違反して当該健康診断結果を送付しなかった者
5. 第37条の改善命令を違反した者
6. 第38条第2項の規定による検査を正当な理由なく拒否・妨害又は忌避した者
⑥第1項ないし第5項までの規定による過怠料は大統領令が定めるところに従って雇用労働部長官が賦課・徴収する。〈改正 2009.5.21、2010.6.4〉
⑦削除〈2009.5.21〉
⑧削除〈2009.5.21〉

【資料1-2-2】派遣勤労者保護等に関する法律施行令

〔大統領令第15828号 1998.7.1、大統領令第20094号 2007.6.18、大統領令第21590号 2009.6.30、大統領令第21694号 2009.8.18、大統領令第22269号 2010.7.12、大統領令第22799号 2011.3.30、大統領令第23488号 2012.1.6、大統領令第23853号 2012.6.12、大統領令第26810号 2015.12.30〕

第1条（目的）この令は「派遣勤労者保護等に関する法律」で委任された事項とその施行に関して必要な事項を規定することを目的とする。〈改正 2007.6.18〉
第2条（勤労者派遣の対象及び禁止業務）「派遣勤労者保護等に関する法律」（以下「法」という）第5条第1項で「大統領令が定める業務」というのは別表1の業務をいう。〈改正 2007.6.18〉
②法第5条第3項第5号で「大統領令が定める業務」とは、次の各号のいずれかの一に該当する業務をいう。〈改正 2007.6.18〉
1. 「塵肺の予防と塵肺勤労者の保護等に関する法律」第2条第3号による粉じん作業を行う業務
2. 「産業安全保健法」第44条による健康管理手帳の交付対象業務
3. 「医療法」第2条による医療人の業務及び同法第80条による看護助務士の仕事
4. 「医療記事等に関する法律」第3条による医療技士の業務
5. 「旅客自動車運輸事業法」第2条第3号による旅客自動車運送事業の運転業務

6. 「貨物自動車運輸事業法」第2条第3号による貨物自動車運送事業の運転業務

第2条の2 (雇用義務の例外)〈本条新設 2007.6.18〉法第6条の2第2項で「大統領令が定める正当な理由がある場合」とは、次の各号のいずれか一に該当する場合をいう。〈改正 2014.9.24〉
1. 「賃金債権保障法」第7条第1項各号のいずれか一に該当する場合
2. 天災・事変その他のやむを得ない事由で事業の継続が不可能な場合

第3条 (許可の細部基準) 法第9条第2項による勤労者派遣事業の資産及び施設等の基準は、次の各号の通りである。〈改正 2007.6.18、2009.6.30〉
1. 常時5人以上の勤労者(派遣勤労者を除く)を使用する事業又は事業場として雇用保険・国民年金・産業災害補償保険及び国民健康保険に加入されていること
2. 1億ウォン以上の資本金(個人の場合には、資産評価額)を備えること
3. 専用面積 $20m^2$ 以上の事務室を備えること

第4条 (派遣勤労者の使用制限) 法第16条第2項により「勤労基準法」第24条による経営上の理由による解雇をした後、当該業務に派遣勤労者を使用できない期間は2年とする。但し、当該事業又は事業場に勤労者の過半数で組織された労働組合がある場合にはその労働組合(勤労者の過半数で組織された労働組合がない場合には勤労者の過半数を代表する者をいう)の同意があるときには6月とする。〈改正 2007.6.18〉

第4条の2 (情報提供の範囲及び方法)〈本条新設 2007.6.18〉①使用事業主が法第20条第2項により派遣事業主に提供しなければならない情報は使用事業主の事業内の派遣勤労者と同じ種類又は類似の業務を行う勤労者に対する次の各号の情報をいう。
1. 勤労者有無及び勤労者の数
2. 賃金及び賃金の構成項目
3. 始業及び従業の時刻と休憩時間に関する事項
4. 休日・休暇に関する事項
5. 延長・夜間・休日勤務に関する事項
6. 安全及び保健に関する事項
7. 福利厚生施設の利用に関する事項
8. その他に法第2条第7号による差別的処遇の対象になる勤労条件の中で第2号から第7号までの規定に含まれていない事項

②使用事業主は第1項各号の情報を派遣事業主に書面で提供しなければならない。

第5条 (使用事業主の帰責事由) 法第34条第2項前段で「大統領令が定める使用事業主の帰責事由」とは、次の各号の一に該当する事由をいう。
1. 使用事業主が正当な理由なく勤労者派遣契約を解約した場合
2. 使用事業主が正当な理由なく勤労者派遣契約による勤労者派遣の対価を支給しなかった場合

第6条 (権限の委任) 法第41条により雇用労働部長官は次の各号の権限を地方雇用労働官署の長に委任する。〈改正 2007.6.18、2010.7.12、2012.6.12、2014.9.18〉
1. 法第7条第1項・第2項及び第10条第2項の規定による勤労者派遣事業の許可・変更許可・変更申告受理及び更新許可
2. 法第11条第1項の規定による勤労者派遣事業廃止申告の受理

3. 法第12条の規定による勤労者派遣事業の許可取消及び営業停止
4. 法第18条の規定による事業報告書の接受
5. 法第19条の規定による閉鎖措置等
5の2. 法第21条第3項、第21条の2第4項及び第21条の3第2項により準用される「期間制及び短時間勤労者保護等に関する法律」第15条第1項による確定された是正命令に対する履行状況の提出要求及び同条第2項による確定された是正命令不履行に対する申告接受
5の3. 法第21条の2第1項及び第21条の3第1項による差別的処遇に対する是正要求及び第21条の2第2項（法第21条の3第2項に準用される場合、含む）による差別的処遇の通報・通知
6. 法第36条の規定による指導及び助言
7. 法第37条の規定による改善命令
8. 法第38条の規定による報告命令及び立入・検査・質問
9. 法第39条の規定による資料の要請
10. 法第46条の規定による過怠料の賦課・徴収

第6条の2（**敏感情報及び固有識別情報の処理**）〈本条新設 2012.1.6〉雇用労働部長官（第6条により雇用労働部長官の権限の委任された者を含む）又は労働委員会は、次の各号の事務を遂行するために不可避な場合「個人情報保護法施行令」第18条第2号による犯罪経歴資料に該当する情報と、同じ令第19条第1号又は第4号による住民登録番号又は外国人登録番号が含まれている資料を処理することができる。

1. 法第7条による勤労者派遣事業の許可及び変更申告に関する事務
2. 法第8条による許可の欠格事由確認に関する事務
3. 法第10条第2項による勤労者派遣事業の更新許可に関する事務
4. 法第11条による勤労者派遣事業の廃止申告に関する事務
5. 法第18条による勤労者派遣事業の事業報告に関する事務
6. 法第21条による派遣勤労者に対する差別的処遇の是正申請に関する事務

第6条の3（**規制の再検討**）〈本条新設 2015.12.30〉雇用労働部長官は、第3条の規定による勤労者派遣事業の資産及び施設等の基準について2016年1月1日を基準とし、3年ごとに（3年になる年の1月1日前までをいう）その妥当性を検討して改善等の措置をしなければならない。

第7条（**過怠料の賦課基準**）〈全文改正 2011.3.30〉法第46条第1項から第5項までの規定による過怠料の賦課基準は別表2の通りである。

〈別表1〉 勤労者派遣対象業務（第2条第1項関連）〈改正 2007.6.18〉

韓国標準職業分類	対象業務	備考
120	コンピュータ関連専門家の業務	
16	行政、経営及び財政専門家の業務	行政専門家（161）の業務を除外
17131	特許専門家の業務	
181	記録保管員、司書及び関連専門家の業務	司書（18120）の業務を除外
1822	翻訳家及び通訳家の業務	
183	創作及び公演芸術家の業務	
184	映画、演劇及び放送関連専門家の業務	
220	コンピュータ関連準専門家の業務	
23219	通信技術工の業務	
23221	通信技術工の業務	
234	製図技術従事者、CAD包含の業務	
235	光学及び電子装備技術従事者の業務	補助業務に限る。臨床病理士（23531）、放射線技士（23532）、その他医療装備技士（23539）の業務を除外
252	正規教育以外の教育準専門家の業務	
253	その他教育準専門家の業務	
28	芸術、演芸及び競技準専門家の業務	
291	管理準専門家の業務	
317	事務支援従事者の業務	
318	図書、郵便及び関連事務従事者の業務	
3213	収金及び関連事務従事者の業務	
3222	電話交換及び番号案内事務従事者の業務	電話交換及び番号案内事務従事者の業務が当該事業の核心業務である場合は除外
323	顧客関連事務従事者の業務	
411	個人保護及び関連従事者の業務	
421	飲食調理従事者の業務	「観光振興法」第3条による観光宿泊業の調理士業務を除外
432	旅行案内従事者の業務	
51206	注油員の業務	
51209	その他小売業者販売員の業務	
521	電話通信販売従事者の業務	
842	自動車運転従事者の業務	
9112	建物清掃従事者の業務	
91221	守衛及び警備員の業務	「警備業法」第2条第1号による警備業務は除外
91225	駐車場管理員の業務	
913	配達、運搬及び検針関連従事者の業務	

〈別表2〉過怠料の賦課基準（第7条関連）〈改正 2014.9.18〉

1. 一般基準
   イ．違反行為の回数による過怠料賦課基準は、最近2年間、同じ違反行為に過怠料を賦課された場合に適用する。この場合、違反行為に対して過怠料賦課処分をした日と、再び同じ違反行為を摘発した日を各々基準にして違反回数を計算する。
   ロ．雇用労働部長官は次のいずれか一に該当する場合には第2号による過怠料の金額の2分の1の範囲でその金額を減軽することができる。但し、過怠料を滞納している違反行為者の場合にはこの限りではない。
   1) 違反行為者が「秩序違反行為規制法施行令」第2条の2第1項各号のいずれか一に該当する場合
   2) 違反行為者が自然災害・火災等により財産に顕著な損失が発生するとか、事業与件の悪化で事業が重大な危機に処する等の事情がある場合
   3) 違反行為者が些細な不注意や誤謬など過失によるものであると認定される場合
   4) 違反行為者が違法行為による結果を是正したり、解消した場合
   5) その他を違反行為の程度、違反行為の動機とその結果等を考慮して減軽する必要があると認められる場合

2. 個別基準

違反行為	該当法条文	過怠料万金額（ウォン）		
		1次	2次	3次以上
イ．法第6条の2第1項を違反して派遣労働者を直接雇用しなかった場合	第46条第2項	1000	2000	3000
ロ．法第11条第1項による申告をしなかったり、虚偽の申告をした場合	第46条第5項第1号	200	300	300
ハ．法第18条又は第38条第1項による報告をしなかったり、虚偽の報告をした場合	第46条第5項第2号	300	300	300
ニ．法第21条第3項、第21条の2第4項及び第21条の3第2項により準用される「期間制及び短時間労働者保護等に関する法律」第14条第2項又は第3項により確定された是正命令を正当な理由なく履行しなかった場合	第46条第1項			
1) 賠償を内容とする差別是正命令を履行しなかった場合		1億範囲で賠償命令額		
2) 勤労時間、休日・休暇など勤労条件に対する差別是正命令を履行しなかった場合		500	1000	2000
3) 施設など利用に対する差別是正命令を履行しなかった場合		500	1000	1000
ホ．法第21条第3項、第21条の2第4項及び第21条の3第2項により準用される「期間制及び短時間労働者保護等に関する法律」第15条第1項による雇用労働部長官の履行状況提出要求に正当な理由なく不応した場合	第46条第4項	200	400	500

ヘ．法第26条第1項を違反して勤労者派遣をするときにあらかじめ該当派遣勤労者に法第20条第1項各号の事項及びその他に雇用労働部令で定める事項を書面で知らせしなかった場合 　1）全部を知らせしなかった場合 　2）一部を知らせしなかった場合	第46条 第3項	500 200	1000 400	1000 1000
ト．法第26条第3項を違反した場合	第46条 第5項 第2号 の2	300	300	300
チ．法第27条・第29条又は第33条を違反した場合	第46条 第5項 第3号	200	300	300
リ．法第35条第3項又は第5項を違反して該当健康診断結果を送付しなかった場合	第46条 第5項 第4号	200	300	300
ヌ．法第37条による改善命令を違反した場合	第46条 第5項 第5号	300	300	300
ル．法第38条第2項による検査を正当な理由なく拒否・妨害又は忌避した場合	第46条 第5項 第6号	300	300	300

【資料1-2-3】派遣勤労者保護等に関する法律施行規則

〔労働部令第133号 1998.7.20、労働部令第248号 2006.3.2、労働部令第255号 2006.7.19、労働部令第278号 2007.6.29、労働部令第318号 2009.3.10、労働部令第323号 2009.5.12、労働部令第1号 2010.7.12、労働部令第48号 2012.2.9、労働部令第64号 2012.8.2、労働部令第141号 2015.12.30〕

第1条（目的）この規則は「派遣勤労者保護等に関する法律」及び同法施行令から委任された事項とその施行に関して必要な事項を規定することを目的とする。〈改正 2007.6.29〉

第2条（勤労者派遣事業の調査・研究）①雇用労働部長官は「派遣勤労者保護等に関する法律」（以下「法」という）第4条の規定により勤労者派遣事業の適正な運営と派遣勤労者の保護に関する主要事項を次の各号の者をして調査・研究させることができる。〈改正 2007.6.29、2009.3.10、2010.7.12〉
1. 労働組合が推薦する勤労者代表
2. 使用者団体が推薦する使用者代表
3. 「政府出捐研究機関等の設立・運営及び育成に関する法律」による韓国労働研究員が推薦する公益代表及び関係専門家

②第1項の規定による勤労者代表・使用者代表・公益代表及び関係専門家の数は7人以上10人以下とし、勤労者代表と使用者代表は同数とする。

第3条（勤労者派遣事業の許可申請等）①第7条第1項の規定によって勤労者派遣事業の許可を受けようとする者は別紙第1号書式による許可申請書に次の各号の書類を添付して主な事業所の所在地を管轄する地方労働庁又は地庁（以下「許可官庁」とする）に提出しなけ

ればならない。この場合、事業所を2以上置こうとするときには、第1号及び第4号の書類は事業所別に区分し作成しなければならない。〈改正 2006.3.2、2006.7.19、2007.6.29、2010.7.12〉
1．別紙第2号書式による事業計画書
2．定款（法人の場合に限る）
3．資産状況を確認できる書類（個人の場合に限る）
4．事務室専用面積を確認できる書類及びその位置図
5．申請人（法人の場合には役員）が外国人である場合には法第8条各号に該当しないことを証明する当該国家の政府その他権限のある機関が発行した書類又は公証人が公証した申請人の陳述書として「在外公館公証法」によって当該国家に駐在する大韓民国公館の領事館が確認した書類

②第1項による申請書を提出受けた担当公務員は「電子政府法」第36条第1項による行政情報の共同利用を通じて法人登記事項証明書（法人の場合のみ該当する）を確認しなければならない。〈新設 2006.7.19、2007.6.29、2009.3.10、2012.8.2〉

③許可官庁が勤労者派遣事業の許可をするときには別紙第3号書式による許可証を交付して、別紙第4号書式による許可管理台帳を作成・管理しなければならない。〈改正 2006.07.19〉

④第3項による許可を受けた者（以下「派遣事業主」という）が許可証を紛失するか、許可証が使用不能となって再交付を受けようとするときには別紙5書式による許可証再交付申請書を許可官庁に提出しなければならない。〈改正 2014.12.31〉

第4条（許可事項の変更）①第7条第1項によって次の各号の許可事項を変更しようとする派遣事業主は別紙第6号書式による変更許可申請書に許可証写本と次の各号の区分による関係書類を添付し許可官庁に提出しなければならない。
1．事業所数の増加：次の各目の書類
　イ．別紙第2号書式による当該事業所の事業計画書
　ロ．当該事業所の事務室専用面積を確認できる書類及びその位置図
2．事業所の位置変更：事務室専用面積を確認ができる書類及びその位置図
3．事業主（法人の場合には代表者）の変更：第3条第1項第5号による書類（外国人の場合に限る）

②法第7条第2項の規定によって次の各号の許可事項の変更しようとする派遣事業主は別紙第6号書式による変更申告書に許可証写本と次の各号の区分による関係書類を添付して許可官庁に提出しなければならない。〈改正 2007.6.29〉
1．法人の役員(代表者を除く)の変更：第3条第1項第5号による書類(外国人の場合に限る)
2．法第28条の規定による派遣事業管理責任者（以下「派遣事業管理責任者」という）の変更：第3条第1項第5号による書類（外国人の場合に限る）
3．商号及び法人名称の変更：変更した内容が証明できる書類
4．事業所の減少：関係書類無し

③許可官庁は、変更許可するか、許可事項変更申告を受けたときには、許可証を回収して新しい許可証を交付しなければならず、別紙第4号書式による許可管理台帳に変更内容を記載しなければならない。

第5条（許可の更新）①法第10条第2項によって勤労者派遣事業の更新許可を受けようと

する者は、許可の有効期間満了日 30 日前まで別紙第 1 号書式による更新許可申請書に次の各号の書類を添付して許可官庁に提出しなければならない。但し、同じ内容の書類が既に提出された場合には、当該書類を提出しないことも有り得る。〈改正 2006.7.19〉
1. 定款（法人の場合に限る）
2. 削除〈2006.7.19〉
3. 許可証写本
4. 申請人（法人の場合には役員）が外国人の場合には第 3 条第 1 項第 5 号の書類

②第 1 項による申請書を受けた担当公務員は「電子政府法」第 36 条第 1 項による行政情報の共同利用を通じて次の各号の書類を確認しなければならない。但し、第 2 号の書類に対して申請人が確認に同意しない場合には、その書類を添付するようにしなければならない。〈新設 2006.07.19、2007.06.29、2009.3.10、2012.8.2〉
1. 法人登記事項証明書（法人の場合のみ該当する）
2. 事業者登録証（個人の場合に限る）

③許可官庁は更新許可をするときには有効期間が満了される許可証を回収して新たな許可証を交付しなければならず、別紙第 4 号書式による許可管理台帳に更新内容を記載しなければならない。〈改訂 2006.7.19〉

第 6 条（廃止申告） ①第 11 条第 1 項によって勤労者派遣事業を廃止した派遣事業主は別紙第 7 号書式による廃止申告書に許可証を添付して、許可官庁に提出しなければならない。
②許可官庁が廃止申告を受けたときには別紙第 4 号書式による許可管理台帳にその事実を記載しなければならない。

第 7 条（許可取消又は営業停止の基準） 法第 12 条第 4 項による許可の取消又は営業停止の基準は別表の通りである。

第 8 条（派遣事業主等の遵守事項） 派遣事業主及び派遣事業管理責任者は法第 17 条の規定により次の各号の事項を遵守しなければならない。
1. 派遣勤労者を募集しようとするときには募集対象が派遣勤労者であることを明示すること
2. 事務所の見やすい所に許可証をかけておくこと

第 9 条（事業報告） 派遣事業主は法第 18 条によって別紙第 8 号書式による事業報告書を毎半期翌月 10 日までに許可官庁に提出しなければならない。〈改正 2007.6.29〉

第 10 条（証票） 法第 19 条第 4 項及び法第 38 条第 3 項の規定による関係公務員の権限を表示する証票は別紙第 9 号書式による。

第 11 条（契約書の作成等） ①勤労者派遣契約の当事者は法第 20 条第 1 項による勤労者派遣契約を締結するときには各派遣勤労者別に契約書を作成するものとし、勤労者派遣契約の内容が同一な場合には一つの契約書で作成することができる。〈改正 2007.6.29〉
②法第 20 条第 1 項第 12 号で「雇用労働部令が定める事項」とは派遣事業管理責任者及び法第 32 条による使用事業管理責任者（以下「使用事業管理責任者」という）の名前・所属及び役職をいう。〈改正 2007.6.29、2010.7.12〉

第 12 条(派遣勤労者に対する告知事項) 法第 26 条第 1 項で「雇用労働部令が定める事項」とは、派遣勤労者が派遣されて勤労する事業場の福利厚生施設の利用に関する事項をいう。〈改正 2007.6.29、2010.7.12〉

資　料

第13条（使用事業主に対する通知事項）派遣事業主は法第27条によって法第2条第4号による使用事業主（以下「使用事業主」という）に派遣勤労者の姓名・性別・年齢・学歴・資格・その他職業能力に関する事項を通知しなければならない。
第14条（派遣事業管理責任者の選任・任務）①派遣事業主は法第28条の規定によって事業所別に派遣事業管理責任者を1人以上選任しなければならない。
②第1項の規定による派遣事業管理責任者は次の各号の業務を遂行する。
1．法第24条・第26条及び第27条の規定による告知・通知等の業務
2．派遣勤労者の苦情処理
3．派遣事業管理台帳の作成・保存
第15条（派遣事業管理台帳）①派遣事業主は法第29条の規定によって派遣事業管理台帳を事業所別に作成・保存しなければならない。
②派遣事業管理台帳に記載しなければならない事項は次の各号通りである。
1．派遣勤労者の姓名
2．使用事業主及び使用事業管理責任者の姓名
3．派遣勤労者が派遣される事業場の名称及び所在地
4．派遣勤労者の派遣期間
5．派遣勤労者の業務内容
③派遣事業主は派遣事業管理台帳を勤労者派遣の終了日から3年間保存しなければならない。
第16条（使用事業管理責任者の選任・任務）①使用事業主は法第32条の規定によって事業所別に使用事業管理責任者を1人以上選任しなければならない。
②第1項の規定による使用事業管理責任者は次の各号の業務を遂行する。
1．派遣勤労者を指揮・命令する者に対する指導及び教育
2．派遣勤労者の苦情処理
3．使用事業管理台帳の作成・保存
第17条（使用事業管理台帳）①使用事業主は法第33条の規定によって使用事業管理台帳を事業所別に作成・保存しなければならない。
②使用事業管理台帳に記載しなければならない事項は次の各号通りである。
1．派遣勤労者の姓名
2．派遣事業主及び派遣事業管理責任者の姓名
3．派遣勤労者の派遣期間
4．派遣勤労者の業務内容
③使用事業主は使用事業管理台帳を勤労者派遣の終了日から3年間保存しなければならない。
第18条（派遣事業主が実施しなければならない健康診断）法第35第4項で「雇用労働部令が定める健康診断」とは、「産業安全保健法施行規則」第98条第1号の規定による一般健康診断をいう。〈改正 2007.6.29、2010.7.12、2012.8.2〉
第19条（報告命令）法第38条第1項の規定による報告命令は書面でしなければならない。
第20条（手数料）〈全文改正 2009.5.12〉法第40条による手数料の金額は次の各号通りであり、該当手数料は収入印紙で納めなければならない。但し、電子文書で申請した場合には無料と

する。
1. 新規許可：3万ウォン
2. 変更許可：2万ウォン
3. 更新許可：1万ウォン

第21条（規制の再検討）〈本条新設 2014.12.31〉①雇用労働部長官は、次の各号の事項について次の各号の基準日を基準として2年ごとに（2年ごとになる年の基準日と同じ日前までをいう）その妥当性を検討して改善等の措置をしなければならない。〈改正 2015.12.30〉
1. 第9条の規定による事業報告：2015年1月1日
2. 第15条の規定による派遣事業管理台帳の作成・保存：2015年1月1日
3. 第17条の規定による使用事業管理台帳の作成・保存：2015年1月1日
4. 第19条の規定による報告命令方式：2015年1月1日

②雇用労働部長官は、次の各号の事項につい次の各号の基準日を基準として、3年ごとに（3年になる年の基準日と同じ日前までをいう）その妥当性を検討して改善等の措置をしなければならない。〈新設 2015.12.30〉
1. 第3条の規定による勤労者派遣事業の許可申請：2016年1月1日
2. 第4条の規定による勤労者派遣事業の許可事項の変更：2016年1月1日
3. 第7条の規定による勤労者派遣事業の許可取消又は営業停止の基準：2016年1月1日
4. 第20条の規定による勤労者派遣事業の許可に関連する手数料：2016年1月1日

【資料1-3-1】労働委員会法

〔法律第5311号 1997.3.13、法律第5962号 1999.4.15、法律第7380号 2005.1.27、法律第7773号 2005.12.29、法律第7796号 2005.12.29、法律第8075号 2006.12.21、法律第8296号 2007.1.26、法律第8372号 2007.4.11、法律第8474号 2007.5.17、法律第10339号 2010.6.4、法律第13044号 2015.1.20、法律第13904号 2016.1.27〕

第1章 総則

第1条（目的） この法は労働関係において判定及び調整業務の迅速・公正な遂行のために労働委員会を設置し、その運営に関する事項を規定することにより労働関係の安定と発展に資することを目的とする。

第2条（労働委員会の区分・所属等）①労働委員会は、中央労働委員会・地方労働委員会及び特別労働委員会に区分する。
②中央労働委員会及び地方労働委員会は、雇用労働部長官所属下に置き、地方労働委員会の名称・位置及び管轄区域は大統領令で定める。〈改正 2010.6.4〉
③特別労働委員会は、特定な事項を管掌するために必要な場合に当該特定事項を管掌する中央行政機関の長所属下に置く。

第2条の2（労働委員会の所管事務）〈本条新設 2007.1.26〉労働委員会の所管事務は次の各号の通りである。
1. 「労働組合及び労働関係調整法」・「勤労基準法」・「勤労者参与及び協調増進に関する法律」・「教員の労働組合設立及び運営等に関する法律」・「公務員の労働組合設立及び運営等に関する法律」・「期間制及び短時間勤労者保護等に関する法律」及び「派遣勤労者保護等に関

する法律」による判定・決定・議決・承認・認定又は差別是正等に関する業務
2. 「労働組合及び労働関係調整法」・「教員の労働組合設立及び運営等に関する法律」及び「公務員の労働組合設立及び運営等に関する法律」による労働争議調整・仲裁又は関係当事者の自主的な労働争議解決支援に関する業務
3. 第1号及び第2号の業務遂行と関連する調査・研究・教育又は広報等に関する業務
4. その他に他の法律により労働委員会の所管で規定された業務

第3条(労働委員会の管掌) ①中央労働委員会は次の各号の事件を管掌する。
1. 地方労働委員会及び特別労働委員会の処分に対する再審事件
2. 2以上の地方労働委員会の管轄区域にわたる労働争議の調整事件
3. 他の法律によってその権限に属することに規定された事件

②地方労働委員会は、当該管轄区域で発生する事件を管掌するが、2以上の管轄区域にわたる事件(第1項第2号の調整事件を除く)は、主な事業所の所在地を管轄する地方労働委員会で管掌する。
③特別労働委員会は、関係法律が定めるところによりその設置目的で規定された特定事項に関する事件を管掌する。
④中央労働委員会委員長は、効率的な労働争議の調整のために必要であると認める場合には、第1項第2号の規定にもかかわらず、地方労働委員会を指定して、当該事件を処理させることができる。
⑤中央労働委員会委員長は、第2項の規定による主な事業場を決めることが困難であったり主な事業場の所在地を管轄する地方労働委員会で処理することが困難な事情がある場合には、職権で又は関係当事者や地方労働委員会委員長の申請により地方労働委員会を指定して当該事件を処理させることができる。

第3条の2(事件の移送)〈本条新設 2015.1.20〉①労働委員会は、接受された事件が他の労働委員会の管轄である場合には、遅滞なく、その事件を管轄労働委員会に移送しなければならない。第23条の規定による調査を開始した後、他の労働委員会の管轄であることが確認された場合にも同じである。
②第1項の規定により移送された事件は、管轄労働委員会に最初から受理されたものとみなされる。
③労働委員会は、第1項の規定により事件を移送した場合には、その事実を遅滞なく関係当事者に通知しなければならない。

第4条(労働委員会の地位等) ①労働委員会は、その権限に属する業務を独立的に遂行する。
②中央労働委員会委員長は、中央労働委員会及び地方労働委員会の予算・人事・教育訓練その他の行政事務を統括し、所属公務員を指揮・監督する。
③中央労働委員会委員長は、行政事務の指揮・監督権の一部を大統領令が定めるところにより地方労働委員会委員長に委任することができる。

第5条(特別労働委員会の組織等) ①特別労働委員会に対しては第6条第3項ないし第7項、第9条第2項及び第4項の規定を適用しない。〈改正 2007.1.26〉
②次の各号の一に該当する事項については、当該特別労働委員会の設置根拠になる法律で別に定めることができる。
1. 第6条第2項の規定による勤労者委員・使用者委員及び公益委員の数

2. 第11条の規定による常任委員
③特別労働委員会に対して第15条第3項から第5項までの規定を適用するに当たり、第6条第6項の規定による審判担当公益委員・差別是正担当公益委員及び調整担当公益委員は、特別労働委員会の公益委員とみなされる。〈改正 2015.1.20〉

第2章　組織

第6条（労働委員会の構成等）〈改正 1999.4.15、2006.12.21、2007.1.26、2015.1.20〉①労働委員会は、勤労者を代表する委員(以下「勤労者委員」という)と使用者を代表する委員(以下「使用者委員」という)と公益を代表する委員（以下「公益委員」という）で構成する。
②労働委員会委員数は、次の各号の区分に従う範囲で労働委員会の業務量を勘案して大統領令で定める。この場合、勤労者委員と使用者委員は同数とする。
1. 勤労者委員・使用者委員は各10人以上50人以下
2. 公益委員は10人以上70人以下
③勤労者委員は労働組合が推薦した者の中から、使用者の委員は使用者団体が推薦した者の中から委嘱する。
1. 中央労働委員会：雇用労働部長官の提請により大統領が委嘱
2. 地方労働委員会：地方労働委員会委員長の提案により中央労働委員会委員長が委嘱する。
④公益委員は、当該労働委員会委員長・労働組合及び使用者団体が各々推薦した者の中から労働組合と使用者団体が順次的に排除し残った者を委嘱対象公益委員とし、その委嘱対象公益委員中から次の各号の区分により委嘱
1. 中央労働委員会の公益委員：雇用労働部長官の提請により大統領が委嘱
2. 地方労働委員会の公益委員：地方労働委員会委員長の提請により中央労働委員会委員長が委嘱する。
⑤第4項の規定にもかかわらず、労働組合又は使用者団体が公益委員の推薦又は推薦された公益委員を順次的に排除する手順を拒否した場合には、当該労働委員会委員長が委嘱対象公益委員を選定することができる。
⑥公益委員は、次の各号のように区分して委嘱する。
1. 審判事件を担当する審判担当公益委員
2. 差別是正事件を担当する差別是正担当公益委員
3. 調整事件を担当する調整担当公益委員
⑦労働委員会委員の推薦手順、公益委員の順次排除の方法その他委員の委嘱に関して必要な事項は、大統領令で定める。〈改正 2007.1.26〉

第6条の2（社会脆弱階層に対する権利救済代理）〈改正 2015.1.20〉①労働委員会は、第2条の2第1号の中で判定・決定・承認・認定及び差別是正等に関する事件で社会脆弱階のために弁護牛や公認労務士をして権利救済業務を代理させることができる。
②第1項により弁護牛や公認労務士をして社会脆弱階層をために権利救済業務を代理させる場合の要件、対象、弁護士・公認労務士の報酬に関する必要な事項は雇用労働部令で定める。

第7条（委員の任期等）〈改正 2015.1.20〉①労働委員会委員の任期は3年とし、再任することができる。
②労働委員会委員が欠位された場合、補欠委員の任期は前任者の残任期間とする。但し、委員長又は常任委員が欠位され後任者を任命した場合には後任者の任期は新たに開始される。

〈改正 2007.1.26〉
③任期が満了した労働委員会委員は、後任者が委嘱されるまで継続してその職務を執行する。
④労働委員会委員の処遇に関しては大統領令で定める。
第8条(公益委員の資格基準等)〈改正 2005.12.29、2006.12.21、2007.1.26、2015.1.20〉
①中央労働委員会の公益委員は、次の各号の区分により、労働問題に関する知識と経験がある者の中から委嘱し、女性の委嘱が増えるように努力しなければならない。
1. 審判担当公益委員及び差別是正担当公益委員
   イ. 労働問題と関連した学問を専攻した者として、「高等教育法」第2条第1号から第6号までの学校で副教授以上に在職しているか又は在職した者
   ロ. 判事・検事・軍法務官・弁護士又は公認労務士の職に7年以上在職した者
   ハ. 労働関係業務に7年以上従事した者として2級又は2級相当以上の公務員や高位公務員団に属する公務員として在職するか又は在職した者
   ニ. その他労働関係業務に15年以上従事した専門的な知識と経験を備えた者として審判担当公益委員又は差別是正担当公益委員に適合すると認められる者
2. 調整担当公益委員
   イ.「高等教育法」第2条第1号から第6号までの学校で副教授以上に在職しているか又は在職した者
   ロ. 判事・検事・軍法務官・弁護士又は公認労務士の職に7年以上在職しているか又は在職した者
   ハ. 労働関係業務に7年以上従事した者として2級又は2級相当以上の公務員や高位公務員団に属する公務員として在職した者
   ニ. その他労働関係業務に15年以上従事した者又は社会的徳望がある者として調整担当公益委員に適合すると認められる者
②地方労働委員会の公益委員は、次の各号の区分により、労働問題に関する知識と経験がある者の中から委嘱し、女性の委嘱が増えるように努力しなければならない委嘱する。
1. 審判担当公益委員及び差別是正担当公益委員
   イ. 労働問題と関連する学問を専攻した者として、「高等教育法」第2条第1号から第6号までの学校で副教授以上に在職しているか又は在職した者
   ロ. 判事・検事・軍法務官・弁護士又は公認労務士の職に3年以上在職しているか又は在職した者
   ハ. 労働関係業務に3年以上従事した者として3級又は3級相当以上の公務員や高位公務員団に属する公務員として在職しているか又は在職した者
   ニ. 労働関係業務に10年以上従事した者として4級又は4級相当以上の公務員として在職しているか又は在職した者
   ホ. その他労働関係業務に10年以上従事した者として審判担当公益委員又は差別是正担当公益委員に適合すると認められる者
2. 調整担当公益委員
   イ.「高等教育法」第2条第1号から第6号までの学校で副教授以上に在職しているか又は在職した者
   ロ. 判事・検事・軍法務官・弁護士又は公認労務士の職に3年以上在職しているか又は在

職した者
- ハ．労働関係業務に 3 年以上従事した者として 3 級又は 3 級相当以上の公務員や高位公務員団に属する公務員として在職しているか又は在職した者
- ニ．労働関係業務に 10 年以上従事した者として 4 級又は 4 級相当以上の公務員として在職しているか又は在職した者
- ホ．その他労働関係業務に 10 年以上従事した者又は社会的徳望がある者として調整担当公益委員に適合すると認められる者

第 9 条（委員長）〈改正 2015.1.20〉①労働委員会に委員長 1 人を置く。
②中央労働委員会委員長は、第 8 条第 1 項により中央労働委員会の公益委員資格を有した者の中で雇用労働部長官の提請により大統領が任命し、地方労働委員会委員長は、第 8 条第 2 項により地方労働委員会の公益委員資格を有した者の中で中央労働委員会委員長の推薦と雇用労働部長官の提請により大統領が任命する。〈改正 2007.1.26、2010.6.4〉
③中央労働委員会委員長は政務職とする。
④労働委員会委員長（以下「委員長」という）は、当該労働委員会の公益委員となり、審判事件・差別是正事件と調整事件を担当することができる。〈改正 2006.12.21〉

第 10 条（委員長の職務）〈改正 2015.1.20〉①委員長は当該労働委員会を代表し、労働委員会の事務を統理する。
②委員長がやむを得ない事由で職務を遂行することができないときには、公益委員中から大統領令が定める公益委員がその職務を代行する。

第 11 条（常任委員）①労働委員会に常任委員を置き、常任委員は、当該労働委員会の公益委員資格を有した者の中から中央労働委員会委員長の推薦と雇用労働部長官の提請により大統領が任命する。〈改正 2010.6.4〉
②常任委員は公益委員となり、審判事件・差別是正事件と調整事件を担当することができる。〈改正 2006.12.21〉
③各労働委員会に置かれる常任委員の数及び階級等は大統領令で定める。〈改正 2005.12.29〉

第 11 条の 2（委員の行為規範）〈改正 2015.1.20〉①労働委員会委員は、法と良心に基づいて公正かつ誠実に業務を遂行しなければならない。
②中央労働委員会は、労働委員会委員が第 1 項の規定により業務を遂行するために遵守すべき行為規範及びその運営に関連した事項を第 15 条の規定による労働委員会全員会議の議決を経て定めることができる。
③第 2 項の規定による労働委員会委員の行為規範には、次の各号の事項が含まれなければならない。
1. 業務遂行と関連して饗応・金品等を受ける行為の禁止に関する事項
2. 関係当事者一方に偏頗的であったり事件処理を妨害する等公正性及び中立性を毀損する行為の禁止・制限に関する事項
3. 職務遂行と関連して知り得た事項を自己や他の人の利益のために利用したり、他の人に提供する行為の禁止に関する事項
4. 第 15 条の規定による部門別委員会出席等、労働委員会委員としての誠実な業務遂行に関連した事項
5. その他に品位維持等のために必要な事項

第12条（欠格事由）〈改正 2015.1.20〉国家公務員法第 33 条各号のいずれかに該当する者は労働委員会委員になれない。
第13条（委員の身分保障）①労働委員会委員は、次の各号のいずれか一に該当する場合を除いては、その意思に反して免職又は解職されない。〈改正 2007.1.26〉
1. 「国家公務員法」第 33 条各号のいずれかに該当する場合
2. 長期間の心身衰弱で職務を遂行することができなくなった場合
3. 職務と関連した不正事実があったり、労働委員会委員職を維持するのに適合しないと認められる不正事実がある場合
4. 第 11 条の 2 の規定による行為規範に違反して委員として職務を遂行することが困難な場合
5. 公益委員として委嘱された後、第 8 条の規定による公益委員の資格基準に達しないことが判明された場合

②労働委員会委員が第 1 項第 1 号に該当することになった場合には、当然免職又は解職される。〈改正 2007.1.26〉
第14条（事務処と事務局）〈題目改正 2007.1.26〉①中央労働委員会は事務処を、地方労働委員会には事務局を置く。〈改正 2007.1.26〉
②事務処と事務局の組織・運営に関して必要な事項は、大統領令で定める。〈改正 2007.1.26〉
③雇用労働部長官は、労働委員会事務処又は事務局所属職員を雇用労働部と労働委員会間に転補した場合、中央労働委員会委員長の意見を聴かなければならない。〈新設 2007.1.26、2010.6.4〉
第14条の2（中央労働委員会事務処長）〈本条新設 2007.1.26〉①中央労働委員会には、事務処長 1 人を置く。
②事務処長は、中央労働委員会常任委員中 1 人が兼職する。
③事務処長は、中央労働委員会委員長の命を受けて事務処の事務を処理し、所属職員を指揮・監督する。
第14条の3（調査官）〈改正 2015.1.20〉①労働委員会事務処及び事務局に調査官を置く。
②中央労働委員会委員長は、労働委員会事務処又は事務局所属公務員の中から調査官を任命する。
③調査官は、委員長、第 15 条の規定による部門別委員会の委員長又は第 16 条の 2 による主審委員の指揮を受け、労働委員会の所管事務に必要な調査をして、第 15 条の規定による部門別委員会に出席して意見を述べることができる。
④調査官の任命・資格等に関して必要な事項は、大統領令で定める。

第 3 章　会議

第15条（会議の構成等）〈改正 1999.4.15、2005.1.27、2006.12.21、2015.1.20〉①労働委員会には全員会議と委員会の権限に属する事務を部門別に処理するための委員会としては、次の各号の部門別委員会を置く。但し、他の法律に特別な規定がある場合は、この限りでない。
1. 審判委員会
2. 差別是正委員会

3. 調停委員会
4. 特別調停委員会
5. 仲裁委員会
6. 「教員の労働組合設立及び運営等に関する法律」第11条第1項の規定による教員労働関係調整委員会
7. 「公務員の労働組合設立及び運営等に関する法律」第14条第1項の規定による公務員労働関係調停委員会

②全員会議は当該労働委員会所属委員全員で構成し、次の各号の事項を処理する。
1. 労働委員会の運営等一般的な事項の決定
2. 第22条第2項の規定による勤労条件の改善に関する勧告
3. 第24条及び第25条の規定による指示及び規則の制定（中央労働委員会に限る）

③第1項第1号による審判委員会は、審判担当公益委員中で委員長が指名する3人で構成し、「労働組合及び労働関係調整法」・「勤労基準法」・「勤労者参与及び協調増進に関する法律」その他の法律により労働委員会の判定・議決・承認又は認定等を受けるように規定された事項を処理する。〈改正 2007.1.26、2015.1.20〉

④第1項第2号による差別是正委員会は、差別是正担当公益委員中で委員長が指名する3人で構成し、「期間制及び短時間勤労者保護等に関する法律」又は「派遣勤労者保護等に関する法律」による差別是正と関連した事項を処理する。〈改正 2007.1.26、2015.1.20〉

⑤第1項第3号から第5号までの規定による調停委員会・特別調停委員会及び仲裁委員会は、「労働組合及び労働関係調整法」が定めるところにより構成し、同法の規定による調整・仲裁その他これに関連する事項を各々処理する。この場合、公益委員は、調停担当公益委員の中から指名する。〈改正 2006.12.21、2007.1.26、2015.1.20〉

⑥委員長は、第3項及び第4項の規定により部門別委員会を構成するときに、委員長又は常任委員の業務が過度して正常的な業務遂行が困難になる等、第25条の規定により、中央労働委員会が制定する規則で定めるやむを得ない事由がある場合を除き、委員長又は常任委員1人を含むように委員を指名しなければならない。〈新設 2007.1.26、2015.1.20〉

⑦委員長は、第3項から第5項までの規定にもかかわらず、部門別委員会を構成するに当たり特定部門別委員会に事件が集中されたり、他の分野の専門知識が必要であると認める場合には、審判担当公益委員・差別是正担当公益委員又は調停担当公益委員の担当分野と関係なく他の部別委員会の委員で指名することができる。〈新設 2007.1.26、2015.1.20〉

⑧第1項第6号による教員労働関係調停委員会は、「教員の労働組合設立及び運営等に関する法律」が定めるところにより設置・構成し、同法の規定による調整・仲裁その他これと関連した事項を処理する。〈新設 1999.4.15、2006.12.21、2007.1.26、2015.1.20〉

⑨第1項第7号による公務員労働関係調停委員会は、「公務員の労働組合設立及び運営等に関する法律」が定めるところにより設置・構成し、同法の規定による調整・仲裁その他これと関連した事項を処理する。〈新設 2005.1.27、2006.12.21、2007.1.26、2015.1.20〉

第15条の2（単独審判等）〈本条新設 2007.1.26〉委員長は、次の各号のいずれか一に該当する場合には、審判担当公益委員又は差別是正担当公益委員1人を指名して事件を処理させることができる。
1. 申請期間を超えるなど申請の要件を明白に備えなかった場合

2. 関係当事者双方の申立があったり同意を得た場合
第15条の3（「行政審判法」等の準用）〈新設2015.1.20〉事件処理に関連して選定代表者、当事者の地位承継、代理人の選任については、「行政審判法」第15条、第16条及び第18条の規定を準用して、代理の傷と追認、代理の範囲については、「民事訴訟法」第60条及び第90条を準用する。
第16条（会議の召集）①部門別委員会委員長は他の法律に特別な規定がある場合を除いては部門別委員会委員中から互選する。
②委員長又は部門別委員会委員長は、全員会議又は部門別委員会を各々召集して会議を取り持つ。但し、委員長は必要であると認める場合には部門別委員会を召集することができる。〈改正1999.4.15、2015.1.20〉
③委員長又は部門別委員会委員長は、全員会議又は部門別委員会を構成する委員の過半数が会議召集を要求するときにはこれに応じなければならない。
④委員長または部門別委員会委員長は、業務遂行と関連する調査等、労働委員会の円滑な運営のために必要な場合、労働委員会が設置された位置以外の場所での部門別委員会を招集したり、第15条の2による単独審判をすることができる。〈新設2015.1.20〉
第16条の2（主審委員）〈本条新設2007.1.26〉部門別委員会委員長は、部門別委員会の円滑な運営のために必要であると認める場合には、主審委員を指名して事件の処理を主管することができる。
第16条の3（和解の勧告等）〈本条新設2007.1.26〉①労働委員会は、「労働組合及び労働関係調整法」第29条の4及び第84条、「勤労基準法」第30条の規定による判定・命令又は決定があるまで関係当事者の申請又は職権により和解を勧告したり、和解を提示することができる。〈改正2007.4.11、2015.1.20〉
②労働委員会は、和解案を作成するに当たり関係当事者の意見を十分に聞かなければならない。
③労働委員会は、関係当事者が和解案を受諾したときには、和解調書を作成しなければならない。
④和解調書には、次の各号の人がすべての署名又は捺印しなければならない。
1. 関係当事者
2. 和解に関与した部門別委員会（第15条の2による単独審判を含む）の委員全員
⑤第3項及び第4項の規定により作成された和解調書は「民事訴訟法」による裁判上和解の効力を有する。
⑥第1項ないし第4項の規定による和解の方法、和解調書の作成等に関して必要な事項は、第25条により中央労働委員会が制定する規則で定める。
第17条（議決）〈全文改正2007.1.26〉①労働委員会の全員会議は、在籍委員過半数の出席により開議し、出席委員過半数の賛成により議決する。
②部門別委員会の会議は、構成委員員全員の出席により開議し、出席委員過半数の賛成により議決する。
③第2項の規定にもかかわらず、第15条第1項第7号の公務員労働関係調停委員会の会議は、在籍委員過半数の出席により開議、出席委員過半数の賛成により議決する。
④全員会議又は部門別委員会の会議に参与した委員はその議決事項について署名又は捺印し

なければならない。
第17条の2（議決結果の通知等）〈本条新設2007.1.26〉①労働委員会は、部門別委員会の議決結果を遅滞なく当事者に通報しなければならない。
②労働委員会は、その処分に関して当事者に書面で通知しなければならず、処分の効力は判定書・命令書・決定書又は再審判定書を受けた日から発生する。
③第1項及び第2項の規定による送達の方法と手続に必要な事項は、大統領令で定める。〈新設2015.1.20〉
第17条の3（公示送達）〈新設2015.1.20〉①労働委員会は、書類の送達を受けるべき者が次の各号の一に該当する場合には、公示送達をすることができる。
1. 住所が明らかでない場合
2. 住所が国外にあるか、通常の方法で確認することができなく書類の送達が困難な場合
3. 書留郵便等で送達したが、送達を受けるべき者がいないことが確認されて搬送された場合
②第1項の規定による公示送達は、労働委員会の掲示板やインターネットのホームページに掲載する方法とする。
③公示送達は、第2項の規定により掲示された日から14日が経過したときに効果が発生する。
④第1項の規定による公示送達の要件と第2項の規定による公示送達の方法及び手続に必要な事項は、大統領令で定める。
第18条（報告及び意見聴取）①委員長又は部門別委員会委員長は、所管会議に付議された事項について構成員又は捜査官をして会議に報告させることができる。〈改正2007.1.26〉
②第15条第1項第1号及び第2号の審判委員会・差別是正委員会は、議決する前に当該労働委員会の勤労者委員及び使用者委員各1人以上の意見を聴かなければならない。但し、勤労者委員又は使用者委員が出席要求を受けて正当な理由なく出席しない場合にはその限りではない。〈改正2006.12.21、2015.1.20〉
第19条（会議の公開）労働委員会の会議は公開する。但し、当該会議で公開しないように議決すると、公開しないことができる。
第20条（会議の秩序維持）委員長又は部門別委員会委員長は、所管会議の公正な進行を妨害したり、秩序を紊乱にする者に対しては退場命令その他に秩序維持に必要な措置をとることができる〈改正2007.1.26〉
第21条（委員の除斥・忌避等）①委員は、次の各号のいずれか一に該当する場合には、当該事件に関する職務執行から除斥される。〈改正2007.1.26、2016.1.27〉
1. 委員又は委員の配偶者や配偶者であった者が当該事件の当事者になったり、当該事件の当事者と共同権利者又は共同義務者の関係にある場合
2. 委員が当該事件の当事者と親族の関係にあったり、あった場合
3. 委員が当該事件についての陳述又は鑑定をした場合
4. 委員が当事者の代理人として関与したり、関与した場合
4の2. 委員が所属する法人、団体又は法律事務所が当該事件について当事者の代理人として関与したり、関与した場合
5. 委員又は委員が所属する法人、団体又は法律事務所がが当該事件の原因となった処分又は不作為に関与した場合

②委員長は、第1項の事由があるときには関係当事者の申請を受け又は職権により除斥の決定をしなければならない。〈新設 2007.1.26、2015.1.20〉
③当事者は、公正な審議・議決又は調整等を期待するのが難しい委員がいる場合には、その事由を書いて委員長に忌避申請をすることができる。〈改正 2007.1.26、2015.1.20〉
④委員長は、第3項の忌避申請に理由があると認める場合に忌避の決定をしなければならない。〈改正 2007.1.26、2015.1.20〉
⑤委員長は、事件が接受される即時第2項の規定による除斥申請及び第3項の規定による忌避申請をすることができるということを事件当事者に知らせなければならない。〈改正 2007.1.26〉
⑥委員に、第1項又は第3項による事由がある場合には、自らその事件に関する職務執行から回避することができる。この場合、当該委員は、委員長にその理由を疎明しなければならない。〈改正 2015.1.20〉

第4章　権利

第22条（協調要請等） ①労働委員会は、その事務執行のために必要であると認めるときには、関係行政機関に協調を要請することができ、協調要請を受けた関係行政機関は特別な事由がない限りこれに応じなければならする。
②労働委員会は、関係行政機関をして勤労条件の改善に関して必要な措置をするように勧告することができる。

第23条（委員会の調査権等） ①労働委員会は、第2条の2の規定による所管事務（第3号の業務を除く）に関連して事実関係の確認などその事務執行のために必要であると認めるときには、勤労者、労働組合、使用者、使用者団体その他関係人に対して出席・報告又は必要な書類の提出を求めたり、委員長又は部門別委員会委員長が指名した委員又は調査官をして事業又は事業場の業務状況・書類その他のものを調査させることができる。〈改正 2007.1.26、2016.1.27〉
②第1項の規定によって調査する委員又は調査官は、その権限を表示する証票を関係人に提示しなければならない。〈改正 2007.1.26〉
③労働委員会は、第1項の規定によって関係当事者以外に必要であると認められて出席した者に対しては大統領令が定めるところにより費用を弁償する。
④労働委員会は、審判事件と差別的処遇是正事件の申請人が提出した申請書副本を他の当事者に送達し、これに対する答弁書を提出するようにしなければならない。〈新設 2015.1.20〉
⑤労働委員会は、第4項により他の当事者が提出した答弁書の副本を遅滞なく申請人に送達しなければならない。〈新設 2015.1.20〉

第24条（中央労働委員会の指示権等） 中央労働委員会は、地方労働委員会又は特別労働委員会に対し労働委員会の事務処理に関する基本方針及び法令の解釈に関して必要な指示をすることができる。

第25条（中央労働委員会の規則制定権） 中央労働委員会は、中央労働委員会・地方労働委員会又は特別労働委員会の運営、部門別委員会が処理する事件の指定方法と調査官が処理する事件の指定方法、その他委員会運営に必要な事項に関する規則を制定することができる。〈改正 2015.1.20〉

第26条（中央労働委員会の再審権） ①中央労働委員会は当事者の申請がある場合、地方労

働委員会又は特別労働委員会の処分を再審してこれを認定・取消又は変更することができる。
②第1項の規定による申請は関係法令に特別な規定がある場合を除いては、地方労働委員会又は特別労働委員会が行った処分を通知受けた日から10日以内にしなければならない。
③第2項の期間は不変期間とする。〈改正 2007.1.26〉
第27条（中央労働委員会の処分に対する訴）①中央労働委員会の処分に対する訴は、中央労働委員会委員長を被告として処分の通知を受けた日から15日以内にこれを提起しなければならない。②この法による訴の提起で処分の効力は停止しない。
③第1項の期間は不変期間とする。

第5章 補則

第28条（秘密厳守の義務等）〈題目改正 2007.1.26〉①労働委員会の委員や職員又はその委員や職員だった者は、その職務について取得した秘密を漏洩してはならない。
②労働委員会の事件処理に関与した委員や職員又はその委員や職員だった者として弁護士・公認労務士等は、営利を目的で当該事件についてその職務を行ってはならない。〈新設 2007.1.26〉
第29条（罰則適用においての公務員擬制）労働委員会の委員中公務員ではない委員は、刑法その他法律による罰則の適用において公務員とみなす。

第6章 罰則

第30条（罰則）第28条の規定に違反した者は、1年以下の懲役又は1000万ウォン以下の罰金に処する。〈改正 2015.1.20〉
第31条（罰則）〈全文改正 2007.1.26〉第23条第1項の規定による労働委員会の調査権等と関連して、次の各号に該当する者は、500万ウォン以下の罰金に処する。
1. 労働委員会の報告又は書類提出要求に応じないとか虚偽の報告又は書類を提出した者
2. 関係委員又は調査官の調査を拒否・妨害又は忌避した者
第32条（両罰規定）法人又は団体の代表者、法人・団体又は個人の代理人・使用人その他の従業者がその法人・団体又は個人の業務に関して第31条の違反行為をしたときには、行為者を罰する外に、その法人・団体又は個人に対しても同条の罰金刑を科する。
第33条（過怠料）〈本条新設 2007.1.26〉①第20条の規定による退場命令に不応した者は100万ウォン以下の過怠料に処する。
②第1項の規定による過怠料は大統領令が定めるところにより労働委員会が賦課・徴収する。

【資料1-3-2】労働委員会法施行令

〔大統領令第15322号 1997.3.27、大統領令第15680号 1998.2.24、大統領令第15740号 1998.2.28、大統領令第16460号 1999.6.30、大統領令第19972号 2007.3.27、大統領令第22269号 2010.7.12、大統領令第22801号 2011.3.30、大統領令第23488号 2012.1.6、大統領令第26420号 2015.7.20〕

第1条（目的）この令は労働委員会法で委任された事項とその施行に関して必要な事項を規定することを目的とする。
第2条（地方労働委員会の名称等）労働委員会法（以下「法」という）第2条第2項の規定による地方労働委員会の名称・位置及び管轄区域は別表1の通りである。

資 料

第3条(委員の数)法第6条第2項の規定による労働委員会委員の数は、別表2の通りである。
第4条（勤労者委員及び使用者委員委嘱対象者推薦時考慮事項）①労働組合及び使用者団体は、法第6条第3項により勤労者を代表する委員（以下「勤労者委員」という）と使用者を代表する委員（以下「使用者委員」という）を推薦する場合には、当該労働委員会の管轄区域内の産業及び企業規模別勤労者数・労働組合数等を考慮しなければならない。〈改正 2007.3.27〉
②第1項の規定によって労働組合と使用者団体が推薦する委員の数は各々委嘱される勤労者委員及び使用者委員の数の100分の150以上とする。
第5条（勤労者委員及び使用者委員委嘱対象者の推薦手続）〈改正 2015.7.20〉①勤労者委員は法第6条第3項により、次の各号の区分に応じた者が推薦する。但し、総連合団体である労働組合に所属していない労働組合がある場合には、その労働組合から直接推薦を受けることができる。
1. 総連合団体である労働組合：中央労働委員会の勤労者委員
2. 地方労働委員会の管轄区域に組織されている総連合団体である労働組合の地域代表機構：当該地方労働委員会の勤労者委員

②第1項の規定により労働者委員を推薦する労働組合が複数ある場合は、その労働委員会の委員長は、労働組合の組合員の数を考慮して、各労働組合が推薦することができる人の数を調整することができる。
③使用者委員は、法第6条第3項により、次の各号の区分に応じた使用者団体が推薦する。
1. 全国規模の使用者団体：中央労働委員会の使用者委員
2. 地方労働委員会の管轄区域に組織されている使用者団体：当該地方労働委員会の使用者委員

第6条（公益委員委嘱対象者の選定）①労働委員会委員長・労働組合及び使用者団体は、法第6条第4項により公益を代表する委員（以下「公益委員」という）を推薦する場合には審判担当公益委員、差別是正担当公益委員及び調整担当公益委員に区分して推薦するものの、委嘱される公益委員数の範囲内で各々推薦しなければならない。但し、労働委員会委員長は委嘱される公益委員数ほど推薦しなければならない。〈改正 2007.3.27〉
②公益委員は、第1項の規定によって次の各号の区分に応じた者が推薦する。但し、総連合団体である労働組合に所属していない労働組合がある場合には、その労働組合から直接推薦を受けることができる。
1. 総連合団体である労働組合及び全国規模の使用者団体：中央労働委員会の公益委員
2. 地方労働委員会の管轄区域に組織されている総連合団体である労働組合の地域代表機構及び使用者団体：当該地方労働委員会の公益委員

③第2項により公益委員を推薦する労働組合が複数の場合、当該労働委員会委員長は、労働組合の組合員数を考慮して各労働組合が推薦できる者の数を調整することができる。〈改正 2007.3.27〉
④労働組合と使用者団体が第1項ないし第3項により公益委員として推薦された者を法第6条第4項により順次的に排除する場合には委嘱される公益委員数が余った時まで排除する。この場合、順次排除の手順に参与する労働組合が複数である場合、労働委員会委員長は、当該労働組合の組合員数を考慮して各労働組合が排除できる者の数を調整することができる。

〈改正 2007.3.27〉
⑤労働委員会委員長は第1項ないし第3項により公益委員として推薦された者が法第8条の規定による資格を備えることができなかったり、法第12条の欠格事由に該当する場合には、その事由を明示して第4項による順次排除手続きの対象から除外しなければならない。〈改正 2007.3.27、改正 2015.7.20〉

第7条　削除〈2007.3.27〉

第8条（委員の処遇）①法第7条第4項の規定によって労働委員会の委員に対してはその職務遂行のために必要な手当と旅費を支給することができる。但し、公務員である委員がその所管業務と直接関連して委員会に出席する場合にはその限りでない。
②第1項の規定により労働委員会の委員に手当と旅費を支給する場合に、手当は出席日数に応じて支給し、旅費は「公務員旅費規定」を準用して支給する。〈改正 1998.2.24、2015.7.20〉

第9条（委員長の職務代行）〈本条新設 2007.3.27〉法第10条第2項の規定によって委員長がやむを得ない事由で職務を遂行することができないときには常任委員（常任委員が2以上の場合には、委員長が定める者）、常任委員がない場合には、公益委員中の年長者順にその職務を代行する。

第9条の2（労働委員会の調査官の資格要件）①法第14条の3第1項による労働委員会事務処又は事務局調査官（以下、「調査官」という）の資格要件は次の各号の通りである。
1. 中央労働委員会事務処調査官：次の各目の要件をすべて備えた中央労働委員会事務処の公務員
　イ．3級ないし7級公務員又は3級相当ないし7級相当公務員であること
　ロ．法第2条の2第1号又は第2号の業務を担当すること
2. 地方労働委員会の事務局調査官：次の各目の要件をすべて備えた地方労働委員会の事務局所属公務員
　イ．4級ないし7級公務員又は4級相当ないし7級相当公務員であること
　ロ．法第2条の2第1号又は第2号の業務を担当すること
②第1項にかかわらず、6級及び7級公務員又は6級相当及び7級相当公務員として雇用労働部又はその所属機関での勤務経歴が1年未満である者は、次の各号のいずれか一に該当する要件を追加すると調査官に任命されることができる。〈改正 2010.7.12〉
1. 中央労働委員会委員長が定める教育を履修すること
2. 調査官の職務を補助する職位での勤務経歴が6ヶ月以上であること

第9条の3（議決結果送達方法など）〈新設 2015.7.20〉①労働委員会は、法第17条の2第1項及び第2項の規定により部門別委員会の議決結果と判定書・命令書・決定書又は再審判定書を当該事件の当事者又は代理人に書留郵便で送達しなければならない。
②当該事件の当事者又は代理人が送達場所（住所・居所・営業所又は事務所の中で当事者又は代理人が指定する場所をいう）を変更したときは、遅滞なく、その事実を労働委員会に書面で通知しなければならない。

第9条の4（公示送達の要件など）〈新設 2015.7.20〉①労働委員会は、法第17条の3第1項各号の一に該当する場合、職権で又は当事者の申請により書類を公示送達することができる。この場合、当事者が公示送達を申請するには、その事由を労働委員会に書面で提出しな

ければならない。
②法第17条の3第2項の規定により公示送達をする場合、調査官は、同条第3項の規定による効力発生日までに送達する書類を保管しなければならない。
③労働委員会は、公示送達をした後、法第17条の3第3項の規定による効力発生日前に法第17条の3第1項各号の規定による公示送達事由がなくなった場合には、職権で又は当事者の申請により公示送達を取消し、当該書類を書留郵便で送達しなければならない。

第10条（意見陳述） 雇用労働部長官は労働委員会から要請を受けたり、必要であると認める場合、関係公務員をして労働委員会の会議に出席して意見を陳述させることができる。〈改正 2010.7.12、2015.7.20〉
第11条（費用弁償） 法第23条第3項の規定によって労働委員会に出席した者に対しては公務員旅費規定を準用してその費用を弁償する。〈改正 1998.2.24〉
第11条の2（敏感情報及び固有識別情報の処理）〈本条新設 2012.1.6、2015.7.20〉労働委員会は、次の各号の事務を遂行するために不可避な場合「個人情報保護法」第23条による健康に関する情報と同法施行令第18条第2号による犯罪経歴資料に該当する情報、同令第19条第1号又は第4号による住民登録番号又は外国人登録番号が含まれた資料を処理することができる。
1. 法第3条による労働委員会の事件処理に関する事務
2. 法第6条による労働委員会委員の推薦・提請・委嘱に関する事務
2. 法第6条の2による弁護士・公認労務士の権利救済代理に関する事務
3. 法第16条の3による和解の勧告等に関する事務
4. 法第21条による委員の除斥・忌避等に関する事務

第11条の3（規制の再検討）〈改正 2015.7.20〉雇用労働部長官は、第12条及び別表3による過怠料賦課基準について2015年1月1日を基準として、2年ごとに（2年になる年の1月1日前までをいう）その妥当性を検討して改善等の措置を講じなければならない。
第12条（過怠料の賦課基準）〈専門改正 2011.3.30〉法第33条第1項による過怠料の賦課基準は別表3の通りである。

〈別表1〉地方労働委員会の名称・位置及び管轄区域（第2条関連）〈改正 1999.6.30、2015.7.20〉

名　称	位　置	管轄区域
ソウル地方労働委員会	ソウル特別市	ソウル特別市
釜山地方労働委員会	釜山広域市	釜山広域市・蔚山広域市
京畿地方労働委員会	京畿道	京畿道
忠南地方労働委員会	大田広域市	大田広域市・忠清南道
全南地方労働委員会	光州広域市	光州広域市・全羅南道
慶北地方労働委員会	大邱広域市	大邱広域市・慶尚北道、
慶南地方労働委員会	慶尚南道	慶尚南道
仁川地方労働委員会	仁川広域市	仁川広域市

江原地方労働委員会	江原道	江原道
忠北地方労働委員会	忠清北道	忠清北道
全北地方労働委員会	全羅北道	全羅北道
済州 地方労働委員会	済州特別自治島	済州特別自治島

〈別表2〉労働委員会の数（第3条関連）〈改正 2007.3.27、2015.7.20〉

名称	勤労者委員	使用者委員	公益委員		
			審判担当公益委員	差別是正担当公益委員	調整担当公益委員
中央 地方労働委員会	50	50	33	17	20
ソウル地方労働委員会	50	50	33	17	20
釜山地方労働委員会	50	50	33	17	20
京畿地方労働委員会	50	50	33	17	20
忠南地方労働委員会	40	40	26	14	15
全南地方労働委員会	40	40	26	14	15
慶北地方労働委員会	40	40	26	14	16
慶南地方労働委員会	40	40	26	14	16
仁川地方労働委員会	40	40	26	14	16
江原地方労働委員会	30	30	19	9	12
忠北地方労働委員会	30	30	19	9	12
全北地方労働委員会	30	30	19	9	12
済州 地方労働委員会	25	25	16	8	11

※備考：調整担当公益委員の数には、委員長が含まれているものとみなす。

〈別表3〉過怠料の賦課基準（第12条関連）〈改正 2011.3.30、2015.7.20〉
1．一般基準
　イ．違反行為の回数による過怠金賦課基準は、最近1年間、同じ違反行為に過怠金を賦課された場合に適用する。この場合、違反行為に対して過怠料賦課処分をした日と、再び同じ違反行為を摘発した日を各々基準にして違反回数を計算する。
　ロ．労働委員会は違反行為者が次のいずれか一に該当する場合には第2号による過怠金の金額の2分の1の範囲でその金額を減軽することができる。但し、過怠料を滞納している違反行為者の場合にはこの限りではない。
　　1)「秩序違反行為規制法施行令」第2条の2第1項各号のいずれか一に該当する場合
　　2) その他違反行為の程度、違反行為の動機とその結果等を考慮して減軽する必要があると認められる場合

2. 個別基準

違反行為	該当法条文	過怠料万金額（ウォン）		
		1次	2次	3次以上
法第20条による退場命令に不応した場合	第33条第1項	60	80	100

【資料1-3-3】労働委員会規則
〔労働委員会規則第22号 2015.10.20〕

第1章 総則
第1条から4条 省略
第2章 委員
第5条から10条 省略
第3章 会議
第11条から28条 省略
第4章 館長
第29条から32条 省略

第5章 審判事件処理

第33条（適用範囲）〈改正 2012.7.4〉この章の規定は初審不当解雇等の救済申請事件と初審不当労働行為の救済申請事件に適用する。但し、その以外の審判事件はこの章第11節、審判再審事件はこの章第12節の規定を優先適用し、残りの事項はその趣旨に反しない範囲でこの章第1節から第9節までの規定を適用する。

第1節 当事者及び関係人

第34条（当事者の地位承継） ①労働組合が不当労働行為の救済申請後に合併や組織形態の変更がある場合には、合併後に設立又は存続する労働組合や組織形態を変更した後の労働組合が当事者の地位を承継する。
②救済申請が提起された後、使用者側の事業引受や合併等の事由が発生したときには事業引受者や合併後の新設又は存続する法人が当事者の地位を承継し、「債務者回生及び破産に関する法律」による債務者回生手続や破産手続が開始された場合には管理人や破産管財人がその地位を承継する。
③第1項と第2項により当事者の地位を承継した者は労働委員会に書面でその事実を通知しなければならない。

第35条（選定代表者） ①勤労者や労働組合又は使用者や使用者団体は、事件の当事者が複数である場合には3人以内の代表者を選定することができる、この場合別紙第7号書式の代表者選定書を労働委員会に提出しなければならない。
②労働委員会は必要であると認めるときには当事者に代表者の選定を勧告することができる。
③第1項による代表者は当該審判事件処理に関する行為をすることができる。但し、救済申

請を取下する場合には残りの当事者らの同意書を付けた取下書を提出しなければならない。
④代表者が選定された場合に残りの当事者らはその代表者を通じて当該事件に関する行為をすることができる。
⑤当事者らは必要であると認めるときには第1項の代表者を解任したり、変更することができる。この場合その事実を遅滞なく労働委員会に通知しなければならない。
第36条（審判代理人の選任等）①当事者は法定代理人以外に次の各号のいずれか一に該当する者を代理人として選任することができる。〈改正 2015.10.20〉
1. 当事者が勤労者である場合その勤労者又は配偶者の四寸以内の血族〈改正 2015.10.20〉
2. 当事者が労働組合である場合はその組合の役員や組合員
3. 当事者が使用者や使用者団体である場合はその事業の役員や職員
4. 弁護士、公認労務士と他の法律により審判事件を代理することができる者
5. 第1号から第4号まで以外の者として労働委員会委員長の承認を受けた者
②当事者は委任事実と範囲等を直接又は代理人を通じて書面で証明しなければならず、代理権を授与された者は遅滞なく別紙第8号書式の代理人選任申告書を労働委員会に提出しなければならない。
③当事者らが代理人選任を撤回するか、他の代理人に変更した場合には、その事実を労働委員会に書面で通報した以後にその効力が発生する。
第37条（代理の範囲）①第36条による代理人は当事者のために審判事件に対する事実関係と主張、労働委員会から送達した文書の受領等一切の行為をすることができる。〈改正 2015.10.20〉
②代理人は、次の各号の事項については、特別な権限を別に受けなければならない。〈新設 2015.10.20〉
1. 申請の取下、和解
2. 再審の申請、取下又は和解
3. 代理人の選任
第38条（代理の疵と推認）代理権に疵がある代理人の行為について代理権を授与した当事者が推認した場合には代理権の疵がなくなる。

第2節　救済申請

第39条（救済申請書の記載事項）不当解雇等の救済申請や不当労働行為の救済申請は次の各号の事項を記載した別紙第9号書式、別紙第9号の2書式、別紙第9号の3書式の救済申請書による。〈改正 2015.10.20〉
1. 勤労者の姓名、住所(労働組合の場合には、その名称、代表者の姓名、主たる事務所の所在地)
2. 事業主の姓名、住所（勤労者が本店や本社に所属されてない場合には、勤労者が所属している事業場の名称・住所・代表者姓名等も含めて記載）
3. 申請趣旨（勤労者や労働組合が救済受けようとする事項）〈改正 2012.7.4〉
4. 申請理由（不当解雇等の経緯と不当な理由を記載、解雇事件の場合は解雇通知書の受領日字を含む）
5. 申請日字
第40条（救済申請期間）救済申請は不当解雇等や不当労働行為があった日から3ヶ月以内にしなければならない。この場合、その起算日は次の各号通りである。

1. 解雇の場合には「勤労基準法」第27条により勤労者が受けた解雇通知書に記載された解雇の日。但し、解雇通知書に記載された解雇日が解雇通知書を受けた日より以前であるときには解雇通知書を受けた日
2. 解雇以外の懲罰は勤労者が懲罰があったことを分かった日。但し、その懲罰に関する通知（口述通知を含む）を受けた場合には、その通知を受けた日
3. 不当労働行為が継続される場合には、その行為が終了した日
4. 懲戒再審手続を経た場合には、原処分日。但し、次の各目の場合には、再審処分日とする。〈改正 2015.10.20〉
   イ．懲戒の再審手続で、原処分が取消され、新しい懲戒処分をしたとき
   ロ．懲戒の再審手続で、原処分が変更されたとき
   ハ．団体協約や就業規則等で再審請求とき再審が決定されるまで、原処分の効力が停止されるように規定した場合

第41条（補正要求） 労働委員会委員長は、申請書に第39条の記載事項が一部漏落されたり、記載内容が明確ではないときには、期間を定めて補正を要求することができる。

第42条（申込趣旨の追加・変更） ①勤労者や労働組合は、不当解雇等の救済申請や不当労働行為の救済申請後に漏落された申請趣旨を追加しようとしたり、懲戒処分変更等で申請趣旨を変更しようとする場合には、新たな救済申請をする代わりに労働委員会の承認を得て申請趣旨を追加・変更することができる。
②労働委員会は第1項による承認をしたときには、遅滞なくその事実を相手方に書面で通知しなければならない。

第3節　事件調査

第43条（調査の原則） 労働委員会は、当事者に主張の機会を十分に与えられなければならず、実際調査、証拠資料の確保等を通じて真実を糾明するように努力しなければならない。

第44条（審判委員会の構成） ①労働委員会委員長は、救済申請書が接受されると事件処理を担当する審判委員会を遅滞なく構成しなければならない。
②第1項による審判委員会は、審判担当公益委員を3人で構成する。但し、審判担当公益委員に事件が過度に集中されるなどやむを得ない事由がある場合には、差別是正担当公益委員や調停担当公益委員の中から委員を指名することができる。
③第1項による審判委員会は、労働委員会委員長や常任委員1名を含まなければならない。但し、労働委員会委員長や常任委員の業務が過度して正常的な業務遂行が困難になるなどやむを得ない事由がある場合には、労働委員会委員長や常任委員を除いて、審判委員会を構成することができる。

第45条（調査の開始等） ①労働委員会委員長は、救済申請書が接受された後には遅滞なく調査官を指定して関係当事者に理由書・答弁書提出方法、委員の除斥・忌避、単独審判と和解手続等審判事件の進行に関する事項を案内しなければならない。
②捜査官は、当該事件の申請人が提出した救済申請書及び理由書の副本を相手方当事者に送達し、これに対する答弁書を提出するように要求しなければならない。提出された答弁書の副本は、遅滞なく申請人に送達しなければならない。〈改正 2015.10.20〉
③捜査官は、当該事件が救済申請手続を維持することができる要件を揃えているかを調べなければならない。このときに当該救済申請が明らかに第60条第1項による却下事由に該当

されると判断するときには調査を中断して審判委員会に報告しなければならない。
第46条（事実調査等）①労働委員会は救済申請事件に対する証拠資料が必要であると判断した場合、当事者に関連資料の提出を要求することができる。
②労働委員会は当事者の主張が一致しないときには、当事者と証人又は参考人を出席させて調査することができる。この場合、陳述書を作成・提出することで調査を代理することができる。
③委員や調査官は、事実関係確認をするために事業場等を訪問して業務状況、書類その他のものを調査することができる。この場合、その権限を証明する証票を関係人に提示しなければならない。
第47条（文書閲覧等）調査官は調査過程で確保した資料に対して当事者の要求がある場合、労働委員会の決定でこれを閲覧できるようにしたり、その写本を交付することができる。
第48条（事件の分離又は結合）①労働委員会は次の各号のいずれか一に該当する場合、労働委員会委員長の決定により事件を分離したり併合して処理することができる。
1. 一人が申請した複数の事件
2. 複数の人が申請した同じ事件
3. その他に労働委員会が必要であると認めた事件

②労働委員会は第1項により事件を分離したり併合した場合には、その事実を当事者らに遅滞なく書面で通知しなければならない。
第49条（調査報告書の作成）①調査官は事実調査を完了したときには別紙第10号書式の調査報告書を作成しなければならない。
②第1項による調査報告書を作成するにおいて事実関係と争点事項別当事者の主張等を客観的かつ公正に記載しなければならない。
第50条（調査報告書の内容）①調査報告書の表紙には次の各号の事項を記載する。
1. 事件番号と事件名
2. 当事者（代理人がいる場合には代理人を表示）
3. 申請趣旨
4. 申請日

②調査報告書の本文には次の各号の事項を記載する。
1. 当事者、事件の経緯、救済申請経緯を含めた事件概要
2. 当事者主張の要旨
3. 主な争点事項
4. 主な争点事項別の当事者主張と調査結果〈改正 2012.7.4〉
5. その他の職権調査結果（調査過程で和解が推進された場合には和解推進経緯と当事者の立場、金銭補償申請があった場合には賃金相当額の算定等）〈改正 2012.7.4〉
6. 参考資料（類似の事案に関する判定・判決等）〈改正 2012.7.4〉

③救済申請期間が過ぎた場合などのように却下事由が明白であり、これに対して当事者の異議がない場合には、第2項第3号と第4号を省略することができる。

第4節　審問

第51条（審問会議開催）労働委員会は事件接受日から60日以内に審問会議を開催しなければならない。但し、第53条による延期申請があったり多数の事件など調査に相当期間が必

要な場合には、労働委員会委員長や当該審判委員会委員長の承認を得てその期間を延長することができる。

第52条（審問日程通知） ①審判委員会は、審問会議日字を決めて別紙第11号書式の審問日程通知書を審問会議の開催日7日前までに当事者に送付しなければならない。
②第1項の通知書には事件名、管轄審判委員会、当事者、審問日時と場所、当事者が出席しなければならないという旨を記載しなければならない。
③審問日程の通知を受けた当事者は、審問会議の開催前まで別紙第12号書式の審問会議の出席者名簿を労働委員会に提出しなければならない。

第53条（審問会議の延期申請） ①第52条の審問会議日程の通知を受けた者は、次の各号のいずれか一に該当すると審問会議の開催日3日前まで別紙第13号書式の審問会議延期申請書により審問会議の延期を申請することができる。但し、第6号から第8号までの場合には、審問会の開催前まで申請することができる。
1. 労働組合選挙出馬者として選挙日が審問会議当日である場合
2. 使用者の株主総会日が審問会議当日である場合
3. 当該救済申請事件のような原因による訴訟の裁判期日が審問会議当日である場合
4. 当事者や代理人が遂行する審判事件の審問会議が、同じの日に他の労働委員会で開催予定である場合
5. 当事者や代理人が海外出張中である場合
6. 重大な身柄治療中で挙動が不便したり傷害、急性疾患等が発生した場合
7. 「刑事訴訟法」により逮捕・拘束された場合
8. 本人や配偶者の直系存・卑属と兄弟姉妹の死亡で葬祭期間中の場合
9. 当事者が合意して審問会議の延期を申請した場合
10. その他にこれに準ずる事由

②第1項第9号及び第10号の事由に起因した延期申請は、当該審判委員会委員長の承認を得なければならない。
③労働委員会委員長は第2項による承認可否を当事者に知らせしなければならない。
④労働委員会委員長は、当該審判委員会委員が、病気、負傷等やむを得ない事情で会議出席が不可能であり、その職務を代行する他の委員を指名することができない事情がある場合には、職権で尋問会議日を延期することができる。〈新設 2015.10.20〉

第54条（審問の開始） ①調査官は、審問会議の開催日7日前まで第49条の調査報告書と関連記録を当該審判委員会に送付しなければならない。
②審問会議は、当事者双方が出席した中で進行する。但し、当事者一方が正当な理由なく出席しない場合にはこの限りではない。
③当事者が審問会議に参考人と一緒に参加しようとする場合には、審問会議開催前に当該審判委員会委員長の承認を得なければならない。
④労働委員会委員長は、審問会議に勤労者委員と使用者委員各1人を参加するようにしなければならない。但し、単独審判の場合にはこの限りではない。

第55条（審問の進行） ①審判委員会委員長は、審問会議を進行し、審問に参与した委員は当事者と証人を審問することができる。
②捜査官は、審判委員会委員長の指示により調査結果を報告し、必要な場合には審問委員会

委員長の承認を得て意見を陳述することができる。
③当事者は、委員の審問事項に対して誠実に答弁しなければならないし、審問事項以外の陳述をしようとするときには、審判委員会委員長の承認を得なければならない。
④審判委員会委員長は、審問を終結しようとするときには、当事者が最終陳述をする機会を与えなければならない。
第56条（証人の審問）①当事者は、審問会議とき自分の主張を立証するために審問会議の開催日を通報受ける前まで別紙第14号書式の証人申請書により証人を申請することがている。
②労働委員会委員長は、第1項による証人申請があるときには、証人採択可否を決定し、その結果を当事者に通知しなければならない。
③当事者は第2項により採択された証人と共に審問会議に出席しなければならない。
④審判委員会委員長は必要な場合、職権で証人を指定して審問会議に出席させることができる。
⑤審判委員会委員長は証人が出席した場合、当事者に審問や反対審問の機会を与えなければならない。
第57条（審問会議の省略）①労働委員会は、救済申請事件が第60条第1項第1号、第2号、第4号、第5号、第7号で規定した却下事由に該当し、勤労者や労働組合がその事実を認める場合には、審問会議を省略して判定会議を開催することができる。
②第1項の場合労働委員会は判定会議開催日10日前まで当事者にこの事実を書面で通知しなければならず、関係当事者は当該判定会議開催前日まで書面で意見を提出することができる。

第5節　判定

第58条（判定の範囲）労働委員会は勤労者や労働組合が救済を申請した範囲内で判定することができる。
第59条（判定会議）①審判委員会が審問を終結した場合、判定会議を開催しなければならない。
②審判委員会委員長は、判定会議に先立ち当該審問会議に参加した勤労者委員と使用者委員に意見陳述の機会を与えなければならない。
③審判委員会は審問会議での新たな主張に対する事実確認や証拠の補完等が必要であると判断されたり、和解のみのために会議進行に付加的な事実審問が必要な場合には、後日に審問会議や判定会議を再開することができる。
第60条（判定）審判委員会は、審判事件が次の各号中いずれか一に該当する場合には、却下する。
1. 関係法令の規定による申請期間を過ぎて申請した場合
2. 第41条による補正要求を2回以上したにもかかわらず補正をしなかった場合
3. 当事者適格がない場合
4. 救済申請の内容が労働委員会の救済命令対象ではない場合
5. 同じ当事者が同じ趣旨の救済申請を重ねて提起したり、同じ当事者が同じ趣旨の確定された判定（法第16条の3による和解調書を含む）があるにも救済申請を提起した場合や、判定があった後の申請を取下したが再び提起した場合〈改正 2012.7.4〉

6. 申請する救済の内容が法令上や事実上実現できないとか、申請の利益がないことが明らかな場合
7. 申請人が２回以上出席に応じないか、住所不明や所在不明により２回以上出席通知書が返送されたりその他の事由により申請意思を放棄したものとして認められる場合

②審判委員会は、救済申請の全部や一部に理由があると認めるときには救済命令を、救済申請の理由がないと認めるときには棄却する決定をしなければならない。

第61条（議事録作成）①調査官は議長選出、会議公開の可否、勤労者委員と使用者委員の意見、討議内容の要旨、議決事項等を記載した別紙第15号書式の議事録を作成しなければならない。〈改正 2012.7.4〉

②主審委員は当該事件に対する判断要旨を作成しなければならない。但し、主審委員が指名されなかったり、特別な事情がある場合には、他の審判委員が作成することができる。〈改正 2015.10.20〉

③審判事件に参与した公益委員はその議決事項に対する会議録に署名又は捺印しなければならない。

④調査官は第１項の会議録に第２項の判断要旨を添付して労働委員会委員長に報告しなければならない。

第62条（判定書作成）①審判委員会は議決事項をもとに別紙第16号書式に従って判定書を作成しなければならない。

②第１項の判定書には次の各号の事項が含まれなければならない。
1. 事件名
2. 当事者
3. 判定日
4. 注文
5. 申請の趣旨
6. 理由（当事者、救済申請経緯、当事者の主張要旨、認定事実、判断、結論）〈改正 2012.7.4〉
7. 委員会名称と審判委員

③不当解雇等に対する救済命令をする場合には第２項第４号の主文で30日以内に定めた履行期限を明示しなければならない。

④労働委員会は判定書正本を当事者に送付しなければならない。

第63条（判定書の更正）①労働委員会委員長は、判定書が当事者に交付された後に当事者表示や内容の誤記、漏落等の表現上の誤りが明白な場合には、事件当事者の申請や職権により審判委員会の議決を経てこれを更正することができる。〈改正 2012.7.4〉

②労働委員会委員長は第１項に応じて別紙第16号の２書式による更正判定書を作成し、遅滞なく当事者に送付しなければならない。〈改正 2015.10.20〉

③第１項の判定更正は、救済命令の履行期間、再審申請期間、行政訴訟提起期間の算定に影響を及ばない

第６節　金銭補償制度

第64条（金銭補償命令の申請）①勤労者は不当解雇救済申請事件において原職復職を希望しない場合には金銭補償命令を申請することができる。

②第1項による金銭補償命令を申請しようとする勤労者は、審問会議の開催日を通報されるまで別紙第17号書式の金銭補償命令申請書を提出しなければならない。
第65条（金銭補償金額の算定）①労働委員会は勤労者が金銭補償命令を申請した場合には当事者に勤労契約書、賃金台帳等の金額算定に必要な資料を提出するように命ずることができる。
②補償金額の算定期間は解雇日から当該事件の判定日までとする。
第66条（金銭補償命令の方法）労働委員会が金銭補償命令をするときには、その補償金額と救済命令をした日から30日以内に定めた履行期限を明示しなければならない。

第7節　単独審判及び和解

第67条（単独審判等）①労働委員会委員長は、第60条第1項の却下事由中、第1号、第2号、第4号、第5号、第7号に該当する事件や別紙第18号書式の単独審判申請・同意書により事件当事者双方の申請があったり同意を得た場合には法第15条の2により審判担当公益委員1名（以下、「単独審判委員」という）を指名して処理するようにすることができる。〈改正 2012.7.4〉
②第1項の場合、当事者双方が合意して推薦した公益委員がある場合には、その公益委員を単独審判委員として指名する。
③捜査官は、当事者の間に和解が進行された事件であるときには別紙第19号書式の和解推進経過報告書を単独審判委員に提出しなければならない。
④労働委員会は、労働委員会委員長や労働委員会委員長が指名する常任委員を単独審判委員にして単独審判会議を常時的に運営することができる。
第68条（和解の申請）当事者は和解を申請しようとするときには別紙第20号書式の和解申請書を提出しなければならない。但し、審問会議では口述で和解を申請することができる。
第69条（和解の勧告）審判委員会は事件の調査過程や審問会議の進行中に当事者に和解を勧告したり周旋することができる。
第70条（和解案の作成等）①審判委員会や単独審判委員は、和解申請書と当事者の和解条件等を十分に検討して別紙第21号書式の和解案を作成しなければならず、その趣旨と内容を当事者に十分に説明しなければならない。
②審判委員会や単独審判委員は必要であると認める場合には、和解会議を別途に開催することができる。
第71条（和解成立）①審判委員会は当事者が和解案を受諾したり和解条件に合意した場合には別紙第22号書式の和解調書を作成しなければならない。
②和解は当事者と和解に関与した審判委員が署名や捺印することにより成立されるし、和解が成立した後当事者はこれを繰返すことができない。
第72条（和解調書送付）労働委員会委員長は和解が成立した日から5日以内に調停調書正本を配達証明郵便で当事者に送付しなければならない。
第73条（和解調書送達証明書の発給）労働委員会委員長は和解調書を送達受けた当事者が和解調書送達証明書の発給を申請すると別紙第23号書式の和解調書送達証明書を交付しなければならない。

第8節　審判事件終結

第74条（審判事件の終結）①労働委員会は取下、和解、成立、判定がある場合には、審判

事件を終結する。
②労働委員会は、判定を通じて審判事件を終結したときには、判定書を30日以内に当事者に書面で通知しなければならない。〈改正 2015.10.20〉
③第2項による通報には判定結果に不服すると再審申請や行政訴訟を提起することができるという内容が含まれなければならない。
第75条（取下）①申請人は判定書が到達される前まで書面で申請の全部や一部を取下すことができる。
②労働委員会委員長は、取下書が接受されると当該事件を終結してその事実を当事者双方に書面で通知しなければならない。
第76条　削除〈2012.7.4〉

第9節　不当解雇等履行強制金

第77条から第84条　省略

第10節　公正代表義務違反に対する是正申請事件

第84条の2から第84条の6　省略

第11節　その他の審判事件

第85条から第88条　省略

第12節　再審事件

第89条（再審の範囲）当事者の再審申請は初審で申請した範囲を超えてはならず、中央労働委員会の再審審理と判定は当事者が再審申請した不服の範囲内でしなければならない。
第90条（再審申請）①当事者が地方労働委員会の不当解雇等・不当労働行為事件の判定に不服がある場合には、別紙第31号書式、別紙第31号の4書式、別紙第31号の5書式により中央労働委員会に再審を申請することができる。〈改正 2015.10.20〉
②第1項による再審申請が地方労働委員会に接受された場合には、当該接受日を中央労働委員会に再審を申請した日とみなす。
第91条（勤労者の地位承継）地方労働委員会の不当解雇金銭補償命令に対する再審申請後に再審被申請人である勤労者が死亡した場合には、その相続人が再審被申請人の地位承継され中央労働委員会に申請することができる。
第92条（再審査件の記録の管理）①地方労働委員会は、再審申請書を受けたときには遅滞なく初審関係記録を添付して中央労働委員会に送付しなければならない。
②中央労働委員会は、再審申請書を直接接受したときにはその事実を遅滞なく初審地方労働委員会に通知しなければならず、この場合、当該地方労働委員会は、当該事件の初審関係記録一切を遅滞なく中央労働委員会に提出しなければならない。
③中央労働委員会は、再審申請事件の関連記録を管理しなければならない。〈改正 2012.7.4〉
第93条（再審調査報告書の作成）調査官は、当事者主張が初審での主張と異なる部分がある場合、これを追加して調査報告書を作成しなければならない。
第94条（再審判定）①中央労働委員会は、再審申請が要件を充足できなかった場合には再審申請を却下し、再審申請に理由がないと判断した場合には棄却し、理由があると判断する場合には地方労働委員会の処分を取消して救済命令や却下又は棄却決定をしなければならない。
②中央労働委員会は、労働関係の消滅や事業場閉鎖等で初審の救済命令内容をそのまま維持

することが適切ではないと判断する場合には、その内容を変更することができる。
第 95 条（再審判定書作成）①再審判定書は別紙第 32 号書式により作成するが、第 62 条を準用する。
②再審判定が初審判定と結論を同じくして、初審判定の認定事実、当事者主張、判断内容等が再審判定と概ね同じである場合には、初審判定書を引用することができる。
第 96 条（不当労働行為救済命令の履行命令申請）使用者が中央労働委員会の不当労働行為再審判定に不服して行政訴訟を提起した場合、中央労働委員会は、当該事件の勤労者や労働組合の要請によって労組法第 85 条第 5 項による法院での救済命令履行申請可否を決定しなければならない。
第 97 条 削除〈2012.7.4〉
第 98 条（再審判定等の通知）①中央労働委員会は、再審判定、取下、和解、法院の判決による再処分の場合には、その事実を初審地方労働委員会（特別労働委員会）に通知しなければならない。再審判定の場合には、再審判定書の写本を添付しなければならない。〈改正 2012.7.4〉
②削除〈2012.7.4〉
第 99 条（再処分）①中央労働委員会は、再審判定を取消す法院の判決が確定されたときには、審判委員会の議決を経て該当事件を再処分しなければならない。但し、法院の確定判決が救済命令等を取消す内容である場合にはこの限りではない。〈改正 2012.7.4〉
②再処分による判定書（決定書）は別紙第 34 号書式により再審事件当事者に作成・送付する。但し、当事者である勤労者の定年到来、死亡等で再処分の実益がない場合には、別紙第 34 号の 2 書式により作成することができる。〈改正 2012.7.4〉
③第 1 項により再処分をする場合には審問会議を開催しないことを原則とする。但し、本案に対する審理又は判断が必要な場合には審問会議を開催することができる。〈改正 2012.7.4〉
④第 1 項による再処分は、当事者の申請や同意があるときには単独審判することができる。〈改正 2012.7.4〉

第 6 章 非正規職差別是正
第 1 節 差別是正申請の手続及び是正命令等

第 100 条（差別是正申請）期間制法第 9 条第 1 項及び派遣法第 21 条第 2 項による差別是正は次の各号の事項を記載した別紙第 35 号書式の差別的処遇是正申請書に従って申請する。
1. 勤労者の姓名と住所
2. 事業主の姓名と住所（派遣勤労者の場合、派遣事業主と使用事業主をすべて明示）
3. 申請趣旨（請求する是正内容）
4. 差別的処遇の具体的内容
5. 申請日字

第 101 条（差別是正申請書補正又は追加・変更）差別是正申請書の補正や差別是正申請後の申請趣旨の追加・変更に関しては第 41 条及び第 42 条を準用する。
第 102 条（差別是正申請期間）差別是正申請は差別的処遇があった日（続く差別的処遇はその終了日）から 6 ヶ月以内にしなければならない。〈改正 2012.7.4〉
第 103 条（差別是正委員会の構成）①労働委員会委員長は差別是正申請書が接受されると遅滞なく事件処理を担当する差別是正委員会を構成しなければならない。

②第1項による差別是正委員会の構成に関しては第44条を準用する。
第104条（調査の開始等）①労働委員会委員長は差別是正申請書が接受されると遅滞なく担当調査官を指定し、当事者に理由書・答弁書の提出方法、委員の除斥・忌避、単独審判、調停・仲裁手続など事件進行に関する事項を案内しなければならない。
②捜査官は当該事件の申請人が提出した差別是正申請書と理由書を相手方当事者に送達し、これに対する答弁書を提出するように要求しなければならない。提出された答弁書の副本は、遅滞なく申請人に送達しなければならない。〈改正 2015.10.20〉
③捜査官は当該事件が差別是正申請手続を維持することができる要件を揃えているかを調べなければならない。このときに当該差別是正申請が第109条第1項の却下事由に該当すると判断されるときには調査を中断して差別是正委員会に報告しなければならない。
第105条（事実調査等）差別是正事件の事実調査等に関しては第46条の規定を準用する。
第106条（調査報告書の作成）①調査官は事実調査を完了したときには別紙第10号書式を参考して調査報告書を作成しなければならない。この場合、第49条と第50条を準用する。
②調査官は調査過程で調停が進行された事件については調停推進経緯と当事者の立場等を調査報告書に含めなければならない。
第107条（審問会議の開催）①労働委員会は差別是正申請接受日から60日以内に審問会議を開催しなければならない。但し、当事者が合意をして延期を申請したり、多数事件で調査に相当時間が必要な場合には労働委員会委員長の承認を得てその期間を延長することができるし、第116条と第117条による調停をするときには、その期間を除外する。
②差別是正委員会の審問方法と手続等に関しては第51条から第57条までの規定を準用する。
第108条（判定会議）①差別是正委員会が審問を終結した場合、判定会議を開催しなければならない。
②第1項による判定会議の進行に関しては第59条を準用する。
第109条（判定）①差別是正申請事件の却下に関しては第60条を準用する。この場合、第60条第1項第5号前段の和解調書は期間制法第11条による調停調書・仲裁決定書とみなす。
②差別是正委員会は差別是正申請の全部又は一部に理由があると認めるときには是正命令を、差別是正申請に理由がないと認めるときには却下決定をする。
③第2項により是正命令を発する場合には是正命令の内容と履行期限等を具体的に議決しなければならない。
第110条（会議録作成）①調査官は判定会議に出席して別紙第15号書式を参考した会議録を作成しなければならない。
②差別是正委員会の会議録に関しては第61条を準用する。
第111条（判断書作成等）①差別是正委員会は議決事項をもとに別紙第16号書式による判定書を作成しなければならない。
②判定書の作成と更訂に関しては第62条と第63条を準用する。
第112条（差別是正事件の終結）①労働委員会は取下、調停・仲裁や判定がある場合には差別是正申請事件を終結する。
②差別是正申請事件の終結に関しては、第74条と第75条を準用する。
第113条　削除〈2012.7.4〉
第114条（差別是正再審事件）差別是正の再審に関する事項は、第89条から第98条まで

の規定を準用する。
第115条（準用規定）差別是正申請事件の処理においてこの章で規定した事項を除外しては、その趣旨に反しない範囲で第5章第1節から第8節までの規定と第12節の規定を準用する。
〈改正 2012.7.4〉

第2節　差別是正の調停及び仲裁

第116条（調停の開始）①差別是正委員会は関係当事者双方又は一方の申請に応じて調停手続を開始することができる。この場合、関係当事者は別紙第36号書式の調停申請書を提出しなければならない。
②第1項の調停申請は差別是正申請をした日から14日以内にしなければならない。但し、労働委員会の承諾がある場合には14日以後も申請することができる。
第117条（調停の勧告）差別是正委員会は、事件の調査過程で調停を通じた事件解決が望ましいと判断するときには、調停を勧告したり、職権で調停を開始することができる。
第118条（調停案の作成）差別是正委員会は、調停申請書や当事者の主張内容等を十分に検討した後、別紙第21号書式を参考にして調停案を作成しなければならず、その趣旨と内容を当事者に十分に説明しなければならない。
第119条（調停案提示）①差別是正委員会は、特別な事由がない限り調停手続を開始した日から60日以内に調停案を提示しなければならない。
②第1項にもかかわらず、次の各号のいずれか一に該当する場合には調停案を提示せずに調停を停止することができる。
1. 関係当事者双方又は一方が調停手続停止を要求した場合
2. 関係当事者双方又は一方が事実上調停手順を続行する意思がないことが明確な場合
③関係当事者が第2項第1号による申請をするときには書面でなければならない。
④差別是正委員会は、第2項により調停手続を停止したときには関係当事者にその趣旨を書面で通知しなければならない。
⑤差別是正委員会は、第2項により調停が停止されたり、調停が成立されなかったときには、遅滞なく調査・審問手続を再開しなければならない。
第120条（調停調書の作成）①差別是正委員会は、関係当事者双方が調停案を受諾した場合には別紙第22号書式を参考して調停調書を作成しなければならない。
②第1項の調停調書には関係当事者と調停に関与した委員全員が署名・捺印しなければならない。
第121条（仲裁申請）①差別是正委員会は、関係当事者があらかじめ労働委員会の仲裁決定に従うように合意して仲裁を申請した場合には仲裁手続を開始することができる。この場合、関係当事者は別紙第36号書式の仲裁申請書を提出しなければならない。
②第1項の仲裁申請は差別是正申請をした日から14日以内にしなければならない。但し、労働委員会の承諾がある場合には14日以後にも申請することができる。
第122条（仲裁決定）①差別是正委員会は、特別な事由がない限り仲裁申請を受けた日から60日以内に仲裁決定をしなければならない。
②第1項にもかかわらず、仲裁決定の前に関係当事者が自律的に紛争を解決したときには仲裁決定をしないことができる。この場合、関係当事者は紛争解決に関する立証資料を提出しなければならない。

第 123 条（仲裁決定書の作成）①差別是正委員会は仲裁決定をしたときは、別紙第 37 号書式の仲裁決定書を作成しなければならない。
②第 1 項の調停の決定書には、当該仲裁に関与した委員全員が署名・捺印しなければならない。
第 124 条（調停調書又は仲裁決定書送付）労働委員会委員長は調停が成立した場合には調停が成立した日から 5 日以内に、仲裁決定がある場合には遅滞なく調停調書や仲裁決定書正本を配達証明郵便で当事者に通知しなければならない。
第 125 条（送達証明書発給等）労働委員会委員長は調停調書や仲裁決定書を送達された当事者が送達証明書発給を申請する場合には別紙第 23 号書式を参考して送達証明書を発給しなければならない。

第 3 節　差別是正通報事件の審理及び是正手続等〈本節新設 2012.7.4〉

第 125 条の 2（調査の開始等）〈本条新設 2012.7.4〉①労働委員会委員長は地方雇用労働官署から差別是正通報書が接受されると遅滞なく該当使用者及び勤労者に差別是正通知書の写本を送付し、意見陳述方法及び調停・仲裁手続等の事件進行に関する事項を案内しなければならない。
②労働委員会委員長は該当事件の使用者及び勤労者が第 1 項により意見を提出した場合には相手方に送付しなければならない。
第 125 条の 3（事件の分離又は併合）〈本条新設 2012.7.4〉差別是正通報事件の分離又は併合に関しては第 48 条を準用する。但し、差別是正申請事件と差別是正通報事件は併合しない。
第 125 条の 4（審問会議の開催等）〈本条新設 2012.7.4〉①差別是正通報事件の審問会の開催等に関しては、第 52 条から第 54 条まで、第 56 条第 4 項、第 57 条及び第 107 条第 1 項を準用する。
②差別是正委員会委員長は、差別是正通報事件を審理するときには、該当使用者及び勤労者に意見を陳述できる機会を与えなければならない。
③調査官は、差別是正委員会委員長の指示により調査結果を報告し、必要な場合には差別是正委員会委員長の承認を得て意見を陳述することができる。
④差別是正委員会は、差別是正通報機関の長をして追加資料を提出させたり、審問会議に出席して陳述させることができる。
第 125 条の 5（判定）①差別是正通報事件の却下に関しては、その趣旨に反しない範囲で第 60 条第 1 項を準用する。この場合、第 60 条第 1 項第 5 号前段の「和解調書」は、期間制法第 11 条又は派遣法第 21 条による「調停調書」、「仲裁決定書」とみなす。
②差別是正委員会は、差別是正通報の全部又は一部に理由があると認めたときには是正命令を、差別是正通報に理由がないと認めたときには差別的処遇がないと決定する。
③第 2 項により是正命令を発する場合には、是正命令の内容と履行期間等を具体的に記載しなければならない。
第 125 条の 6（差別是正通報事件の終結）〈本条新設 2012.7.4〉差別是正通報事件の終結は第 112 条を準用する。但し、地方労働委員会は取下に関する規定を準用しない。
第 125 条の 7（調停及び仲裁の申請期間）〈本条新設 2012.7.4〉地方労働委員会に通報された差別是正の対する調停及び仲裁の申請は、該当使用者及び勤労者が労働委員会から通知を受けた日から 14 日以内にしなければならない。但し、労働委員会の承諾がある場合には 14 日後にも申請することができる。

第125条の8（準用規定）〈本条新設 2012.7.4〉①差別是正通報事件の処理においてこの節に規定した事項を除いてはその趣旨に反しない範囲で第5章第1節から第8節までと、第12節、第6章第1節（第102条を除く）及び第2節の規定を準用する。
②第1項により関連規定を準用する場合、「差別是正申請」は「差別是正通報」、「申請書」は「通報書」、「関係当事者」又は「当事者」は「該当使用者又は勤労者」とみなす。但し、再審事件ではその限りではない。

第7章　交渉窓口一本化手続及び交渉単位分離決定に対する事件処理

第126条から第151条　省略

第8章　労働争議の調停

第152条から第176条　省略

第9章　必須維持業務維持・運営水準等の決定

第177条から第191条　省略

第10章　補則〈本章新設 2012.7.4〉

第192条（関係機関への処理結果通報）〈本条新設 2012.7.4〉①地方労働委員会は次の各号の事件を終結したときには、該当事件を管轄する地方雇用労働官署の長にその結果を通報しなければならない。但し、申請人が取下する場合は除外する。
1. 第16条第2号の事件中「勤労基準法」第23条第2項及び「男女雇用平等と仕事・家庭両立支援に関する法律」第19条第3項による解雇禁止期間の解雇に対する救済申請事件
2. 第16条第12号から第14号まで及び第19号事件
3. 第17条各号の事件

②労働委員会は、第18条第1項の調停事件と第3項の仲裁事件を申請受けた場合と終結した場合には地方雇用労働官署の場に遅滞なく通報しなければならない。
③中央労働委員会は、第1項の再審事件を終結（「取下」した事件を含む）したり再処分したときには、該当事件を管轄する地方雇用労働官署の長にその結果を通報しなければならない。

第193条（判定書等再発行）〈本条新設 2012.7.4〉労働委員会委員長は、事件当事者が判定書・決定書・議決書・和解調書等を別紙第55号書式で再発行を申請するとこれを発給することができる。

第194条（住所等送達場所変更の申告義務）〈本条新設 2012.7.4〉当事者、代理人等は住所や事務所又は送達場所の変更が発生したときにはその事実を即時に労働委員会に書面で申告しなければならない。

第195条（公示送達）〈本条新設 2012.7.4〉①労働委員会委員長は、送達受ける人（代理人を含む）の住所等を通常的な方法で確認できない場合や送達が不可能な場合、公示送達を命じることができる。
②公示送達は、労働委員会が送達する書類を保管してその事由と内容等を該当労働委員会の掲示板やインターネットホームページに掲示する方法である。
③公示送達は第2により掲示した日から14日が過ぎたときに効力が発生する。

資 料

【資料2】非正規職勤労者対策に関する労使政合意文（第1次）

　21世紀の知識情報化社会の新たな経済環境、通貨危機によってもたらされた経済危機の克服過程、産業構造の多様化・高度化傾向の中で我々社会には多様な形態の非正規雇用が増加しているところ、これと関連した対策の必要性が多角的に提起されていた。
このような背景の下に、2001年7月23日に発足した労使政委員会『非正規職勤労者対策特別委員会』は、非正規職勤労者の権益保護と労働市場の長期的な発展を期する方向として、法・制度改善等を論議する過程で優先的に必要であると認識した以下の事項に同意する。

－以下－

1. 非正規職勤労者の範囲と統計の改善
○ 非正規職勤労者はそれぞれの個別的な雇用形態に応じて分類することができるし、雇用契約期間、勤労提供の方法、雇用の持続性、勤労時間など国際的な基準と併せ韓国の特性を考慮する多次元的な基準に基づいて把握されなければならない。
○ 韓国の非正規職勤労者は1次的に雇用形態によって定義されていることで①限時的勤労者又は期間制勤労者、②短時間勤労者、③派遣・請負・呼出等の形態で従事する勤労者を対象とする。
○ 韓国の労働市場の特性上、上記の範疇には含まれないが、雇用が不安定であり、勤労基準法上の保護や各種社会保険の恵沢から漏れて、社会的保護が必要な労働階層が広範囲に存在するということを認識し、我々非正規職勤労者対策特別委員会は、これを「脆弱勤労者」として把握し、その保護方案も必要であるということに共感する。
○ 政府は、非正規職勤労者及び脆弱勤労者の規模や実態をより正確に把握するために、現在実施している世帯調査に加えて事業体調査を並行実施するようにする。
○ 今後、調査問項や調査方法は別添のような点に注意し、労使政及び専門家の参加下で綿密に検討して用意する。〈以下本文省略〉

＊別添：非正規職勤労者に関する統計改善方案
1）経済活動人口調査付加調査
○ 限時的勤労者を把握するための質問項目を次のように修正する。
－'会社が非常に難しくなって廃業又は雇用調停をしたり、貴下が特に誤りをしない場合は、貴下は継続にその職場に通うことができるか'を、'会社が非常に難しくなって廃業又は雇用調停をしたり、貴下が特に誤りをしない場合は、貴下は「望む時まで」継続にその職場に通うことができるか'に補完する。
－そして、この質問に対して「はい」と答えた人に対して臨時的・限時的勤労者の可否を再確認するようにする。
○ 呼出労働を把握する質問項目の中から'1ヶ月以上継続勤務した場合は除外する'という規定を削除する。
○ 非正規職勤労者及び脆弱勤労者の実態把握のための事業体規模を調査する

2）事業体調査
○ 非正規職勤労者の様々な種類を把握することができるように調査項目を設計する。

【資料3】労働関係法令など差別禁止条項及び法内容

条項		法内容
憲法第11条「国民の平等、特殊階級制度否認、栄典の効力」		①すべて国民は、法の下に平等である。誰でも性別・宗教又は社会的身分により、政治的・経済的・社会的・文化的生活のすべて領域において差別されない。 ②社会的特殊階級の制度は認められず、いかなる形態でもこれを創設することができない。 ③勲章などの栄典は、これを受けた者のみに効力を有し、いかなる特権もこれに伴わない。
勤労基準法	第6条「均等な待遇」	使用者は、勤労者に対し、男女の性を理由に差別的待遇をすることができず、国籍・信仰又は社会的身分を理由として、勤労条件について、差別的処遇をしてはならない。
	第24条「経営上の理由による解雇制限」	②1項の場合において、使用者は、解雇を回避するために努力をしなければならず、合理的かつ公正な解雇基準を定めたうえで、その基準に基づいてその対象者を選定しなければならない。この場合、男女の性を理由に差別してはならない。
男女雇用平等と仕事・家庭両立支援に関する法律	第2条「定義」	この法律で使用する用語の定義は次の通りである。 1. "差別"とは、事業主が勤労者に、性別、婚姻、家族の中での地位、妊娠又は出産などの事由で、合理的な理由なく採用又は勤労条件が異なったり、その他の不利益な措置をとる場合「事業主が採用条件又は勤労条件は同じように適用しても、その条件を満たすことができる男性又は女性が、もう一方の性に比べて著しく少なく、それにより特定の姓に不利な結果をもたらすし、その条件が正当なものであることを証明できない場合を含む)を言う。ただし、次の各目のいずれかに該当する場合を除く。 イ．職務の性質に照らして、特定の性が必然的に要求される場合 ロ．女性勤労者の妊娠・出産・授乳などの母性保護のための措置をとる場合 ハ．その他にこの法又は異なる法律により、積極的な雇用改善措置をとる場合
	第7条「募集及び採用」	①事業主は、勤労者の募集及び採用について、男女を差別してはならない。 ②事業主は、女性勤労者を募集・採用する際に、その職務の遂行に必要でない容貌・背・体重などの身体的条件、未婚条件、その他に労働部令で定める条件を提示したり、要求してはならない。
	第8条「賃金」	①事業主は、同一事業内の同一価値労働については同一賃金を支給しなければならない。 ②同一価値労働の基準は、職務遂行に要求される技術、努力、責任及び作業条件等とし、事業主がその基準を定める場合において、第25条の規定による労使協議会の勤労者を代表する委員の意見を聴かなければならない。 ③事業主が賃金差別を目的として設立された別個の事業は、同一事業とみる。
	第9条「賃金その他の金品等」	事業主は、賃金以外の勤労者の生活を補助するための金品の支給又は資金の融資等の福利厚生において男女を差別してはならない。
	第10条「教育・配置及び昇進」	事業主は、勤労者の教育・配置及び昇進において男女を差別してはならない。
	第11条「定年・退職及び解雇」	①事業主は、勤労者の定年・退職及び解雇において男女を差別してはならない。 ②事業主は、女性勤労者の婚姻、妊娠又は出産したことを退職理由として予定する勤労契約を締結してはならない。

資　料

労働組合及び勤労関係調停法第9条「差別待遇の禁止」	労働組合の組合員は、いかなる場合においても、人種、宗教、性別、年齢、身体的条件、雇用形態、政党又は身分による差別待遇を受けることはない。
職業安定法第2条「均等待遇」	何でも性別、年齢、宗教、身体的条件、社会的身分又は婚姻の可否などを理由に、職業紹介・職業指導又は雇用関係の決定する際に差別待遇を受けることはない。
国家人権委員会法第2条4号「定義」	4. "平等権侵害の差別行為"とは、合理的な理由なく、性別、宗教、障害、年齢、社会的身分、出身地域（出身地、登録基準地、成人になる前の主な居住地域等をいう）、出身国家、出身民族、容貌等身体条件、既婚・未婚・別居・離婚・死別・再婚・事実婚などの婚姻の可否、妊娠又は出産、家族形態又は家族状況、人種、皮膚の色、思想や政治的意見、刑の効力が失効された前科、性的指向、学歴、病歴などを理由とした、次の各目のいずれかに該当する行為をいう。ただし、現存する差別をなくすために、特定の人（特定の人々の集団を含む。以下同じ）を暫定的に優遇する行為と、これを内容とする法令の制・改正及び政策の樹立・執行は、平等権侵害の差別行為（以下、"差別行為"という。）とみなす。 イ．雇用（募集、採用、教育、配置、昇進、賃金及び賃金その他の金品の支給、資金の融資、定年、退職、解雇等を含む）と関連して、特定の人を優遇・排除・区別したり、不利な扱いをする行為 ロ．財貨・用役・交通手段・商業施設・土地・住居施設の供給や利用に関連して、特定の人を優遇・排除・区別したり、不利な扱いをする行為 ハ．教育施設と職業訓練機関での教育訓練やその利用に関連して、特定の人を優遇・排除・区別したり、不利な扱いをする行為 ニ．セクハラ行為

出典：高ガップソク「非正規職保護法解説と差別是正実務」（仕事と人、2007年）178頁
　　　（고갑석「비정규직보호법 해설과 차별시정의무」（일과사람、2007년）178 페이지）.

【資料4】労働委員会による差別是正制度以外の労働関係法令などによる差別是正の比較

差別是正機構	根拠法令	管轄事件	救済手続の基本性格	救済内容等	罰則・過怠料
雇用平等委員会	(旧)男女雇用平等法	雇用上の男女差別	調停	調停及び意見提出（29条）	ない
男女差別改善委員会	(旧)男女差別禁止及び救済に関する法律	雇用・教育・施設利用等で男女差別	調停	合意勧告（25条）、調停（26条）、是正措置勧告・意見表明（28条）、公表（33条）、告発（34条）、履行結果通報義務（31条）	ない
労働委員会（審判委員会）	勤労基準法・労働組合及び勤労関係調停法	勤労者・組合員に関する差別的解雇等	審判	現状回復命令（解雇等に関する無効とBack-Pay支給）	罰則
労働委員会（差別是正委員会等）	非正規職保護法（期間制雇用法・派遣法）	非正規職であるのを理由として勤労条件等での差別	調停・審判	差別的行為の中止、勤労条件の改善、適切な金銭補償等	過怠料

出典：中央労働委員会「非正規職差別判断基準及び運営に関する研究」（2006年）
　　　（중앙노동위원회「비정규직 차별판단기준 및 운영에 관한 연구」（2006년））.

【資料5】労使政の争点

区分	労		使	政
	韓国労総案	民主労総案	韓国経営者総協会	労働部
差別廃止	・客観的・合理的な事由のない期間制の使用制限 ・使用期間1年 ・期間経過時に正規職とみなす（雇用擬制）	・雇用形態による差別禁止 ・同一労働同一賃金の明文化	・同一労働同一賃金の明文化に反対	・不合理な差別禁止原則の規定 ・同一労働同一賃金の明文化に反対 ・差別是正機構の設置
期間制（臨時職）使用制限	・雇用形態による差別禁止 ・同一労働同一賃金の明文化 ・差別について使用者の立証責任賦課 ・差別禁止を違反した時に罰金賦課	・合理的な事由のない期間制の使用制限 ・使用期間制限	・事由制限に反対 ・使用期間3年	・事由制限に反対 ・使用期間3年（3年超過時、解雇制限）
派遣制	・Positive list方式維持 ・派遣期間2年（現行） ・派遣終了後、休止期間6ヶ月 ・2年超過時、雇用みなし規定を維持 ・不法派遣時、直接雇用	・派遣法廃止 ・不法派遣時、直接雇用 ・不法派遣処罰強化 ・使用者範囲拡大	・派遣業種拡大	・Negative list方式 ・休止期間3月
時間制勤労者（短時間勤労者）	・勤労者と認定 ・労働3権保障	・明確な定義（所定勤労時間の70％未満） ・残業手当支給		・差別禁止原則
法実効性確保		・名誉労働監督官制の導入 ・違法常習使用者に加重処罰		・名誉労働監督管制拒否 ・労働監督官のみ増員要求

出典：民主労働党「非正規関連政策資料集」(2004年)
　　　(민주노동당「비정규관련 정책 자료집」(2004년)).

【資料6】非正規職保護法に関する政府案非正規職保護法及び非正規職保護法の制・改正前後の内容

区分		制・改正前	立法案	制・改正法律
共通	差別禁止	・別途規定なし	・労働委員会による是正（法院に不服提起可能） －調停制度の活性化（調停成立時に裁判上の和解の効果を付与） －確定された是正命令の不履行時1億ウォン以下過怠料を課する	・期間制・短時間・派遣労働に対する合理的な理由がない差別をしてはならないという差別禁止を明文化 ・労働委員会による差別是正手続 －調停を通じて紛争が解決できるようにし、調停成立時に裁判上の和解の効果を付与 －確定された是正命令の不履行時1億ウォン以下過怠料を課する －差別是正方法を差別行為の停止、勤労条件の改善命令、適切な金銭補償など多様に規定 －差別可否の立証責任は使用者にあることを明文化
期間制労働	使用期間	別途規定なし（期間制勤労契約の反復更新の制限規定なし） ＊判例で一部制限（解雇）：契約慣行、当事者の意思、更新への期待可能性、職務特性等を考慮→判断基準の不明確、法的安定性の阻害	・使用期間3年制限	・使用期間2年制限
	使用期限超過時の効果	・別途規定なし	・3年超過使用した場合は解雇制限適用 －有期事業、特定プロジェクトの完成、高齢者、専門職従事者などの場合は例外として認める	・2年超過使用した場合は無期契約にみなす －有期事業、特定プロジェクトの完成、欠員勤労者の代替などの場合は例外として認める
短時間労働	超過勤務制限	法定勤労時間を超えた延長労働のみ制限（1週12時間、50％の割増賃金）	法定勤労時間以内でも、超過労働制限（1週12時間）	・法定勤労時間以内でも、超過労働制限（1週12時間） ・使用者の不当な延長勤労指示への拒否権の明示
	勤労条件書面明示	賃金の構成項目、計算方法及び支払に関する事項について書面明示義務の賦課		賃金、勤労契約期間、勤労時間等など重要な勤労条件について書面明示義務を課す

派遣労働	派遣対象業務	・Positive list方式 －派遣対象業務を専門知識・技術又は経験等を必要とする業務であって、大統領令で定める ＊施行令で26業務を規定	・Negative list方式 ＊製造業の直接生産工程業務は、現行の一時使用原則維持	・Positive list方式を維持 －派遣対象業務に・業務の性質等'を追加 ＊具体的な派遣対象業務は施行令で規定
	派遣期間	・最長2年 ・派遣期間超過使用時に使用事業者に雇用されたものとみなす ・派遣期間（2年）終了後、他の派遣勤労者に交替使用可能（法的制限なし）	・最長3年 ・派遣期間（3年）終了後、3月間の派遣禁止（休止期間新設） ・派遣期間超過使用した場合は使用事業主に雇用義務を課す（違反した場合は過怠料）	・最大2年 ・派遣期間超過使用した場合は使用事業主に雇用義務を課す（違反した場合は過怠料）。但し、高齢者（55歳以上）は期間制限なし
	不法派遣雇用可否	・雇用擬制又は雇用義務の規定なし ・罰則なし		・使用事業主の雇用義務明示 －対象業務違反、期間違反、無許可派遣：2年経過時 －絶対禁止業務違反：即時 ・罰則新設
	不法派遣禁止	・処罰量刑相違		・処罰量刑同一（使用事業主に対する処罰強化）

出典：労働部「非正規職保護法の主要内容」（2006年）
　　　（노동부「비정규직보호법의 주요내용」（2006년））。

【資料7】労働部の「非正規職保護法令の業務マニュアル」

※申請権者の適格性

1．期間制勤労者
①期間制勤労者の該当可否

○数回にわたり勤労契約が更新され期間の定めが形式に過ぎなくなり、期間の定めのない勤労者に変更された場合、使用者が正当な理由なしに契約更新を拒否した場合、不当解雇に該当し、争訟等の方法で権利救済を受けることができる。
－したがって、期間制雇用法の施行によりこのような権利が否認されることではない。
※期間の定めのない契約であるかの判断は、契約期間を特別に有期契約としてする必要性があったのかどうか、使用者が勤労契約期間を一定期間に指定した真意があったのかどうか、勤労契約が継続的に反復更新され、勤労者が契約更新に対する合理的かつ相当な期待を持っていたかどうかを総合的に考慮して判断しなければならない（大法院判断2005ヅ5673、2006.2.24、行政解釈勤基68207-1008、1997.7.29）

②期間制雇用法が施行される以前にすでに期間の定めのある勤労契約を1年単位で3回反復・締結された場合、無期契約を締結したものになるか？

○期間制雇用法4条2項によると、一部例外事由を除き、使用者が2年を超えて期間制勤労者として使用する場合には、その期間制勤労者は期間の定めのない勤労契約を締結したとみなされる。
－これらの規定は、2007年7月1日以後、勤労契約が締結・更新したり、既存の勤労契約を延長する場合から適用される。
○期間の定めのある勤労契約を締結したときは、当事者間の勤労関係は、その期間が満了すると、使用者の解雇など別途の措置なしに勤労関係が当然終了することが原則である。
－しかし、期間の定めのある勤労契約であっても数回にわたる勤労契約が継続的に反復され、その定めた期間が単に形式にすぎない場合には、事実上期間の定めのない勤労契約に転換することができるとみることができるが、この場合、何回反復されたときに期間の定めのない勤労契約に転換されるかについては、一律に規定することが困難であり、これについては、契約が数回反復されることにより、勤労者が持つ期待感、当該事業場の契約慣行、その他の期間の定めのある勤労者の雇用関係などを総合的に考慮して判断しなければならない。
○したがって、勤労契約が期間の定めのない勤労契約に転換されたものとみることができるかどうかは、当該勤労契約が行われた動機と経緯、期間を定めた目的と当事者の真情な意思、同種の勤労契約の締結方法に対する慣行など、個別・具体的な事実関係に基づく判断が必要である（非正規職対策チーム－1511、2007.5.7）。

③A企業に2000年8月1日期間制勤労者として採用され自動更新されてきた。この場合、2007年7月1日以後には、新たな書面勤労契約を締結するのか？新たな勤労契約を締結する際、1年の期間を定めた場合、事業主がこの契約期間の満了を理由に勤労関係を終了することができるかどうか？

○非正規職保護法の保護対象になる非正規職勤労者は、一般的に正規職ではない勤労者を総称して呼ぶ。
－正規職勤労者は、一般的に、①定年まで雇用を保障し、②全日制で勤務し、③雇用と使用が分離されてない勤労者をいう。
－非正規職勤労者は、勤労契約期間を定めた勤労者（期間制）、全日制ではないパートタイム勤労者（短時間）、雇用と使用が分離されている勤労者（派遣）などがいる。
－この場合、法施行以前から（2000年から）何度も勤労契約が更新され、期間の定めが単に形式に過ぎず、期間の定めのない勤労者へ転換された場合、期間制雇用法の適用が除外される。
－したがって、期間制雇用法による勤労契約を書面で新たに締結する義務はない。
○一方、この場合、期間の定めのない勤労者へ転換されなかった場合は、期間制雇用法施行以後には、新たに勤労条件を書面に明示した勤労契約書を作成する必要がある。そして、この契約が締結・更新・延長された時点から起算して2年が超えたら期間制雇用法による正規職としてみなされる。

2. 派遣勤労者

〈勤労者派遣と請負の区別基準〉
○勤労者派遣は、派遣法2条1号により、請負は民法第664条により定義されており、両者間の最も重要な違いは、指揮・命令を誰がするかにある。
ーすなわち、指揮・命令を使用事業主がする場合には、請負契約の形式をとっている場合でも、勤労者派遣であるとみて派遣法を適用。
○しかし、具体的な事実関係で派遣と請負を区別することが常に容易なことではないので、労働部ー法務部ー検察の共同基準を設けて、各々地方労働官署と検察庁に示達（非正規職対策チームー1303、2007.4.19、「勤労者派遣の判断基準に関する指針」）。

「勤労者派遣の判断基準に関する指針」
1. 目的（以下省略）
2. 構成主体（以下省略）
3. 判断の体系
（ア）判断順序
○法2条1号の「勤労者派遣」に該当するか否かの判定においては、勤労者と雇用契約を締結した派遣事業主、受給人、受任人など（以下「派遣事業主等」という）について事業主としての実体を認めることができるかどうかをまず判断する。
○派遣事業主等が事業主としての実体が認められない場合には、当該勤労者を雇用せずに使用する使用事業主、請負人、委任人（以下「使用事業主等」という）が当該勤労者を直接雇用したものとして推定し、勤労関係法の違反の有無を判断する。
○派遣事業主等が事業主としての実体が認められる場合には、当該勤労者が使用事業主等の指揮・命令を受けているかどうかを調査し、当該雇用関係が「勤労者派遣」に該当するかどうかを判断する。
（イ）判断方法（総合的判断）
○法2条1号の「勤労者派遣」に該当するかどうかについては、以下の「4」の（ア）及び（イ）の各号を総合的に考慮して判断する。この場合、（イ）の1）、2）、3）は、勤労者派遣であるかどうかを判断する際重要な基準である。

4. 判断基準
（ア）派遣事業主等に対する事業主としての実体判断。
○使用事業主等と派遣事業主等の間に締結された契約の名称、形式などに問わず、派遣事業主等に次の各号の権限や責任が存在しない場合には、派遣事業主などの実体が認められるのが難しいため、法2条1号の勤労者派遣の定義の中で「派遣事業主が勤労者を雇用した後、その雇用関係を維持」することであるとはみえない。ただし、4）、5）は単に物理的な労働力を提供している場合には適用されない。
1）採用・解雇等の決定権
※採用面接表、就業規則、勤労契約書、新規採用者の安全教育、その他の解雇に関する書類などを確認

2) 所要資金の調達と支払に関する責任
※事務室賃貸借契約書、事業体の設立費用負担可否、株式会社の場合株金納入経緯と株式所有比率、既成金及び手当の支給方法などを確認
3) 法令上事業主としての責任
※4つの保険加入証明書、住民税及ぶ事業場税など各種の税金関連資料、勤労所得源泉徴収に関する資料、使用事業主等と派遣事業主等の間に締結した契約書・役員間の循環勤務可否、その他の団体交渉に関する書類などを確認
4) 機械、設備、機資材の自己責任と負担
※使用事業主等が支給する機械や設備、機資材の内訳と有無償の可否を確認し、無償で提供する場合はその必要性と正当性を確認
5) 専門的な技術・経験に関する企画責任と権限
※企画と関連する書類、使用事業主等と派遣事業主等の間に締結した契約書及び同契約が単純労務提供であるかの可否、事業計画書、派遣事業主等の業務遂行能力及び所属勤労者の資格証有無などを確認
イ) 使用事業主等の指揮・命令に対する判断
○使用事業主等と派遣事業主等の間に締結した契約の名称・形式などに問わず、使用事業主等が当該勤労者に対し、次の各号の権限を行使する場合には、法2条1号の勤労者派遣の定義の中で「派遣事業主が…使用事業主の指揮・命令を受けて使用事業主のための勤労に従事すること」で判断する。
1) 作業配置・変更の決定権
※作業計画書、人員配置計画書、関連する会議資料、その他の作業配置と関連する書類及び慣行などを確認
2) 業務指示・監督権
※日々作業指示書、安全教育の日誌、朝会開催の可否、業務と関連する指示伝達の方法などを確認
※特に、直接雇用した勤労者と混在して同一又は類似の業務に従事している場合、業務指示・監督権の行使有無をより慎重に検討
※契約書上業務の目的や内容が非常に抽象的で使用事業主等の指示により始めて具体化されるなど不確定な状態に置かれているとか、業務全般を網羅され、特定の業務に限定されない場合には、業務指示・監督権が認められることができることに注意
3) 休暇・病暇等の勤怠管理権及び懲戒権
※休暇、欠勤、早退、外出、遅刻願、出勤簿、その他の懲戒関連書類などの確認
4) 業務遂行に対する評価
※業務遂行及び実績に対する評価書、派遣事業主等の職員が現場で監督・評価しているかどうか、不正な業務遂行が発見された場合に措置慣行などを確認
5) 延長・休日・夜間勤労などの勤労時間決定権(ただし、作業の特性上一致する必要がある場合は除く)
※月・年次有給休暇の使用内訳、日々勤務状況、その他の勤労時間と関連する書類などを確認

【資料8】雇用労働部『期間制法・派遣法の業務マニュアル』
※被申請権者の適格性

> 〈差別是正の被申請権者と是正命令の履行義務者は誰か？〉
> ○差別是正の被申請権者及び是正命令の履行義務者としての使用者は、是正命令を受ける者、若しくは是正命令の不履行する時に賦課される過怠料の納付責任がある者をいう
> －したがって、差別是正の被申請権者となる者は、勤労契約締結の当事者である事業主を限定される（事業主：個人企業の場合は、個人、法人の場合は、法人そのもの）
> －現実的に、差別的処遇を行った利益代表者は、事業主の意思を実現する行為者であるので、これらによる差別処遇についても、事業主が被申請権者である
> ○勤労契約書に記載された使用者が法人の代表取締役ではなく、法人の組織部門の長又は支店長などになっている場合は、差別是正申請の相対方である使用者は、原則として期間制勤労者を雇用した当事者として勤労契約書に記載されている者になる
> －勤労契約に記載された者が部署長又は組織部門の長である場合も、事業主の委任によって勤労契約を締結した行為であるとみなされる場合は、この場合も、事業主が差別是正の被申請権者及び是正命令の履行義務者である

【資料9】中央労働委員会の「差別是正業務マニュアル」
1．申請権者の適格性

> 〈期間制勤労者の該当可否〉
> ○期間制勤労者は、期間の定めがある勤労契約（期間制勤労契約）を締結した勤労者である（期間制雇用法2条1号）
> －勤労契約の締結形態は、①2年以内の期間を定める勤労契約、②期間制雇用法で例外を認めている特例契約（一定の事業完了に必要な期間を定めた勤労契約、専門職契約など）などがある（期間制雇用法4条1項）
> －期間を定めた事由、期間の長短、名称（契約職、嘱託職、日雇い、臨時職、季節勤労者、契約社員、アルバイト、嘱託社員、パートタイム社員など）などに関係なく、期間を定めて勤労契約を締結して雇用された勤労者をいう。
> －ただし、勤労契約期間が定められていても同期間の満了が勤労契約の終了の意味ではなく、同一な賃金決定単位を年間で設定した期間（年俸契約期間）のような意味で解釈される場合には、期間制勤労契約にみることができない。
>
> ○2年の期間を超えて雇用された勤労者
> －使用者が、2007年7月1日以後、契約が締結・更新・延長された時点から2年を超えて期間制勤労者を継続的に使用した場合、期間制雇用法4条2項により、当該勤労者は2年を超えてから期間の定めのない勤労契約を締結した勤労者とみなされ、申請権者の適格がない。
> ※ただし、使用者の差別的処遇が期間制勤労者であった2年以内にあった行為であり、その差別的処遇があった日から3ヶ月が経過してない場合は、無期契約勤労者とみなされた以後も差別是正の申請が可能である。
> －ただし、期間制雇用法4条1項但書の規定により2年を超えて使用することができる勤労者の場合には、2年の期間を超過しても期間制勤労者に該当し、差別是正申請を行うことができる。

【資料10】短時間労働者の待遇格差の是正措置

適用条文	短時間労働者の種類	賃　金		教育訓練		福利厚生	
		職務関連賃金（基本金、賞与、役付手当等）	左以外の賃金（退職金、家族手当、通勤手当等）	職務遂行に必要な能力を付与するもの	左以外のもの（キャリアアップの訓練等）	・給食施設 ・休憩室 ・更衣室	左以外のもの（慶弔休暇、社宅の貸与等）
8条	A	◎	◎	◎	◎	◎	◎
9条〜11条	B	□	−	●	△	○	−
	C	△	−	●	△	○	−
	D	△	−	△	△	○	−

出典：吉田美喜夫・名古道功・根本到『労働法Ⅱ〔第2版〕－個別的労働関係法』（法律文化社、2013年）350頁。

〈短時間労働者の種類〉
A：「通常の労働者と同視すべき短時間労働者」
B：Aを除く「職務内容同一短時間労働者」のうち、職務内容と配置の変更の範囲が一定期間同じ者
C：AとB以外の「職務内容同一短時間労働者」
D：A、B、C以外の「一般短時間労働者」

〈是正措置の内容〉
◎：短時間労働者であることによる差別的取扱いの禁止
●：実施義務
○：配慮義務
□：同一の方法で決定する努力義務
△：職務の内容、成果、意欲、経験等を勘案する努力義務

参考文献

I 単行本

荒木尚志・大内伸哉・大竹文雄・神林龍編『雇用社会の法と經濟』（有斐閣、2008年）
荒木尚志・菅野和夫・山川隆一編『詳説労働契約法』（弘文堂、2008年）
荒木尚志『労働法』（有斐閣、2009年）
荒木尚志『労働法第2版』（有斐閣、2013年）
荒木尚志・岩村正彦・山川隆一編『労働法学の展望－菅野和夫先生古稀記念論集』（有斐閣、2013年）
荒木尚志『有期雇用法制ベーシックス』（有斐閣、2014年）
アリストテレス（高田三郎訳）『ニコマコス倫理学（上）』（岩波文庫、1971年）
伊藤博義・保原喜志夫・山口浩一郎編『労働保護法の研究：外尾健一先生古稀記念』（有斐閣、1994年）
大内伸哉『有期労働契約の法理と政策－法と経済・比較法の知見をいかして』（弘文堂、2014年）
門倉貴史『ワーキングプア』（宝島社新書、2008年）
北村一郎編集代表『現代ヨーロッパ法の展望』（東京大学出版会、1998年）
下井陸史『労働基準法（第4版）』（有斐閣、2009年）
田島信威『法令の読解法』（ぎょうせい、1996年）
田中成明・竹下賢・深田三徳・亀本洋・平野仁彦編者『法思想史〔第2版〕』（有斐閣、1997年）
土田道夫・荒木尚志・小畑史子編『労働関係法の現代的展開－中嶋士元也先生還暦記念論集』（信山社、2004年）
鶴光太郎・樋口美雄・水町勇一郎編『非正規雇用改革』（日本評論社、2011年）
東京大学労働法研究会編『解釈労働基準法（上）』（有斐閣、2003年）
東京大学労働法研究会編『注釈労働基準法』（有斐閣、2003年）
東洋経済新報社編『臨時工をめぐる法律問題』（東洋経済新報社、1957年）
西谷敏・中島正雄・奥田香子編『転換期労働法の課題』（旬報社、2003年）
西谷敏『人権としてのディーセント・ワーク（働きがいのある人間らしい仕事）』（旬報社、2011年）
西谷敏・野田進・和田肇編『新基本法コンメンタール労働基準法・労働契約法』（日本評論社、2012年）
西谷敏・和田肇・朴洪圭編『日韓比較労働法1 労働法の基本概念』（旬報社、2014年）
野川忍・山川隆一『労働契約の理論と実務』（中央経済社、2009年）
濱口桂一郎『日本の雇用と労働法』（日経文庫、2011年）
前田達男・萬井隆令・西谷敏編『労働法学の理論と課題』（有斐閣、1998年）

水町勇一郎『パートタイム労働の法律政策』（有斐閣、1997年）
水町勇一郎・連合総研編『労働法改革』（日本経済新聞出版社、2010年）
水町勇一郎『労働法入門』（岩波書店、2011年）
水町勇一郎『労働法〔第4版〕補遺』（有斐閣、2013年）
森戸英幸・水町勇一郎編著『差別禁止法の新展開』（日本評論社、2008年）
山田省三・石井保雄『労働者人格権の研究（下）角田邦重先生古稀記念』（信山社、2011年）
吉田美喜夫・名古道功・根本到『労働法Ⅱ〔第2版〕─個別的労働関係法』（法律文化社、2013年）
和田肇『人権保障と労働法』（日本評論社、2008年）
和田肇・脇田滋・矢野昌浩『労働者派遣と法』（本評論社、2013年）

Ⅱ　論文・資料

浅倉むつ子「パートタイム労働と均等待遇原則（下）」労働法律旬報1387号（1996年）
浅倉むつ子「パートタイム労働と均等待遇原則─新白砂電機事件に関する法的検討・下」労働法律旬報1387号（1996年）
浅倉むつ子「パートタイム労働と均等待遇原則─総括」日本労働法学会誌90号（1997年）
浅倉むつ子「社員・パートの賃金平等法理は『同一労働同一賃金原則』によるべきか？」日本労働研究雑誌489号（2001年）
浅倉むつ子「同一価値労働同一賃金原則実施システムの提案」労働法律旬報1767号（2012年）
阿部未央「不合理な労働条件の禁止─正規・非正規労働者間の待遇格差」ジュリスト1448号（2012年）
安部圭介「差別の禁止の基礎にあるもの：アメリカ法における「平等」からの示唆」法律時報79巻3号（2007年）
有田謙司「非正規雇用労働者をめぐる法的諸問題」ジュリスト1377号（2009年）
有田謙司「最新労働法解説有期労働契約をめぐる法制の動向─有期労働契約研究会最終報告書のポイントと今後の動向について」労働法学研究会報62巻6号（2011年）
有田謙司「『労働者派遣制度の改正について』（建議）の検討」季刊労働法労働法244号（2014年）
石井保雄「女性臨時社員と同正社員の賃金格差が咽頭待遇理念に反する場合」季刊労働法181号（1997年）
石田信平「労働契約法の『合意原則』と合意制限規定と衝突関係─労働契約法は契約当事者の利益調整だけを目的としているのか」日本労働法学会誌115号（2010年）
大内伸哉「非典型労働者の均等待遇をめぐる法理論」季刊労働法234号（2011年）
大木正俊「非典型労働者の均等待遇をめぐる法理論」季刊労働法234号（2011年）
大脇雅子「新白砂電機パート賃金差別事件と労働法─「人として生きる証し」闘い」労働法律旬報1471・1472号（2000年）
大和田敢太「平等原則と差別禁止原則の交錯─オランダ平等法の示唆」彦根論叢第369号（2007）
緒方桂子「労働法における差別禁止─ドイツ一般平等取扱法」労働法律旬報1725号（2010年）
緒方桂子「雇用形態間における均等待遇」日本労働法学会誌117号（2011年）

緒方桂子「非正規雇用と均等待遇原則・試論」労働法律旬報1767号（2012年）
緒方桂子「改正労働契約法20条の意義と解釈上の課題」季刊労働法241号（2013年）
緒方桂子「新しい有期労働契約法制と社会的包摂」法律時報85巻3号（2013年）
奥田香子「改正パートタイム労働法」日本労働法学会誌111号（2008年）
奥田香子「「労使自治」と平等取扱原則」労働法律旬報1741号（2011年）
川田知子「有期労働契約の法的規制新たな構想－正規・非正規の新たな公序に向けて」日本労働法学会誌107号（2006年）
川田知子「パートタイム労働法八条の差別禁止規定の問題と今後の課題」労働法律旬報1711号（2008年）
川田知子「「有期労働契約研究会中間取りまとめ」を読んで」労働法律旬報1722号（2010年）
川田知子「パートタイム労働法八条の差別禁止規定の問題と今後の課題」労働法律旬報1711号（2010年）
川田知子「有期労働契約法制の新動向－改正法案の評価と有期労働契約法制の今後の課題」季刊労働法237号（2012年）
川田知子「非正規雇用の立法政策の理論的基礎」日本労働研究雑誌第636号（2013年）
木下秀雄「就労支援と生活保障」法律時報85巻3号（2013年）
毛塚勝利「平等原則への接近方法」労働法律旬報1422号（1997年）
毛塚勝利「労働法における平等－その位置と法理」労働法律旬報1495・1496号（2001年）
毛塚勝利「派遣法改革とは間接雇用法にすること？」労働法律旬報1721号（2010年）
毛塚勝利「法律案要綱の評価と有期労働契約法制の課題－法制化は時代のニーズ－判例法理条の限界の解決を」日本労働組合総連合会288号（2012年）
毛塚勝利「非正規労働の均等処遇問題への法理論的接近方法－雇用管理区分による処遇格差問題を中心に」日本労働研究雑誌第636号（2013年）
毛塚勝利「改正労働契約法・有期労働契約規制をめぐる解釈論的課題」労働法律旬報1783・84号（2013年）
斎藤耕平「改正有期労働契約法制の根本的再改正を」労働法律旬報1783.84号（2013年）
島田陽一「パートタイム労働の法律正策」日本労働研究雑誌448号（1997年）
島田陽一「正社員と臨時社員との賃金格差の適法性」平成八年度重要判例解説（1997年）
島貫智行「非正社員活用の多様化と均衡処遇－パートと契約社員の活用を中心に」日本労働研究雑誌第607号（2011年）
下井陸史「パートタイム労働をめぐる法的問題」月刊労働492号（1990年）
下井陸史「パートタイム労働者の法的保護」日本労働法学会誌64号（1984年）
新谷信幸「有期労働契約法制検討の経過と連合の対応－有期雇用の濫用を防止し安心して働ける雇用社会の再生を」日本労働組合総連合会288号（2012年）
菅野淑子「同一（価値）労働同一賃金原則の法規範性とその具体的適用－丸子警報器事件・長野地裁上田支部判決（平8.3.15）の研究」労働法律旬報1393号（1996年）
鈴木芳明「パートタイム雇用と労働契約・就業規則」日本労働法学会誌64号（1984年）
全繊同盟研究会「臨時工について」[青木宗也報告]労働法律旬報252号（1956年）
武井寛「労働者派遣と社会的排除－業務限定・解除の視角から」法律時報85巻3号（2013年）
陳浩展「パート労働側から見た改正パートタイム労働法の評価と問題点」季刊労働法220号

(2008年)
土田道夫「パートタイム労働と「均衡の理念」」民商法雑誌119巻4・5号（1999年）
中内哲「有期労働契約に対する法規制の今後－有期労働契約研究会報告書を読んで」季刊労働法231号（2010年）
中内哲「有期労働契約研究会中間取りまとめ」労働法律旬報1722号（2010年）
中窪裕也「丸子警報器事件評釈」ジュリスト1097号（1996年）
中嶋士元也・道幸哲也・山川隆一「労働法理論の現在－1993-95年の業績を通じて」日本労働研究雑誌431号（1996年）
中村和雄「有期と派遣の制度改正の実務への影響－労働側弁護士の立場から」季刊労働法239号（2012年）
永野仁美「フランスにおける障害差別禁止の動向－HALDE勧告に見る「適切な措置」概念の分析」季刊労働法237号（2011年）
永瀬伸子「非正社員と正社員の賃金格差の納得性に関する分析」国立女性教育会館研究紀要第7号（2003年）
西谷敏「パートロ宇都者の均等待遇をめぐる法政策」日本労働研究雑誌518号（2003年）
西谷敏「労働契約法改正後の有期雇用－法制作と労働組合の課題」労働法律旬報1783.84号（2013年）
沼田雅之「改正労働者派遣法の概要と問題点」労働法律旬報1780号（2012年）
沼田雅之「有期労働契約法制と均等・均衡処遇」日本労働法学会誌121号（2013年）
根本到「有期雇用をめぐる法的課題－有期労働契約研究会報告書と最近の裁判例の集点（特集　有期雇用労働者問題－有期研最終報告をうけて）」労働法律旬報1735・1736号（2011年）
野田進「パートタイム労働者の労働条件」日本労働法学会誌64号（1984年）
橋本陽子「パートタイム労働者とフルタイム労働者の賃金格差の是正－同一（価値）労働同一賃金原則の再検討」日本労働法学会誌110号（2007年）
濱口桂一郎「失業と性格保障の法政策」季刊労働法221号（2008年）
濱口桂一郎「格差社会における雇用政策と生活保障」世界の労働（2008年）
濱口桂一郎「EU労働者派遣指令と日本の労働者派遣法」大原社会問題研究所雑誌604号（2009年）
濱口桂一郎「日本型雇用システムで正規と非正規の均等待遇は可能か？」生活経済制作564号（2009年）
濱口桂一郎「派遣法をどう改正すべきか－本丸は均等待遇」世界788号（2009年）
濱口桂一郎「雇用形態による均等処遇」季刊労働法237号（2012年）
浜村彰「労働者派遣法の今後の法的規制のあり方」日本労働法学会誌112号（2008年）
深谷信夫「労働基準法と労働契約法の関係性」労働法律旬報1722号（2010年）
藤井将王「非正規労働者の増加に伴う課題と政策」香川大学経済政策研究第6号（2010年）
本庄淳志「改正労働法派遣法をめぐる諸問題－施行後の抜本的再検討に向けて」季刊労働法237号（2012年）
本多淳亮「パートの労働法違反がなぜ続発するのか」季刊労働法127号（1983年）
本多淳亮「パート労働者の現状と均等待遇の原則」大阪経済法科大学法学研究所紀要13号

（1991年）
本多淳亮「パートタイム労働の理論的検討」労働法律旬報1405号（1997年）
水町勇一郎「非典型雇用をめぐる法理論」季刊労働法第171号（1994年）
水町勇一郎「『パート』労働者の賃金差別の法律学的検討」法学58巻5号（1994年）
水町勇一郎「正社員とパートタイムの賃金格差の違法性－丸子警報器事件－私論」ジュリスト1094号（1996年）
水町勇一郎「「差別」と「合理性」－非正規労働者の不利益取扱いを正当化する合理的理由」に関する研究」社会価格研究62巻3・4号（2011年）
水町勇一郎「これからの労働法制の行方－労働法の変遷とこれからの労働法のあり方有期労働法制を中心に」労働法学研究会報第2526号（2012年）
水町勇一郎「労働法制の動向と労使の役割」月刊労委労協第681号（2013年）
水町勇一郎「「差別禁止」と「平等取扱い」は峻別されるべきか？－雇用差別禁止をめぐる法理論の新たな展開」労働法律旬報1787号（2013年）
水口洋介「改正労働契約法を正しく活用しよう」労働法律旬報1783.84号（2013年）
峯村光郎「臨時工の法的地位」日本労働協会雑誌19号（1960年）
峯村光郎「技術革新下の臨時工問題」慶応義塾大学法学研究36巻5号（1963年）
宮島尚史「臨時工－その法律関係の体系的考察」季刊労働法23号（1957年）
宮崎由桂「パートタイム労働法の課題」季刊労働法237号（2012年）
盛成語「労働契約法の「解釈」」労働法律旬報1739号（2011年）
矢野昌宏「労働市場への社会的包摂とディーセント・ワーク－「パスト・フォーディズムと社会法理論」に関する論点整理」法律時報85巻3号（2013年）
山川和義「雇用差別禁止法制の到達点と課題」法律時報85巻3号（2013年）
山田省三「パートタイム労働問題への視座設定とその労働条件形成の法理」労働法律旬報1229号（1989年）
山田省三「パートタイマーに対する均等待遇原則－法律学の視点から」日本労働法学会誌90号（1997年）
山田省三「労働法における均等待遇原則の課題」労働法律旬報1495-1496号（2001年）
山田省三「改正パーとタイム労働法における均等待遇原則の理論的な課題」労働法律旬報1678号（2008）
両角道代「均衡待遇と差別禁止－改正パート労働法の意義と課題」日本労働研究雑誌576号（2008年）
脇田滋「労働者派遣法改正の意義と法見直しに向けた検討課題」日本労働法学会誌96号（2000年）
脇田滋「非正規労働の撤廃をめざす立法・解釈論」労働法律旬報1711号（2010年）
脇田滋「雇用・就労形態の多様化と社会保険制度」法律時報85巻3号（2013年）
和田肇「パートタイム労働者の「均等待遇」－パートタイム労働法私案について」労働法律旬報1485号（2000年）
和田肇「パート労働法改正の意義と今後の課題」季刊労働法220号（2008年）
和田肇「パートタイム労働法改正の意義と今後の課題」季刊労働法第220号（2008年）
和田肇「パーとタイム労働法8条の差別禁止規定の問題と今後の課題」労働法律旬報1711・

1712 号（2010 年）
渡辺賢「雇用平等を実現するための諸法理と救済のあり方」日本労働法学会誌 117 号（2011 年）

Ⅲ　韓国

강문대「비정규직법 시행과 노동운동진영의 대응」노동사회 2007-4（2007 년）
강성태「비정규직법안의 내용과 과제」노동법학제 21 호（2005 년）
강성태「비정규직법 시행 1 년의 평가－차별시정제도의 현황과 개선과제를 중심으로」법학논총 25-4（2008 년）
강성태「위법파견의 사법적 효과」노동법연구제 29 호（2010 년）
경제사회발전노사정위원회『비정규직대책위원회 활동보고서（2008.4-2009.4）』（2009 년）
고용노동부『기간제법・파견법 업무매뉴얼』（2010 년）
고용노동부『기간제・단시간・파견근로자를 위한『차별시정제도를 알려드립니다』』（2012 년）
고준기・서우석「비정규직 근로자 차별시정제도 시행에 따른 운영상의 문제점과 개선방향」지역발전연구제 7 권（2007 년）
국가인권위원회『무기계약직 근로자 노동인권상황 실태조사』（2008 년）
국회환경노동위원회『비정규직 차별시정제도의 운영에 관한 연구－기간제근로자 차별시정제도를 중심으로』（2006 년）
권두섭「비정규직 차별시정 제도의 문제점」노동법률제 194 호（2007 년）
권영환「파견과 도급의 구별이라는 틀의 재검토」노동법연구제 30 호（2011 년）
권현지「비정규직법 시행이후 기간제 활동의 변화 ; 법제화 초기 정규직 전환 사례를 중심으로」조정과 심판여름호（2008 년）
김기우「기간제 근로에 관한 최근의 동향」노동저널 2008-4（2008 년）
김기우「비정규직법상의 차별시정제도의 재검토」한국노총 2009-1（2009 년）
김기우「비정규직법상의 차별시정제도의 재검토」한국노총 2009-3（2009 년）
김동배「기간제 근로자 인사관리의 영향요인과 효과」노동정책연구 7-3（2007 년）
김동욱「법원판결에 비추어 본 차별시정 법리」노동법포럼제 3 호（2009 년）
김상호「비정규근로자의 임금차별 문제에 관한 법적고찰」경상대학교법학연구제 12 호（2004 년）
김성권「비정규직 근로자에 대한 불이익취급의 부당노동행위 재검토－관련 판결례 및 판정례를 중심으로」경북대학교법학논고제 45 집（2014 년）
김소영「건설업 하도급관계의 법적쟁점과 개선방안」노동법학제 19 호（2004 년）
김엘림「고용상의 성차별의 개념과 판단기준」노동법학제 15 호（2002 년）
김윤호「비정규 고용에 영향을 미치는 요인에 관한 연구 : 합리성 가설과 비합리성 가설의 검증」노동정책연구 7-4（2007 년）
김재훈「비정규근로와 법적대응－노사정위원회 논의를 중심으로」노사포럼제 23 호（2004 년）
김철희「비정규직법의 구멍 사용자들은 어떻게 활용하는가」노동사회 2007-9（2007 년）
김형배『노동법（제 21 판）』（박영사，2012 년）
남재량「비정규 근로와 정규 근로의 임금격차에 관한 연구－패널자료를 사용한 분석」노동

경제논집 30-2 (2007년)
남재량「비정규근로의 동태적 특성 및 시사점-2009년 3월 경제활동인구조사 부가조사를 중심으로」노동리뷰 55 (2009년)
남재량외 1「비정규직법의 고용효과 연구」노동정책연구 10-4 (2010년)
노동부『단시간근로자보호와 조직화를 위한 정책과제』(1999년)
노동부『근로자파견제도의 도입효과 평가 및 개선방안』(2002년)
노동부『비정규직의 차별금지에 관한 선진국 제도운용 연구』(2005년)
노동부『비정규직 보호법률 해설』(2006년)
노동부『파견허용업종 연구』(2006년)
노동부『비정규직법령 업무 매뉴얼』(2007년)
노동부『임금차별 판단기준 마련을 위한 연구』(2007년)
노동부『비정규직법 질의회시집』(2007년)
노동부『차별시정제도 요건별·사안별 분석집 발간』(2010년)
노상헌「파견 및 사내도급근로에 관한 일본의 노동법리와 쟁점」노동법연구 19 (2005년)
노상헌「고용차별금지법과 차별시정제도의 법적 쟁점」서울법학제 20권 (2013년)
문무기「간접고용의 합리적 규율을 위한 법리」노동정책연구 5-1 (2005년)
민주정책연구원『비정규직 노동자의 사회보험 적용률 제고를 위한 정책, 제도적 지원방안』(2011년)
박동운「비정규직 보호법은 당장 폐기처분되어야 한다」자유기업원 87 (2009년)
박수근「파견근로제도의 개선과제와 파견법의 개폐방향」노동법학 19 (2004년)
박수근「비정규직법의 해석과 과제」노동법연구 22 (2007년)
박수근「변형된 분리직군제와 노동법의 적용」노동법연구제 30호 (2011년)
박은정「비정규직차별시정제도 시행 이후 노동위원회 차별시정판정례 검토-중노위 및 부산. 경남지노위를 중심으로」노동법학 27 (2008년)
박은정「비정규직차별시정제도 시행 이후 노동위원회 차별시정판정례 검토Ⅱ」노동법학 32 (2009년)
박은정「비정규직 차별시정례 (중노위, 법원) 에 대한 검토Ⅲ」노동법학 35 (2010년)
박은정「주요 비정규직 차별시정례의 검토」동아법학 51 (2011년)
박은정「비정규직 차별시정례에 대한 검토4」노동법학 39 (2011년)
박제성「비정규직 차별금지 제도의 법적 검토」노동리뷰 2007-7 (2007년)
박제성「사내하도급의 특징과 그 적법성의 한계」노사저널 823 (2009년)
박종희외「비정규근로자에 대한 차별금지-차별판단의 구조와 기준을 중심으로」산업관계연구 17권 1호 (2007년)
박종희「차별시정제도 시행 1주년 평가와 향후 입법정책적 논의 방향」노동리뷰 47(2008년)
박종희「파견근로자에 대한 차별금지 판단의 대상과 내용」노동법률 227 (2010년)
박종희「비정규직 근로자 차별금지제도의 최근 동향과 쟁점」외법논집 34-3 (2010년)
박종희「비정규근로자 문제」국회입법조사처보 12 (2012년)
박주영「비정규직 차별사건의 쟁점과 과제-노동위원회의 차별판단기준의 문제점을 중심으로」민주법학 37 (2008년)
박주영「불법파견 노동자가 차별시정신청을 하려면 넘어야 할 고개는 몇 개나 될까-충남

지노위 2008.11.4, 2008 차별 1 판정」 노사저널 2009-1 (2009 년)
박지순「기간제근로의 노동법적 문제와 입법적 과제」노동법학 19 (2004 년)
박지순「기간제 근로의 노동법적 문제와 입법적 과제－기간제근로에 관한 정부 법률안의 분석」노동법학 19 (2004 년)
박지순「비정규직법의 쟁점과 입법정책적 과제」산업관계연구 19 (2009 년)
박창용「비정규직관련 법률 입법이 주는 시사점」법학논총 17 (2007 년)
박화진「비정규직법 시행 1 년의 현황과 전망」노동법률 206 (2008 년)
박화진「비정규직법 1 년의 성과와 한계」월간노동 2008-8 (2008 년)
배규식「비정규직법의 시행과 비정규직 문제의 해결」노동포커스 (2007 년)
서병석외 1「비정규직 근로자의 인적자본 수익률에 대한 연구」노동정책연구 9-1 (2009 년)
신국미「도급인의 불법행위책임 구조」고려법학 45 (2005 년)
신권철「기간제 근로계약의 무기근로계약으로의 전환」노동법연구제 30 호 (2011 년)
신권철「기간제 근로계약의 무기근로계약으로의 전환」노동법연구 30 (2011 년)
오영배「비정규직 운영 실무 ; 기간제 근로」노사저널 811 (2008 년)
오영배「위장도급, 불법파견의 판단기준」노사저널 808 (2008 년)
유성재외「주요국근로자파견법의 개정과 시사점－독일, 프랑스, 일본을 중심으로」중앙법학 6-2 (2004 년)
유성재「비정규근로자에 대한 차별금지에 관한 연구」중앙법학 11-1 (2009 년)
윤기택외「기간제근로자의 차별처우금지제도에 관한 고찰」법학연구 26 (2007 년)
윤법렬「기간제 및 단시간근로자 보호 등에 관한 법률의 적용과 실무적 쟁점」노동법포럼 2 호 (2009 년)
윤애림「파견, 용역 근로자의 노동 3 권」노동법연구 9 (2000 년)
이달휴「비정규직 보호법의 문제점과 해결 관점」법과정책연구 8-1 (2008 년)
이병희「비정규직법 시행 1 년의 고용효과 ; 기간제 사용기간 제한 규정의 고용효과를 중심으로」산업노동연구 15-1 (2009 년)
이수봉「비정규직법시행 1 년의 평가와 과제」노동법률 206 (2008 년)
이승욱「여성고용에서의 간접차별에 대한 실효적 규제를 위한 법적 규율」노동법학제 17 호 (2003 년)
이시균「비정규노동의 나쁜 일자리에 관한 실증연구」노동정책연구 6-2 (2006 년)
이인재「사업체내 정규 / 비정규 임금격차의 실태와 임금차별 판단에의 시사점」노동리뷰 35 (2007 년)
이종수「사회적 신분에 의한 차별금지의 헌법적 의미」공법연구 31 집 1 호 (2002 년)
이종훈「비정형근로 유형의 선택에 대한 이론적 모형」노동경제논집 29-1 (2006 년)
이재교「비정규직, 한시적 기간 유예보다는 폐지가 해법」자유기업원 130 (2009 년)
이호근「비정규직법 시행 1 년의 과제와 대응방안」노동법률 206 (2008 년)
장지연외 1「사회적 배제 시각으로 본 비정규 고용」노동정책연구 7-1 (2007 년)
전국민주노동조합총연맹『비정규직 차별시정 제도 법・제도 개선 연구』(2010 년)
전윤구「임의적인 추가급부에서의 비정규직 근로자 배제의 정당성」산업관계연구 15-2 (2005 년)
전윤구「임의적 부가급여에서의 차별시정과 비교대상자에 대한 검토」조정과 심판 26 (2006

년)
전윤구「비정규법안과 차별금지 - 기간제근로자의 비교대상자문제와 차별의 합리적 이유를 중심으로」노동법학 23 (2006 년)
전윤구「비정규직 차별시정신청을 둘러싼 해석론의 검토」임금연구 15-1 (2007 년)
전윤구「비정규직 관계법의 입법적 개선방향」노동법학 28 (2008 년)
조돈문・이수봉『민주노조운동 20 년 : 쟁점과 과제』(후마니타스 , 2008 년)
조경배「비정규직근로자의 노동단결권 보장에 관한 연구」민주법학 23 (2003 년)
조경배「사내하도급에 있어서 원청의 사용자성」노동법연구제 25 호 (2008 년)
조경배「현대자동차 사내협력업체 불법파견 사건 판례 평석 (대법원 2010.7.22 선고 2008 두 4367 판결)」노동법연구 29 (2010 년)
조상균「파견근로자에 대한 차별시정」노동정책연구 10-2 (2010 년)
조상균「비정규직 관련법의 문제점과 개선방안」산업관계연구 20-1 (2010 년)
조성혜「기간제근로계약의 무기계약 전환 , 무엇이 문제인가 ? - 우리나라와 독일법제의 비교를 중심으로」노동법학 25 (2007 년)
조애진「비정규직근로자의 근로조건 개선방안에 관한 연구」노동연구 18 (2010 년)
조용만「비정규직 임금차별의 합리성 판단에 관한 연구 - 노동위원회 판정사례 분석을 중심으로」노동정책연구 9-4 (2009 년)
조용만「비정규직 차별시정에서의 신청인 적격성과 비교대상 근로자 - 중앙노동위원회 재심 판정 사례를 중심으로」노동법연구 27 (2009 년)
조임영「위장도급과 법적규제」민주법학 19 (2000 년)
조임영「기간제고용에 관한 현행법제의 문제점과 입법적 과제」중앙법학 6-3 (2004 년)
조임영「위장도급의 판단기준과 그 적용」민주법학 31 (2006 년)
조임영「비정규직법 시행령등의 제 . 개정 관련 주요 쟁점과 입법방향」노동법학 24 (2007 년)
조임영「근로자파견관계의 판단방식과 기준」노동법연구 22 (2007 년)
조임영「비정규직 차별시정제도 운용의 주요 쟁점 검토」법학논총 17-1 (2010 년)
중앙노동위원회『비정규직 차별금지 판단기준 및 운영에 관한 연구』(2006 년)
중앙노동위원회『비정규직 차별시정제도 참고자료』(2007 년)
중앙노동위원회『차별시정판정 사례집』(2009 년)
중앙노동위원회『차별시정업무 매뉴얼』(2009 년)
중앙노동위원회『차별시정 판정사례 분석을 통한 차별시정 운영개선 방안 마련』(2009 년)
황선웅「경기변동과 임시일용직 고용」노동정책연구 9-1 (2009 년)
한수웅「엄격한 기준에 의한 평등원칙 위반 여부의 심사」홍익대학교법학연구 6 집 (2004 년)
한승희「간접차별이란 무엇인가」여성과사회 12 호 (2001 년)

【著者略歴】

李　羅炅（イ・ナギョン）

［学歴］

2002 年　韓国　釜山外国語大学校法学科卒業（法博士）
2004 年　韓国　釜山外国語大学大学院法学大学卒業（法学修士）
2009 年　日本　専修大学大学院法学研究科修士課程修了（法学修士）
2015 年　日本　専修大学大学院法学研究科博士後期課程修了（法学博士）

［賞罰］

日本　文部科学省の国費留学生（2008 年～ 2012 年）

［経歴］

韓国　釜山外国語大学校企画部大学政策室勤務（2002 年～ 2005 年）
日本　専修大学法学部非常勤嘱託（2008 年～ 2015 年）
日本　日本臨床政治研究所主席研究員（2011 年～）
韓国　釜山外国大学比較法研究所専任研究員（2015 年～）
韓国　釜山外国大学校非常勤講師（2015 年～）
韓国　海洋大学校非常勤講師（2016 年～）

［主な論文］

「勤労者派遣法の問題点と改善方案」韓国 釜山外国語大学大学院修士学位論文（2004 年）
「派遣労働者の労働法的保護の在り方」専修大学大学院修士学位論文（2009 年）
「韓国の非正規職勤労者に対する差別是正制度の現状と課題－差別是正手続の問題を中心に－」労働法律旬報第 1762 号（2012 年）
「韓国における期間制勤労者の保護法制」専修法研論集第 51 号（2012 年）
「韓国における非正規職保護法の立法過程に関する一考察」日本臨床政治研究所第 2 号（2012 年）
「雇用形態を理由とする労働条件格差是正の法理－日韓比較－」日本専修大学大学院博士学位論文（2015 年）
「《博士論文要旨及び審査報告》雇用形態を理由とする労働条件格差是正の法理－日韓比較－」専修大学論集第 124 号（2015 年）

雇用形態を理由とする労働条件格差是正の法理
　　　－日韓比較－

2016年2月29日　第1版第1刷

著　者　李　羅炅
発行者　笹岡五郎
発行所　専修大学出版局
　　　　〒101-0051　東京都千代田区神田神保町3-10-3
　　　　　　　　　　　㈱専大センチュリー内
　　　　電話　03-3263-4230㈹
組　版　有限会社キープニュー
印　刷
製　本　株式会社加藤文明社

ⓒLee Nakyeon　2016　Printed in Japan
ISBN 978-4-88125-305-2